도끼한국사만의 특별한 암기팁으로 한 권에 완성하는 공무원·경찰·소방 한국사

2021 최신개정판
출제경향 완벽반영

도끼한국사 빈칸노트

핵심요약 복습노트 / 워크북 | 김종우 편저

용감한북스

이 책의
머리말

PREFACE

새롭게 빈칸노트가 나오게 되었습니다. 필기노트의 후속판이라 할 수 있는데 필기노트를 기반으로 암기하기 최적화시키기 위해 노력했습니다. 필기노트에서 무엇을 암기해야할 지 모르는 수험생을 위해 제작했으며 중요한 내용을 빈칸으로 처리해 암기할 부분과 암기하지 않아도 되는 부분을 구분했습니다.

빈칸노트 활용법에 대해 간단히 서술하겠습니다. 기본수업과 필기노트 수업듣고 이후 혼자 공부할때 활용해야 합니다. 우선 도끼한국사와 카페(https://cafe.naver.com/jws00077), 유튜브(김종우 한국사)에 있는 음성자료과 동영상 자료를 활용하기를 추천합니다. 음성자료를 통해 우선 내용을 보고 그 다음 유튜브 동영상을 통해 빈칸내용을 연습하고 혼자 뒤에 있는 답안지를 기반으로 암기한다면 좋은 효과가 있을 겁니다.

한국사는 암기가 기반이 되야 성적이 나오는 시험입니다. 자주보고, 많이보고, 관심있게 보면 암기가 될 겁니다. 이 책이 수험생에 합격에 도움이 되길 희망하며 잘 활용하시길 바랍니다.

그리고 언제나 문의 사항이 있으면 카페나 카톡(jws00077)으로 연락주시면 답변하도록 하겠습니다.

여러분의 합격을 기원하며

도끼한국사 김종우

이 책의 목차
CONTENTS

PART 01 한국사의 이해와 선사시대

CHAPTER 01 | 역사란 무엇인가 • 006
CHAPTER 02 | 구석기, 신석기 • 006
CHAPTER 03 | 청동기, 철기 • 008
CHAPTER 04 | 고조선 • 009
CHAPTER 05 | 여러 나라의 성장 • 011

PART 02 고대 사회의 발전

CHAPTER 06 | 고대정치 (1) • 013
CHAPTER 07 | 고대정치 (2) • 016
CHAPTER 08 | 고대정치 (3) • 017
CHAPTER 09 | 고대정치 (4) – 통일신라 • 019
CHAPTER 10 | 발해 • 021
CHAPTER 11 | 고대경제 • 023
CHAPTER 12 | 고대사회 • 025
CHAPTER 13 | 고대문화 (1) • 027
CHAPTER 14 | 고대문화 (2) – 학문, 교육, 역사서 • 030
CHAPTER 15 | 고대문화 (3) – 고분, 불상, 불탑, 승탑, 일본문화전파 • 032

PART 03 중세 사회의 발전

CHAPTER 16 | 중세정치 (1) • 038
CHAPTER 17 | 중세정치 (2) – 통치체제 • 041
CHAPTER 18 | 중세정치 (3) – 문벌귀족 사회의 성립과 동요 • 043
CHAPTER 19 | 중세정치 (4) – 고려 대외관계 • 047
CHAPTER 20 | 중세정치 (5) • 048
CHAPTER 21 | 중세경제 (1) – 전시과 • 050
CHAPTER 22 | 중세경제 (2) • 051
CHAPTER 23 | 중세사회 • 053
CHAPTER 24 | 중세문화 (1) • 055
CHAPTER 25 | 중세문화 (2) • 057
CHAPTER 26 | 중세문화 (3) – 과학기술·예술 • 060

PART 04 근세 사회의 발전

CHAPTER 27 | 근세정치 (1) • 065
CHAPTER 28 | 근세정치 (2) – 붕당(정치사건) • 068
CHAPTER 29 | 근세정치 (3) – 통치체제 1 • 070
CHAPTER 30 | 근세정치 (4) – 통치체제 2 • 072
CHAPTER 31 | 근세정치 (5) – 대외관계 • 074
CHAPTER 32 | 근세경제 (1) – 토지제도 • 076
CHAPTER 33 | 근세경제 (2) – 수취제도, 농업기술 • 077
CHAPTER 34 | 근세사회 (1) • 080
CHAPTER 35 | 근세사회 (2) • 081
CHAPTER 36 | 근세문화 (1) • 083
CHAPTER 37 | 근세문화 (2) • 084
CHAPTER 38 | 근세문화 (3) – 과학 예술 • 088

PART 05 근대 태동기 사회의 발전

CHAPTER 39 | 근태정치 (1) • 092

CHAPTER 40 | 근태정치 (2) • 095

CHAPTER 41 | 근태경제 (1) • 099

CHAPTER 42 | 근태경제 (2) • 101

CHAPTER 43 | 근태사회 (1) • 102

CHAPTER 44 | 근태사회 (2) • 103

CHAPTER 45 | 근태문화 (1) • 105

CHAPTER 46 | 근태문화 (2) • 108

CHAPTER 47 | 근태문화 (3) • 111

PART 06 근대 사회의 전개

CHAPTER 48 | 흥선대원군 정치 • 115

CHAPTER 49 | 강화도 조약 및 부속 조약 • 117

CHAPTER 50 | 개화정책 추진과 반발 • 118

CHAPTER 51 | 임오군란, 갑신정변 • 120

CHAPTER 52 | 동학농민운동 • 122

CHAPTER 53 | 갑오개혁, 을미개혁 • 123

CHAPTER 54 | 독립협회, 광무개혁 • 125

CHAPTER 55 | 항일의병운동, 애국계몽운동 • 128

CHAPTER 56 | 열강의 경제 침탈과 구국운동 • 130

CHAPTER 57 | 사회의식 변화, 근대문물 수용 • 132

CHAPTER 58 | 근대 교육, 국학, 문예 • 134

PART 07 민족 독립 운동의 전개

CHAPTER 59 | 일제 국권 피탈과정 • 137

CHAPTER 60 | 식민통치체제, 경제수탈정책 • 139

CHAPTER 61 | 1910년대 민족운동 • 141

CHAPTER 62 | 3·1운동 · 임시정부 • 143

CHAPTER 63 | 국내항일투쟁, 의열 투쟁 • 146

CHAPTER 64 | 항일무장투쟁 • 147

CHAPTER 65 | 실력양성운동, 노동 · 농민 운동, 사회적 민족
　　　　　　　　운동 전개 • 149

CHAPTER 66 | 민족문화 수호운동, 국외 이주 동포 활동 • 152

PART 08 현대 사회의 발전

CHAPTER 67 | 8·15 광복, 좌우대립 • 157

CHAPTER 68 | 좌우대립 • 158

CHAPTER 69 | 5·10 총선거와 대한민국 수립, 친일파 청산과
　　　　　　　　농지개혁 • 160

CHAPTER 70 | 6·25 전쟁 • 163

CHAPTER 71 | 이승만 정부(1공화국), 장면정부(2공화국) • 163

CHAPTER 72 | 박정희 정부(3 · 4공화국) • 165

CHAPTER 73 | 전두환 정부(5공화국) • 167

CHAPTER 74 | 6공화국 • 169

CHAPTER 75 | 통일정책 • 170

CHAPTER 76 | 경제정책 • 171

CHAPTER 77 | 북한의 변화 • 173

CHAPTER 78 | 사회 · 문화 변화 • 174

CHAPTER 79 | 대한민국 헌법 개정사 • 175

| 빈칸노트 | 정답 • 176

도끼한국사만의 특별한 암기팁으로 한 권에 완성하는 **공무원·경찰·소방 한국사**

01
한국사의 이해와 선사시대

CHAPTER 01 | 역사란 무엇인가
CHAPTER 02 | 구석기, 신석기
CHAPTER 03 | 청동기, 철기
CHAPTER 04 | 고조선
CHAPTER 05 | 여러 나라의 성장

CHAPTER 01 역사란 무엇인가

POINT 사실로서의 역사 vs 기록으로서의 역사, 우리나라 시기 구분

1 역사란 무엇인가

(1) **사실로서의 역사** : 객관적 기록, 있는 그대로 기록, 실증주의 역사관 = 랑케

> 예 김부식은 인종 때 삼국사기를 저술했다 → 사실

(2) **기록으로서의 역사** : 주관적 기록, 역사해석 중시 → 크로체

> 예 김부식의 삼국사기는 신라를 계승했다 → 해석
>
> 예 신채호가 묘청의 난을 서경천도운동이라고 바꾸었다('일천년이래 제일 큰 사건')

(3) **통합** : E.H.카 – 역사란 과거(사실)와 현재(기록, 해석)의 끊임없는 대화이다.

2 역사학습방법

(1) **보편성** : 국가와 민족을 초월한 전세계 인류의 공통점

> 예 자유, 평등, 박애, 평화, 사랑 등 공통적인 이상

(2) **특수성** : 지역환경에 따라 나타나는 특징

> 예! 한복, 한옥, 한식, 두레, 계, 향도
>
> cf 세계사적 보편성 – 백남운[조선사회경제사]

3 우리나라의 시기 구분

암기TIP 악마(676)가 369(936) 게임하면서 삼겹살(1392), 오겹살(1592)을 10원치(1910) 사오(1945)라고 한다.

	676	936	1392	1592	1910	1945
	1	2	3	4	5	6
(나당전쟁~신라승리)						
~삼국시대	통일신라 &남북국	고려	조선전기	조선후기	일제	현대
고대		중세	근세	근대	근대	

* 선사시대 : 문자 × / 역사시대 : 문자 사용

CHAPTER 02 구석기, 신석기

POINT 구석기, 신석기(도구, 유물, 유적) 파악

1 구석기 시대 : 1 _____ (우리민족으로 볼 수 없음)

암기TIP 우리나라는 7시(70만년전), 8시(BC8000년) 에 일어난다

(1) **사회** : 무리사회 ⇒ 이동생활, 평등사회

(2) **도구 · 유물 : 뗀석기**

- 전기 : 한개의 뗀석기를 여러 용도로 사용, 찍개, 2 _____ (사냥도구)
- 중기 : 몸돌에서 떼어낸 3 ___ 를 잔손질, 크기가 작아지고 용도별 제작
- 후기 : 4 ___ 를 대고 격지를 만듦(돌날격지), 5 _____ 창기능, 이음도구)

  뼈도구 : 동물 뼈 사용 / 조리도구 : 6 ___ , ___

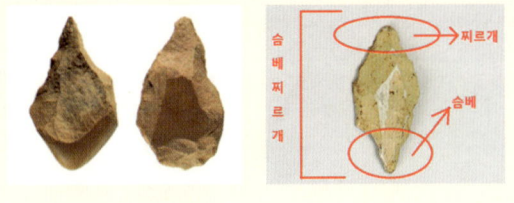

(3) **주거** : 막집, 동굴(유물↑), 이동생활

(4) **예술** : 고래, 물고기 조각(공주 석장리, 단양 수양개) ⇒ 그림, 벽화×
  ↳여자, 풍요

(5) **경제** : 자연경제(채집, 사냥, 어로), 불 사용, 언어 사용 시작

(6) **유적지** **암기TIP** 단전공상청검/종점 - 단양, 전곡리, 공주, 상원, 청원, 굴포리, 종성, 점말

  POINT 최초, 최고, 사람 인골 발견

① 단양 7 _____ (70만년 전 유적지, 최고), 단양 8 _____ (남한 최초 인골 화석), 단양 수양개(대단위 석기 제작소 발견) ⇒ 동굴↑(9 ___ 은 석회암 지대)

② 10 _____ (아슐리안주먹도끼, 1978년 미군병사 보웬 발견, 모비우스 학설 혁파)

③ 11 _____ (1964년 발견, 남한 최초) ④ 상원 12 _____ 동굴(동굴 뼈 화석)

⑤ 13 _____ (흥수아이) ⑥ 14 _____ (1960년대 북한 최초)

⑦ 종성 동관진(1933년, 최초발견)

⑧ 15_____ (전기, 후기 10개층, 털코뿔이 화석, 사람얼굴), 제천 창내(막집터)
⑨ 덕천 승리산(최초 구석기 화석 발견)
⑩ 평양 역포구 대현동(최고 인골 - 역포아이), 평양 만달리 동굴(남자머리뼈)
⑪ 양구 상무룡리(백두산 흑요석)

※ 중요한 유적지
- 한반도 최초 인골 : 16_____, 남한 최초인골 : 17_____
- 남한 최초 발견 : 18_____, 북한 최초 발견 : 19_____
- 한반도 최초 발견 : 종성 동관진(1933, 일본인정×)
- 최고 유적지 : 단양 금굴

※ 중석기
후기 구석기, 동물 크기↓, 잔석기, 이음도우 사용, 흑요석 교류

2 신석기(B.C. 20_____, 우리민족으로 시작)

(1) **사회** : 씨족사회, 족외혼, 평등사회, 농경시작 ⇒ 정착생활
(2) **도구**
- 간석기 : 농기구(돌낫,삽,보습), 농경굴지구, 갈돌, 갈판(신석기 조리도구), 흑요석기(일본과 교역)
- 원시적 수공업 : 21_____, 뼈바늘(옷, 그물 제작)
- 토기 : 이른민무늬, 22_____, 눌러찍기무늬, 23_____ (뾰족한 첨저형 - 서해안, 남해안에서 발견, 편평한 화분모양의 평저형 - 동해안일대에서 발견)

암기TIP
이덧눌빗 - 이른민무늬, 덧무늬, 눌러찍기무늬, 빗살무늬

빗살무늬 토기

24_____

(3) **주거** : 움집 - 원형 움집(화덕이 중앙에 위치) cf 청동기 장방형(사각형)움집
(4) **예술** : 25_____, 치레걸이, 원시신앙(26_____, _____, 애니미즘), 흙으로 빚은 얼굴상, 호신부
(5) **경제** : 농경시작(27_____) ⇒ 신석기혁명, 정착생활

(6) **유적지** 암기TIP 서부제양양수가리 / 봉지남 - 서울, 부산, 제주, 양양, 수가리, 봉산지탑리, 남경

① 서울 28_____ (규모大), 하남 미사리
② 29_____ (일본산 흑요석, 규모가 큰 패총 발견)
③ 30_____ (가장 오래된 신석기 유적지)
④ 31_____ (백두산 흑요석), 양양 지경리
⑤ 32_____ (패총, 가락바퀴, 흑요석제 석기 출토)
⑥ 고성 문암리(밭유적지)
⑦ 웅기굴포리 서포항(패총, 인골, 동침신전앙와잠 - 시신의 머리를 동쪽에 두고 얼굴을 위로 향하게 한 뒤 곧게 눕힘, 태양숭배사상)
⑧ 봉산 지탑리, 33_____ (탄화된 좁쌀)
⑨ 청원 소로리(세계최초 볍씨로 추정)
⑩ 경남 창녕 비봉리(통나무 배 발견, 도토리 저장시설)
⑪ 평남 온천 궁산리(1950년 북한발굴, 조개더미 유적, 움집, 간석기 출토)
⑫ 함북 청진 농포동 유적지(흙으로 만든 여성 조각품 발견)
⑬ 충북 옥천 대천리 : 탄화된 쌀, 보리, 밀, 조, 콩 출토
⑭ 경기 고양 가와지 유적 : 재배 볍씨 출토(벼농사 출현시기 논쟁 : 신석기vs청동기)

- 최고 : 제주 고산리, 양양 오산리
- 농경 : 봉산 지탑리, 평양 남경, 고성 밭흔적
- 조개 : 부산 동삼동, 김해 수가리

※ 신석기 시대문화 특징
① 농경과 목축 시작
   (신석기 혁명, 정착생활로 문화출현)
② 간석기와 토기 사용
③ 정착생활
④ 촌락 공동체 형성

※ 일본과의 교류(신석기)
① 흑요석(규슈지역)
② 조몬토기(일본에 영향을 줌)
③ 창녕 비봉리 유적(통나무 배 발굴)

구석기	신석기
무리	씨족
주먹도끼, ~개	가락바퀴, 뼈바늘
단, 전, 공, 상, 청, 굴	서, 부, 제, 양양, 수가리 / 봉지, 남
-	토기 : 이, 덧, 눌, 빗

CHAPTER 03 청동기, 철기

POINT
① 청동기 – 돌 · 돌 · 돌(돌 농기구, 고인돌, 반달돌칼), 비파형 동검, 거친무늬 거울
② 철기 – 청동기 유물(세형, 잔무늬, 거푸집), 중국과 교류 증거

1 청동기([1]   년경)

(1) **정치** : 군장국가, 정복활동, 선민사상 ⇒ 최초 국가 [2]   출현

(2) **경제**
- [3]   (청동기농기구×), 밭농사 중심, [4]   시작(생산량↑)
  ⇒ 잉여생산물↑ – 사유재산출현 → 빈부격차 → 계급

(3) **사회** : 계급사회, 가부장 사회, 군장 출현

(4) **주거**
- 배산임수(구릉, 산, 남향)
- 움집(장방형 : [5]   , 화덕 가장자리)
- 환호, 목책(방어시설), 저장구덩이
- [6]   , 초가집, 토실(마한), 창고, 공동작업장, 집회소, 공공의식장소

(5) **예술**
- 바위그림 : [7]   바위그림(보존문제, 태화강 주변, 고래, 물고기, 남자), [8]   바위그림
  (동심원 – 태양상징, 제사터), 울주 천전리 바위그림(추상적 무늬), [9]   (거석문화, 지배자의 권위)
- 토우, 청동칼, 거울, 방패(비파형동검, 거친무늬 거울 등)

(6) **도구**
- [10]   돌칼(추수), 홈자귀, 간돌검 사용
- 청동기 : 비파형동검(랴오닝성, 지린성 등 중국 동북부, 한반도 북부), 거친무늬 거울
- 무덤 : 고인돌, 돌널무덤
- 토기 : 민무늬토기, [11]   (손잡이), 붉은간토기, 덧띠새김무늬토기, 부여 송국리식 토기,
  강계 공귀리형 토기 [암기TIP] 민미붉 – 민무늬, 미송리식, 붉은간 – 스타일 토기
- 선돌, 거석문화(권력상징)

12   13   14   비파형동검

(7) **유적지** [암기TIP] 울 여부쌀이 화난다 – 울산, 여주, 부여, 쌀, 화금리

울산 검단리(환호+목책), [15]   (탄화된 쌀), 부여 송국리(탄화된 쌀), 서천 화금리(탄화된 쌀),
안동 저전리(수리시설 축조, 수로, 논 유적)

> * 고인돌 : 북방식(탁자식), 남방식(바둑판식), 유네스코 세계문화유산 – 고창, 화순, 강화
>   / 청동기 시대 지배층의 무덤, 계급발생 보여줌
> * 덧무늬(신석기) → 덧띠새김무늬(청동기) → 덧띠(철기)

2 철기(BC 5세기, 중국 전국시대에 이동해온 세력에 의해 유입됨)

(1) **정치** : 연맹국가, 정복↑ – 부여, 고구려, 옥저, 동예, 삼한

(2) **경제** : 철 농기구 = 생산량↑ ⇒ 빈부격차↑ ⇒ 계급분화↑(삼한지역 벼농사 발달 – 저수지↑)

(3) **사회** : 위만 조선, 계급사회 ⇒ 8조법

(4) **주거** : 귀틀집(통나무 집), 초가집, 반움집, 지상 가옥화, 부뚜막(온돌사용), 주춧돌

(5) **도구** [암기TIP] 세 잔 거 – 세형, 잔무늬, 거푸집
- [16]   , [17]   , 거푸집(틀) ⇒ 독자적 청동기 / 철제무기 사용(정복전쟁↑)
- 무덤 : 널무덤, [18]   (옹관묘, 청동기 때 등장), 주구묘, 돌덧널무덤
- 토기 : 덧띠토기, [19]   [암기TIP] 덧검 – 덧띠, 검은간
- 중국과 교류 : [20]   , [21]   , [22]   , 왕망전, 진과(한자가 새겨진 창), [23]

[암기TIP]
반명수 진짜 붓 – 반량전,
명도전, 오수전, 진과, 붓

세형 동검   잔무늬 토기   거푸집   검은간 토기

(6) 유적지 : 붓 발견 – 창원 24_____ (한자 사용), 사천 늑도 유적(청동기~철기 : 중국계 경질 토기, 일본계 야요이 토기, 반량전, 오수전 등 출토)

(7) 무덤 : 고인돌, 돌널무덤, 돌무지 무덤 등이 점차 없어지고, 독무덤, 널무덤, 덧널무덤 등이 유행함

※ 암각화
① 울주 반구대 암각화 : 고래, 거북, 육상동물, 배, 사람(남자), 주술적의미
② 울주 천전리 각석 : 선사시대 암각화(동물, 사람, 도형), 신라 시대 기록(법흥왕과 수행 인물)
③ 고령 장기리(양전동) 암각화 : 동심원(태양숭배), 형기하학적 무늬
④ 포항 칠포리 암각화 : 방패 문양 그림

총정리

청동기	철기
군장	연맹
돌, 돌, 돌	독자적 청동기 : 세, 잔, 거
민, 미, 붉	덧, 검 / 반, 명, 수, 진짜붓(중국)
여, 부, 쌀	창원 다호리

CHAPTER 04 고조선

POINT ① 고조선의 역사(순서) ② 유물 ③ 위만조선이 우리나라라는 증거
④ 사료 문제(8조법, 단군신화) ⑤ 단군기록서적

1 역사
암기TIP 연. 부. 준. 만. 예. 섭. 우. 사 – 연나라, 부왕, 준왕, 위만, 예군, 섭하, 우거왕, 한사군

(1) 단군왕검이 고조선 건국(B.C. 2333, 삼국유사)
 – 중국은 은나라 시대, 기자가 조선왕으로 옴(현재 부정되고 있음)
(2) 세력↑(요동, 요서, 한반도 북부) → 연나라와 대등할 정도로 강성, 스스로 왕이라 칭함
(3) 연나라 충돌 → 1_____ 침입(서쪽 2000리 상실) – 요령지방에서 대동강 유역으로 이동
(4) 부왕 → 2_____ ((B.C. 3세기) 부자 상속, 왕↑, 관직체제↑ – 상, 대부, 장군, 박사)
(5) 3_____ 이 중국에서 망명 → 정변을 일으키고 정권 장악 → 준왕은 진국으로 가 한왕 됨
(6) 위만 조선 철 중계무역 : 한 ↔ 고조선 ↔ 진
 → 막대한 이익, 진번·임둔 정복 → 예, 진이 한나라와의 교역 차단
(7) 4_____ → 한나라로 망명(창해군 설치) → 한나라가 사신 섭하 파견
(8) 5_____ – 한 무제 2차례 침입(1차 : 패수 전투, 고조선 승, 2차 : 왕검성 함락, 패배)
(9) 조선상 역계경이 우거왕에 강화제의(거부당하자 진국으로 망명)
(10) 내분 멸망(bc 108, 6_____, 성기 항전, 니계상 참 도망)
(11) 7_____ 설치(고구려 미천왕 때 축출), 8조 법 → 60여 개조 법(풍속 각박), 저항↑
 ↳ 낙랑, 임둔, 현도, 진번 암기TIP 낙(락)커 임현진

2 유물 암기TIP 고. 비. 거. 미

(1) 고인돌 (탁자식 고인돌)   (2) 8_____   (3) 거친무늬 거울
(4) 9_____ (손잡이) ⇒ 고조선 영역을 유추 가능(요령지방과 한반도 북부 중심으로 발전)

3 위만이 우리나라 사람이라는 이유 암기TIP 국. 토. 상. 조

(1) 국호(10_____) 사용   (2) 토착민 등용
(3) 상투   (4) 11_____ (동이 옷, 흰옷, 오랑캐 옷)

4 사료

(1) 단군신화

① 환인 · 환웅 하늘의 자손 ⇒ [12]_____ , 천신사상

② 태백산 신시를 중심으로~ ⇒ [13]_____ 거주(청동기 특징)

③ 풍백 · 운사 · 우사 및 3000무리 ⇒ [14]_____ 사회, [15]_____ 사회

④ 곰 · 호랑이 ⇒ [16]_____ , 부족연합국가

⑤ 널리 인간을 이롭게 한다 ⇒ [17]_____

⑥ 단군왕검 ⇒ [18]_____ 사회

(2) 8조법

- 사람을 죽인자 즉시 죽인다.(생명, [19]_____ 중시), 남에게 상처를 입힌자 곡식으로 갚는다.([20]_____ 사회), 도둑질한 자는 노비로 삼되, 용서받고자 하는자는 50만전을 내야 한다.([21]_____ 재산, 계급사회)

- 기록 : 삼국지 위지동이전, 후한서 동이전(기자가 조선에 와서 8조법을 만들어 인민을 교화시켰다고 기록), 한서지리지 연조(8개조의 법률 중 3개 조항 기록)

- 한군현 설치 후 법 조항 증가(약60여개) : 한군현의 지배가 원활히 이루어지지 못했으며, 고조선 유민들의 저항이 거세고 풍속이 각박해짐

5 **단군, 고조선 기록(역사)** `암기TIP` 삼. 제. 세. 응. 동 - 삼국유사,제왕운기, 세종실록지리지, 응제시주, 동국통감

(1) 고려 : [22]_____ (일연), [23]_____ (이승휴) – 원간섭기 민족위기

(2) 조선 : 세종실록지리지, 응제시주, 동국통감(단군 건국기록○, 단군 신화×), 동국여지승람 – 조선전기, 동국사략(박상, 동국통감 요약본), [24]_____ (유희령)

(3) 중국 자료 : [25]_____ (최초, 제나라와 교류기록), 산해경, 상서대전(기자동래설), 한서, 삼국지 등

> **＊ 낙랑문화 :** 평양지역, 점제현신사비(최초 비석 – 제사 내용, 중국이 지배했다는 증거, 일본발견)

총정리

1. **역사 :** 연. 부. 준. 만. 우. 사   4. **사료 → 문제로 적용**

2. **유물 :** 고. 비. 거. 미   5. **기록 :** 삼. 제. 세. 응. 동

3. **위만 :** 국. 토. 상. 조

CHAPTER 05 여러 나라의 성장

POINT 통합문제(박스형)

출제되
1. 부여 : 4출도, 순장, 말 [암기TIP] 4마리 순한 말
   고구려 : 고추가, 부경, 서옥제, 후장, 맥궁
   [암기TIP] 고추 부서 후맥
   옥저 : 민며느리제, 골장제 [암기TIP] 민골
   동예 : 동예, 책화, 방직, 단궁, 과하마, 반어피, 호랑이 신 숭배 [암기TIP] 동족 책방에 단과반 호랑이
   삼한 : 신지, 견지, 부례, 읍차 [암기TIP] 신견지부차
2. 제천행사 : 동예 무천, 고구려 동맹, 부여 영고 12월
   [암기TIP] 동무랑 같이 고동 잡아 부영APT로 가자 12월에

	부여	고구려	옥저	동예	삼한
위치	· 만주 1	· 졸본(내륙, 주몽) → 14 (압록강, 유리왕) → 15 (장수왕)	· 22	· 26	· 경기 · 충청 · 전라도(31 , 54개국) · 경상도(32 12개국, 33 12개국

정치	· 2 (마·우·저·구가 + 왕)
	⇒ 3 연맹체
	· 왕권↓ (흉년 → 교체)
	[사료TIP] 오곡(오과X)이 잘 자라지 않으면 왕에게 책임
		· 16 연맹체 : 계루부, 절노부, 순노부, 관노부, 소노부 - (자체제사-소노부)
		· 상가, 17 (대군장)
		· 사자, 조의, 선인 (소군장)
		· 제가회의 (왕권↓)
		· 고대국가로 성장
		[사료TIP] 성품이 흉악하고 노략질을 좋아함
			· 왕×
			· 군장(23)
			· 후, 읍군, 삼로
				· 왕×, 군장(불내예후국)
				· 후, 읍군, 삼로
					· 제정분리
					· 마한, 변한, 진한 ⇒ 목지국 주도(마한)
					· 군장 [암기TIP] 신견지부차
					  - 34 , (대군장)
					  - 부례, 읍차(소군장)

경제	· 넓고 평탄한 지역 · 오곡생산, 4 · 5 , 주옥, 모피	· 약탈경제 : 18 (창고) · 맥궁(활)	· 소금, 해산물↑ ⇒ 고구려에 공물 · 맥포(옷감), 오곡	· 방직↑, 과하마, 27 , 단궁, 누에, 비단, 명주, 삼베	· 벼농사↑, 저수지↑ - 김제벽골제, 밀양 수산제, 제천의림지, 상주 공검지 · 35 (변한) - 창원성산동 야철지 · 양잠 성행(비단옷↑)

사회·문화	· 6 (껴묻거리) - 흰옷 숭상, 가죽신
	· 1책 12법 - 7 (노동력 중시)
	· 8 , 은력(중국 영향)
	· 4조목(법률) - 살인죄(사형, 가족은 노비), 절도죄(1책 12법), 9 (투기죄 - 사형)
	· 장례시 여름철에 얼음사용(곽사용, 후장)
		· 19 (데릴사위제)
		· 1책 12법
		· 형사취수제
		· 점술 유행
		· 후장 풍습(금·은·재화 무덤에 묻음)
			· 24 (매매혼)
			· 25 (=세골장)
			  - 가족 공동묘, 쌀 항아리
			    ↳영혼불멸사상
			· 고구려와 흡사한 생활풍습
			· 전쟁 : 소와 말의 생산이 적어 전쟁시 창을 가지고 싸움
				· 족외혼, 28 : 씨족사회 전통
				· 여자형, 29 (춘천)
				  - 병을 앓거나 사람이 죽으면 옛집을 버리고 새집을 지어 삶
				· 고구려와 흡사한 생활 풍습 (의복은 다름)
					· 두레(공동노동)
					· 제정분리 사회
					· 반움집(초가집), 토실, 귀틀집
					· 주구묘, 널무덤, 옹관묘
					· 편두(변한), 문신(마한, 변한)
					· 가무 증거 - 광주 신창동 현악기(10현금)
					· 지신밟기 풍습

제천행사	· 10 (12월) - 수렵사회전통 · 전쟁중에도 실시	· 20 (10월) - 국동대혈 (유화부인, 주몽제사), 영성(별), 사직(곡식)제사	* 부여·고구려 공통점 ① 5부족 ② 부여족(같은 계통) ③ 가·사자 존재 ④ 하호(생산) ⑤ 1책 12법, 형사취수제 ⑥ 점복	· 30 (10월)	· 36 (수릿날), 37 (계절제)

기타	· 살인자×, 가부장
	· 투기·간음×
	· 연맹국가로 멸망
	· 역사 - 1C 11 사용
	      - 3C 12 침입(모용외)
	      - 5C 13
	· 국왕장례시 옥갑사용
		· 형벌 엄격
		· 21 (뇌옥)×
		· 제가회의에서 처리
		· 1C 왕호 사용
		· 부여의 별종(고구려)
				· 호랑이신 숭배
				· 길이 3장의 모(창)을 만들어 싸움(보병)
					· 제정분리 38 (제사장, 소도 관할), 소도(솟대) 장례 시 소, 말 순장(마한)
					· 새깃털 함께 매장(진한, 변한)
					· 덩이쇠(철정) 화폐 사용(변한)
					· 대규모 철 생산 전문집단과 철기 제작 집단 존재

[암기TIP] 135 / 왕비망

도끼 한국사만의 특별한 암기팁으로 한 권에 완성하는 **공무원·경찰·소방 한국사**

02

고대 사회의 발전

CHAPTER 06 | 고대정치 (1)

CHAPTER 07 | 고대정치 (2)

CHAPTER 08 | 고대정치 (3)

CHAPTER 09 | 고대정치 (4) – 통일 신라

CHAPTER 10 | 발해

CHAPTER 11 | 고대경제

CHAPTER 12 | 고대사회

CHAPTER 13 | 고대문화 (1)

CHAPTER 14 | 고대문화 (2) – 학문, 교육, 역사서

CHAPTER 15 | 고대문화 (3) – 고분, 불상, 불탑, 승탑, 일본문화전파

CHAPTER 06 고대정치 (1)

POINT 고대 왕 암기(업적, 시기, 이름)-왕 통치제제(중, 지, 군, 관)-도끼한국사에 무료특강
(왕조사특강) ⇒ 방법 : 암기 팁 암기 → 왕 이름 암기 → 왕 업적 암기

고구려(BC37 주몽 건국)

2C
· 태조왕(6대, 53~146)
암기TIP 옥, 고, 형
- 계루부 [1] 왕위 독점
- [2] 정복, [3] 상속, 책성순수(새롭게 정복한 책성에 왕이 직접 감), 갈사국 정복

· 고국천왕(9대, 179~197)
암기TIP 진, 부, 행
- [4] (춘대추납, 을파소), 5부제 정비(부족적→[6]),
- [5] 상속 ⇒ 왕↑

3C
· 동천왕(11대, 227~248)
암기TIP 서공
- [7] 공격 → 위 관구검 침입으로 국가 위기(옥저 피난), 중국 오와 수교

· 중천왕(12대, 248~270)
관나부인(장발미인) 사료 관노부 출신으로 왕후를 모함하여 처형됨

4C
· 미천왕(15대 300~331)
암기TIP 낙서
- 국상 창조리의 추대(봉상왕 제거)로 을불 즉위(을불화희),
- [11] 점령(311), [12] 정복(313)
사료TIP 낙랑군을 공격하여 남녀 2천명을 사로잡았다
- 대방 축출(314)

· 고국원왕(16대, 331~371)
암기TIP 전연에 원통해 죽는다
- [13] 의 침입(모용황, 국내성 함락, 미천왕 무덤 도굴)
- [14] 공격으로 전사
사료TIP 왕 사유가 죽었다
사료TIP 왕(백제)이 정병 3만을 이끌고 고구려 평양성을 공격하였다.

· 소수림왕(17대, 371~384)
암기TIP 불 태운다 율동
- [15] (372, 전진 순도),
- [16] (372), [17] (373)

백제(BC18 온조 건국)

＊ 고대국가 특징
① 왕위 부자 상속
② 시스템 정비(제도, 율령)
③ 종교(불교)
④ 전쟁(정복전쟁)

· 고이왕(8대, 234~286)
암기TIP 고율한복 6개
- [8] 반포, [9] 유역 점령(한군현과 대립, 기리영 전투)
- 관등(6좌평16관등), [10] (자비청)
- 남당설치(→ 정사암 발전),
- 형제상속, 목지국 병합, 좌장설치(내외 병마권 장악), 범장지법 제정 (뇌물 수수시 3배 배상, 금고형)

· 근초고왕(13대, 346~375)
암기TIP 부마 요산균 7개
- 전성기, 요서 · [18] · 규슈 진출
- 마한 정복, [19] 하사
- [20] 상속, 고흥[서기]
- [21] (한자) [22] (천자문)
- 황해도지역을 두고 고구려와 대결, 가야 지역 지배력 행사
암기TIP 아직 한자도 몰라 / 인천사람

· 침류왕(15대 384~385)
암기TIP 불동마
- [23] 수용(동진 [24])

신라(BC57 박혁거세 건국)

＊ 왕 암기 TIP

	고구려	백제	신라
2c	태고		
3c	동	고	
4c	미고수	근침	내
5c	광장	비개문동	눌자소
6c		무성	지법진
7c	영보	무의	진선진무문신

＊ 신라왕호변천
거 : 박혁거세 거서간(군장) ⎫ 제정분리
차 : 남해 차차웅(제사장) ⎭
이 : 유리~흘해 이사금(연장자), 연맹 교체기
마 : 내물-소지 마립간(대군장) - 왕권↑
왕 : 지증(중국식)-고대국가

· 내물왕(17대, 356~402) 암기TIP 말타고 도와줘
- 김씨 왕위 독점
- [25] 칭호 사용, 진한지역 차지, 전진과 수교 (위두를 파견해 전진의 왕 부견에게 특산물을 보냄)
- 왜구+가야 침입 ⇒ [26] 도움으로 격퇴 (호우명 그릇 - 호우총에서 발견)
- 고구려 통해 전진과 수교

5C

광개토대왕(19대, 391~413)
`암기TIP` 영신후
- 연호 : [27], 동부여×, 숙신×, [28] ×, 요동정벌, 백제 아신왕 공격(한강이북 관미성), 내물왕 [29] 지원(호우명 그릇)

장수왕(20대 413~491)
`암기TIP` 비평제한사지중
① 광개토대왕릉비(414)
② [30] (427)
  - 남하정책(나·제동맹 433)
③ 백제 공격, [31] 점령(475)
  - 개로왕死(서울 아차산성)
④ 지두우족 분할점령(479)
  - 흥안령 일대 초원 장악
⑤ 남한강 차지 - [32] (동이매금 의복하사) → 장수왕 사후 결혼동맹

[33] (20대, 427~455)
`암기TIP` 비눌동맹
나제동맹(신라 눌지왕)

개로왕(21대 455~475)
`암기TIP` 개로케 죽는다
`사료TIP` 부여경(개로왕)
- 아차산성에 전사(장수왕공격)
- 북위에 국서(고구려 공격요청)

[34] (22대, 475~477)
`암기TIP` 문열고 이동
- 웅진 천도
- 500년 한성시대 끝남

[35] (24대, 479~501)
`암기TIP` 동탑 / 소지동성 결혼
`사료TIP` 이벌찬 비지의 딸과 결혼
- 결혼동맹(신라 소지왕)
- 탐라 복속

실성왕(18대, 402-417)
인질외교, 왜와의 우호를 위해 내물왕의 왕자인 미사흔을 볼모로 보냄, 고구려 우호를 위해 내물왕 왕자인 복호를 볼모로 보냄

[36] (19대, 417~458)
`암기TIP` 묵부자 / 비눌
- 실성왕 제거 후 즉위, 나제동맹(백제 비유왕)
- 묵호자 불교 전래, 부자 상속

자비왕(20대, 458~479)
`암기TIP` 방에서 자
수도 [37] 명칭제정(주소)

[38] (21대, 479~500)
`암기TIP` 우행시 / 소지동성 결혼
- 결혼동맹(백제 동성왕)
- 우역 설치, 최초 시장
- 6촌 → 6부(행정)

6C

문자(명)왕(21대, 491~519)
최대영토, 부여복속(494)

평원왕(25대 559~590)
- 평강공주
- 온달장군(590, 아차산성에서 전사)

양원왕(24대, 545~559)
평양에 새로 장안성(평양성) 건설, 왕궁 이전, 대대로 위상 강화, 돌궐과 대립(서북지역 군사력 집중), 한강유역 상실

무령왕(25대 501~523)
`암기TIP` 22무사송양벽 / 5마리 고양이
- [39] (지방에 왕족 파견)
- 중국 남조(양 교류, 양직공도)
- 무령왕릉 : [40] 7호분, 벽돌무덤
- 지석발견(영동대장군백제사마왕)
- 일본에 오경박사 파견(유학 장려 : [41], 고안무)
- 영산강 유역정비, 섬진강유역 차지, 고구려 + 말갈군 격퇴(507)

성왕(26대, 523~554)
`암기TIP` 22부관이사
- [42] 천도, 부여 씨
- 중흥, 남부여 국호, [43] 설치(내관 12부, 외관 10부), 율종
  - 겸익(인도파견, 불경번역)
- 일본에 불교 전파(노리사치계)
- 일시적 한강 점령(551, 한강하류) → 진흥왕 배신, [44] 전사(554, 신라 김무력 활약)
`사료TIP` 명농(성왕)이 신라를 공격하다 고간 도도에게 전사

위덕왕(27대, 554~598)
- 능산리(창왕명석조사리감)
- 왕흥사 창건
- 아좌태자 파견(쇼토쿠태자 초상화)

지증왕(22대, 500~514)
`암기TIP` 철로 만든 새로운 중국산 왕우산을 시장에 팜
- [45] 국호, 왕 칭호 사용
- [46] 점령(이사부), 우경
- [47] 농기구, [48] 시장감독
- 영일냉수리비, 포항중성리비, 한화정책(중국화)
- 순장금지, 상복법 제정, 최초 군주 파견 : 실직주(최초의 주 - 이사부 도독 임명) → 주·군현 제도, 아시촌 소경 설치

법흥왕(23대, 514~540)
`암기TIP` 병상에서 불법으로 원금 받는다
- 병부 설치, [49] (상대등), 공복제정(자비청황), 관등제 정비, [50] (이차돈 순교 : 백률사 석당)
- 율령(법), [51] (연호 : 신라 최초)
- 울진 봉평비, 대가야와 결혼동맹, [52] 정복

진흥왕(24대, 540~576)
`암기TIP` 단창창황마 / 관대
- 영토↑, 화랑도 국가 조직화
- 개국·대창·홍제(연호), 품주 설치
- 교단정비 : 국통(혜량)·주통

〈순서〉
① 흥륜사(이차돈 죽은자리)
② 거칠부[국사]
③ 독산성 전투
④ [53] (한강 상류 : 야이차 포상)
⑤ [54] (성왕死)
⑥ [55] (한강 하류)
⑦ [56] (낙동강, 비화가야 정복)
⑧ 대가야 정복(이사부, 사다함)
⑨ [57] · (함경도)
⑩ 황룡사 완성

진지왕(25대, 576~579)
음란하다는 이유로 폐위

· **영양왕**(26대, 590~618)
  - 온달死(590), 수나라 요서 선제공격(598), 이문진 신집 5권(600), 58_____, - 오언시 '지족', 여·수 전쟁 - 4차례 전쟁, 담징·혜자

  사료TIP 양제가 다시 친히 정벌하려 하였다

· **영류왕**(27대, 618~642)
  - 59_____ 축조(당 대비, 631), 당과의 조공(명분, 실시×)

  사료TIP 고구려는 중국의 신하라 하면서 끝내 우리와 맞서려 했으니 어찌 신하라 할 수 있겠는가

  - 당에서 파견된 도사가 노자 강론(도교 수용)
  - 60_____ 정변(642, 영류왕 시해, 보장왕 옹립)

· **보장왕**(28대, 642~668)
  - 연개소문 권력 장악
  - 천리장성완성(647, 부여성~비사성), 김춘추 화친시도 실패 (대야성 전투 이후 642년 이후)
  - 연개소문 도교 진흥책 : 당 도사 초빙, 불교세력 반발, 보덕 백제 망명
  - 당태종 침입 : 양만춘의 61_____ 전투 승리(645), 여·당전쟁

  사료TIP 당 태종이 다시 고구려를 정벌하려 했으나

  - 연개소문 사후내분, 연정토 신라 망명(666) → 멸망

· **무왕**(30대 600~641)
  - 서동요 주인공, 부여 왕흥사
  - 62_____ 천도 계획(실패, 왕궁평성, 제석사, 미륵사 건축)
  - 63_____ 석탑 (사택적덕의 딸 사리봉안)
  - 관륵 등을 일본에 파견(천문, 지리, 역법 등 서적과 불교 전파)

· **의자왕**(31대, 641~660)
  - 해동증자, 신라 공격(643, 직접 64_____ 정복, 윤충의 65_____ 함락, 당항성 공격
  - 즉위 말 사치&향락으로 내부 분열, 나당연합군 공격으로 멸망

· **진평왕**(26대 579~632)
  암기TIP 걸속
  - 66_____(608, 수에 고구려 공격 요청), 67_____(원광)
  - 승부, 영객부, 위화부, 조부, 예부
  - 연호 : 건복, 남산신성비(부역동원자료), 고구려 침입(아단성-온달, 북한산성 등)

· **선덕여왕**(27대, 632~647)
  암기TIP 황분첨
  - 68_____ 9층 목탑, 69_____, 분황사 모전석탑
  - 첨성대, 70_____ (연호)
  - 선덕여왕 지기삼사(삼국유사에 나오는 선덕여왕 예언 세가지, 모란꽃, 영묘사, 임종일 예언

  사료TIP 모란꽃에 향기가 없다, 영묘사에 개구리가 우니'

  - 고구려 당항성 공격, 백제 대야성 침공, 김춘추 고구려 제휴 시도 실패 후 대당외교 주도, 비담·염종의 난(김유신 진압)

· **진덕여왕**(28대, 647~654)
  암기TIP 나태
  - 71_____(김춘추), 태평송(당 고종에게 전함) → 십자외교
  - 72_____ · 창부 · 좌우이방부
  - 73_____ (연호), 중국식 의관착용, 진골은 아홀 (높은 벼슬아치가 가지는 무소뿔이나 상아로 만든 홀)을 들게 함, 정조하례제 실시(651), 품주 개편(집사부, 중시 설치), 적극적 한화정책 실시
  - 중국연호 영휘 사용

· **무열왕**(29대, 654~661)
  암기TIP 백사
  - 김춘추, 최초 진골왕, 갈문왕제도 폐지, 집사부 시중 세력 강화(상대등 세력 약화)
  - 74_____ 멸망, 감찰 75_____ (내사정) 설치, 중국식 시호 사용

· **문무왕**(30대 661~681)
  암기TIP 돌소매기
  - 삼국통일(나당전쟁), 외사정
  - 석성전투, 76_____ 설치, 77_____ 전투, 북원경과 금관경 설치, 기병중심의 5주서 설치, 형률을 관장하는 우이방부 설치, 부석사, 사천왕사 창건, 해상무덤

· **신문왕**(31대, 681~692)
  암기TIP 만국돌9개
  - 만파식적, 국학, 78_____ 난
  - 79_____ 10정, 9주 5소경

총정리

	고구려	백제	신라
2c	태(옥고형) 고(진부해)		
3c	동(동공)	고(고율한복)	
4c	미(낙서) 고(원통하게死) 수(율불태)	근(7개해외) 침(불동마)	내(말타고도와줘)
5c	광(영신후) 장(비평제한사지중)	비(비눌) 개(개롭게死) 문(문열고 이동) 동(동지)	눌(묵부자) 자(방에서 자) 소(우행시)
6c		무(22무사송양벽) 성(부관이사)	지(중국 철제 왕 우산 시장) 법(불법병상원금) 진(단북창황마)
7c	영(살수) 보(멸망)	무(무미) 의(멸망)	진(걸속) 선(황분첨) 진(나태) 무(백사) 문(돌소매기) 신(만국돌 9개)

CHAPTER 07 고대정치 (2)

POINT ① 가야 ② 통치체제

1 가야(철기 문화) ↔ (변한 12국 → 6가야연맹)

금관가야 (김해, 해안가)	· 시조 : 김수로(1) 암기TIP 수청 · 3세기 성장 → 고구려 미천왕때 낙랑정복으로 쇠퇴(4C) · 농경↑(벼), 철↑, 2 무역(낙랑-가야-왜) · '포상 8국의 난'으로 쇠퇴 - 가야연맹체가 금관가야 공격 · 5세기 3 공격으로 쇠퇴 · 6세기 4 에게 항복함 · 유적지 : 김해 5 고분(덧널 무덤), 부산 복천동 고분 · 유물 : 철제 판갑옷, 파형동기(일본제 청동기, 가야와 왜 교류 증거) · 구지가(탄생설화), 인도 아유타국 공주(허황후)와 결혼 암기TIP 3광법대 - 3세기, 광개토, 법흥왕, 대성동
대가야 (고령, 내륙)	· 시조 : 이진아신왕(6) 암기TIP 진주 · 5세기 성장 - 호남 동부지역까지 세력 확대 · 농경↑, 철↑, 중계무역×(내륙지방) · 백제↑, 신라↑ ⇒ 국제적 고립 · 신라와 결혼동맹(7 -법흥왕) 이후 금관가야 멸망 암기TIP 이뇌없는 사람 법도 모르고 · 6세기 8 에게 멸망(이사부, 사다함) · 유적지 : 고령 9 고분 사료TIP 가야의 마지막 왕 도설지왕 · 유물 : 판갑옷, 투구, 금동관 암기TIP 5지결투진 - 5세기, 지산동, 결혼동맹, 진흥왕

* 가야 고분
  · 유형 : 덧널무덤, 돌덧널무덤 → 굴식돌방무덤(백제 영향 ⇒ 가야 고분에서 백제 은제관식 나옴)
  · 고분 : 고령 지산동 고분(대가야), 김해 대성동 고분(금관가야), 창녕 계남리 고분(비화가야),
    함안 말이산 고분(아라가야), 부산 복청동 고분 ⇒ 신라 영향(금관, 철제 갑옷 · 무기)
* 수레토기 : 일본 스에키 토기에 영향
* 임나일본부설 : 일본이 한반도 남부를 지배했다는 주장, 일본서기, 칠지도, 광개토대왕 비문을
  근거로 함 → 조작, 왜곡으로 현재 부정되고 있음

2 통치체제

POINT 조직표 암기X, 구체적 관청 내용, 변화과정 물어봄, 왕권↑, 신권↑ 기구 중요

	고구려	백제	신라

중앙	· 대대로
	· 왕족 - 고추가
	· 10 (14관등), 형 · 사자
	  계열
	· 중앙관제 : 내평, 외평, 주부
		· 상좌평(내신좌평) - 6좌평
		· 왕족 - 갈사
		· 15 , 솔 · 덕계열, 은제관식
		· 성왕 22부로 확대(외관 10
		  부, 내관 12부)
			· 상대등
			· 왕족TOP - 갈문왕
			· 19 , 찬 · 나마계열

지방	5부(수도), 11 (지방)	5부(수도), 16 (지방)	6부(수도-토착적), 20 (지방)

군사	· 12 , 처려근지, 도사
	  (지방 행정+군사)
	· 13 , 말객 - 중앙에서 파견
		· 17 , 군장, 도사
		  (지방 행정+군사)
			· 21 , 당주, 성주
			  (지방행정+군사)
			· 서당(직업군인)
			· 6정(징병, 진골지휘)

특수	3경(국내성, 평양성, 한성)	22담로(지방에 왕족 파견)	2소경(중원경-충주, 동원경-강릉)
회의	14 회의	18 회의(사비)	22 (만장일치제)
청소년 조직	선비	수사	화랑도

※ 심화 - 왕권 강화 위해서는 인사권, 재정권, 군사권 장악이 핵심이다.

· 고구려
  형계열 : 가부장적 족장 계통   사자 계열 : 전문행정직에서 분화된 관료집단
  대모달 : 5위 관등 위두 대형 이상   말객 : 7위 관등 대형 이상
  당주 : 말객 아래 계급

· 백제 6좌평
  23   좌평(최고관등), 내두좌평(재정), 병관좌평(군사), 24   좌평(의례,예절, 교육), 25   좌평(법률, 형법),
  위사좌평(왕실호위)

· 신라
  26   : 국가기밀(진덕여왕)   병부 : 군사(법흥왕)   예부 : 외교 · 교육 · 의례(진평왕)
  27   : 인사(진평왕)   창부 : 재정(진덕여왕)   좌 · 우이방부 : 사법 · 치안(진덕여왕,문무왕)
  조부 : 공물 · 무역(진평왕)   28   외교(진평왕)   승부 : 거마(수레) · 교통(진평왕)
  사정부 : 감찰기구(무열왕)

PART 02 고대 사회의 발전 16

출정식

1. 가야

금관가야	대가야
3 광 법 대	5 지 결혼 진

2. 통치체제

암기팁	고구려	백제	신라
중앙	10(형,사자)	16(솔,덕)	17(찬,나마)
지방	5부	5방	5주
지방관	욕(욕살)	방(방령)	군(군주)

CHAPTER 08 고대정치 (3)

POINT ① 삼국통일과정 ② 부흥운동 ③ 신라시대 구분 ④ 고대비석

1 삼국통일과정

(1) 수나라 건국 → 고구려 1_____ 선제공격
(2) 수나라가 고구려 공격 → 2_____ (을지문덕, 오언시-지족)
(3) 수× → 당 건국 → 당, 고구려 공격 → 3_____ 전투 승리(연개소문, 양만춘-당 태종이 직접 공격)
(4) 김춘추 · 당 태종 4_____ (당-대동강 이북, 신라-대동강 이남 ⇒ 십자외교 형성)
(5) 나당연합군 백제 공격(5_____ 황산벌전투×) → 6_____ 멸망(660, 의자왕 항복), 백제 부흥 운동(복신, 도침, 흑치상지, 지수신)
(6) 당나라 백제 땅에 7_____ 설치(660), 신라 땅에 8_____ 도독부(663), 9_____ 전투(663) 암기TIP 닭백수
(7) 10_____ (의자왕 아들)을 웅진도독부 도독에 임명(664)
(8) 11_____ 회맹 - 문무왕 · 부여융 형제맹약(665)
(9) 나당 연합군 고구려 공격 → 내분(연남생, 남건), 멸망(12_____ , 평양성 함락)
(10) 당이 고구려 땅에 13_____ 도호부 설치(668) → 당나라가 한반도 지배 야욕
(11) 설오유의 당나라 공격(670, 고구려 고연무와 연합해 압록강 건너 당나라 공격) - 신라 웅진 도독부 공격 → 석성 전투(671)

(12) 신라, 백제 지역 14_____ 설치(671, 사비에 설치, 백제 땅에 대한 지배권 확보)
(13) 당의 문무왕 관직 삭제 (674), 문무왕이 15_____ 을 보덕국왕으로 추대(674) → 나당전쟁 → 천성전투 → 마전, 적성전투(675년),
(14) 16_____ (육지, 675년, 당 이근행의 20만 대군 격파), 17_____ (바다)전투(676년, 당 설인귀 수군 섬멸, 안동도호부를 요동으로 추출) → 신라 승리(18_____ , 삼국통일(676), 대동강~원산만 국경선)
(15) 당이 보장왕을 요동주도독에 임명, 보장왕 고구려 부흥운동 전개하다 실패(681)

암기TIP 진짜 닭은 웅취 안동 / 돌 소 천 매 기 - 웅진도호부, 계림도호부, 부여융, 취리산, 안동도호부, 석성전투, 소부리주, 천성전투, 매소성, 기벌포

2 부흥운동

암기TIP 백제 - 복도에서 주류먹고 안주는 흑임자 - 복신, 도침 주류성, 흑치상지, 임존성

(1) 백제(흑치상지, 지수신(무장), 복신(왕족), 도침(승려) 주도)
① 배경 : 의자왕과 왕자들 대신 등 1만 2천명 당으로 끌려감
② 나 당 연합군의 횡포로 백제 부흥운동 발생
③ 19_____ 의 3만 부흥군은 20_____ 을 거점으로 2백여성 회복
④ 복신, 도침은 21_____ 을 근거지로 부흥운동 전개 → 왕자 22_____ 을 왕으로 추대(661)
⑤ 복신이 23_____ 을 살해 후 병권 장악 → 복신이 24_____ 에게 살해 당함 → 내분 심화
⑥ 당의 25_____ 설치(신라지배하려함, 663.4)
⑦ 왜군의 수군 파병 → 26_____ 패배(663.9)
⑧ 주류성 함락, 흑치상지 투항, 임존성의 지수신도 고구려로 도망(665)
  → 백제 부흥운동 실패(백강, 주류성 함락)

(2) 고구려 암기TIP 고구려 - 오골계 고아 한잠 자고 안마받는다 - 오골성, 고연무, 한성, 검모잠, 안승, 금마저
① 연개소문이 병사(665) 이후 남생과 남건의 갈등 → 27_____ 신라 망명(666), 연남생 당에 투항
② 연남생을 앞세운 당군은 부여성을 함락
③ 황해도 한성이 신라에 점령, 평양성 함락 → 고구려 멸망(28_____ .9)
④ 당 29_____ 설치
⑤ 궁모성의 30_____ 평양성을 탈환하였으나 실패하고 이후 안승을 왕으로 하여 한성으로 이동(669)
⑥ 신라의 지원으로 고구려의 고연무(31_____)와 신라의 설오유가 이근행이 이끄는 당군 격파
⑦ 문무왕의 안승 회유 : 안승을 32_____ 국왕에 봉함 → 안승 검모잠 살해 → 안승 33_____ 이동(670)
⑧ 당군에게 안시성 함락(671) → 고구려 부흥운동 실패 → 대조영의 발해가 고구려 계승
⑨ 안승 : 금마저(문무왕 때 안승을 34_____ 임명 674년, 35_____ 때 안승을 36_____ 으로 편입함)

3 신라시대 구분

	혁거세~지증왕	37 ____ ~진덕여왕	무열왕~ 38 ____	39 ____ ~경순왕
40 ____ (혈통)	상대 (성골왕)		41 ____ (진골, 김춘추 직계)	하대 (범내물왕 방계)
삼국유사(왕명)	상고(고유왕명)	42 ____ (불교식)	하고(중국식 시호)	
특징	국가기틀, 고대국가	귀족연합	전제왕권	왕위쟁탈, 호족↑

↳ 암기TIP 사중대무혜 / 유중고법진 – 삼국사기, 중대, 무열왕, 혜공왕 / 삼국유사, 중고, 법흥왕, 진덕여왕

4 비석

(1) 고구려

① 43 _____ (414) : 장수왕 때 국내성
- 초반 : 고구려 역사(천하 중심), 천제 → 주몽 → 태조 → 광계토대왕 연호 영락 사용
- 중반 : 광개토대왕 업적(영토 확장), 비려, 백제, 숙신, 후연, 왜구격퇴(400)
- 후반 : 수묘인(외국인 포함), 역동원

② 44 _____ (충주고구려비)
장수왕 때로 추정, 충주 cf 서원경–청주 – 고구려가 신라를 동이라 낮춰 불리면서 45 _____
____ 에게 의복 하사 하는 내용, 5세기 고구려, 신라 관계 유추(신라토내당주(新羅土內幢主), 신라영토 안에 고구려 군대주둔), 고구려 남한강 진출 증거, 고구려 관등명 기록(대사자, 발위사자, 대형, 당주)

(2) 백제

① 무령왕릉 지석 : 46 _____ (앞), 토지신에 제사하는 내용(뒤, 도교)
② 사택지적비 : 의자왕 때로 추정, 사택지적이라는 사람이 세운 비석, 인생무상(도교)

(3) 신라

① 지증왕 　암기TIP 포항 냉수가 증발 – 포항중성리, 냉수리, 지증왕
- 47 _____ (501) : 신라 최고 비석, 모단벌 인물의 재산분쟁과 관련된 판결문 기록
- 48 _____ (503) : 절거리 라는 인물의 재산 분쟁 판결, 왕의 소속부의 명칭을 씀(사훼부, 지도로 갈문왕), 6부 지도자 명칭 기록, 신라를 사라(斯羅)라 기록

② 법흥왕 　암기TIP ㅂㅂ – 법흥왕, 울진봉평비
- 49 _____ (524) : 화재 책임자 처벌, 동해안 진출 파악, 6부 지도자 명칭(훼부, 모즉지 매금), 노인법과 장형의 존재 확인 가능
- 영천 청제비(536) : 영천 청못이라는 저수지를 축조하면서 기록한 비석, 신라 수리 시설과 부역 동원을 파악할 수 있음

③ 진흥왕 　암기TIP 단북창황마 – 단양, 북한산, 창령, 황초령, 마운령
- 50 _____ (551) : 한강상류진출, 고구려 영토였던 단양 적성을 차지한 뒤 공을 세운 51 ____ 와 그 유가족에서 포상하는 내용, 신라의 조세 제도 및 사회상 유추(소녀(小女), 소자(小子) 등 기록)
- 52 _____ (555) : 한강 하류 진출 증거, 조선 후기 김정희가 고증(금석과안록), 이후 신주 설치
- 53 _____ (561) : 대가야 정복 1년전 비화가야(창녕) 지역을 점령하고 세운 비석
- 54 _____ (568) : 함경도 진출 증거 → 비열홀주 설치
- 순수비 : 북한산비, 창녕비, 황초령비, 마운령비
- 적성비 : 단양적성비

④ 진평왕
- 경주 남산 신성비(591) : 경주 남산에 산성을 축조하면서 부역동원을 기록한 비석

CHAPTER 09 고대정치 (4) – 통일신라

POINT 통일신라 왕과 통치체제 (8세기, 9세기 왕 특징과 내용)

1 신라 중대, 하대 왕 업적

7C

- 1_____ (김춘추, 654~661) : 통일×, 외교달인
  최초의 진골 왕, 2_____ 정복(660), 집사부 시중 권한 강화, 중국식 시호 사용(태종 무열왕), 갈문왕제 폐지, 군진설치(북진-강원도 삼척), 3_____ 설치(659)

- 4_____ (김법민, 661~681) : 삼국통일
  고구려 정복(668), 5_____ 설치(673), 삼국통일(6_____), 북원경과 금관경 설치, 기병 중심의 5주서 설치, 형률을 관장하는 우이방부 설치, 부석사, 사천왕사 창건, 7_____ 에 장례(화장, 수중릉, 호국불교)

- 신문왕(31대, 681~692) **암기TIP** 만 국 돌 9개 - 만파식적, 국학, 김흠돌, 9서당, 9주
  ① 정치
    - 8_____ 의 난(장인×) ⇒ 귀족 숙청, 이후 김흠운의 딸과 결혼
    - 상대등↓, 집사부 시중↑, 6두품↑(시중, 상대등 오르지 못함, 집사부 시랑 가능)
    - 중앙 정치 기구(14부), 지방제도 정비 – 9_____
    - 군사제도 : 10_____ (9서당 : 신라핵심 군영, 민족 융합적 성격)
    - 달구벌(대구)천도 계획
  ② 경제
    - 관료전(수조권) 지급
    - 녹읍(수조권+노동력=군사력) 폐지, 식읍제한
  ③ 사회 : 11_____ (인질)제도
  ④ 문화
    - 12_____ (국립교육기관, 유교) → 필수과목(효경, 논어)
    - 13_____ (대나무 피리, 평화상징)
    - 14_____ 창건(문무왕 업적↑) - 대왕암 근처
    - 화엄종 지원(의상)
    - 15_____ (정통성 강조) - 태조, 진지, 문흥, 무열, 문무

- 효소왕(32대, 692~702) : 남시, 서시 설치(산업발달)

8C

- 성덕왕(33대, 702~737) **암기TIP** 정발문
  16_____ 지급(722, 농민보호), 공자의 화상 국학 안치(712), 17_____ 동종 제작(725), 백관잠 지음(관료들이 지켜야 할 덕목 제시), 일본의 신라 공격 실패(731) - 일본이 300척의 병선으로 습격(대파당함), 18_____ 공격(당 연합) 폭설로 실패, 당나라가 대동강 이남 영토인정, 문묘설치, 누각(물시계) 제작

- 경덕왕(35대, 742~765) **암기TIP** 녹색 석화를 불에 태우다 - 녹읍, 석굴암, 한화 정책, 불국사, 태학
  19_____ (군현 명칭과 중앙 관부의 관직명을 중국식으로 바꿈), 20_____, 21_____ (김대성), 녹읍 부활(왕↓, 귀족↑), 중시에서 시중으로 명칭 변경, 국학 → 태학(감), 신라도 설치(발해 문왕), 충담사[안민가, 찬기파랑가], 월명사(제망매가), 22_____ 신종 주조시작(혜공왕때 완성), 만불산 제작(당에 줌)

- 혜공왕(36대, 765~780)
  8세 즉위, 왕권약화, 대공·대렴의 난(23_____ 의 난), 성덕대왕 신종, 24_____ 의 난으로 혜공왕 피살 → 중대 끝

- 25_____ (37대, 780~785)
  하대 시작, 김양상(내물왕 방계), 김지정의 난을 진압하고 즉위, 패강진 설치(황해도, 782), 국왕의 근시 조직을 통할하는 업무를 담당한 어룡성을 개편, 선덕왕 이후 150년간 20명의 왕 교체
  사료TIP 김양상이 왕이 되었다

- 26_____ (785~798)
  상대등 김경신이 즉위(무열계인 김주원과 경쟁에서 승리), 9주의 장관인 총관을 도독으로 개편, 27_____ (국학 졸업 시험) → 효경, 논어, 곡례 시험 → 상중하 관리 임용, 진골 반발 실패
  사료TIP 김경신이 왕이 되었다

- 28_____ (809~826) **암기TIP** 헌헌 - 헌덕왕, 김헌창의 난
  운주 반란 진압 (이사도), 당에서 남종선 도입(29_____), 30_____ 의 난(연호-경운, 김춘추 직계, 웅천주 도독, 김주원 아들), 김범문의 난(김헌창 아들, 경기도 여주에서 반란, 이후 무열왕계 6두품으로 강등)

- 31_____ (826~836) **암기TIP** 흥청법 - 흥덕왕, 청해진, 법화원
  장보고 32_____ 설치(828년 설치~문성왕때 폐지), 중국 33_____ (신라절, 산둥반도), 사치 34_____ (834), 당성진(당은군) 설치 엔닌[입당구법순례행기]↲

9C

- 35_____ (887~897)
  각간 위홍♡, 최치원 시무 10조 → 현존×, 삼대목(888, 각간 위홍), 최초 농민 반란 – 36_____ 의 난(889,최초 농민 반란), 37_____ 의 난(892, 무진주) 발생, 합천 해인사 길상탑 건립(895, 탑지는 최치원이 지음), 38_____ 의 난(896) ※효공왕시기 – 후백제 건국(900), 후고구려 건국(901)

- 경애왕(924~927)
  견훤에게 포석정에서 자살 강요

- 39_____ (927~935)
  신라 마지막 왕, 고려 왕건에게 귀순, 최초 40_____ 임명

※ 설계두 : 7세기 전반 골품제 모순을 비판하고 당으로 건너감, 고구려 원정 중 전사함

※ 장보고

· 중국 무령군 소장 출신, 귀국후 [41] 설치(828, 흥덕왕), 당에 [42] 건립, 교관선(무역선)

· 회역사(일), 견당매물사(당) 파견(동북아시아 무역 장악), 김우징을 도와 [43] 으로 옹립

· 딸을 [44] 차비로 세우려 함, 귀족 반대로 실패 후 난을 계획하다 [45] 에 의해 살해 됨

※ 최치원

· 중국 유학생(도당유학생), [46] 으로 유명해짐, 귀국 후 진성여왕에게 [[47]] 건의, 발해에 적대적

· [난랑비문](화랑도), [[48]](황소의 난 진압 격문), [[49]](신라역사), [사륙집], [[50]](최초문집), [중산복궤집], 사산비명(진감선사 대공탑비, 낭혜화상 백원보광탑비, 지증대사 적조탑비, 대승복사비), [법장화상전]

암기TIP 진지하게 대화 – 진감선사, 지증대사, 대승복사, 낭혜화상

암기TIP 왕계란 10개면 중국 황사 이긴다 – 제왕연대력, 계원필경, 난랑비문, 시무10조, 중국유학, 토황소 격문, 사륙집, 사산비명

※ [51] : 당유학, 빈공과 급제, 귀국후 견원의 책사 역할, 대견훤고려왕서 작성(고려왕건에게 보낸 편지)

※ [52] : 당유학, 빈공과 급제, 경순왕이 고려에 투항하자 고려 문신으로 활동, 낭원대사오진탑비명을 지음

2 통치 체제

중앙 정치기구	14부(복수장관제), 사정부(감찰기구), 국학(국립교육기관)
지방 행정기구	· [53] : 전국을 9개로 분할 – 총관, 도독(행정담당) · [54] : 지방행정, 군사요지 설치 – 사신 (관리) · 특수행정구역 : [55] , (농업, 세금↑, 거주이전 자유×) · 지방감찰 : 외사정(문무왕), 상수리제도(지방 인질)
군사기구	· [56] : 민족융합 (고구려 3, 백제 2, 신라3, 말갈 1) – 중앙군 　↳ 보덕국2, 순수고구려1 · 10정 : 지방군, 한주에 1정, [57] (국경지대)에 2정 주둔 · 군진 : 북진(무열왕, 강원도), [58] (선덕왕, 782, 황해도), 혈구진(문성왕 844, 강화도)

※ 심화

· 14부

[59] : 국가기밀	좌.우 이방부 : 형법	[61] : 감찰기구	[62] : 인사
[60] : 사신접대	국학 : 국립교육기관	공장부 : 수공업, 공사	예작부 : 토목
조부, 창부 : 재정	병부 : 군사	승부 : 육상교통	선부 : 선박, 해상교통

· 9주 : 경덕왕때 9주의 명칭이 상주(尙州)·양주(良州)·강주(康州)·웅주(熊州)·전주(全州)·무주(武州)·한주(漢州)·삭주(朔州)·명주(溟州)로 개칭되었다.

· 5소경 : 북원경(원주), 중원경(충주), 서원경(청주), 남원경(남원), 금관경(김해)

· 9서당 : 신라(자금, 비금, 녹금 서당), 고구려(황금, 적금, 벽금 서당), 백제(청금, 백금 서당), 말갈(흑금서당)

· 신라 3진 : 북진(강원도 삼척) – 말갈인 대비(무열) / 패강진(황해도 평산) – 예성강 이북 장악(선덕왕) / 혈구진(강화도) – 문성왕 ⇒ 신라 하대 독립 세력화

· 기타 : 하슬라소경(명주), 아시촌소경(경남함안)

3 신라 하대 정치 변동

(1) [63] : 골품제도 집착, 왕위 다툼에 몰두, 상대등↑, 시중↓

(2) [64] : 골품제 비판, 도당 유학으로 새로운 문물 도입, 호족과 결탁해 새로운 사회 추구

(3) [65]

· 지방에서 호족이라는 새로운 세력 성장, 중앙 정부의 통제에서 벗어나면서 반독립적 세력으로 성장

· 자기 근거지에 성을 쌓고 군대 보유(행정권과 군사권 장악) 사료TIP 스스로 성주 또는 장군이라고 칭함

※ 호족 출신 : 중앙귀족 출신(김순식), 해상세력(왕건, 장보고), 군진세력(장보고, 견훤), 초적세력(양길, 궁예), 촌주 출신(대부분)

총정리

1. 왕

7세기	진 선 진 무 문 신
8세기	성 경 혜 원
9세기	헌 흥 진 경

2. ㄱ ㄴ ㅈ ㄴ (관료전지급–신문왕, 녹읍폐지–신문왕, 정전지급–성덕왕, 녹읍부활–경덕왕)

3. 신문왕 : 만파식 9개 / 성덕왕 : 정발문(정전, 발해 공격, 문묘) / 경덕왕 : 녹색 석화를 불에 태우다 / 혜공왕 : 난, 중대 끝 / 선덕왕 : 하대 시작 / 원성왕 : 독서 / 헌덕왕 : 헌헌 / 흥덕왕 : 흥청법 / 진성여왕 : 애노 – / 경순왕 : 마지막, 사심관

4. 통치체제 : 중앙 – 14부, 집사부, 좌우이방부, 위화부 / 지방 – 9주 5소경 / 군사 – 9서당, 10정

CHAPTER 10 발해

POINT ① 왕 업적 ② 통치체제 ③ 고구려 계승근거, 당 문화 영향

1 왕

8C

고왕(1   )
세우고!
- 거란족 이진충의 반란을 틈타 고구려 유민 이주 → 걸걸중상과 걸사비우 주도
- 2   기슭에서 '진' 건국 → 발해(대조영은 걸걸중상 아들, 천문령 전투에서 이해고 격파)
- 지배층 : 고구려계, 피지배층 : 말갈계
- 연호 : 3   (신라 4   때)
- 발해 군왕(당 현종에 의해 발해 5   으로 책봉)
  [사료TIP] 고구려 별종

무왕(6   )
싸우고!
- 순서 : 당과 대립 → 산동 지방 등주(덩저우) 공격(7   ) → 신라 적대(당 요청으로 신라 발해공격-성덕왕) → 당과 신라 견제위해 일본에 사신파견하여 처음 통교(국서에 고구려계승 표방)
- 연호 : 8   (신라 9   때)
- 북만주 장악(흑수말갈 공격), 동모산에서 중경 천도(무왕 설, 문왕 설)
- 10   지방에서 당과 충돌, 산동반도 11   공격(장문휴), 덩저우 자사 위준×
- 돌궐, 일본과 교류(12   개설, 727)
  [사료TIP] 부여의 습속을 가지고 있습니다

문왕(13   )
화해하고!
- 천도 : 동모산 → 중경 → 상경 → 동경 [암기TIP] 중상동
- 당과 교류(14   , 빈공과 응시), 신라 교류(신라도, 신라 15   때), 안사의 난을 틈타 요하까지 영토 확장
- 일본 외교문서 : "나 16   대흥무"
- 중앙통치기구 : 3성 6부제, 주자감 설치
- 연호 : 17
- 황제국 표방(정효공주묘 황상), 발해 18   (당에서 책봉)
- 불교 전륜성왕 이념 수용(대흥보력효감금륜성법대왕)
- 도교 발달(정효공주묘에 불로장생 표현)
  [암기TIP] 세 싸 화 전 고 무 문 성 선 천 인 대 건
  [사료TIP] '남해부 다시마, 부여부 사슴, 미타호 붕어'

성왕(19   )
- 천도 : 동경 → 20   (마지막 천도) [암기TIP] 동상
- 연호 : 중흥

9C 전성기!

선왕(21   )
- 대조영의 아우 대야발의 4대손(왕 계보 바뀜)
- 전성기 : 22   , 최대영토 차지(23   -연해주), 요동 장악
- 연호 : 24   (신라 흥덕왕 때)
- 지방제도 : 25   (상, 중, 동, 서, 남경) 26   (지방체제 정비)
- 대부분의 말갈족 복속

애왕(27   )
- 발해 멸망, 거란족 28   (926), 거란의 동단국 건설
- 발해 부흥운동 : 후발해, 정안국, 흥료국

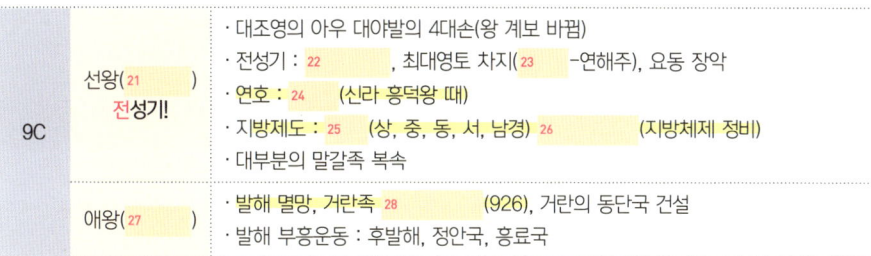

※ **고구려 계승 근거**
대조영과 지배층이 고구려 인, 외교문서에 고구려 계승의식, 대광현 등 왕족이 발해 멸망후 고려로 망명, 고구려 문화 계승(29   묘 양식, 불상, 기와, 온돌, 석등 등)

※ **당문화 수용**
3성6부, 주작대로, 도교, 벽돌무덤(용두산 고분군 정효공주 묘), 영광탑(전탑, 벽돌탑), 유학발달

※ **발해사 관련 서적** [암기TIP] 제발목동해방
- 이승휴 [30   ] : 우리 민족 역사로 최초 인식
- 유득공 [31   ] : 최초로 남북국 시대 용어 사용
- 안정복 [동사강목] : 말갈의 역사로 봄
- 이종휘 [동사] : 발해를 고구려의 계승자로 인정
- 한치윤 [해동역사] : 발해를 고구려, 백제, 신라, 고려와 같은 비중으로 다룸
- 정약용 [아방강역고] : 발해사를 우리민족으로 봄
- 신채호 [조선상고사] : 발해, 신라 양국시대론

※ **발해 부흥운동**
- 후발해 : 발해 유민이 압록강 유역에 세운 국가, 내분으로 대광현 고려에 귀순
- 정안국 : 발해 유민이 세운 국가, 열씨 중심, 송과 연대해 거란 협공 시도, 거란에 멸망

※ **신라와 발해 갈등**
- 32   : 발해사신이 신라사신보다 윗자리 앉을 것을 요구한 사건
- 33   사건 : 신라와 발해의 빈공과 장원 다툼

※ **발해 5도**
- 34   (담비의 길) : 상경-부여부
- 34   : 상경-동경
- 34   (당) : 상경-서경압록부
- 34   : 상경-남경남해부
- 영주도 : 상경-영주

※	정혜공주묘	정효공주묘
	문왕 2째 딸	문왕 4째 딸
	굴식돌방무덤	벽돌무덤
	돌사자상, 모줄임 천장구조	벽화(생활상)
	육정산고분	용두산고분
	묘지문, 4·6변려체, 대흥보력연호, 황상표현	

2 통치체제

(1) 중앙 : 3성 6부 – 당의 3성 6부제 수용 했으나 명칭과 운영은 독자성 유지

① 3성 : 35 [   ] (왕명집행, 대내상이 국정총괄), 36 [   ] (왕명반포), 37 [   ] (왕명작성)
② 6부 : 이원적 통치제제, 유교적 명칭 사용, 좌사정(충, 인, 의), 우사정(지, 예, 신)으로 구성
③ 38 [   ] (감찰), 39 [   ] (서적), 40 [   ] (교육)

(2) 지방 : 5경 15부 62주(선왕)

① 5 41 [ ] : 5경 – 상경용천부, 중경현덕부, 서경압록부(조공도), 동경용원부(일본도), 남경남해부(신라도)
② 15 42 [ ] : 지방 행정의 중심지, 도독 파견
③ 62 43 [ ] : 부 아래 하부 행정 단위, 자사 파견
④ 현 : 현승 파견 / 촌락 : 수령이라 불리는 촌장(고구려 유민 출신)을 매개로 지배(자치)

(3) 군사

① 중앙군 : 44 [ ] – 왕궁과 수도 경비, 대장군, 장군 지휘
② 지방군 : 농병일치로 지방관이 지휘

(4) 남북국 통치제제 비교

	통일신라	발해
중앙관제	집사부 포함 14부	3성 6부 : 당 + 독자적(6부 유교명칭)
수상	집사부 : 45 [ ] / 귀족대표 : 상대등	정당성 장관 / 50 [ ]
감찰기구	중앙 : 46 [ ] / 지방 : 외사정	51 [ ]
지방조직	47 [ ] (총관-도독), 상수리제도 **암기TIP** 9주 총독	15부(52 [ ]), 62주(53 [ ]), 현(54 [ ]), 촌(수령, 촌장, 말갈족 자치)
특수	5소경(48 [ ]), 향 · 부곡(농업)	5경
군사	중앙 : 9서당 지방 : 49 [ ] (1주 1정, 한주 2정)	중앙 : 55 [ ] 지방 : 지방관 통치

총정리

1. 발해

8세기				9세기	
고	무	문	성	선	애
세	싸	화		전	망
천	인	대		건	
		중상동	동상		
효소	성	경혜선원		헌흥	

2. 통치체제 – 'ㅈ' 시리즈 **암기TIP** 정중하게 주문한다

① 정당성 → 최고기구   ② 중대성 → 3성 중 하나   ③ 중정대 → 감찰
④ 주자감 → 교육   ⑤ 문적원 → 서적

CHAPTER 11 고대경제

POINT ① 토지제도 - 녹읍 ② 수취체제 - 민정문서

1 삼국의 경제정책

(1) 수취제도

1	· 재산에 따라 호를 나눔(2 - 고구려, 노동력↑) · 곡물 · 포 징수 ⇒ 3 단위 중심, 토지생산성이 낮아 노동력 중시(인두세 중심)
공물(공납)	토산물(4)징수
5	15세~60세 정남 → 축성 · 제방 · 군역에 동원

※ 심화
- 고구려
  - 세는 포목 5필에 곡식 5섬, 조(호세)는 상호 1섬, 중호 7말, 하호 5말
  - 유인은 3년에 한번 10인이 가는 베 1필을 함께 냄
- 백제
  - 세는 포목, 비단 실과 삼, 쌀을 내었는데 풍흉에 따라 차등을 둠
  - 2월 한수 북부 사람 가운데 15세 이상 된 자를 징발하여 위례성을 수리(삼국사기)
  - 부여 궁남지 출토 목간 : 인구를 중구 4명, 소구 2명 등 연령에 따라 몇개 등급으로 구분함

(2) 경제활동

농업	6 농기구 보급(4-5세기 보급, 6세기 쟁기, 호미, 괭이 널리 이용), 우경 장려 → 지증왕, 황무지 개간, 저수지 축조(철기), 7 (고구려천왕, 춘대추납 - 물가조절기능×, 구휼기능○) 휴경농법이 일반화(시비법 발달×, 연작상경×), 수리시설 확충, 시비법 발달× → 연작×
상업	시장 개설(8) → 동시, 동시전 설치(시장감독 · 9)
수공업	노비 수공업(무기 · 장신구) → 관청수공업
무역	· 10 : 남 · 북조, 북방민족 · 백제 : 남중국 · 왜 · 신라 : 고구려 · 백제 통해 중국과 무역 → 한강진출 후 당항성을 통해 직접교역

2 귀족과 농민의 경제생활

귀족	녹읍 · 식읍 · 노비 · 고리대 → 풍족 · 화려한 생활
농민	조세부담 · 전쟁동원 · 자연재해↑ · 고리대 수탈

※ 녹읍 · 식읍

녹읍	식읍
"월급"	"보너스"
관리	공신 · 왕족
-	수조권 노동력

3 남북국 시대 경제적 변화

(1) 수취제도

	통일신라	발해
조세	생산량 1/10 통일신라 이전보다 완화	조 · 보리 · 콩 징수
공물	촌락단위 · 특산물 징수	베 · 명주 · 가죽 징수
역	군역 · 요역 구분 정남(16~60세 남)대상	부역동원

※ 시장 개설(상업발달) : 소지왕 (최초) - 동시, 동시전(11) - 서시, 남시(12), 흥덕왕때 장보고 13 설치 (중국문물↑ → 사치금지령)

※ 수공업 : 노비수공업 → 관청수공업
  ① 통일신라 : 견직물(어아주, 조하주), 마직물, 나전칠기, 금은세공품
  ② 발해 : 제철, 구리제련, 도자기(발해 삼채), 직물(삼베, 비단)

※ 기타 : 흥덕왕 때 김대렴이 차 재배법 전래

(2) 토지제도 : 녹읍은 14 과 밀접한 관련성을 가지고 있다.
- 녹읍 : 15 + 노동력 수취권(사병), 지역단위로 지급
  ⇒ 신문왕 : 16 지급(수조권), 녹읍 폐지 → 왕권 강화   암기TIP ㄱㄴㅈㄴ 신신성경
    성덕왕 : 17 지급(농민에게 토지지급-세금) → 왕↑
    경덕왕 : 진골의 강력한 요청으로 18 → 왕↓
    혜공왕 : 진골 귀족 96각간의 반란, 김지정의 난(→ 혜공왕×), 중대 끝
    소성왕 : 청주 거노현을 국학생의 녹읍으로 삼았다.

※ 토지 관련 사료(삼국사기)

- 신문왕 7년 5월 문무 관료전을 지급하되 차등을 두었다.
- 신문왕 9년 1월 내외관의 녹읍을 혁파하고 매년 조를 내리되 차등이 있게 하여 이로써 영원한 법칙을 삼았다. → 녹봉지급
- 성덕왕 21년 8월 : 처음으로 백성에게 정전을 지급하였다.
- 경덕왕 16년 3월 : 여러 내외관의 월봉을 없애고 다시 녹을 나누어 주었다.
- 소성왕 원년 3월 : 청주 거노현을 국학생의 녹읍으로 삼았다.

(3) [19] (촌락문서, 신라장적)

① 조세 징수 + 부역 징발 문서(현존 신라 유일한 자료)
② 발견 : 일본 동도사 정창원 발견(도다이샤 쇼소인) - 1933년
③ 대상지역 : [20] (청주) 4개 촌락 → [21] , 살하지촌 cf 중원경(충주)
④ 작성 방법 : 촌주가 [22] 마다 작성 (지방관×), 매년 조사, 매년 세금 납부
⑤ 내용(노동력 + 인구 + 생산자원) → **암기TIP** 3 6 9 - 3년마다 촌주가, 6등급 민, 9등급 호 촌 민 호
   - 촌 면적(촌락 크기, 토지 종류·면적) **암기TIP** 뽕먹으면 잣되요 호두드세요
   - 호 : [23] (상상~하하, 사람 수 기준)
   - 민 : [24] (나이, 남·녀 구분 - 소, 추, 조, 정, 제, 노)
   - 가축 : 소, 말(개×, 닭×, 돼지×)
   - 유실수 : [25] (사과×) + 삼밭 기록
   - 주 생산층 : 일반인, 노비×(노비도 조사했지만 5%)
   - 하하호, 여자 대다수, 인구의 증감 기록했음(토지 증감기록×)
     cf 토지 생산량 증감은 기록되지 않음

⑥ 토지

촌주위답	촌주에게 지급(수조권)	관모답	관 소유 토지(공동경작)
내시령답	내시령(중앙장관, 공동경작)	[26]	민전, 개인사유지, 정(일반민)
[27]	마을 공동 경작		

(4) 경제활동

	통일신라	발해
농업	이전보다↑	밭농사 중심, 벼농사 실시(일부지역)
상업	동사+서시·남시 설치(효소왕)	상경 등 도시 교통요지에 발달
수공업	관청 수공업	제철업·구리제련·직물(삼베·비단)·도자기업↑

(5) 귀족과 농민의 경제생활

귀족	·관료전↑·노비·목장·섬 → 사치스런 생활(금입택, 비단, 숯, 양탄자, 보석, 유리) ·흥덕왕의 사치 금지령 실시
농민	귀족수탈·고리대↑·자연재해 → 농민몰락

(6) 무역

- 최대 무역항 [28] , [29] 상인 울산항 내왕, [30] 활동(청해진(완도)설치, 법화원)
- 대당무역 번성 : 공무역, 사무역 발달, 남로(영암-상하이), 북로(당항성-산둥반도)
- 일본교류 : 쓰시마에 역어서 만듦(통역관 양성)
- 중국 : [31] (거주지), [32] (관청), 신라관(여관), [33] (절, 법화원)

4 발해

(1) 수취제도

조세(조, 보리, 콩 등 곡물), 공물(베, 명주, 가죽 등 특산물), 부역(궁궐, 관청 건축에 농민동원)

(2) 농업

밭농사 중심(일부지역 벼농사) / 수공업 : 금속가공, 직물, 도자기 발달 / 목축 : 솔빈부 말 수출, 모피, 녹용, 사향

(3) 무역

- 대당무역 발달 : 산둥반도 덩저우에 발해관 설치(당나라가 설치, 발해-당, 무왕 때)
- 발해5도 : 34 _____ (당과 교류, 서경압록부 중심), 35 _____ (일본과 교류, 동경용원부), 36 _____ (남경남해부), 거란도(거란과 교류, 담비의 길), 영주도(영주와 교류)
- 수출 : 모피, 인삼, 자기, 불상, 솔빈부 말 / 수입 : 비단, 책

총정리

1. 토지제도				2. 민정문서		
ㄱ	ㄴ	ㅈ	ㄴ	3	6	9
신		성	경	촌	민	호

암기TIP 정연마마 - 정남, 연수위답, 마전, 마을공동경작

CHAPTER 12 고대사회

POINT ① 사회제도 - 골품제 ② 사회시책 - 진대법, 화백, 화랑

1 신분제도

(1) 삼국시대 이전(초기 연맹국가 시기)

① 가(加) : 부족장 세력, 호민을 통해 읍락 지배 → 귀족으로 변화

② 1 _____ : 경제적으로 부유한 계층(고구려 호민, 좌식자, 전사집단) → 귀족과 평민으로 분화

③ 2 _____ : 농업에 종사하는 평민(부여의 하호 전쟁시 식량 공급) → 평민으로 변화

④ 노비 : 주인에게 예속된 천민층 → 전쟁노비, 부채노비 지속

(2) 삼국시대 이후

① 지배층 : 왕족, 부족장 세력이 중앙귀족으로 재편성, 지배층 대상의 별도 신분제 운영(골품제)

② 평민층 : 대다수 농민, 신분적으로 자유민, 조세납부, 노동력 제공의 의무(이후 몰락)

③ 천민층 : 노비가 대다수, 왕실, 귀족, 관청에 예속, 전쟁포로, 죄수, 채무자가 노비화 됨

2 고구려

(1) 사회 특징 : 3 _____ 사회 기풍, 약탈 경제(부경), 5부족 연맹체, 귀족회의(제가회의), 계루부 고씨(왕족), 대외 정복 활발

(2) 법률 : 감옥(뇌옥)×, 형벌 엄격, 반역자 화형에 처한 후 다시 목을 베었고, 그 가족을 노비로 삼음, 적에게 항복한자 사형, 전쟁에 패배한 자 사형, 1책 12법

(3) 혼인풍습 : 4 _____, 5 _____, 평민층은 자유연애, 남자집에서 돼지고기 술을 보낼뿐 다른 예물을 주지 않음(매매혼×)

(4) 신분제 : 가, 대가(귀족), 호민(부유층), 하호(평민-물자운반, 무기×), 노비(천민, 전쟁노비)

(5) 6 _____ : 고국천왕 때 을파소가 건의함, 춘대추납, 빈농구제, 왕권강화(귀족세력 억제)

* 5부족 : 계루부(왕), 소노부(이전왕족, 자체제사), 순노부, 절노부(연나부, 왕비족), 관노부(관나부인소속)

3 **백제**

(1) **사회특징** : 7_____ (말타기, 활쏘기), 고구려와 사회 기풍이 비슷하다

(2) **신분**

- 귀족(8성-진,해,사,연,협,목,백,국), 8_____ (왕족), 진씨(왕비족),
- 6관등 나솔이상은 9_____ (나솔~무독까지 관복이나 허리띠 색깔로 관등이 구별되었다.)
- 귀족들은 중국 고전 및 역사책을 읽고, 능숙한 한문을 사용함. 투호, 장기, 바둑 등을 즐김

(3) **법률**

- 간음한 자 남자집 노비(여자만), 도둑질한 자(귀양, 10_____ 배상), 뇌물, 횡령(금고형, 11_____ 배상)
- 반역, 전쟁에서 퇴각, 살인자는 사형

4 **신라**

(1) **화랑제도** : 원시사회, 청소년 조직 기원 → 12_____ 때 국가 조직화(통일 이후 약화)

① 구성 : 화랑(진골) 1명 + 13_____ (승려, 교사) + 낭도(귀족, 평민)

② 신분 갈등완화 기능, 군사력↑

③ 원광 세속오계(화랑규율, 호국불교-살생유택), 14_____ (화랑 유교 경전 공부 약속), **최치원**
난랑비문 15_____ (노나라 사구) + 16_____ (축건태자) + 17_____ (주나라 주사))

(2) **화백회의** : 귀족회의, 상대등 주관, 만장일치제(남당에서 유래), 6세기(지증왕, 법흥왕, 진흥왕) 전성기
→ 진지왕 폐위시킴(왕권 견제)

(3) **골품제** : 족장 편입 과정, 법흥왕 완비, 폐쇄적 신분 구조, 왕경인, 소경인 대상(지방민×), 일반생활규제

신분			관직	복색 (관등기준)
골 (혈통)	왕족	성골	혁거세~진덕여왕 → 소멸	
		진골	18 ~ 대아찬	자색
품 (관품)		6두품	19 ~ 급벌찬	비색
		5두품	20 ~ 나마	청색
		4두품	21 ~ 조위	황색
		3~1두품	평민화	

무열왕 ~ 경순왕 (관직 열: 진골~4두품 행)

암기TIP 이대에서 아~ 급해서 대나무에 대조

---

* 촌의 지배자를 촌주라고 불렀고, 5~4두품에 해당하는 권위를 가졌지만, 실제로 벼슬길에 오르지는
못하였다.

⇒ 주의

- 진골은 이벌찬 ~ 조위 가능, 자색은 독점(상한선은 있지만 하한선은 없다.) = 모든 복색 가능
- 관등(골품이 기준이 아님)에 따라 복색 결정
- 관등 승진의 상한선이 골품에 따라 제한됨
- 통일 이후 3두품에서 1두품은 평민화

※ 22_____

- 골품제의 불만을 무마하기 위해 만듬
- 아찬, 대나마, 나마에 중위제 설치, 6등급인 아찬은 사(4)중아찬 까지, 10등급인 대나마는 구(9)중
대나마까지, 11등급 나마는 칠(7)중 나마까지 진급
- 골품제의 한계를 벗어나지 않으려는 신분의 허구적 이동방법

※ 23_____

- 대부족장 출신, 6관등 아찬까지 승진, 중앙장관×, 득난, 집사부 시랑직
- 중대 – 왕과 결탁 / 하대 – 호족과 결탁 ⇒ 신분제 한계 종교·학문 분야 진출, 중위제 실시(골품
한계성 보완, 아찬(4등급), 대나마(9등급), 나마(7등급))
  ① 24_____ : 일심, 화쟁사상
  ② 25_____ : 화왕계, 이두·향찰 정리
  ③ 26_____ : 불교를 세외교라고 비판, 유교 공부, 외교문서-답설인귀서, 청방인문서
  ④ 27_____ : 도당유학생, 귀국 후 시무 10조, 토황소격문, 계원필경, 제왕연대력, 난랑비문

5 신라하대

(1) ²⁸◯◯ 등장 : 지방의 반독립적 세력, 6두품과 결탁하여 골품제 비판, 스스로 성주나 장군 칭함, 선종, 풍수지리 유행, 농민반란↑

  ※ 호족 출신 : 중앙귀족 출신(김순식), 해상세력(왕건, 장보고), 군진세력(장보고, 견훤), 초적세력(양길, 궁예), 촌주 출신(대부분)

(2) ²⁹◯◯ : 반 신라적 경향, 호족과 결탁, 대표적 6두품 - 최치원, 최승우, 최언위 등
(3) 통일 신라 귀족의 생활 : 금입택(호화주택), 사절유택(계절에 따라 거주지 변경), 녹읍, 식읍, 고리대로 재산 축적, 사치품 사용 cf 흥덕왕 시기 사치금지령 실시
(4) 평민 : 자영농이 귀족에게 토지를 약탈당해 소작농이 되거나 귀족에게 진 빚을 갚지 못하고 노비로 전락하는 경우가 다수 생김 (농민 몰락) → 민란 발생 (원종 애노의 난, 적고적의 난)
(5) 노비 : 삼국 - 전쟁노비, 통신 - 채무노비

6 발해

(1) 지배층 : 왕족 대씨와 귀족 고씨 등 고구려계와 일부 말갈족(양씨) ⇒ 당 빈공과 응시(등제서열)
(2) 피지배층 : 발해 주민 중 다수가 말갈인
(3) 사회 특징 : 당 제도와 문화 + 고구려문화 + 말갈 전통생활 모습

총정리 * 골품제

이대나온 여자가	자	대나무에서	청
아급해서	비	대조하조	황

CHAPTER 13 고대문화 (1)

POINT ① 불교사상 특징 ② 원효, 의상 비교 ③ 교종, 선종 비교 ④ 승려 특징

※ 불교 사상 : 석가모니가 창시 이후 소승불교와 대승불교로 분화
(1) 소승불교 : 상좌부 불교, 개인해탈을 추구, 석가는 스승, 초기 불교, 동남아시아에 전파
(2) 대승불교 : 중생구제, 석가는 신, 중국과 동북아시아에 전파(정치적 불교)
  ① 교종 : 교리(경전) 공부, 형식적, 권위적, 교종5교 설립, 신라 중대, 고려 귀족과 왕실 숭상, 조형미술 발달, 탑과 불상 발달
  ② 선종 : 참선으로 해탈(불립문자), 실천강조, 9산선문, 하대 호족, 고려 지방세력, 무신정권, 부도 유행

1 불교 사상의 발달

(1) 불교의 수용 암기TIP 전순 - 전진 순도 / 불동마 - 불교 동진의 마라난타
  ① 고구려(372) : ¹◯◯ · 전진에서 순도가 전래 → 삼론종(승랑), 혜관, 삼론종 일본 전파
  ② 백제(382) : **침류왕 · 동진에서** ²◯◯ 가 **불교** 전래 → 율종(겸익)
  ③ 신라(527) : 고구려 묵호자 전래(눌지왕) → **법흥왕 공인** → ³◯◯ 순교 후 공인(⁴◯◯, 백률사 석당) ⇒ 역할 : 국가정신 확립(세속5계), 왕권강화의 이념적 토대(불교식 왕명), 선진문화 수용

(2) 삼국의 불교
  ① 고구려 · 백제 : 수준 높은 사상적 이해, 고구려 삼론종, 백제 계율종 발달
  ② 신라 : 불교가 왕권과 밀착하여 성행 함, 계율종, 열반종 등 유행
    • 업설(왕, 귀족 특권↑)
    • 왕즉불 사상(불교식 왕명, 법흥~진덕여왕, 법진선)
    • 세속5계(원광), 국통제(혜량)
    • 미륵불(화랑제도)
    • ⁵◯◯ (황룡사 9층목탑, 백좌강회 - 국가안녕기원)
  ③ 역할 : 왕권↑, 새로운 국가 정신 확립, 선진문화 수용

※ 신라 국왕 활동

① 법흥왕 : 불교 공인
② **6**⬜ : 전륜성왕자처, 교단조직(국,주,군통-혜량), 황룡사, 흥륜사
③ 진평왕 : 원광의 활동(걸사표,세속5계), 진평왕은 백정(석가아버지), 왕비는 마야(석가어머니) 이름 사용
④ **7**⬜ : 자장의 활동(대국통, 계율종, 황룡사9층목탑)
⑤ 신라 하대 : 현실 구복적 밀교 성행

2 삼국시대 불교 특징

선진문화 수용, 업설, 미륵신앙(미륵반가사유상-삼국, 화랑), 호국불교, 왕즉불(불교식왕명-법진선), 교단 결성(진흥왕, 혜량을 국통으로 주통, 군통을 둠), 진종설 ⇒ 왕즉불(진평왕이 신라 왕족은 석가모니 후손)

3 불교 사상 발달(승려)   **암기TIP** 광장에 원효 의원이 초친다 - 원광, 자장, 원효, 의상, 원측, 혜초

(1) 고구려 : 삼론종(승랑) → 혜관(일본전파)
(2) 백제 : 계율종(겸익 : 인도에서 율종 불경을 가지고 돌아와 번역) → 신라 자장에 영향
(3) 신라

① **8**⬜ : 고구려인, 진흥왕 때 국통, 주통·군통을 두어 교단 조직
② **원광** : 진골 출신, 진평왕, 중국 유학, 수나라에게 고구려 공격하는 〈 **9** 〉씀, 화랑계율
　　　　→ 〈 **10** 〉 **암기TIP** 걸속 - 걸사표, 세속오계
③ **자장** : 진골, 선덕여왕, **11**⬜ (=호국불교), 계율종 창시, 영묘사 세움
　　　암기TIP 자장 9개 - 자장 황룡사 9층목탑
④ **원효**(설서당) **POINT** 일심, 화쟁, 원융회통, 불교대중화
　　• 6두품, 무열왕~문무왕 때 활동, 도당유학 실패(해골물, 일체유심조), 법성종 개창(분황사),
　　　12⬜ 숭상
　　• 무열왕 때 요석궁 공주와 파계 → **13**⬜ (화왕계, 신문왕) → 파계 후 평상복 입고 **14**⬜
　　　자처(무애가, 나무아미타불, 불교대중화)
　　• 여러 종파 **통합** 시도(**통합**불교, 중관 + 유식) → **15**⬜ 사상(일심이문 강조, 긍정의 유식불교,
　　　부정의 중관학파 모두비판), 일심사상(**16**⬜), 원융회통
　　• 불교 이해 기준 마련

• 서적 4개 ① 대**승기**신론소(대승불교해설) ② **17**⬜ (금강삼매설명)
　　　　　③ **18**⬜ (화쟁설명) ④ **화**엄경소(화엄경설명)
• 대중 불교 → **정토종**, 무애가 - **19**⬜ 전파, 하쿠호 문화 설립에 기여
• 소성거사, "**20**⬜ " 강조, 법성종 창시(**21**⬜), 고려시대 '화쟁국사' 추존됨
　→ **암기TIP** 아정분 일화통일 - 아미타, 정토종, 분황사, 일심, 화쟁, 통합불교, 일본전파
　/ 이승기랑 금강산가서 10번싸우고 화해한다 - 서적 이름

⑤ **의상** **암기TIP** 일화관부상- 일즉다, 화엄, 관음, 부석사, 상호의존성
• 진골, 중국 유학파, **22**⬜ 에서 수학, 해동화엄종 시작, **23**⬜ 사상(통합)
• 문무왕~신문왕 때 활약, **24**⬜ 의 축성건의를 반대, 전제왕권 지지(왕권 강화)
　사료TIP '근공사를 만류'
• 사상 : 일즉다 다즉일, 〈 **25** 〉 ⇒ **상호의존성**, 상호연관성
• 교단 : 화엄종 창시, **26**⬜ ·봉정사·낙산사(관세음신앙) → **암기TIP** 봉부낙 - 봉정사, 부석사, 낙산사
• 관음신앙 : 나무아미타불 관세음보살
• 저서 : 화엄일승법계도(화엄사상의 핵심요체를 그림과 글씨로 요약)
　* 화엄종 계승 순서 : **27**⬜ → **심상**(일본전파) → **균여** **암기TIP** 의심균 - 의상, 심상, 균여

※ 사료 : **28**⬜
법성은 원융하여 두모습이 없으니 제법은 부동하여 본래 고요해 이름도 형상도 없어 일체를 여의 었으니 깨달은 그것이지 다른 경지가 아니다.
진성은 참으로 깊고도 오묘하니 자성을 지키지 않고 연을 따라 이룬다.
하나 안에 일체요, 모두 안에 하나, 하나가 곧 일체요, 모두가 곧 하나이다.

⑥ **29**⬜ ` **암기TIP** 원해 - 원측, 해심밀경소
• 문무왕 때 당의 현장에게 유식 불교를 배움, 현장 사상을 계승한 당나라 승려 규기와 논쟁
• 중국(당) 서명사에서 자기 학설 강의, 〈 **30** 〉 - 경전 해설서

⑦ **31**⬜ **암기TIP** 왕초 - 왕오천축국전, 혜초
• 〈 **32** 〉 : 인도, 중앙아시아 풍경 기록, 프랑스 펠리오가 중국 둔황에서 발견
　→ 프랑스 보관

※ 기타 승려
① 고구려 - 33_____ (신라 불법 전하고 승통이 됨), 혜관(삼론종 전파)
- 34_____ (호류사 벽화, 일본에 먹, 붓, 맷돌 전래)
- 보덕(백제 열반종 개창), 혜자(쇼토쿠 태자 스승)
- 도관(일본세기), 승륭(일본 역학, 천문, 지리 전함)
② 백제 35_____ (인도에 구법), 혜현(당 삼론종 연구)
- 혜총(일본에 계율종 전함), 36_____ (일본에 천문, 역법 전함)
- 도장(성실논소 지음), 37_____ (일본 불교, 불상)
③ 신라 - 각덕(중국에서 부처사리 구함), 현광(천태교 연구)
- 38_____ (성덕왕 아들, 중국활동, 등신불, 지장보살화신)

* 교종 5교   암기TIP ㅂㅂ/계장/서/상표   * 교종 vs 선종

39	보덕, 경복사
계율종	40_____, 통도사
41	원효, 분황사
화엄종	42_____, 부석사
43	진표, 금산사

	교종	선종
	경전 중시	45_____
	44_____	형식·권위 부정
	조형미술↑	조형미술↓, 승탑유행
		불립문자

* 9산선문 암기TIP 홍실/무성/범굴/도사자 / 도의는 신선한 가지를 먹었더니 수염이 났다
- 가지산파(도의), 실상산파(홍척), 성주산파(무염), 사굴산파(범일), 사자산파(도윤)
- 희양산파(도헌), 동리산파(혜철), 봉림산파(현욱), 수미산파(이엄)

4 발해 불교

• 고구려 불교 계승(왕실, 귀족 중심), 문왕(전륜성왕, 불교적 성왕이라 지칭)
• 이불병좌상, 석등(규모大, 고구려 계승)
• 정혜공주묘비명 : 46_____ 효감금륜성법대왕, 문왕 때 상경 내 큰 절 10개 건립
  ↳ 문왕   ↳ 전륜성왕(불교적 성왕)
• 정소 : 중국·일본활약, 상경에 큰 절 건립

5 선종

(1) 전래 : 통일기 무렵 전래(법랑-선덕여왕, 신행-혜공왕)
  → 신라 말 혼란기에 유행(820.도의선사, 선덕왕·헌덕왕)
(2) 성격
• 실천적, 혁신적 성격, 사색과 참선, 개인적 정신세계 추구
  → 47_____, 견성오도, 이심전심, 염화미소
• 지방호족의 이념적 지주 → 9산 선문 형성
• 지방문화역량 증대, 고려 개창의 사상적 기반
• 48_____ 미술쇠퇴(교종의 권위 배격)

6 풍수지리설

(1) 전래 : 신라 하대 도선이 중국에서 전래
(2) 성격 : 산세와 수세를 살펴 도읍, 주택, 묘지 선정 + 도참 사상 결합 ⇒ 예언
(3) 영향 : 경주 중심 개념에서 벗어나 지방의 중요성 자각, 신라 정부 권위 약화, 고려 개창 사상 기반

※ 호국불교
1. 황룡사 9층목탑 2. 백고좌회(인왕경) 3. 팔관회 4. 감은사(신문왕), 대왕암, 만파식적
5. 화랑도(세속 5계) 6. 대장경 조판(초조·재조) 7. 승병 : 별기군(항마), 임란(유정·휴정)

※ 미륵신앙
1. 화랑도 2. 미륵사 3. 향도 4. 세도정치기 민란 5. 궁예

총정리

1. 불교 승려 : 광장에 원효 의원이 초친다
   ① 원광 : 결속
   ② 자장 : 자장9개
   ③ 원효 : 아정분일화통일, 이승기가 금강산에서 10번싸우고 화해한다
   ④ 의상 : 일화관부상
   ⑤ 원측 : 원해
   ⑥ 혜초 : 왕초

CHAPTER 14 고대문화 (2) – 학문, 교육, 역사서

POINT ① 학문(학문, 서적) → 최치원 ② 교육기관 특징

1 한자 보급

철기시대 전래(창원 다호리 붓) → 삼국시대 이두 · 향찰, 사택지적비(문장력↑), 외교문서
⇒ 한문↑(토착화)

> ※ 고대 국가 문화의 성격
> · 고구려 : 북조의 영향, 중국문화를 비판적 수용
> · 백제 : 남조의 영향, 중국문화를 적극적 수용
> · 신라 : 초기에는 소박한 문화, 후기 조화미
> · 통일신라 : 불교문화↑, 귀족문화↑, 문화 확산↑
> · 발해 : 고구려 문화 + 당나라 문화

2 학문 – 교육기관

(1) 고구려

- **1**⬚ (소수림왕, 국립, 귀족자제 교육, 유학, 충 · 효)
- **2**⬚ (평양 천도 이후, 장수왕 추정, 지방, 평민자제), 유학 + 무술(활쏘기) 교육, 사립
- 한문사용 능숙 : 광개토대왕릉비와 중원고구려비, 동수묘지, 모두루 묘지, 을지문덕 오언시 등

(2) 백제

- 5경박사, 역박사, 의박사가 유교경전과 기술학 교육
- 한문사용 능숙 : **3**⬚ 북위에 보낸 국서(중국북위 고구려 공격요청), 무령왕릉 지석, 사택지적
  비문(의자왕 시기, 불교에 귀의 사찰건립 내용, 인생무상 – 도교 표현, 한문사용)

> * 사택(사)씨 – 백제 후기, 사택적덕 – 무왕(미륵사지 석탑), 사택지적 – 의자왕

(3) 신라

- 화랑도를 통해 청소년에게 경학과 무술 교육
- 임신서기석, 위두의 국서(4세기 내물왕 때 전진과 교류한 최초기록 – 고구려 알선)
  ⇒ 사기 · 한서 · 문선을 이해하고 있었다(한문 이해도↑)

(4) 통일신라

- **4**⬚ (신문왕, 예부 소속 유교교육기관, 충 · 효, 논어 · 효경, **5**⬚ (대사)이하 입학, 연령은 15
  세에서 30세까지의 귀족 자제, 주로 6두품이 입학함, 수업 연한은 9년, 졸업하면 대나마, 나마 부
  여 함, 중국의 영향을 받음)
  ⇒ 변천 : **6**⬚ (신문왕) → **7**⬚ (경덕왕) → **8**⬚ (혜공왕) **암기TIP** 국 태 국 / 신 경 혜
  ⇒ **9**⬚ : 원성왕, 국학 졸업시험(필수과목 : **10**⬚ –상중하, **11**⬚ –상중, **12**⬚ –중하),
  상품 – 춘추좌씨전, 예기, 문선에 능하고 논어, 효경에 밝은자, 중품 – 논어, 곡례, 효경을 읽
  은자, 하품 – 곡례, 효경을 읽은자, 특품 – 5경, 3사 제자백가에 능한자 선발함
  ⇒ 진골 귀족 반대로 실패(6두품은 독서삼품과 지지, 실패했지만 유교 보급에 이바지 함)

> ※ 유학발달로 당나라 빈공과 합격 : 김운경, 최치원, 최언위, 최승우 등

(5) 발해

- **13**⬚ 설치(귀족자제, 유교교육기관), 수도, 압자와(발해문자, 해독×)
- 정혜공주, 정효공주 묘지 비문을 통해 한문발달을 알 수 있음
- 도당유학생 파견하고 빈공과 급제생 배출(**14**⬚ 사건)

3 학자

(1) **15**⬚ **암기TIP** 답청 – 답설인귀서, 청방인문서

- 6두품 출신, 머리에 뿔, 대장장이 딸과 결혼, 외교문서↑(문무왕) ⇒ **16**⬚ , 청방인문서(표)
- 불교 세외교 비판, 유교↑, 일부다처제와 골품제 비판

(2) **17**⬚ **암기TIP** 눈속에 빨간 꽃 – 설총, 홍유후, 화왕계

- 원효 아들, 6두품, 신문왕에게 **18**⬚ (할미꽃(충신)&장미꽃(간신)) 바침, 유교 조예↑, 이두 정리
- 성덕왕 때 '감산사아미타여래조상기' 저술, 최초 고려시대 문묘 배향(홍유후)

(3) 19 　　　　　 암기TIP 닭 한 마리를 불에 고악먹었다. - 계림잡전, 한산기, 화랑세기, 고승전, 악본
- 진골, 역사가, 신라 전통문화 중시, 성덕왕때 대표적 문장가, 신라문화를 주체적으로 인식함
- 서적 : 20 　　　　 (신라이야기), 21 　　　　 (한산지리지), 22 　　　　 (화랑역사), 23 　　　　 (승려전기), 24 　　　　 (음악서)

> * 김대문[고승전] → 각훈[해동고승전] → 일연[삼국유사]

(4) 25 　　　　
- 도당유학생(12세), 빈공과 급제(18세), 호-고운, 해운, 6두품
- 황소의 난 → 토황소격문으로 유명해짐, 귀국 후 진성여왕에 26 　　　　 건의(아찬까지 함)
- 저서 : 27 　　　　 (문집), 사산비명, 28 　　　　 (역사책), 사륙집, 난랑비문(유+불+도), 29 　　　　 (승려이야기), 30 　　　　 (진성여왕 혼란기) 사료TIP '도적들이 벌떼처럼 일어났다'
    암기TIP 진지하게 대화 암기TIP 왕계란 10개면 중국 황사이긴다
    ↳ 진감선사, 지증대사, 대숭복사비, 낭혜화상
    ↳ 노나라사구(공자), 축건태자(불교), 주나라주사(노자)

※ 기타 최치원 저서
- 발해 적개심 - 사불허북국거상표, 상태사시중장
- 현존 저서 - 계원필경, 사산비명, 법장화상전
- 화엄종 - 법장화상전, 부석존자전, 석순응전, 석이정전

※ 신라 3최 : 최치원, 최언위, 최승우

4 역사서
(1) **고구려** : 유기 100권 → 신집 5권(이문진, 영양왕)
(2) **백제** : 고흥 〈서기〉 - 근초고왕
(3) **신라** : 거칠부 〈국사〉 - 진흥왕
(4) **통일신라** : 김대문 5개(화랑세기, 계림잡전, 한산기, 고승전, 악본)

5 도교
(1) **특징** : 산천숭배, 신선사상과 결합, 귀족 취향 적격, 노장 사상, 도덕경, 무위자연, 불로장생, 신선, 지족
(2) **고구려** : 7세기 영류왕때 당에서 유입(당고조가 고구려에 도사 파견)
- 7세기 보장왕 때 연개소문의 도교 장려책(불교,귀족세력 견제, 보덕이 반발해 백제로 건너가 열반종 개창, 사신도, 31 　　　　 장려, 32 　　　　 5언시(도덕경에 나오는 지족 표현), 강서대묘 사신도(도교방위신 묘사)
(3) **백제** : 산수무늬 벽돌(산수문전), 33 　　　　 (봉황, 용, 봉래산), 무령왕릉 지석(토지신제사), 막고해 건의, 34 　　　　 (인생무상을 4.6변려체로 기록), 궁남지(무왕, 방장선산 조성)
(4) **신라** : 화랑도, 국선도, 풍류도, 무위자연, 명산대천에서 교육, 신선사상
(5) **통일신라** : 최치원 4산비문, 유불선 사상, 무덤 주위 둘레돌에 12지신상 조각, 경주 동궁과 월지(문무왕, 신선사상과 불로장생 반영), 김지성(경덕왕시기)은 노장사상에 심취하여 은둔, 하대 감가기는 당에서 도교 수행가로 알려짐
(6) **발해** : 35 　　　　 묘지명(불로장생, 무산의 기운, 곤륜산 등 도교적 표현)
    사료TIP 공주는 낙천에서 신선에 감응받았다

교육	・고구려 : 태 경 ・통일신라 : 국 태 국/ 신 경 혜/ 독서(효경, 논어)
학자	① 강수 : 답 청 ② 설총 : 눈 속에 빨간 꽃 ③ 최치원 : 왕 계란 10개 중국 황사 ④ 김대문 : 닭 한 마리 불에 고악 먹는다.
역사	・고구려 : 유-신　　　　・백제 : 서기(고흥) ・신라 : 거칠부(국사)　・통일신라 : 닭. 한. 불. 고. 악

CHAPTER 15 고대문화 (3) - 고분, 불상, 불탑, 승탑, 일본문화전파

POINT ▶ 각 나라 고분, 불상, 불탑, 승탑 특징(그림참고), 각국의 일본문화 전파 구체적 예

1 고분

암기TIP 무지방 - 돌무지, 굴식돌방 / 계벽돌 - 계단식, 벽돌 / 송사리가 능글능글 - 송산리, 능산리 / 덧돌 - 덧널, 굴식돌방 / 껴, ㅛㅛ

고구려	**1** 무덤		돌을 쌓아올린 무덤, 벽화×, 만주집안(국내성)일대, 태왕릉, 장군총(규모↑, 7층)
	굴식돌방무덤		돌로 널방을 짜고 그 위에 흙으로 덮어 봉분을 만듦, 도굴·추가매장(후장 가능), 모줄임천장구조(발해에 영향), 만주 집안, 평안도 용강, 황해도 안악 분포(현무도)
		벽화	·초기 : **2** ─ 무용총(무용도, 수렵도), 각저총(씨름도) / 쌍영총 : 두 개의 8각 기둥 건축 (서역 영향, 인물풍속도, 사신도 벽화), 덕흥리 고분(견우직녀도)
			·후기 : **3** (도교방위신, 현무도-강서대묘, 평안도) - 안악3호분
백제	**한성(서울)**	**4**	돌무지 무덤(규모↓), 고구려 양식 계승, 서울 석촌동 고분
	웅진(공주)	**5** 고분 1호~7호	·1호~5호 : 굴식돌방무덤(벽화O), 횡혈식 석실분 ·6호, 7호 : 벽돌무덤(6호-벽화O / 7호-벽화×) ·7호 : 무령왕릉지석(**6** ─앞면 / **7** ─뒷면), 일본산 금송, 합장묘, 양직공도(양나라 사신단 파견 그림), 오수전, 석수(돌짐승), 금제관식, 매지권
	사비(부여)	**8** (굴식돌방무덤, 사신도벽화), **9** (불교+도교, 금속공예), 절터 **10** 출토(6등급 관리인 나솔이상이 사용가능)	
신라	**11**	·시신과 껴묻거리를 넣은 나무 덧널을 설치하고 그 위에 돌을 쌓은 다음 흙으로 덮음 (거대한 봉분) ·도굴×, 합장×(추가×), 벽화×, 규모↑, **12** 시대(내물왕~지증왕) ⇒ 왕관 ·껴묻거리(유물↑), 천마도(말안장)-천마총, 규모大-황남대총, 금관장식-금관총 ·**13** 그릇(광개토대왕 이름)-호우총, 금관(봉황)-서봉총(스웨덴 황태자 발굴 참가)
	굴식돌방무덤		규모↓, 해상무덤(문무왕, 경주 앞바다), 12지신상, 김유신묘, 괘릉, 순흥어숙묘(신라 유일 벽화 출토)

발해	**14**	·1949년 출토, 굴식돌방무덤, 벽화 없음, 4.6변려체, 지석 발견, 벽화 없음 ·고구려양식, **15** 구조, 돌사자상, **16** 고분(동모산인근), 문왕 2째 딸	
	17	·1980년 출토, 평행고임천장구조(고구려영향), 4.6변려체 지석 발견 ·당나라양식, **18** , 4·6변려체, 불로장생(문왕), 용두산 고분(중경부근) ·고분의 봉토위에 벽돌 탑 조성, 벽화(12명 인물도), 문왕 4째 딸	
가야	**초기**	널무덤(목관묘), 덧널무덤	
	후기	돌덧널무덤, 굴식돌방무덤	

돌무지 무덤(고구려) 굴식돌방 무덤 양식 계단식 돌무지 무덤(백제)

백제 무령왕릉 무덤 내부 돌무지 덧널무덤 고구려 굴식 돌방 무덤

※ **심화**

·고구려 굴식 돌방 무덤 종류
- 안악 3호분(동수 무덤, 대행렬도, 여인도, 부엌), 덕흥리 고문(견우직녀도)
- 쌍영총(서역영향을 받은 두개 팔각기둥, 기마도), 무용총(무용도, 수렵도)
- 수산리고분(일본에 영향), 각저총(씨름도, 별자리), 강서대묘(사신도)

·무령왕릉 : 1971년 발견(송산리고분), 무령왕릉 + 왕비 합장 / 벽화×
- 무덤 내 지석 : 토지신 제사 + 매지권 + 영동대장군 백제 사마왕
- 지석과 양직 공도를 통해 만든 중국 양나라 영향을 받은 것을 알 수 있음
- 일본산 금송으로 만든 관 발견(일본과 교류), 환두대도
- 금제 관식과 석수(돌 짐승)및 오수전(중국화폐) 출토

2 불상

암기TIP 7년된 서산 배리 석이버섯 - 연가7년, 서산마애, 경주배리, 석굴암, 이불병좌상

고구려	19 _____ : 광배 뒷면에 연가 7년이라는 연대를 새김, 북위 양식의 영향을 받음(안원왕, 북조양식)
백제	20 _____ (백제의 미소)
신라	21 _____ (배동)석불입상
통일신라	· 22 _____ (간다라 미술 양식, 불교 이상세계 실현), 사천왕상 · 후기 : 비로자나불, 마애석불, 철불이 많이 제작됨, 장흥 보림사 철조 비로자나불 좌상
발해	23 _____ (흙을 구워 만듦, 두 부처가 나란히, 고구려 영향 - 동경 절터에서 발견, 현재 일본에 소장)

* 금동미륵보살반가사유상(국보 제83호) : 삼국시대 공통 불상, 머리에 삼산관, 일본의 고류사 불상과 비슷

3 불탑

암기TIP 백미정 - 백제 미륵사지, 정림사지 / 황분 - 황룡사, 분황사 / 감석진 - 감은사지, 석가탑, 진전사지석탑

고구려	목탑, 현존×
백제	· 24 _____ (무왕) : 익산, 목탑양식기반, 현존최고, 미륵사 동, 서탑 중 서탑 현존, 사리장엄구에 사택적덕 딸이 미륵사 건립기록 출토 · 25 _____ : 부여, 목탑양식, 소정방의 백제 정복기록(평제탑)
신라	· 26 _____ : 자장, 선덕여왕, 호국불교, 몽골침입 때 소실, 백제 기술자 아비지가 도움 · 27 _____ : 선덕여왕, 벽돌모양을 모사한 석재로 만듦, 인왕상 조각, 현재 3층만 남아 있음, 4면에 돌사자상
통일신라 (2중 기단 3층탑)	· 28 _____ : 쌍탑, 신문왕, 규모↑, 왕권↑ · 29 _____ : 균형미↑, 가장 아름다운 석탑, 무구정광대다라니경 발견, 통일신라 정형 석탑 완성 · 다보탑 : 특이한 모양, 이형석탑 · 화엄사 4사자 3층석탑(구례)
신라 하대	· 30 _____ : 하대 석탑, 규모↓, 벽면조각 (부조)

※ 발해 : 영광탑(중국 길림성 장백현) - 5층 누각식 벽돌탑, 당나라 영향, 무덤위에 벽돌로 탑을 쌓은 발해 양식(정효공주 묘에서 찾아볼 수 있음)

※ 기타 신라 석탑
· 고선사지 3층석탑 : 경북경주시 소재, 2층 기단위에 3층 탑신부를 건립하고 정상에 상륜부를 올려 놓은 일반형 석탑
· 중원 탑평리 7층석탑 : 충북 충주시 소재, 각 부의 양식수법으로 모아 8세기 후반 건립 추정, 통일신라 시대 석탑 중 가장 크고 높은 석탑

연가 7년명 금동여래 입상(고구려)

경주 배리 석불

31

32

석굴암 본존불

33

34

35

감은사지석탑

진전사지 석탑

4 승탑 암기TIP 쌍(통·신) – 쌍봉사 / 고 지(고려) – 고달사지, 지광국사현묘탑

- 선종, 승려 무덤(스승), 팔각원당형(기본형)
- 신라하대 : [36]_____ 철감선사 승탑(전남화순, 팔각원당형), 양양 진전사지 도의선사탑, 염거화상탑(도의제자, 팔각원당형)

  cf 고려 : 고달사지 승탑, 법천사 지광국사 현묘탑(사각형)

쌍봉사 철감선사 승탑   염거화상 탑

5 건축

(1) 고구려

- 안학궁(장수왕, 평양) : 규모가 큼, 사각형 한면의 길이가 620m
- 평양성(장안성) : 평지성과 산성의 조합 나성 축조
- 석성 : 국내성이 방형 평면의 석성으로 이루어짐, 벽돌을 선호하는 중국과는 달리 돌을 다듬어서 축성 함

(2) 백제

- 왕흥사(부여), 미륵사(익산) – 무왕, 궁남지(별궁 연못, 부여) – 가장 오래된 궁원지

(3) 신라

- 황룡사(진흥왕) : 경주, 몽골침략 때 소실됨
- 산성 : 방어를 위한 성곽 축조(금성외곽)

(4) 통일신라

- [37]_____ : 경덕왕~혜공왕, 김대성, 유네스코 세계문화유산, 불국토 이상을 조화와 균형, 청운교와 백운교의 직선과 곡선의 조화, 임진왜란때 소실
- [38]_____ : 경덕왕, 김대성, 유네스코 세계문화유산, 인공으로 축조한 석굴 사원(네모난 전실과 둥근 돔 형태의 주실), 본존불, 10대제자, 11면 관음보살상(불교이상사회 표현)
- [39]_____ : 문무왕, 14면체 주사위, 목간 발견, 임해전(호수) 건설, 도교 영향으로 인공섬(봉래산)

(5) 발해

- 상경성(당 영향), [40]_____(당 영향), 궁궐 내 [41]_____ 장치(고구려 영향)
- 영광탑(누각식으로 쌓은 전탑)

6 과학기술 발달

(1) 천문학

① 배경 : 농경과 관련, 왕의 권위 연결
② 고구려 [42]_____(정밀한 별자리 벽화) → 조선 태조 '천상열차분야지도'
③ 신라 첨성대(현존 최고 천문대, 선덕여왕)
④ 「삼국사기」에 천문현상 관측기록 예 일 · 월식, 혜성출현, 기상이변
⑤ 통일신라 : 누각 설치(물시계, 성덕왕), 김암(사천대박사, 천문학↑)

(2) 수학(조형물에 수학적 지식 이용)

① 삼국
- 고분 석실 천장 구조(고구려)
- 정림사지 5층탑(백제) → 소정방 백제정복기록
- 백제 목간에 구구단 표 기록(부여 쌍북리 유적)
- [43]_____(신라, 백제 아비지 설계) → 황룡사는 진흥왕 / 탑은 선덕여왕
② 통일신라
- [44]_____ 석굴구조(전실 네모–땅, 후실 원형–하늘)
- 석가탑, 다보탑

(3) 인쇄술

① 목판 인쇄술 : [45]_____(8C 석가탑 발견, 현존 최고 목판 인쇄물)
② 제지술 발달 : 통일신라 기록문화 발전에 영향(닥나무 종이)

(4) 금속기술

① 고구려 : 철제무기, 도구의 우수성, 수레바퀴 제작(고분벽화 철제그림)
② 백제 : 칠지도(강철, 금으로 상감), [46]_____(금속공예기술)
③ 신라 : 금관제작(금 세공기술↑, 금관총, 천마총, 황남대총, 서봉총)
④ 통일신라
- [47]_____ 종(우리나라 범종 가운데 가장 오래된 종)
- [48]_____ 신종(=에밀레종, 금속주조 기술↑, 아연 함유된 청동으로 제작)
  * 조우관(새의 깃털) – 고구려 양식 금관 ⇒ 발해가 계승

(5) 공예
- 백제 : 창왕명석조사리감(49   (성왕 아들), 능산리 절터), 금동대향로
- 통일신라 : 불국사 석등, 법주사 쌍사자 석등, 법주사 석련지, 상원사 동종, 성덕대왕 신종

7 서예, 그림, 음악, 한문학과 향가

(1) 서예
- 광개토왕릉비문(웅건한 서체)
- 50   (신라 독자적 서체, 해동필가의 조종, 원화첩)
- *신품4현 : 김생 + 최우 · 유신 · 탄연(고려)   암기TIP 우유탄생 - 최우, 유신, 탄연, 김생
- 김인문(무열왕의 둘째 아들, 왕희지체), 무열왕비문, 화엄사석경
- 요극일(구양순체에 능함)

(2) 그림 : 천마도(벽화×), 솔거(황룡사 소나무), 벽화(고구려)

(3) 음악
- 신라 : 백결(방아타령), 고구려 왕산악(거문고), 가야 우륵(가야금, 대가야)
- 통일신라 : 향악 + 당악 + 범패(불교음악)

(4) 한문학, 향가
① 향가 : 노요요(회소곡), 혜성가(진평왕 시기), 서동요, 삼국유사에 14수 전함, 향가집 삼대목(대구화상+위홍, 진성여왕, 현존×), 제망매가, 도솔가(통일신라 - 월명사 스님), 모죽지랑가(득오곡), 찬기파랑가(충담사), 안민가(충담사) 등
② 문학
- 황조가(유리왕), 여수장우중문시(고구려), 정읍사(백제), 구지가(가야), 4·6 변려체
- 정혜·정효공주 묘비, 51   다듬이소리(발해) - 일본사신, 문왕 시기

*경주역사지구
① 남산지구(불상↑) : 배리석불, 포석정, 나정
② 월성지구 : 신라정치 중심지, 첨성대, 안압지, 계림, 월성, 임해전
③ 대릉원지구 : 천마총, 금관총, 서봉총, 황남대총, 호우총
④ 황룡사지구 : 황룡사 터, 9층 목탑 터(몽골침입 때 소실), 분황사 터
⑤ 산성지구 : 명활산성, 월성 성곽

8 일본 문화 전파

고구려	① 52 : 종이, 먹, 호류사 벽화(영양왕) 암기TIP 종을 징~ - 종이, 담징 ② 53 : 쇼토쿠 태자 스승(영양왕) 암기TIP 혜자~ 쏬! - 혜자, 쇼토쿠 ③ 54 : 불교전파, 일본 삼론종의 개조 암기TIP 혜삼 - 혜관, 삼론종 예 삼론종(영류왕) ④ 도현 : 연개소문의 탄압으로 일본으로 건너가 반고구려 입장의 일본세기 저술 - 일본서기에 영향, 현존× ⑤ 수산리 고분벽화 → 다카마쓰 고분 벽화	
백제	① 55 : 한자, 오진태자 스승(근초고왕) 암기TIP 아직 한자도 몰라? - 아직기 한자 ② 56 : 천자문, 논어, 근초고왕(근구수왕) 암기TIP 인천사람 - 왕인, 천자문 ③ 57 , 고안무 : 5경박사, 유교경전 전파(무령왕) 암기TIP 고양이 - 고안무, 단양이 ④ 58 : 불경, 불상(백제 성왕) 암기TIP 불노리 - 불교, 노리사치계 ⑤ 혜총 : 6세기 위덕왕, 일본 쇼토쿠 태자 스승, 계율종 전파 ⑥ 59 : 천문, 역법, 지리(일본 최초 승지제도 마련) ⑦ 미마지 : 7세기 무왕, 중국에서 기악무를 익히고 돌아와 일본에 전파 ⑧ 위덕왕 때 아좌태자 : 쇼토쿠 태자 초상화, 그림전수(초상화) ⑨ 목탑 세우고, 백제 가람(사원)건축 양식 생겨남 ⑩ 불상 : 고류사 미륵반가사유상, 호류사 백제 관음상 ⑪ 5경박사, 의박사, 역박사, 공예기술자(백제가람)	아스카문화 ※ 우리문화의 일본 전파 ① 청동기 - 야요이 문화 ② 삼국시대 - 아스카 문화 ③ 통일신라 = 하쿠호 문화
신라	조선술과 축제술을 전함 - 60 연못	
가야	일본 61 토기(수레토기 영향 받음)	
통일신라	62 ⇒ 일본 전파(63 문화에 기여) 심상 : 의상의 화엄사상 전파	하쿠호문화

※ 우리나라와 서역 교류
① 고구려 각저총 씨름도 : 벽화에 전형적인 서역인 모습이 그려져 있음
② 아프라시압 궁전 벽화(우즈벡 사마르칸트) : 조우관을 쓴 고구려 사신이 그려져 있음
③ 쌍영총(평남 용강) : 서역 계통의 팔간 쌍기둥
④ 금제장식보검(경제 계림로 14호분) : 그리스, 로마 양식의 보검 발견
⑤ 봉수형 유리병(황남대총) : 로마 유리제품과 형태나 제작기법이 유사한 유리병 발견
⑥ 원성왕릉(괘릉) 무인상(경주) : 원성왕릉에 있는 무인상이 서역인 모습을 하고 있음

고분	고구려	무 지 방 / 벽화 : 실생활, 사신도	
	백제	계 벽 돌 / 송사리 능글능글	
	신라	덧 돌 / 마립간 시대	
불상	–	7년된 서산 배리 석이 버섯	
불탑	–	백 미 정 / 황 분 / 감 석 진	
승탑	–	쌍 / 고 지	
일본 문화	고구려	담징, 혜자	⇒ 아스카 문화
	백제	노리사치계	
	신라	연못	
	통일신라	감 설 원	⇒ 하쿠호 문화

도끼한국사만의 특별한 암기팁으로 한 권에 완성하는 **공무원·경찰·소방 한국사**

03

중세 사회의 발전

CHAPTER 16 | 중세정치 (1)

CHAPTER 17 | 중세정치 (2) – 통치체제

CHAPTER 18 | 중세정치 (3) – 문벌귀족 사회의 성립과 동요

CHAPTER 19 | 중세정치 (4) – 고려 대외관계

CHAPTER 20 | 중세정치 (5)

CHAPTER 21 | 중세경제 (1) – 전시과

CHAPTER 22 | 중세경제 (2)

CHAPTER 23 | 중세사회

CHAPTER 24 | 중세문화 (1)

CHAPTER 25 | 중세문화 (2)

CHAPTER 26 | 중세문화 (3) – 과학기술·예술

CHAPTER 16 중세정치 (1)

POINT ① 호족 특징 ② 후삼국 통일 과정 ③ 10세기 왕 특징

1 호족 특징 ⇒ 지방 지배자(스스로 성주나 장군으로 칭함)

촌주	대다수		해상세력	무역을 통해 부 획득(왕건)
1 세력	군인출신(견원)		2 출신	도적, 민란 출신(궁예)
진골세력	신라 귀족이 낙향한 경우(김순식)			

2 후삼국 통일 과정(순서)

암기TIP 백구 나 고발 경주공고 견신 일후 - 후백제, 후고구려, 나주점령, 고려, 발해, 경주급습, 공산전투, 고창, 견훤망명, 신라멸망, 일리천, 후삼국통일

900	3 건국	견훤, **완산주(전주)**, 중국과 외교 cf **무진주(광주)** ×
901	4 건국	· 궁예, 송악 - 개성, 마진 → 태봉(철원으로 천도, 905), 신라적대적 · 연호 - 무태, 성책, 수덕만세, 정개 / 9관등제, 광평성설치
903	왕건 **나**주 점령(금성)	후백제 견제
905	후고구려 국호 변경 (마진 → 태봉)	마진으로 변경 하고 철원으로 천도 → 태봉으로 국호 변경(911)
918	5 건국	왕건, 철원에서 송악으로 천도(개경, 919)
920	후백제 대야성 점령	후백제 견훤이 신라 대야성을 점령
926	6 멸망	· 거란족 야율아보기에게 멸망, 발해 왕족 대광현 등 귀순(934) · 태조 왕건의 우대, 동족의식
927	후백제의 7 급습	견훤, 경애왕× , 신라 고려에 구원 요청
927	공산전투(대구)	후백제vs고려, 8 의 승리(고려 대패 - 신숭겸, 김락 전사)
930	고창 병산전투 (안동)	· **고려의 승리**(왕건), 공산전투 복수, 경상도 안동 지역 ⇒ 김선평(안동김씨 시조)이 왕건 편들어 고려 승리
934	운주 전투	–
935	9 망명	· 후백제 내분(신검, 금강 후계자 다툼) · 신검에게 견훤 금산사에 유폐, 견훤 고려 망명

935	신라 멸망	신라 경순왕(김부) 고려에 항복, **김부 최초의 사심관**
936	10 전투(구미) 황산전투(논산)	고려 승리
936	후삼국 통일	고려가 후백제를 병합

※ 후삼국 영웅

① 11 **사료TIP** 선종(이름), 광평성 설치, 기훤, 양길
- 신라 왕족 출신이나 버림받아 신라 적대적(부석사에서 신라왕 화상을 찢음) – 초적출신
- 선종(이름), 기훤(891), 양길(892) 부하로 있다 독립 후 후고구려 건국, 강원도, 경기도, 황해도 까지 세력 확장 → 송악(개성)에서 후고구려 건국 → 철원철도 → 마진·태봉 국호 변경
- 9관등제, 광평성 설치(장관-광치내, 시중), 내봉성 설치(내무, 백관의 서무 담당), 미륵사상을 통한 전제통치(관심법), 조세수취↑

② 12
- 상주 호족 아자개의 아들, 신라 군진 출신, 무진주(광주) 거병, 차령 산맥 이남의 충청도와 전라도 지역 차지(우세한 경제력을 토대로 군사적 우위확보)
- 완산주(전주)건국, 중국과 외교관계(후당, 오월) 일본과 외교관계, 신라에 적대적, 조세수취↑

③ 13
- 송악 지방 호족, 호족 포섭에 성공, 고구려 계승, 신라에 포용적, 해상출신, 중국 5대의 여러나라와 외교관계를 맺음(중국 5대10국시대)
- 태봉의 관제를 중심으로 신라와 중국의 제도를 참고하여 정치제도 마련, 개국 공신과 지방의 호족들을 관리로 등용

3 10세기 왕 특징

(1) 전체 흐름

10c	태 광 성	–	호족
11c	현 문 숙	거란(요, 3차례)	문벌 귀족
12c	예 인	여진(금)	
13c	고 원	몽고(원)	무신
14c	열 선 숙 목 공	홍건적, 왜구	권문세족, 신진사대부

*문벌귀족, 권문세족 : 음서를 통해 관직 진출하여 지배계층으로 성장

(2) 왕 특징

10C	태조 918~943	호족정책	· 회유책 : 혼인정책, 14_____ (공신들의 경제적 기반, 논공행상), 사성(왕씨 성 하사), 토성분정(본관있는 성씨) · 견제책 : 15_____ 제도(자치, 연대책임, 부호장 이하 임명, 최초 : 김부, 개경거주), 기인제도(인질제도) cf 호장은 상서성에서 임명 암기TIP 혼본사 / 샤기 - 혼인정책, 역분전, 사성 / 사심관, 기인제도
		북진정책	서경 중시, 국호 고려, 국경선 - 청천강~영흥만, 거란배척(만부교사건), 발해유민포섭, 연호(16____) - 자주적, 송악으로 천도, 송과 교류×
		민생안정	조세 1/10(취민유도), 흑창(춘대추납, 진대법 계승), 학보, 개경에 학교설치
		숭불정책	연등회, 17____ 개최
		교육 / 서적	· 학보설치(930), 개경에 학교 설치 · 18____ (불교, 풍수지리 중시), 계백료서, 정계(신하도리) ※ 훈요 10조 　1조 : 고려 건국은 부처님 은혜　　2조 : 풍수지리를 존중할 것　　4조 : 거란은 짐승 같은 나라 　5조 : 서경은 100일 이상 머물 것　6조 : 연등회·팔관회 행사 권장
	혜종 943~945	왕권 약화	나주 오씨 소생, 왕권약화, 왕규의 난(경기도 광주 호족 출신, 945) → 정략결혼의 폐단 - 왕식렴 + 왕요(정종) 진압 cf 광종 - 왕소
	정종 945~949	-	서경천도 시도(왕식렴) 실패, 19____ 설치(947, 광군 30만명, 거란대비), 20____ (946, 승려장학재단)
	광종 949~975	왕권 강화책	① 주현공부법(949) : 지방세금 → 국가재정 강화 ② 21____ (956) : 불법으로 노비된 자 해방 → 호족세력↓, 국가재정확보, 호족약화 추구　cf 노비환천법(성종) ③ 과거제 실시(958) : 중국 후주 출신 22____ (최초 지공거) 등용, 신진세력↑(유학자) ④ 23____ : 자·단·비·녹, 위계질서↑　⑤ 공신, 호족 숙청 ⇒ 대상, 준홍, 좌승, 왕동을 모역죄로 숙청 ⑥ 칭제건원 : 황제 칭호, 24____, 개경을 황도로 서경을 서도로 칭함 → 송과 교류하면서 연호폐지(외왕 내제) ⑦ 제위보(963) : 기금 조성, 빈민 구제(귀법사 안에 설치) ⑧ 25____ : 균여 후원(보현십원가), 화엄종 중심으로 교종통합, 선종통합시도 　↳ 북악의 법손으로서 북악을 중심으로 남악의 사상을 융합 ⑨ 왕사·국사제도 : 최초 탄문(국사), 혜거(왕사)　⑩ 공사전조법(황무지 개간시 세금면제) ⑪ 송과 교류(962) : 문물교류, 거란 견제　⑫ 논산 26____ (규모大, 국보지정됨) ⑬ 승과 실시 : 합격자에게 승계를 주고 승려의 지위 보장 ⑭ 중국에 36명의 승려를 파견하여 법안종을 배우도록 함, 27____ 을 남중국에 파견함 암기TIP 제주청에 광풍이 부니 노비들이 쌍수를 들고 귀싸대기 날린다. - 제위보, 주현공부법, 호족숙청, 광덕, 준풍, 노비안검법, 쌍기, 귀법사
	경종 975~981	-	시정전시과 - 전현직관리 대상, 관등+인품 기준, 4개 관등 기준　사료TIP 관품, 오직 인품만

※ 사심관 제도 : 중앙의 고관들로 하여금 자기 출신지의 사심관으로 임명하여 지방을 통제하도록 하는 제도, 부호장 이하 향리 임명하고 향리 감독과 풍속교정의 임무가 있음, 이후 조선 시대 유향소와 경재소로 분화 됨

* 지역 특징 : 고려시대 '의주'
  - 압록강변(청천강×)에 위치, 도호부 설치된 곳
  - 강동 6주 가운데 하나인 흥화진이 있었던 곳
  - 요와 물품을 거래하던 각장이 설치된 곳
  - 요와 금의 분쟁을 이용하여 회복하려고 시도한 곳
  - 지역 차별에 반발하여 홍경래가 난을 일으킴(청천강 이북 - 압록강 주변)
  cf 고구려 검모잠이 부흥운동 - 한성(황해도)

* 화엄종
  - 북악(경북, 왕건지지) ⇒ 부석사 ⇒ 귀법사, 성상융회 사상 (균여)
  - 남악(전라, 견훤지지) ⇒ 화엄사

※ 우리 역사상 독자적 연호
· 고구려 : 영락(광개토 대왕)
· 신라 : 건원(법흥왕) 개국·대창·홍제(진흥왕), 건복(진평왕), 인평(선덕여왕), 태화(진덕여왕)
· 통일신라 : 경운(김헌창의 난)
· 발해 : 천통(고왕) 인안(무왕) 대흥·보력(문왕) 중흥(성왕) 건흥(선왕) 정태(대인선 - 애왕)
· 후고구려 : 무태·성책·수덕만세·정개(궁예)
· 고려 : 천수(태조) 광덕·준풍(광종) 천개(묘청)
· 개항기 : 개국(1차 갑오개혁, 1894), 건양(을미개혁, 1895)
· 대한제국 : 광무(고종, 1897), 융희(순종, 1907)

		유교정치(6두품 출신 유학자들이 국정을 주도)	중앙집권책

유교정치(6두품 출신 유학자들이 국정을 주도)

① 최승로 : 6두품 출신, 견원 경주 침입때 태어남, [28]_____ 건의

　[시무 28조] - 유교정치↑, 12목에 지방관 파견, 향리제도, 중국모방×, 귀족정치

　　　　　상징(삼한공신 자제 등용), 팔관회, 연등회 폐지

※사료 - 시무 28조(현재 22조만 전래, 귀족 정치 주장)

　7조 : [29]_____ 을 파견할 것 - 지방세력 견제

　11조 : 맹목적 중국 모방 비판 - 자주적, 주체적 개혁

　13조 : [30]_____ 행사를 줄일 것 - 불교행사 억제(재정 낭비 원인)

　19조 : 광종이 공신을 숙청했으므로 그 자제를 등용하여 위로할 것 - 귀족정치

　20조 : 불교는 [31]____ , 유교는 [32]____ - 유교정치

　　　[5조정적평] - 5대왕(태조~경종)의 치적에 대한 평가, 주로 광종 비판

② [33]____ 설치 : 국립 최고 학부

③ [34]____ 설치 : 지방 국립 학교, 지방에 경학박사 · 의학박사 파견, 향학설치

④ [35]____ 정비, 문신월과법

⑤ 비서성(개경), 수서원(서경) ⇒ 도서관

⑥ 노비 [36]____ `사료TIP` 무례한 놈 다시 노비로

⑦ 도병마사 · 식목도감 기원 마련

기타

· 거란 1차 침입 → 강동 6주 획득(서희)

· 중국식 문산계 지급 (문산계 : 문반 + 무반/무산계 : 탐라왕족, 귀화여진추장, 향리)

· 화폐 [37]____ 간행(최초 화폐, 철전, 유통×)

· [38]____ 설치(하늘에서 제사), 사직단 설치

중앙집권책

① 2성 6부제, 중추원, 삼사 설치

② 12목 파견(지방관)

③ 향리 제도(호장 · 부호장제도)

④ 화폐 - 건원중보(최초)

⑤ [39]____ (춘대추납), [40]____ (물가조절)

⑥ 재면법 - 재해시 세금면제

　[41]____ -고리대 이자가 원금 초과하지

　않도록 제한

⑦ 분사제도 정비(태조-성종-예종), 경주를 동

　경으로 승격

⑧ 6위 설치(중앙), 병농일치제(지방)

10C

성종
981~997

`암기TIP` 최승로가 학교가서 시험보고 도서관에서 목성공부

2(최승로)　2(학교)　2(시험)　2(도서관)　2(목성)

시무28조　국자감　과거정비　비서성　2성6부 12목
　　　　　향교　문신월과법　수서원

`출천비`

1. 호족 특징 : 촌. 해. 군. 초

2. 후삼국 통일 과정 : 백 구 나 고 발 경주 공 고 견 신

　일 후

3. 왕

　태조 : 혼 분 사 사 기 / 광종 : 제 주 청 광 풍 노비 /

　성종 : 최승로 학교 시험보고 도서관에서 목성공부한다.

CHAPTER 17 중세정치 (2) - 통치체제

POINT
① 고려 독자적 기구(도병마사, 식목도감), 기타조직 ② 2군 6위 명칭·성격
③ 과거제 종류

1 중앙 통치 조직

왕	2성	중서문하성	문하시중, 정책 심의·결정, 1_____ (2품 이상, 6부 판사를 겸함 → 귀족정치 체제의 특징), 2_____ (3품이하, 대간) 구성	당 영향
도병마사 (군사, 외교) 식목도감 (법제, 격식) ↓ 고려 독자적 재추 회의		상서성	상서령, 실질적 장관은 좌우복야, 정책 집행 기구, 6부 - 이부, 병부, 호부, 형부, 예부, 공부	
	중추원 (이원적)		군국기무, 군사기밀 3_____, 왕명출납, 궁궐 숙위 4_____	송 영향
	어사대	-	정치 잘잘못을 논하고 관리 비리감찰, 풍속 교정 5_____	당·송 영향
	삼사	-	곡식, 화폐 출납 회계 cf 조선 삼사 - 언론 기구	송 영향

⇒ 기타 조직 **암기TIP** 보경이가 한교학원 사천요리

- 6_____ : 경연, 장서
- 7_____ : 천문
- 8_____ : 왕 교서, 외교 문서, 경연관 겸직
- 춘추관 : 실록작성
- 통문관 : 외국어
- 태의감 : 왕실의료
- 전중성 : 왕실 족보
- 비서성 : 경적과 축문

⇒ **대간**(=왕권 견제)
1. 구성 : 어사대(대관) + 중서문하성 낭사(간관)
2. 9_____ : 관리 검증(모든 관리) / 10_____ : 왕 비판권 / 11_____ : 왕명 거부권
   cf 조선 대간 : 사간원, 사헌부(양사)

※ 관직 명칭과 기능
- 12_____ : 최고관직, 중서문하성 소속
- 낭사 : 정3품이하, 중서문하성 소속(언론기구)
- 추밀 : 군국기무, 중추원 소속
- 13_____ : 관리 비리 감찰(언론기구)
- 병부 : 무관의 인사, 국방
- 형부 : 법률, 재판, 노비문제
- 공부 : 물품제작, 조달, 토목
- 재신 : 정책심의, 중서문하성 소속
- 판원사 : 추밀원 최고관직, 중추원 소속
- 승선 : 왕명출납(왕 비서), 중추원 소속
- 이부 : 문관의 인사, 공훈
- 호부 : 호구, 공부, 조세 징수
- 예부 : 의례, 제사, 외교, 교육, 과거

※ 산직(명예직) : 14_____ (6품이하) / 15_____ (5품이상) / 첨설직(공민왕 이후, 군공, 명예직)

※ 16_____
- 재신과 추밀 회의, 재추 합좌 기구, 고려의 독자적 기구, 귀족합의체, 국방문제 담당, 충렬왕 때 도평의사사(도당)로 개칭
- 성종 - 동서북면병마사의 판사제에서 유래 → 현종 - 도병마사로 정비, 완성(시험에서 2성6부, 도병마사 성종으로 나와도 OK) → 무신집권기에 중방강화로 약화 → 충렬왕때 도평의사사(도당)으로 개칭 (국정전반을 관할, 상설기구화)

※ 17_____ : 재신과 추밀 회의, 법제, 격식문제 담당(임시기구)

※ **대간** : 18_____ (대관)과 19_____ (간관)으로 구성, 왕과 고위 관리의 활동 지원 또는 제약, 정치 운영의 견제와 균형, 서경(관리 임명 및 법령 개정, 폐지 때 동의 및 거부 할 수 있는 권리), 간쟁(왕의 잘못을 논함), 봉박(잘못된 왕명을 시행하지 않고 돌려 보냄)

* 서경 종류 : 의첩서경 - 법령개폐권, 고신서경 - 관직임명 동의권(전 품계)

2 지방행정조직

(1) 정비과정 : 호족 자치 →12목 설치(성종) → 4도호부(군사) 8목(행정) (현종) → 5도 양계(현종-5도 : 행정, 양계 : 군사)

(2) 이원적 체계

5도	① 5도 : 행정단위(기능×, 상설행정기관이 설치되지 않음) 20_____ : 5품~6품, 임기 6개월, 경직으로 도내의 지방을 순찰 ② 주, 군, 현 : 주, 군에는 자사, 현에는 현령 파견, **속현수가 더 많음**(후 속현에 21_____ 파견), 속현과 특수 행정조직은 주현을 통해 간접 통제(촌주나 향리가 자치) ③ 고려시대 지방관 22_____
양계	① 동계, 북계 : 군사적인 특수지역, 북방의 국경지대 설치 ② 23_____ : 양계에 상주, 주진군 지휘, 국경방어, 3품, 임기 6개월 ③ 국방상 요충지에 진 설치(24_____ 파견)

※ 주현(관리 파견) < 속현(관리 파견×, 향리가 자치)

※ [25]

· 중 소 호족 출신, 중앙관제에 편입되지 못한 토착세력으로 향직을 세습하며, 조세, 공물 징수, 노역징발 등을 수행함. 외역전을 지급받고 과거응시가능함
· 조선시대 향리는 수령의 실무를 보좌하는 세습적 아전으로 격하되고 녹봉과 토지를 지급 받지 못함

※ 5도 : 서해도, 교주도, 양광도, 경상도, 전라도 [cf] 충청도는 조선시대 행정구역

경기	수도(개경) 근처
3경	개경, 서경, 동경(경주) → 남경(한양, [26] 때 남경승격, 숙종 때 [27] 설치와 [28] 상소 천도주장) ⇒ 풍수지리의 영향, 유수관 파견
4 도호부	군사지역, 4도호부([29]) : 안변도호부, 안북도호부, 안서도호부, 안남도호부
8목 / 주군 / 현	8목 - 지방 일반 행정이 중심지 목을 중심으로 도 형성 (교주도에는 설치 되지 않음), 목사([30]) 파견 / 주,군 - 자사 파견 / 현 - 현령 파견

예종 때 감무 파견(조선시대 현감) ↵

(3) 특수행정구역

[31] (→ 농업) · 소(→ 공업)	신분상 양인(양인보다 차별 받음), 역, 진(각각 육로 교통, 수로 교통 종사), 거주이전×, 세금↑(천민×, 일반민), 과거응시 불가(일반적), 예종때 감무파견(조선시대 현감)

(4) 고려 지방제도 특징 - 고려 vs 조선 비교

고려	조선
중앙집권↓, 이원적 체제	중앙집권↑, 일원적 체제
주현 < 속현	주현(100%), 속현×
향리↑(토지 지급), 호장·부호장	향리↓(토지, 녹봉×)
향·부곡·소([32]) 감무(예종, 조선시대 현감으로 개칭) 파견	×

3 군사제도

중앙군 (직업군인) ↓ 군인전지급 역세습	2군	[33] → 국왕 친위 부대, 왕실수비(수도경비×) / 응양군대장이 중방 의장		

수도, 국경 수비

좌우위	수도 경비 변방 경비	[34]	치안
신호위		[35]	의장
흥위위		[36]	도성문 수비

	[37]	· 2군 6위 지휘관인 상장군(정3품)과 대장군(종3품)으로 구성됨 · 최고 무신들로 구성된 합좌 기구로 군사문제 논의 함 · 장군방(장군(정4품)들의 회의기구)
지방군	주현군	· 5도, 예비군 성격, 농민의무병으로 유사시 동원 · 정용군, 보승군, [38] (향리 주도, 노역부대)으로 구성 · 지방관의 지휘를 받아 외적 방비, 치안유지, 노역에 동원
	주진군	· 양계, 상비군, 국경수비, [39] 으로 구성(보창군-북계, 영새군-동계) · 양계 거주 농민+경군의 교대병력으로 구성, 둔전을 경작하여 군량미충당 함
특수군	[40]	거란 침입 대비 → 정종, 청천강유역 배치, 주현군의 모체가 됨
	별무반	윤관(숙종), 여진정벌, [41] (기병)·[42] (보병)·[43] (승병), 양천혼성군
	삼별초	최우 사병, 몽골, [44] (몽고 포로 출신), 야별초 확대
	마별초	최우 사병, 기병대
	[45]	양천혼성군, 우왕때 왜구 격퇴 목적

※ 고려시대 군인은 직업군인으로 군적에 올라 군인전 지급 받음(세습)

4 관리 등용 제도 - 광종때 과거제 실시로 최초 실시, 성종 때 정비

과거	문과	46	문학, 논술(시,부,송,책), 귀족 선호, 문학적 재능과 정책 시험	법제상 양인도 응시 가능
		47	유교 경전 암기, 제술업이 명경업보다 중시됨, 향리 선호	실제적 귀족·향리 자제 응시 광종때 최초, 성종때 정비
	잡과	48	의(의업), 법(명법업), 지리(지리업), 서예(명서업) → 백정(일반농민) 주로 응시 cf 조선도살업자(천민)-백정	
	승과	49	· 교종시 : 교종선, 화엄경, 왕륜사에서 실시, 대덕 부여 · 선종시 : 선종선, 전등록, 광명사에서 실시, 대덕 부여 (승과에 합격해야 고위승려 가능)	
	※ 무과는 조선시대에만 존재(공양왕 때 실시)			
음서	50	자제 지급, 양도 가능(51), 귀족화에 기여, 음서를 과거보다 더 중시함 cf 조선-2품(전현직) 3품(현직), 18세이상 음직 수여 원칙이지만 10세만 사례도 있음		

※ 과거 절차
 · 1차 : 52   (개경, 서경, 향시), 상공(개경), 향공(지방), 빈공(외국인)으로 구분하여 선발
 · 2차 : 53   (사마시, 진사시), 향시합격자, 국가감생, 12공도생 등이 응시
 · 3차 : 54   (동당시, 본시험), 국자감시 합격자 및 현직관리 응시
 · 복시(전시) : 국왕 주재 하 예부시 합격자 순위 결정, 시행이 일정하지 않음
  * 좌주·문생관계 : 좌주(지공거), 문생(합격자) ⇒ 문벌형성, 최초지공거 쌍기

출정치

(1) **중앙관제** : 2성 6부, 도병마사, 식목도감, 어사대, 삼사, 대간(구성,내용)
(2) **기타조직** : 보경이가 한교학원에서 봄 가을에 사천요리 먹는다
(3) **지방행정** : 5도 양계, 4도호부, 향 부곡 소 특징
(4) **군사제도**
 · 중앙군(2군6위 : 용 호랑이 응양, 금-치안, 옷-천우위, 문-감문위)
 · 지방군(주현군-예비군, 주진군-좌주,우군,초군)
 · 특수군(광군, 별무반-신기 신보 항마, 삼별초-좌 우 신의군)
(5) **관리등용** : 과거(제술과, 명경과, 잡과, 승과), 음서(5품이상 관리 자제)

CHAPTER 18 중세정치 (3) - 문벌귀족 사회의 성립과 동요

POINT
① 11세기, 12세기 왕 특징 ② 이자겸·묘청의 난 특징
③ 무신정변 사람·기구비교(최충헌, 최우 비교) ④ 민란 순서(내용)

1 지배층 순서

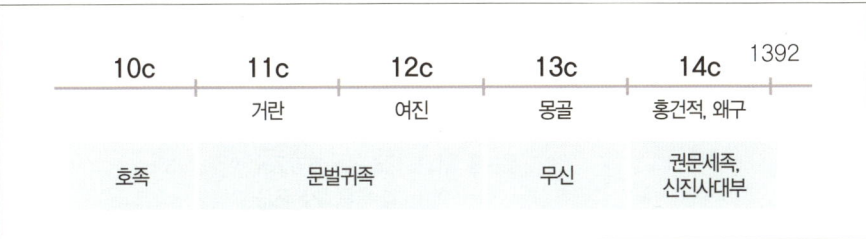

(1) 1   : 지방 지배자(스스로 성주, 장군 지칭) - 촌주, 군진, 해상, 진골, 초적 출신, 농장, 사병, 풍수지리사상 + 선종, 6두품과 결탁, 고려건국 주도세력

(2) 2   : 6두품, 호족 출신 중앙 고위관리, 음서 공음전 폐쇄적 통혼, 모순(3   ) - 무신정변으로 몰락

(3) **무신** : 4   정변을 계기로 권력장악, 최씨정권이 대표적, 기존질서 붕괴

(4) 5   : 친원파, 음서, 농장소유, 도평의사사, 정방 장악, 이인임이 대표적

(5) 6   : 지방 향리 출신, 과거통해 진출, 공민왕때 성장, 친명파, 성리학 수용, 7   과 결탁, 조선건국 주도세력

2 왕

11C

8 / 997~1009
천추태후 아들(경종 아들), 9 ___ (전현직관리대상, 인품배제), 10 ___ 정변(목종폐위, 현종즉위)

11 / 1009~1031

암기TIP 현종은 거칠조 5거 - 거란침입, 칠대실록, 초조대장경, 5도양계, 주현공거법
- 지방제도 정비 : 12 ___, 개성부를 경중5부와 경기로 구획, 4도호부 8목
- 거란 2차례 침입(2차- 13 ___, 3차- 14 ___) → 2군 창설
- 15 ___, 초조대장경(호국불교), 감목양마법(말↑), 16 ___ (향리 과거 응시 가능, 향리 숫자 제한, 향리 공복 제정, 향리정원제, 향리공복제 실시)
- 주창수렴법 : 주단위 창고 설치, 빈민구제(의창 보완)
- 면군급고법 : 70년 이상 부모 생존 군역×
- 현화사(귀족사찰) 건립, 17 ___ 부활, 18 ___ 건의 나성 건설(개경), 천리장성(덕종-정종, 압록강-도련포) 암기TIP 떡을 정말 좋아해 - 덕종, 정종

19 / 1046~1083

암기TIP [의천이 남경병원에서 사경 읽는다] - 의천, 남경승격, 동서대비원, 사학12도, 경정전시과
- 문벌귀족 전성기, 4째 20 ___ → 흥왕사, 해동 천태종 창시
- 사학 12도 발달, 최충 문헌공도(21 ___)
- 22 ___ (병원, 개경, 서경), 한양을 23 ___ 으로 승격, 기인선상제(잡무담당, 인질 성격×)
- 24 ___ (한외과 폐지, 현직관리만, 공음전(5품↑)), 구분전, 한인전
- 향리들의 9단계 승진규정 완비
- 흥왕사(교장도감, 신편제종교장총록), 국청사(천태종 창시)
- 현종이 경중5부·경기 구획한 것을 다시 25 ___ 로 부활
- 삼복제(사형수 판결의 삼심제)

26 / 1095~1105

암기TIP [활어를 삼분동안 해동 / 쑥써] - 활구, 삼한통보, 해동통보, 동국통보 / 숙종, 서적포
- 윤관 - 27 ___ (신기군+신보군+항마군) : 여진 대비
- 28 ___ 설치, 29 ___ 남경천도 상소, 서적포 설치, 기자사당(기자제사) 설립(서경)
- 화폐(주전도감-의천건의) → 삼한통보, 30 ___, 동국통보, 31 ___ (고액화폐, 은병)
- 의천이 해동천태종 개창(국청사 완공 1097)

12C

32 / 1105~1122

암기TIP [9번 복감걸려 양재동 보청기 사러간다] - 9성, 복원궁, 감무, 양현고, 7재, 보문각, 청연각
- 33 ___ (여진정벌) →1년 만에 반환, 34 ___ (도교사원)설치, 지방에 35 ___ 파견
- 관학진흥책은 36 ___ (장학금), 7재(7개과목), 37 ___ (도서관)
- 구제도감, 구급도감, 혜민국
- [도이장가](향가, 개국공신 김락, 신숭겸 추모곡), 대성악(송) 수용, 분사제도(개경, 서경)

인종 / 1122~1146

암기TIP [이묘부가 사기친다 / 6향] - 이자겸, 묘청, 김부식, 삼국사기 / 경사6학, 향교
- 순서 : 이자겸의 난 → 척준경 진압 → 38 ___ → 김부식진압 → 김부식 39 ___ 저술
- 경사6학, 향교 강화, 상정고금예문 편찬(최윤의, 강화피난기인 고종21년에 금속활자로 인쇄)
- 송나라 사신 40 ___ 방문 → 〈41 ___ 〉 저술: 고려청자 극찬, 임천각 묘사

의종
문신↑, 무신↓, 숭문천무현상, 군인전 미지급, 42 ___ 정변(무신정변 발생) - 이의방, 정중부

43
- 무신시대 시작, 중방이 최고 기구가 됨, 최충헌에게 폐위됨, 최충헌이 44 ___ 건의
- 이의방, 정중부, 경대승, 이의민, 최충헌 집권

※ 봉사 10조
새 궁궐로 옮길 것
관원 수를 줄일 것
농민으로부터 뺏은 토지를 돌려줄 것
승려의 왕궁 출입과 고리대업을 금할 것
탐관오리를 징벌할 것 등

암기TIP
방정 맞은 승민이가 현우에게 항의하다 춘빵맞고 연유 바른다.
- 이의방, 정중부, 경대승, 이의민, 최충헌, 최우, 최항, 최의, 김준, 임연, 임유무

45
최우집권, 몽골 1차침입 → 강화천도(1232), 쌍성총관부 설치(몽골, 1258)

원종
개경환도(1270) → 46 ___ 저항, 진압 → 원간섭기 시작, 47 ___ 지급(경기8현), 탐라총관부 설치(몽골, 1273)

3 이자겸·묘청의 서경천도 운동

(1) 문벌귀족의 특징

유형	개국공신, 호족, 6두품 ⇒ 중앙관료	사회	50
정치	48 ⇒ 관직독점	모순 심화	이자겸의 난, 묘청의 난, 무신정변
경제	49 ⇒ 경제독점		

(2) 이자겸의 난, 묘청의 난

51 의 난 (1126)
① 52 80년간 권력 장악, 이자겸은 왕실과 혼인을 통해 정권 장악 후 횡포
　사료TIP 十八子 왕이 된다, 인수절
② 인종(이자겸의 사위, 외손) 측근 등용 → 이자겸과 대립, 인종 측근 김찬, 안보린이 이자겸 제거 시도 실패
③ 이자겸이 척준경과 함께 난을 일으킴(인종 유폐)　사료TIP '까마귀가 떡을 먹고 죽었다'
④ 척준경을 인종이 회유하고 이자겸 진압(영광유배)
⑤ 척준경이 서경파 53 　탄핵 받음
⑥ 결과 : 왕권↓, 민심↓, 궁궐 소실, 서경천도론 대두, 문벌귀족 사회의 붕괴 촉진계기

묘청의 난 (1135)
① 묘청 자주적 혁신 정치 : 54 , 칭제 건원, 대화궁 건설, 55 　정벌, 56 　계승
　사료TIP '대화세', '임원역'
② 개경파 반발(김부식 반발) → 천도 실패　암기TIP 천대위
③ 서경에서 봉기 - 국호(57), 연호(58), 고구려계승 의식, 군대(천견충의군)
④ 김부식 1년만에 진압, 서경파 몰락(정지상, 백수한, 묘청) → 고구려 계승×, 신라 계승↑, 보수적 성향, 서경지위 하락과 3경제도 × , 문벌귀족 모순이 심화, 분사제도×, 59 　심화(무신정변 원인) ⇒ 60 　"1천년 역사이래 가장 큰 사건"(조선사연구초)

* 서경파 vs 개경파

61	63
묘청, 정지상, 백수한	중앙집권↑, 일원적 체제
서경 길지설(풍수지리설) → 62 　건립	서경 천도 반대
불교파	보수적 유학파
금국 정벌, 칭제건원 주장, 자주적, 개혁적	64 　사대, 사대적, 보수적
고구려 계승 의식	신라 계승 의식

※ 대외정책 갈등(강경파 vs 온건파)

	대외강경파	온건파
성격	불교, 풍수지리	보수, 금사대, 신라계승
거란전쟁	왕가도 일파	황보유의, 최충 일파
여진정벌	윤관 일파	김인존 일파
인종	묘청(서경파)	김부식(개경파)

4 무신 정변 - 기구, 최씨 정권, 민란 POINT 집권자와 기구, 민란(집권자와 연결)

(1) 배경 : 의종 실정(사치, 향락), 숭문천무 현상(김돈중의 정중부 수염 태운 사건, 보현원에서 이소응과 한뢰 사건), 군인전 미지급, 보현원에서 정중부, 이의방, 이고 등이 문신들을 죽이고 정권 장악

(2) 과정 : 보현원 정변(의종, 사료TIP '문신의 관을 쓴자 모두 죽여라', 의종폐위하고 거제도로 유배, 명종 옹립) → 이의방(중방) → 65 　(중방) → 경대승(도방) → 66 　(중방) → 67 　(교정도감) → 68 　→ 최항 → 최의 → 김준 → 임연 → 임유무
　암기TIP 방정맞은 승민이가 현우에게 항의하다 춘빵맞고 연유바른다

※ 무신정변 주도 인물

· 이의방 : 고려시대의 무신. 무신란을 일으켰고 이고가 정권을 마음대로 하려 하자 그를 제거하고 정권을 장악하였다. 중방(重房)을 강화하고 지방관에 하급 무신을 임명하여 그들을 회유하는 정책을 실시했다.
· 69 　: 의종이 무신을 차별하는 데 불만을 품고 왕의 보현원 거동 때 문신을 죽이고 정권을 장악하고 참지정사, 중서시랑평장사, 문하평장사, 서북면판사, 행영병마 겸 중군병마판사 등을 지냈다. 경대승에게 살해당하였다.
· 70 　: 1179년 정중부(鄭仲夫) 등을 제거하고 실권을 장악하였다. 도방(都房)을 설치하고 문관(文官)과 무관(武官)을 고루 등용하여 무신정변으로 와해된 조정의 질서를 회복하려 했으나 1183년 30살의 나이로 병사하였다.
· 71 　: 무신정변에 가담했고 의종 복위음모와 조위총의 난을 평정에 큰 공을 세웠다. 천민출신으로 경대승이 죽은 후 무신 최고 집권자가 되었지만 최충헌에게 살해당하였다.

(3) 기구 [암기TIP] 인정많은 문서 - 인사 정방 , 문신숙위, 서방

72	상장군, 대장군, 회의기구, 무신합좌기구, 응양군 장군(최고위직)
73	무신 사병 집단 → 경대승, 최충헌
74	최충헌이 만든 최고 기구, 교정별감(최고위직, 최충헌), 최씨정권 유지
75	인사기구, 최우(가장 오래 유지, ~공민왕)
76	문신숙위, 최우(이규보, 최자, 이인로)

(4) 최씨 정권(최충헌, 최우, 최항, 최의) - 명종, 신종, 희종, 강종, 고종, 원종 시기

최충헌	봉사 10조(명종) [사료TIP] '국왕이 참위설을 믿어 새 궁궐로 가지 않는다', 77 ___(최고기구, 교정별감)설치, 78 ___(사병)설치, 농장 확대(진주지역), 조계종 후원(지눌), 흥녕부 설치 → 79 ___ 임명, 이규보 등용, 만적의 난 진압 [암기TIP] [흥이 강한 사교도] - 흥녕부, 진강후, 봉사10조, 교정도감, 도방
최우	= 최이, 신품4현(글씨 1), 80 ___(인사장악, 정색승선), 81 ___(이규보, 이인로, 최자-문신), 마별초(기병), 82 ___(좌·우·신의군, 야별초 확대), 몽골침입 → 강화천도(1232), 83 ___ (최우 집에 설치) → 진양후 임명, 84 ___(대장도감-강화 선원사, 진주 남해 분사, [향약구급방]도 간행, 화엄종 승통 수기 책임) 만듦, 도방·교정도감 유지, 상정고금예문을 금속활자로 인쇄(1234) [암기TIP] [인정 문서 / 양양 / 삼강] - 인사 정방, 문신 서방 / 진양부,진양후/ 삼별초, 강화천도

※ 85 ___ : 최씨집권기 최고 문신으로 최충헌, 최우때 활약 함, 저서는 86 ___(가전체, 술 의인화), 87 ___ , 88 ___ , 상정고금예문 기록, 대장각판군신 기고문, 백운소설(설화집)이 있음

(5) 무신정권 붕괴기

- 김준(최씨정권 붕괴시킴-무오정변(1258), 노비출신) → 임연(김준 제거하고 권력장악) → 임유무 (원종때 임유무가 제거되고 개경환도)
  ⇒ 몽골 압력으로 붕괴, 왕정복고, 개경환도

(6) 무신시기 민란

① 무신정변(1170) = 경계의 난
② 서계민란(1172)
③ 89 ___(동북면 지역,1173) - 최초 문신반란
④ 90 ___(개경,1174) - 귀법사, 흥왕사
⑤ 91 ___(서경지역,1174) - 문신난

> ①~⑥ : 정중부
> ⑦ : 경대승
> ⑧ : 이의민
> ⑨~⑫ : 최충헌
> ⑬ : 최우

⑥ 92 ___(망이 · 망소이)의 난(1176) [사료TIP] '남적이라고 불렸으며 아주(아산)까지 세력 확장'
⑦ 전주 관노의 난
⑧ 93 ___(1193) - 신라 부흥
⑨ 94 ___ - 최충헌 가노, 신분해방 성격 [사료TIP] '왕후장상의 씨가 따로 있겠느냐'
⑩ 진주 노비의 난(1200)
⑪ 이비 · 패좌의난(1202, 경주호족 출신) - 신라 부흥
⑫ 95 ___(1217) - 고구려 계승 ⤳ [암기TIP] 무서운 김교조가 소주와 김사서 빨간 진주를 가지고 비오는날 미친년에게 간다.
⑬ 96 ___(1237) - 백제 계승, 김경손이 진압

> * 충주 지역사
> · 성종 2년 12목 중 하나가 되었고, 12년 상평창 설치
> · 현종 9년 8목 중 하나가 됨
> · 고종 42년 이곳의 다인철소 주민들이 몽골군 방어에 공을 세워 익안현으로 승격
> · 조선시대 조세 운송을 위해 조창 설치

(7) 무신정변 결과

① 정치 : 문벌귀족 몰락, 중방이 최고 권력기구가 됨, 중앙통제력 약화
② 경제 : 전시과 붕괴 → 농장 확대(농민몰락), 민생피폐
③ 사회 : 국가 통제력 약화, 신분해방운동
④ 문화 : 선종 유행(지눌의 조계종, 혜심 유불일치설), 유학쇠퇴, 민족위기로 민족자주적 사서 편찬

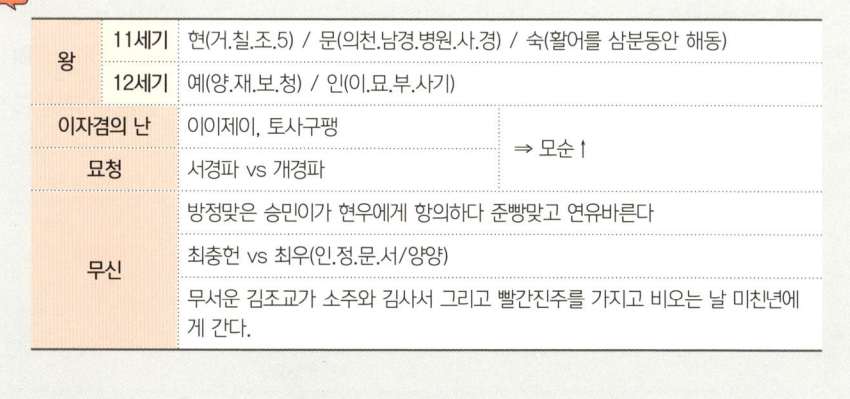

왕	11세기	현(거.칠.조.5) / 문(의천.남경.병원.사.경) / 숙(활어를 삼분동안 해동)
	12세기	예(양.재.보.청) / 인(이.묘.부.사기)
이자겸의 난		이이제이, 토사구팽
묘청		서경파 vs 개경파 ⇒ 모순↑
무신		방정맞은 승민이가 현우에게 항의하다 준빵맞고 연유바른다
		최충헌 vs 최우(인.정.문.서/양양)
		무서운 김조교가 소주와 김사서 그리고 빨간진주를 가지고 비오는 날 미친년에게 간다.

CHAPTER 19 중세정치 (4) - 고려 대외관계

POINT 시기별 대외 항쟁(거-11c, 여-12c, 몽-13c, 홍·왜-14c) → 사람, 전쟁

1 고려 대외관계

11C **1** (요)	1차 (성종, 993)	· 친송북진정책이 원인이 되어 거란 침입(소손녕 80만) · **2** ___ 과 담판 - 송 교류×, 거란 교류○, 여진족 방해때문에 교류× 주장 → **3** ___ (흥화진, 용주, 통주, 철주, 귀주, 곽주) 지역 차지(압록강 진출)	
	2차 (현종, 1010)	천추태후(목종 엄마, 경종 비)+김치양 → 불륜 ⇒ 강조 정변을 일으킴 ⇒ 현종 즉위 ⇒ **4** ___ (거란 성종 40만 대군) ⇒ 강조 패배 ⇒ 현종 피난(**5** ___) ⇒ 개경 함락 → **6** ___ 항전(보급로×) ⇒ 현종 친조 조건으로 화의, 초조대장경 조판(호국불교)	
	3차 (현종, 1018)	거란3차 침입(현종의 입조 약속 불이행) → **7** ___ (문신, 고려시대 최고 사령관은 문신의 **8** ___ (거란 소배압 10만 대군 침략 격퇴)	
	결과	7대 실록, 초조대장경(호국불교), 강감찬 건의로 개경에 **9** ___ 설치, **10** ___ 축조(압록강-도련포), 고려-송-거란 세력 균형, 초조대장경, 7대실록 편찬 보수화↑	
12C **11** (금)	여진과 충돌	여진과 충돌: 정주성 패배 → 윤관 **12** ___ 설치(1104, 숙종, 신기·신보·항마, 양천혼성군) → 여진토벌 → **13** ___ 축조(예종) → 1년만에 반환(척경입비도-조선시대그림) - 여진족 금 건국(아골타1115) → 사대 요구(고려에 군신관계 요구) → **14** ___ 사대 수락(1126, 송의 연려제금 거부) → 묘청 서경 천도 운동의 원인	
13C **15** (원)	접촉	· 몽골 압박으로 거란 고려쪽으로 이동 - 김취려 거란족 격퇴(제천 박달재) · **16** ___ 의 역 - 몽골과 연합해 거란격퇴(최초만남), 김취려 활약 ⇒ 형제의 맹약	
	1차(1231)	저고여(사신)피살 → **17** ___ 침입 → **18** ___ (박서), 충주노군, 잡류별초 항전 → 강화수락 : 다루가치 파견(여·몽 간의 화의 성립) [암기TIP] 박서~귀귀	
	2차(1232)	최우 강화 천도(1232), 살리타 용인 처인성 전투에서 **19** ___ 에게 사살, 상정고금예문, 초조대장경×, 교장×(2차설, 3차설 있음) [암기TIP] 살려달아 살리타	
	3차(1235)	의천 교장×, 황룡사 9층 목탑×, 재조대장경 시작(1236) ~ 재조대장경 완성(1251)	

	4(1247)
	5(1253)
	6차(1254)
		· 5차 김윤후 **20** ___ 으로 활약, 충주 국원경으로 승격
		· 6차 충주 다인철소 저항 → 익안현으로 승격, 국왕 친조(원종이 쿠빌라이 만남, 임유무 제거), 개경 환도(항복)
		  * 임연 - 진천에서 차라대의 군사를 격퇴하였다.
		  * 몽골 침입으로 고려정부는 산성·해도 입보정책을 펼쳤다.
		  * 원종이 쿠빌라이에게 항복하며 **21** ___ 의 원칙을 받아냄(고려풍속인정) - '세조구제'라 한다.
			13C
			몽골
			(원)

	삼별초의
	항쟁
		· 원인 : 최씨정권의 붕괴, 고려 정부의 개경환도(1270)
		· 경과
		  - **22** ___ (개경 환도에 반발하여 배중손의 지휘 아래 승화후 온을 왕으로 추대) → **23** ___ (용장성, 승화후 왕온, 배중손) → **24** ___ (항파두성, 김통정)
		  - 몽골 제주 점령 후 **25** ___ 설치(목마장) → 여몽연합군이 진압(대장 김방경)	

		[사료TIP] '저번에는 몽고 연호를 쓰더니 이번에는 쓰지 않았다' (고려첩장불심조조(1271, 원정 12년-일본에 외교문서 보냄)	
14C	홍건적	· 1차 : 공민왕시기, 모거경 등 홍건적 4만 침입 → 서경함락 → **26** ___ , **27** ___ 격퇴 · 2차 : 공민왕시기, 사유 등 홍건적 10만 침입 → 개경 함락 → **28** ___ (안동)피난, **29** ___ , 안우 격퇴	신흥 무인 세력
	왜구	· **30** ___ 대첩(부여, 최영-호기가) → 정몽주일본파견(왜구단절 약속받음, 1377) · **31** ___ 대첩(1380, 금강 하구, 최초 화포, 최무선, 나세) · **32** ___ 대첩(1380, 남원 운봉, 아지발도, 이성계 격퇴, 황산대첩비) · **33** ___ 대첩(1383, 정지), 대마도 정벌(박위, 창왕) [암기TIP] 홍진을 띠니 황산을 뿌린다 - 홍산대첩, 진포대첩, 황산대첩	

※ 송과 교류 : 송에 국신사 파견(조공사×), 소하집 유행(김제, 박인량 김근 시문), 벽란도 - 항주 교류, 의천 송 유학 - 중국 항주 혜인사에 화엄경각 짓고 불교전파, 송, 요, 일본 4천권 외국 서적 수입 속장경 편찬

총정리

11C	거란	1차(서희), 2차(강조, 양규), 3차(강감찬)
12C	여진	숙종 - 별무반, 예종 - 동북9성 ⇒ 윤관 / 인종 - 사대 - 이자겸
13C	몽골	박서(귀), 살리타(김윤후), 최우 강화천도
14C	홍·왜	홍건적 1, 2 → 복주 피난, 왜구 → 홍진, 황산 뿌린다.

CHAPTER 20 중세정치 (5)

POINT 원 간섭기 기구, 관제격하, 수탈, 왕 업적(충렬, 충선, 공민), 권문세족 vs 신진사대부, 고려멸망과정

1 왕 업적

암기TIP 일본 제국에서 성경학문을 한다 / 열쇄 - 일본원정, 제국대장공주, 성균감, 경사교수도감, 섬학전, 문묘 / 충렬왕, 쇄은

1 / 1274~1298 / 1298~1308 (14c)
- 2 (쿠빌라이 딸)와 결혼 - 부마국
- 3 (일본원정 동원, 승상은 고려왕) → 2차례 태풍으로 실패(1차 : 둔전경략사 설치, 2차 : 정동행성 설치)
- 홍자번의 편민18사 건의(개혁시도), 필도치 설치(국왕측근기구), 둔전경략사 폐지
- 관제 격하(2성 6부→1부 4사), 동녕부 환부, 4 설치·탈환
- 관학 진흥책 : 5 설치, 6 (장학재단, 안향건의), 7 (경전, 역사 교육), 문묘 설치(김문정)
- 8 (은으로 만든 소액화폐) · 역사서 : 9 (일연), 10 (이승휴)
- 전민변정도감(원종, 공민왕, 우왕 때도 설치) · 11 성리학 전래(호-회헌, 섬학전 설치)

암기TIP [만사가 짜다] - 만권당, 사림원, 각염법

12 / 1298 / 1308~1313
- 제국대장공주 아들, 13 결혼, 조비(조인규 딸) → 14 으로 충선왕퇴위 → 원소환 시기 원 무종 옹립에 기여해 심양왕에 봉해짐 이후 충렬왕 사후 1308년 복위함
- 15 (권문세족, 왕실 결혼 가문 지정, 족내혼 금지-고려 초 유행) **사료TIP** '최최허채'
- 16 (개혁기구, 한림원 편입), 정방 일시폐지(이후 부활)
- 17 (소금 전매), 의염창, 농무사(지방 파견 관리)
- 충숙왕에게 양위 후 연경에 18 설치(이제현, 백이정, 박충좌+조맹부 활동)

암기TIP [숙성하니 찰지다] - 충숙왕, 찰리변위도감

19 / 1313~1330 / 1332~1339
- 20 : 정치·경제·사회(전분야)개혁 - 21 (개혁기구) → 전민변정사업 추진
- 입성책동 운동(고려를 원 직할로 하자) ⇒ 심양왕 주도(충숙왕 사촌), 4차례(충선, 충숙, 충혜, 충목) → 실패
- 사심관제도 폐지
- 22 : 원나라 갈 때 사용할 비용 마련 위해 설치한 기구
- 평양에 기자 사당(23)건립

24 / 1330~1332 / 1339~1344
- 25 설치 **암기TIP** 편혜 / 소혜 **사료TIP** '장백상'
- 소은병

26 / 1344~1348

암기TIP [목을 치다] - 충목왕, 정치도감
- 27 설치(개혁기구) - 이제현 주도 → 권문세족 반발로 실패
- 응방 폐지, 정방폐지 시도 · 경천사지 10층 석탑 건립

28 / 1351~1374 (14c)
- 29 와 결혼 · 자제위(홍륜에게 살해 당함) **사료TIP** 이연종이 변발×
- 순서 : 정동행성, 이문소× → 쌍성총관부 수복(1356) → 홍건적 침입(1359, 1361) → 원 나하추 공격-이성계가 격퇴(1362) → 흥왕사의 변(1363, 김용) → 노국대장공주 사망(1365), 전민변정도감(1366) → 성균관 정비, 과거제 정비(1367) → 동녕부(요동) 공격(1369) → 자제위 설치(1372) → 공민왕 자제위 소속 홍륜에게 암살당함(1374)

반원정책 : 정방 폐지, 친원파×(기철×, 1356), 관제복구(1부4사 → 2성6부), 몽골풍×, 원의 연호 폐지, 정동행성 이문소×(1356), 30 무력 수복(1356, 유인우, 이자춘 활약), 요동 정벌(1369), 31 공격, 이성계, 지용수)

왕권강화
- 32 (김용 공민왕 시해 시도) 진압 후 왕권 강화 추진
- 33 (1366, 임시기구, 원종·충렬·공민·우왕, 권문세족↓, 신돈 ⇒ 실패)
  사료TIP '권세가가 거의 다 뺏어 차지하고... 잘못을 알고 스스로 고친 자는 죄를 묻지 않을 것'
- 34 (순수유교기구, 이색을 성균관 대사성 임명), 과거제 정비, 신진사대부↑
- 35 (1354, 홍건적·왜구를 격퇴한 군공 포상을 위한 명예직)

대외
- 36 침입(2차례)
  - 1차 이방실, 이승경 격퇴
  - 2차 복주(안동)로 피난(이성계, 정세운), 원 나하추 격퇴(이성계)
- 결과 : 정동행성 재설치, 원 관제 복구, 신흥무인세력 성장

37 / 1374~1388
- 이인임(권문세족) 권력 장악 → 최영 권력 장악 → 명 철령위 설치 → 요동정벌계획(철령 이북 공격) → 이성계 4불가소 → 38 → 우왕 폐위, 최영 처형
- 이인임 일파를 제거하고 왕권을 회복하였다.(최영 집권)
- 일본 사절파견(정몽주) : 포로송환과 왜구침입방지약조
- 청주 흥덕사에서 백운화상(경한)이 <불조직지심체요절>간행(1377)
- 최무선 건의로 화통도감 설치(1377) → 진포대첩 화포 사용

39 / 1388~1389
- 조민수 권력 장악 → 이성계 권력 장악 → 창왕 폐위 → 우왕, 창왕 처형(40), 박위 41 정벌(1389)

42 / 1389~1392
- 저화 발행, 무과 실시, 43 실시(조준 상소), 44 살해, 고려멸망(공양왕 이성계에서 선위함), 조선건국, 삼척으로 유배, 조선건국 이후 살해됨

* **고려 자주성 유지 근거**
  · '원의 세조가 고려에 약속한 것: 옷과 머리에 쓰는 관은 고려풍속 유지(45   인정)'
  · 고종 말년, 원종 직접 약속 받음, 원간섭기 원칙

* **역대 요동정벌**
  · 고구려 : 광개토 대왕 때 후연 격파 → 요동 진출
  · 발해 : 선왕 때 → 요동 진출
  · 고려 말 - 공민왕 때 동녕부(요양)공격
          - 우왕 때 요동 정벌 추진 → 위화도 회군(이성계)
  · 조선 - 태조 때 정도전이 주도 - 「진법(서)」
        - 세조 때 토목의 변 : 명과 몽골이 조공 문제로 충돌, 명이 약화된 틈을 타서 다시 요동 정벌 주장

2 원 내정 간섭

관제격하	① 2성 6부 → 1부(46) 4사(전리사-이,예 / 전법사-형 / 군부사-병 / 47 -호), 공부× ② 도병마사 → 48 (상설, 도당) ③ 어사대 → 감찰사, 중추원 → 49 , 국자감 → 성균관 ④ ○조, ○종 → 충○왕 ⑤ 짐, 폐하, 태자 → 고, 전하, 세자
내정간섭	· 부마국(원 공주를 왕비로 삼은, 제국대장공주, 계국대장공주, 노국대장공주) · 50 (일본원정 위해 만든 기구, 승상-충렬왕, 원정 실패 후 내정간섭기구), 순마소(치안, 반원인사 색출), 이문소, 다루가치(감찰), 만호부(군대), 겁령구(원 왕녀 따라온 시종), 독로화(고려 세자 인질), 심양왕제도(만주지역통치) · 51 (친원파 고려 포기 주장-충숙왕)
영토상실	· 52 : 철령이북(화주, 영흥) 설치(고종), 탈환(공민왕), 동북지역, 공민왕 무력 탈환 · 53 : 자비령 이북, 설치(원종), 환부(충렬왕) · 54 : 제주도, 설치(1273), 환부(충렬왕)
수탈	· 인적 → 공녀(55 , 조혼 유행), 물적 → 매(해동청, 응방 설치) · 56 : 충숙왕이 원에 갈 때 비용 마련을 위해 설치
원 문화 전래	만권당(이제현), 목화(문익점, 정천익), 아라비아 문화(역법), 농상집요(이암, 농법), 화약(최무선, 화통도감), 몽골어, 몽골풍, 라마불교(밀교, 경천사지10층석탑), 임제종 도입(보우)

3 권문세족 신진사대부 비교

권문세족	신진사대부
이인임, 염흥방, 임견미	57
대농장 - 경제 독점 음서 - 정치 독점 불교 숭상 / 보수적/친원파	중소지주 / 과거출신 성리학 / 개방적 / 친명파

⇒ 신진사대부 + 신흥무인세력
  ⇩
  위화도 회군
  (신진사대부 분화)

* **급진파 사대부 vs 온건파 사대부**

급진(혁명)	온건(유지)
정도전, 조준, 윤소종	정몽주, 길재, 이색
왕조 교체	왕조 유지
토지 개혁	전면적 토지 개혁×, 전시과를 회복하자
불교 비판	온건한 비판
⇩	⇩
조선 건국, 관학파(훈구파) '주례'를 국가 통치 이념	지방 낙향, 사림파, 주자가례 중시 사대적 중화 사상 '기자' 존중

4 멸망 과정

① 고려 사회 모순↑(권문세족 독점)　② 홍건적(2차례), 왜구 침입 → 신흥 무인 성장
③ 이인임× → 최영 집권　④ 명 58   설치 통보 → 최영(요동정벌 주장)
⑤ 요동 정벌 계획 - 이성계 4불가소　⑥ 이성계 59   - 최영×, 우왕×, 창왕×
⑦ 과전법(토지개혁), 60   제거(이방원)　⇒ 폐가입진
⑧ 61   폐위(조선건국 이후 살해), 조선 건국(1392)

총정리

왕	충렬(일본.제국.성.경.학.문) / 충선(만사 짜다) / 공민(왕↑, 반원)
원 간섭기	첨, 전².군.파(1부4사), 도평의사사, 밀직사, 감찰사
권문 vs 신진	-
멸망과정	요동 → 위화도 → 과전법 → 멸망

CHAPTER 21 중세경제 (1) – 전시과

POINT ① 전시과 변천과정 ② 전시과 원칙 ③ 토지 종류

1 토지 제도(전시과)

※ 전시과 용어 정리 : 전(곡물) 시(땔감) 과(등급)

① 국가에 봉사하는 대가로 지급(월급개념)
② 토지(전) 임야(시)를 등급에 따라 차등지급
③ __1__ 지급(세금을 거둘 수 있는 권리), 소유권×
④ 현직과 문반을 우대하고 지배층 경제 기반 마련한 토지제도
⑤ 전국 토지 분급, 점차 전지와 시지 지급액 감소

TIP	1. 전시과 변천 과정						2. 토지 종류
	역	시	개	경	녹	과	ㄱㄱ/ㅎㅎ
	태	경	목	문	원	공	

전시과	__2__ **(태조(940)**	논공행상, 토지 지급, 공훈 + 인품(주관적, 관료제×), 녹읍제도 폐지
	__3__ **(경종, 976)**	관품(자·단·비·녹, 4단계) + __4__ (주관적), 전·현직 관리 → 왕권↓, 지급기준 모호, 관료제↑, 주관적, 전·시 각각 110결 지급
	개정전시과 (__5__ ,998)	관품(18관등) 기준 + 문무관리(군인 최초), 전·현직 관리에게 토지 지급, __6__ 법제화, 원칙적으로 세습×, 군인전(세습), 공신전(세습), 구분전(세습) ⇒ 토지 부족 cf 공음전×, 전 100결, 시 70결 지급
	__7__ **(문종,1076)**	토지 부족으로 __8__ 에만 토지 지급, __9__ (등급 이외 관리에게 지급 토지), 15과 이하로는 시지 지급×, 구분전 지급 확정, 무반과 일반 군인에 대우↑, __10__ 지급(5품 이상 관리 토지 지급, 세습 가능) ⇒ 토지 지급, 급전도감(전시과 관청), 전 100결, 시 50결 지급 * 한인전 지급(6품↓ 관리 자제 중 무관직자), 별사전(승직, 풍수지리업) 무산계 전시(여진족, 탐라족, 공장, 악인) 지급
무신정변		__11__ 미지급으로 발생, 무신권력 장악, 전시과 붕괴↓ (무신 대토지 소유) → 원종 때 __12__ 지급(경기 8현 한정, 신진관리에게 경기도 한정 토지 지급) → 충렬왕때 재정비(과전법 기초)
권문세족 집권		농장↑, 전시과× ⇒ 신진사대부 – __13__ 실시(공양왕, 조선 토지제도 근간, 경기 사전)

※ 전시과 변천

· 흐름 : 현직 중시, 재능 중시, 수조지↓(시지↓, 개정-16~18품 시지 미지급, 경정-15~18품 시지 미지급), 관품 기준(객관적), 지급액수 감소

※ 녹봉제

· 1076년 문종 때 최초 지급, 현직관리 대상 47등급으로 나누어 400석에서 10석까지 미곡, 베를 현물로 지급(수조지 부족에 대한 보충)
· 1년에 두 번 1월, 7월 녹패를 바치고 현물 수령

2 토지 종류

암기TIP [한 백수가 분유사려 간다] - 한인전, 무관직자, 구분전, 유가족

과전	문무관리 지급(18등급, 수조권)	**한인전**	하급관리 자제 중 __17__ 지급(세습×)
__14__	하급관리, 군인 유가족 지급(세습×)	__18__	5품 이상의 관리 자제 지급 (세습)
군인전	군인 직역의 대가로 지급 (세습)	__19__	향리 지급(세습)
내장전	__15__ 토지 cf 조선 : 내수사전 (세습)	__20__	관청경비
공신전	공신에게 지급(세습)	**사원전**	절 경비
__16__	승직, 지리업 종사자에게 지급	__21__	귀화한 여진 추장과 탐라 왕족 지급
민전	매매, 상속, 증여 가능, 농민·귀족 사유지, 세금(1/10)	**둔전**	군량 충당
학전	교육기관 경비 충당	**적전**	임금이 몸소 농사 짓던 토지

* 18관등에게 지급 / 15관등까지 전지·시지 모두 지급 / 15관등 이외 관등에게는 전지만 지급

※ 토지개념

· 영업전 : 신분, 권리, 의무와 함께 세습되는 토지(공음전, 공신전, 군인전, 외역전, 내장전)
· 민전 : 개인 소유 토지, 매매, 상속, 증여(○), 1/10 조세 부담
· 공전 : 국가 소유 토지, 국가에 세금을 내는 토지
· 사전 : 개인토지, 관리에게 세금을 내는 토지

총정리

역	시	개	경	녹	과	구분전	ㄱㄱ
주관적	관품 + 인품	관품 전·현직	현직 공음전	경기8현	조선	한인전	ㅎㅎ
						공음전	5품↑
						공해전	관청
						내장전	왕실
						사원전	절

⇒ [개정전시과] 암기TIP 군인이 9번 공을 세워   [경정전시과] 암기TIP 무 한 별

CHAPTER 22 중세경제 (2)

POINT 수취제도, 농업기술, 화폐, 무역(벽란도)

1 수취제도

조세	·토지세, 3등급(토지) cf 고구려: '호'를 3등급/ 조선: 토지를 6등급, 생산량의 1/10 징수 ·조세는 농민동원 조창까지 운반 → 조운을 통해 개경 이동(경창 - 좌창, 우창) ·황무지 개간하면 조세×(1_____ - 광종) ·2_____ : 양계에서 걷는 세금은 운반하지 않고, 군사비 등 현지 경비로 사용
공납	3_____ 징수, 9등호, 주현 단위로 부과, 향리 징수, 상공(정기적), 별공(비정기적) cf 진상(예물): 조선
역	노동세, 군역, 요역, 16~60세, 정남, 4_____ (지방 역 관리자 - 역리)

* 기타: 어민에게 걷는 어염세, 상인에게 걷는 상세 등이 있다.
* 재정운영기관
  - 삼사: 곡식 출납과 회계관련 사무 → 실제 수취, 집행은 각 관청이 담당함
  - 호부: 조세 징수·지출 등 재정 운영 계획·총괄

2 농업기술(조선시대와 비교)

(1) 우경·심경법 일반화(보급 → 시작, 일반화 → 전부 다), 호미, 보습 등 농기구발달, 종자 개량
(2) 5_____ 발달: 가축 분뇨, 녹비법, 퇴비법 휴경지 감소, 상경지↑, 6_____ 보급(밭, 윤작법 - 조, 보리, 콩), 여전히 일역전(2년1작), 재역전(3년1작) 많음 cf 인분, 연작상경 → 조선
(3) 고려 말 남부 지방 이앙법 보급(논)(전국 전파 - 조선후기: 영조)
(4) 7_____ 목화 전래 → 8_____ 재배 성공, 씨아, 물레 개발 → 의류 혁명
(5) 농서: 이암, 원 농서 수입 ⟨9_____⟩ 암기TIP [상 사 가 / 요 설 성] - 농상집요, 농사직설, 농가집성
(6) 국가의 노력: 진전(10_____) ·황무지 개간시 → 소작료 ·조세 감면, 농번기 잡역 금지, 재면법(재해시 세금 감면), 강화천도 후 11_____ 간척
(7) 수리시설 발달: 김제 벽골제와 밀양 수산제 개축
  * 매년 경작(상경지), 2년에 한번(일역전), 3년에 한번(재역전)

※ 농서 정리 암기TIP 상사가 요설성 / 안양에서 맹큰이 죽었다
  · 고려
    ① 제민요술: 중국에서 가장 오래된 농서, 화북농법 소개
    ② 12_____ : 충정왕 때 이암 소개, 원나라 농법 소개(밭농사)
  · 조선
    ① 13_____ : 세종 때 정초, 우리나라 농법 소개
    ② 사시찬요: 세조 때 강희맹, 사계절 농사법 소개
    ③ 14_____ : 세조 때 강희안, 원예 관련 서적
    ④ 금양잡록: 성종 때 강희맹, 금양(시흥)지방 농법 소개
    ⑤ 15_____ : 효종 때 신속, 이앙법, 조선 전기 농서 집대성(농사직설+금양잡록)

3 상업, 수공업

(1) 도시 상업
  · 시전(상설, 관청수요품, 왕실·귀족 생활용품 공급)
  · 경시서(개경 상행위감독, 16_____), 개경(후기에 이르러 예성강 하구 17_____ 등이 중심지로 발달)
  · 서경, 동경 등 대도시에 서적점, 약점, 주점, 다점 등의 관영상점 설치 ┌ 승려장학기구(정종)
  · 비정기 시장(행상), 고리대 성행, 보 출현(기금 이자로 경비충당, 18_____ , 19_____ 등)
                                                                    빈민 구제↵

(2) 지방 상업: 지방 도시(관아 근처), 행상활동, 사원 상행위(장생고-고리대), 후기에 원(여관)발달

(3) 국가의 상업 : 소금전매제(20[____]) - 농민의 강제적 유통경제 참여 → 부세대납 상인 출현

※ 상업활동비교

고려 전기	고려 후기
시전 : 개경, 관청, 귀족 이용 관영상점 : 개경, 서경, 동경 경시서 : 상행위 감독 상평창 : 물가조절기구	시전규모↑, 업종별 전문화 벽란도 항구↑ (예성강 하구) 지방 조운로 따라 '원' 발달 소금전매제(충선왕) 민간, 사원 상업활동↑

(4) 수공업

- 전기
  - 소 수공업 : 특수행정, 금, 은, 철, 구리, 실, 각종옷감, 종이, 먹, 차 생산, 시장판매×, 무신집권기 부터 해체 시작, 21[____] 완전 소멸
  - 관청 수공업 : 기술자를 공장안에 올려 관청에서 장인이 물품생산하게 함, 관수품제작(군기시, 장야시)
- 후기
  - 22[____] 수공업 : 사찰 수공업품 생산, 기와, 술, 소금, 생산규모가 큼, 장생고(23[____]), 장생표(24[____])
  - 민간 수공업 : 가내수공업, 유통 경제발달, 전업수공업자 등장, 민간에서 삼베, 모시, 명주, 놋그릇, 도자기 등 생산

(5) 광업

- 철광업 발달 : 고려 초 잦은 전쟁으로 무기제작↑
- 25[____] 설치 : 금은세공품 제작, 금속활자 및 고려동 생산, 수정 및 점토광을 개발

> * 고려는 상업이 발달하면서 쌀과 면포 거래가 활발 ⇒ 조선(의류혁명)
> 면포(목화, 고려 후기 문익점 도입, 정천익 재배)

④ 무역 · 화폐

(1) 무역

대송무역	· 26[____] (예성강 하구, 국제 무역항) · 수출 : 토산품(금, 은 나전칠기, 인삼 먹) · 수입 : 사치품(서적, 약재, 차, 비단)	북로(북송)	벽란도-옹진-27[____]
		남로(남송)	벽란도-군산도-흑산도-28[____] (활발)
거란(요) 여진(금)	· 교류↓, 곡식 수출, 농기구 수출 / 은 · 모피 수입, 말 수입 · 거란의 대장경이 의천의 교장에 포함(여진 대장경×), 원효 저서 거란에 전파		
일본	곡식 수출, 수은 · 황 수입(11세기 후반에 교류-문종시기)		
29[____]	코리아 유래(corea), 송나라 통해 들어옴, 향신료 수입, 수은, 산호 수입		
원	공, 사 무역 발달, 금 은 소 말 유출 → 사회문제 야기		

(2) 화폐 - 유통× [암기TIP] 건 활어를 삼분동안 해동한다

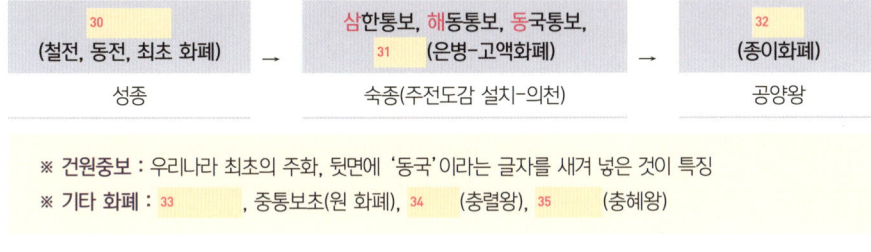

30[____] (철전, 동전, 최초 화폐)	→	**삼**한통보, **해동**통보, **동**국통보, 31[____] (은병-고액화폐)	→	32[____] (종이화폐)
성종		숙종(주전도감 설치-의천)		공양왕

※ 건원중보 : 우리나라 최초의 주화, 뒷면에 '동국'이라는 글자를 새겨 넣은 것이 특징
※ 기타 화폐 : 33[____], 중통보초(원 화폐), 34[____] (충렬왕), 35[____] (충혜왕)

(3) 고리대와 보 유행

① 고리대 : 왕실, 귀족, 사원의 재산 축적 수단으로 활용됨(장생고 - 사원 고리대)
② 보(기금이자로 공적인 사업 운영) → 고리대로 변질함
- 학보(태조, 장학재단)
- 36[____] (정종, 승려장학금)
- 37[____] (광종, 빈민구제기금)
- 금종보(현종, 현화사 범종)
- 팔관보(문종, 팔관회)
- 경보(현종, 불경간행 비용)

[출제리]

1. **수취제도 :** 조세(3등급), 공납(상공, 별공), 역(요역, 군역)
2. **농업기술 :** 우경 일반화, 2년 3작 보급, 상경지 증가, 녹비법
3. **무역 :** 벽란도, 북로(덩저우), 남로(밍저우)
4. **화폐 :** 건 활어를 삼분동안 해동 한다.

CHAPTER 23 중세사회

POINT - ① 신분제(중간 계층) ② 향도 ③ 사회시책 ④ 여성 지위

1 신분제도

귀족	· 왕족 + 5품 이상의 관리 ⇒ 음서, 공음전, 폐쇄적 통혼, 개경거주(죄를 지으면 귀향형) · 발전과정 : 호족 → 1_____ → 무신 → 2_____, 신진사대부 [암기TIP] 호문무권신
중류층	· 행정실무담당 + 토지 지급 + 직역 세습 + 하급관리 · 종류 : 3_____ (궁궐), 4_____ (중앙말단서리), 5_____ (지방), 6_____ (직업군인, 하급장교) · 7_____ (중앙하급관리), 기술관, 정호(부자), 역리(지방역관리) [암기TIP] 남잡향 군서기
양인	· 조세 · 공납 · 부역의 의무 → 대부분 농민(백정), 8_____ (세금多, 관직진출 or 교육차별, 국학×, 과거×, 승려×, 노비와 동등한 취급) ※ 9_____ : 특수행정구역, 천민×, 양인, 높은 세금↑, 거주 이전 자유×, 과거응시 제한 ⇒ 변천 : 통일신라(향, 부곡) → 고려(+소) → 공주 명학소의 난 이후 소멸 → 조선시대(완전히 소멸)
천민	· 대부분 노비, 공노비(입역노비, 외거노비-신공), 사노비(솔거노비, 외거노비-신공) · 일천즉천, 천자수모, 동색혼 원칙, 신분상승 가능 [사료TIP] 평량 · 변천 : 전쟁노비(삼국) → 채무노비(통 · 신) → 10_____ (고려 · 조선) → 노비종모법(영조) → 신분제 폐지(갑오 1차) [암기TIP] 전 채 세 종 X

※ 향리 : 고려초-호장 · 부호장 → 토성을 받아 근거지를 본관으로 인정
 · 상층 : 실질적 지배자, 호장 · 부호장으로 구성, 읍사를 구성해 지방행정 참여, 주현공거법(현종)
 · 과거 응시자격 부여, 과거(O), 토지지급, 직역세습
 · 하층 : 행정실무, 과거(사실상×), 토지(×)
 · 조선시대 향리 : 행정실무, 과거×, 토지×, 지위 격하

※ 신량역천 : 향 · 소 · 부곡, 화척(도살업자), 역(교통로) 주민, 진척(수로교통담당), 재인(광대)

※ 양민구분
 · 정호 : 직역(군역,향역)담당, 부유층, 직역세습, 토지지급
 · 백정 : 하층 양민, 직역×, 조세 · 공납 · 역 담당, 토지 지급×
   * 근친혼 : 초기 왕족이 선호
   * 지배층에서 일부다처제가 유행하였지만 법률로 금하지는 않았다.

2 향도

(1) 11_____ 만나길 소망 → 12_____ 를 바다에 매립 → 매향, 내륙지방(마을 입구), 호장이 주도 → 13_____ 설치 [예] 사천매향비 - 국태민안, 내세평안, 개심사 5층석탑
 · 기원 : 김유신의 용화 향도(신라시대부터 조직된 향도가 고려시대에 점차 농민공동체적 성격으로 분화)
(2) 자발적 결사체 : 불교 행사, 건축동원 → 농촌 자치기구(향도계, 노동조직)
(3) 상장례 의식 도움 : 14_____ (고려 후기부터 조선 초)
(4) 사림이 향도를 음사라고 하며 비판 ⇒ 15_____ 에 편입(조선 중기)
(5) 변천 과정 [암기TIP] 불공상향

고려 초	고려 중기	고려 후기, 조선 초	조선 중기
16_____ (매향, 사원, 탑 건축)	17_____ (제사, 상장례, 마을노역)	18_____ (상, 장례 도움)	19_____

3 사회조직 [암기TIP] 창-창고, 원-병원, 국-약국, 구제 구급-재해

흑창, 의창	흑창(태조), 의창(성종) → 춘대추납	상평창	물가 조정기구(성종)
20_____	약+곡식, 빈민구제, 병원(문종)	21_____	약(예종)
제위보	빈민구제기금(광종)	22_____	재해 시 임시기구(예종)

* 기타 - 개국사(개경)보통원 : 사원에 설치한 빈민구제소, 급식소

4 풍속

23_____ (순수불교)	전국	연초(1월)	규모 小, 국가적 차원의 불교 행사, 팔관회와 함께 진흥왕 때 부터 시작
24_____ (불+도+민간)	개경, 서경	연말 (25_____ -서경 26_____ -개경)	규모 大, 도교와 민간 신앙 및 불교가 어우러진 행사, 국제 교류의 장, 국가적 종교 행사, 외국 사신과 상인 참여

· 장례 · 제사 의례 : 토착신앙과 불교, 도교의식을 따름, 윤회봉사 지냄
· 명절 : 정월 초하루, 삼짇날, 단오, 유두, 추석 → 단오 때 격구, 그네, 씨름
· 혼인 : 일부일처제가 일반적, 왕실에서는 근친혼 유행 → 근친혼 금지령 실시

5 **법률**

- 27 _____ 을 기본으로 한 71개조(형법) + 관습법(일상생활), 형벌(5형-28 _____), 반역죄와 불효죄는 중죄로 다스림
- 귀양형 때 부모상 당하면 7일간 휴가
- 70세 이상 노부모 봉양 시 형벌 보류, 29 _____ (귀족을 향리로 편입), 30 _____ (돈내면 형면제) - 고려만○
- 지방관의 사법적 재량권 인정, 삼원신수법(중죄인에 대하여 3인 합의 재판)

6 **여성 지위(조선과 비교)**

고려(여성지위↑)	조선후기(여성지위↓)
31 _____ 상속, 제사 여성 가능	장자 상속, 장자 봉사(남자만)
양자×, 호적 출생순	양자 일반화(친척중에서), 호적 남·녀 구분
음서 범위 : 사위+외손	
32 _____	여성 재가×
여성 호주 가능	여성 호주×
친가·외가 상복 차이×	상복 차이 있음(기간 차이)
33 _____ (남자 → 여자)	34 _____ (여자 → 남자), 시집살이

* 주의할점 : 지위는 높았지만 사회적 진출은 제한받았다. 고려 여성 중 정치적 인물은 천추태후 정도 임

7 **사회 시책**

(1) **농민보호**

- 농번기에 농민 잡역 동원금지, 재해시 조세부역 면제, 35 _____ (법으로 이자 제한)
- 법정 이자율 책정(원금이상 이자×)
- 흑창(태조, 춘대추납), 의창(성종, 춘대추납)

(2) **권농정책**

- 개간 장려 : 황무지나 버려둔 진전 개간 → 소유권 인정 or 면세혜택
- 사직 설치 : 토지신과 5곡의 신에 제사
- 왕의 농사 시범 : 적전 경작

8 **원간섭기의 사회변화**

(1) **몽고침입 항쟁** : 충주 다인철소, 용인 처인·부곡
(2) 36 _____ 대두 : 친원파(통역관, 몽골혼인, 전공)
(3) 37 _____ : 체두변발, 몽골복장, 몽고어 유행(마누라,장사치), 공녀공출, 결혼도감(조혼유행), 소주, 연지곤지, 족두리
(4) 38 _____ : 고려의 의복, 그릇, 풍습 등이 원에서 유행
(5) **고려말** : 왜구, 홍건적 침입 - 신흥무인세력 등장(이성계, 최영)

출제키

1. **신분제도** : 귀족(호 문 무 권 신), 중류층 특징, 양인, 천민(전 채 세 종 ×)
2. **향도** : 불 공 상 향, 사천매향비
3. **사회제도** : 창-창고, 원-병원, 국-약국
4. **여성** : 남귀여가혼 → 친영제도

CHAPTER 24 중세문화 (1)

POINT
① 불교 – 승려, 사상, 교·선통합, 결사운동, 대장경
② 유교 – 유학자, 성리학 수용, 역사서, 교육기관
③ 과학기술(인쇄 → 목판, 금속활자), 건축, 조각, 석탑, 서예

1 불교문화
암기TIP [균의관에게 의지해요보] - 균여, 의통, 제관, 의천, 지눌, 혜심, 요세, 보우

(1) 불교 정책
- 태조 : 1_____ 강조(훈요10조), 사원건립(개태사, 흥국사, 법왕사 왕륜사 등), 승록사 설치(승려 인사 기구)
- 광종 : 승과제도, 국사(탄문)제도, 왕사(혜거), 사원전 지급, 불교 통합 시도, 2____ 후원(화엄종으로 교종통합, 귀법사 창건), 법안종 도입(선종통합 시도 → 실패), 중국에서 3____ (중국 천태종 16대 교조), 4____ (천태사교의 저술) 활동
  * 승과 합격 → 승계지급 ⇒ 대덕 – 대사 – 중대사 – 삼중대사 →교종(수좌–승통) / 선종(선사–대선사) → 승록사에서 관리
- 성종 : 5_____ 폐지(최승로 시무 28조 영향)
- 현종 : 연등회, 팔관회 부활, 현화사 설치(귀족), 교종 유행, 화엄종(왕실), 법상종(귀족)
- 문종 : 6____ 건립, 의천이 교선 통합 시도, 별사전 지급
- 무신시대 : 결사운동(수선사–지눌, 백련사–요세), 최씨정권 지눌 후원(조계종 성장, 선종)
- 원간섭기 : 라마 불교 전래, 불교 타락, 결사 운동 단절(백련사 → 7____ 로 변질), 보우 개혁운동 (+혜근 → 중국 임제종 도입)

(2) 승려
암기TIP 균의관 의지해요 보

8	· 광종 후원, 9____ (주지) 화엄종 승려, 화엄사상 정비(북악 중심으로 남악 융합), 10____ (향가집), 11____ 사상(화엄종+법상종), 교종 입장 선종 통합(법안종) 시도 → 실패(광종 사후), 12____ 주장 **암기TIP** [빛나는 귀한 보화] - 광종, 귀법사, 보현십원가, 보살의 실천행, 화엄종 · 남악파와 북악파의 통합 시도
13	광종 때 남중국에 파견되어 천태학을 전하고, 중국 천태종 16대 교조가 됨
14	광종 때 남중국에 파견되어 천태학을 전하고, 〈천태사교의〉저술 cf 의천〈천태사교의주〉 **암기TIP** [제관은 천재] - 제관, 천태사 교의
15	· 대각국사, 문종 4째 아들, 송 유학, 교종 승려, 원효 계승 → 통합불교 → 교종입장에서 선종 통합 · 천태종 창시, 16____ (교종통합), 17____ (선종통합, 천태종창시), 교단 통합 했으나 의천 사후 → 선종 독립, 통합실패(교단 분열) · 속장경 편찬(18____ 설치, 흥왕사) - 신편제종교장총록, 19____ (숙종, 활구) · 사상 - 20____ (교종+선종), 21____ (본질+표상), 교선일치, 지관(지혜로 사물 관조) · 의천 저서 ① 원종문류 ② 석원사림 ③ 천태사교의주 ④ 대각국사문집 ⑤ 22____ - 송·요·일본 대장경 종합 ⑥ 대각국사비 - 의천의 업적을 새긴 비, 김부식이 비문 지음 **암기TIP** [교내교장 문흥국 / 신대천에 원석] - 교관겸수, 내외겸전, 교장, 문종 4째 아들, 흥왕사, 국청사 / 신편제종교장총록, 대각국사문집, 천태사교의주, 원종문류, 석원사림
	암기TIP [최고로 정돈된 수조] - 최씨 후원, 정혜쌍수, 돈오점수, 수선사결사, 조계종
지눌	· 보조국사, 23____ 후원(귀법사의 난 계기), 선종 승려, 24____ 결사(불교개혁운동, 권수정혜결사, 송광사–순천), 독경과 선 수행 · 25____ 에 집착하는 불교 비판(교종 비판), 선종 중심으로 교종 통합 시도 → 26____ 창시 〈수심결〉지음 · 사상 : 27____ **사료TIP** '지혜' · 개혁적 승려와 지방민의 적극적인 호응, 선교일치사상 완성(선종 줌심의 교종 통합)
	암기TIP [혜 유] - 혜심, 유불일치설
혜심	· 지눌 제자, 진각국사, 선종 승려, 28____ , 심성도야 강조 → 성리학 수용의 토대 마련 · 최우, 최항 송광사 입사 → 강화도에 송광사 분사 설치, 간화선 강조 · 최씨와 밀착 **사료TIP** '공자는 유통보살, 노자는 가섭보살' (= 29____) ⇒ 불교와 유교가 심성수양이라는 면에서 차이가 없다 · 저서 : 선문염송집, 무의자시집, 진각국사 어록, 이규보가 쓴 진각국사비
	암기TIP [백지정보법찬] - 백련결사, 지방민호응, 정토종, 보현도량, 법화사상, 참회
요세	· 원묘국사, 백련결사(30____), 지방민 호응, 정토종(정토왕생 중시, 대중 불교, 원효 정토사상 계승), 31____ (기도처), 천태종 승려(교종), 32____ 신앙, 강력한 항몽 투쟁 표방(최씨 비호 받음) · 백련사 → 묘련사 변질(원간섭기 부패, 원의 보호 받음)
	암기TIP [보임공조] - 보우, 임제종, 공민왕, 조계종
보우	· 원증국사(태고), 불교계 폐단(사원전 확대, 고리대↑, 상업↑), 33____ (중국, 충목왕 시기) 도입, 개혁시도(34____ 왕사), 남경 천도 주장, 35____ 으로 선종 통합시도(9산선문 통합노력) ⇒ 실패
기타 승려	· 대구화상 : 삼대목(진성여왕), 백운화상 : 직지심체요절 · 수기 : 재조대장경 · 충지 : 원감 국사, 원감록(영남지방 시대상황을 잘 보여줌) · 지공 : 인도의 선종을 도입(인도 마갈타국 사람) · 혜근 : 조계종 발달

(3) 대장경 → 불교 경전 : 경, 률, 논(삼장)

[36]	거란 침입 때 격퇴 기원, 현종(1011)~선종(1087) → 70년에 걸쳐 제작, 호국불교, 불교 교리정리 대구 부인사 보관(몽골 침략 소실)
속장경 (교장)	· 의천이 송 · 요 · 일본(금×) 경전 수집 → [37] (교장도감 설치)에서 초조대장경 보완, 불서 목록 작성, [38], 선종 관련 내용 없음, 교종 내용, 대장경 주석서(대장경×) · 장.소(주석서) 모음집 → 몽골 2차 침입 때 소실 추정 됨(흥왕사 소실) · 선종(1091)~숙종(1101), 10여 년에 걸쳐 신라인의 저술을 포함한 4,700여 권의 전적 간행
[39] (팔만대장경)	· 몽골침입격퇴 기원, 세계 기록 문화 유산 · 조선시대부터 해인사 장경판전 보관(세계문화유산) · 강화도 선원사에 [40] 설치(최우), 강화천도기(고종, 최우~최항집권기 1236~1251) · 강화도(대장도감 - 최우 때, 1236년, 화엄종의 승통 수기가 주도)와 진주 [41] (분사대장도감)에서 제작, 선원사에서 주도 · 편찬 책임자 : 개태사 승려 [42] (화엄종 승통) · [43] 「대장각판군신기고문」에서 [44] (최우)가 대장경 만듦

* 대장도감 인쇄물 : 팔만대장경, 향약구급방, 이규보 동국이상국집(분사에서 간행)

※ 정리 - 천태종 vs 조계종

구분	[45]	[48]
발전시기	고려중기(11c)	고려후기(13c)
창시자	[46]	[49]
후원세력	문벌귀족	무신정권
주장	[47]	[50]
특징	교종(화엄종)입장에서 선종통합 (교 · 선통합)	선종을 중심으로 교종 통합 (선 · 교통합)
계승	불교폐단 대책미비 의천 사후 분열	혜심 : 유불일치설 → 심성도야 → 성리학수용토대 마련

※ 정리 - 불교 결사 운동

구분	수선사(1204)	백련사(1208)
주도	지눌	요세
종파	조계종	천태종
내용	독경, 선수행 노동중시	법화신앙(자신의 행동 참회)
특징	대몽항쟁에 일익	사회교화에 노력
사찰	송광사	만덕사
지지세력	개혁적 승려, 지방민	지방민

* 암기 팁 정리

		균	의	제	의
승려		빛나는 귀한 보화	천태종 13대 교조	천태사교의	교내교장 문흥국
		지	혜	요	보
		최고로 정돈된 수조	혜유	백지정보법참	보임공조
대장경		초	속	재	
		거란	교장	몽골	

2 도교와 풍수지리

(1) 도교

① 불로장생, 현세구복, 국가 안녕 기원

② [51] (구요당), 도관(도교사원)건립 → [52] 건립(예종)
　신격전, 소격전 건립 → 조선 태조 때 소격전으로 통합(관리는 소격서에서, 소격서 폐지-조광조)

③ [53] 개최(도교+민간+불교) : 겨울, 개경 · 서경 2회 개최, 광대공연, 외국 상인과 거래

④ 팔성당 : 묘청 주장으로 건립, 서경, 백두산 등에 신선 · 부처 · 보살이름 붙여 숭배함

⑤ 민간신앙 : 수경신, 문배풍습, 칠성신앙 등

⑥ 한계 : 일관된 체제(×), 교단성립(×) ⇒ 민간신앙화 됨

　※ 조선시대 도교 : 소격서(도교행사 주관, 조광조 폐지), 강화도 마니산 초제(하늘제사+단군제사)

(2) 풍수지리설

① 초기 : 훈요10조(풍수지리 중시), 도선비기, 해동비록(집대성) cf 도의 : 선종 ⎫ 구분하기
　　　　　　　　　　　　　　　　　　　　　　　　　　　　　도선 : 풍수지리 ⎭

② 중기
- 54_____ → 묘청서경천도운동(인종), 북진정책
- 한양명당설 → 북진정책↓, 보수화 경향, 남경승격(문종, 궁궐축조), 55_____ 설치(숙종, 천도 시도-실패), 56_____ 천도 상소(숙종)
- 공민왕과 우왕 때 한양천도 여러차례 시도 했지만 실패

③ 이론 : 지기쇠왕설(묘청서경천도 운동), 비보사탑설(지맥↓ 사찰·불탑건설 → 사찰남설)

④ 과거시험 : 잡과(지리업)설치, 산천 비보도감 설치 → 사원 설립을 국가차원에서 감독

※ 국가제사
- 왕건 시조 호경과 할머니 용녀 제사
- 고구려 시조와 유화 부인 제사(동명신사, 평양)
- 황해도 구월산 삼성당(환인, 환웅, 단군 제사)
- 숙종 이후 평양에 기자사당 세움(교화의 임금)

총정리

1. **승려 순서** : 군의관 의지해요 보
2. **승려 특징** : 군(빛나는 귀한 보화), 의 관(중국), 의(교종교장문흥국)
　　　　　　　 지(최고로 정돈된 수조), 해(혜요), 요(법지정보법참), 보(보임공조)
3. **대장경** : 초(거란), 속(의천), 재(몽골, 최우, 대장도감, 팔만대장경)
4. **도교** : 초제, 도관(복원궁), 민간신앙화
5. **풍수지리** : 도선, 서경길지설, 한양명당설, 지기쇠왕설, 비보사탑설

CHAPTER 25 중세문화 (2)

POINT 훈고학 학자 : 최승로, 최충, 김부식, 이규보 / 성리학 학자 : 안향, 이제현, 이색, 정몽주

1 유교문화

(1) 유학발달

시기	특징	내용
초기	자주적 주체적	• 태조 : 6두품계열 유학자(최언위, 최응, 최지몽), 개경&서경에 학교 • 광종 : 과거제도 실시, 신진관료 등용 • 성종 : 유교 정치 사상정립, 국자감, 12목 경학박사 　　1_____ 시무28조, 문신월과법, 김심언 봉사2조
중기	보수적 귀족적	• 2_____ : 해동공자, 9재학당(사학12도 유행), 훈고학↑(문종) • 3_____ : 보수적이면서 현실적 성격의 유학(삼국사기), 인종, 묘청의 서경천도 운동 진압 후 저술
무신정변 후	문벌귀족 몰락이후	• 한동안 유학 위축, 현실도피적 경향(죽림7현) • 4_____ : 동국이상국집, 동명왕편, 백운소설, 국선생전 등
후기	성리학 발달	• 성리학 : 인간심성과 우주 원리문제를 철학적으로 탐구하는 신유학 • 전래과정 　- 소개 : 충렬왕 때 5_____ (1304)이 주자책을 모사해옴 　- 전수 : 백이정 → 이제현, 박충좌 (원 만권당(조맹부 교류)) → 이색 　- 확산 : 이색 → 정몽주, 권근, 정도전 　※ 6_____ '동방 이학의 원조'로 칭송받음 • 영향 : 신진사대부 사상기반 • 형이상학 측면보다 실천적 기능 강조(소학 - 실천덕목, 주자가례 - 예속교정 중시) • 권문세족, 불교폐단 비판(정도전 '불씨잡변')

※ 현종 시기 문묘 추증 : 설총 - 홍유후, 최치원 - 문창후로 추증 됨(최초)

(2) 유학자 심화 <u>암기TIP</u> [충식보 / 향을 제하니 색정이 오른다] - 최충, 김부식, 이규보 / 안향, 이제현, 이색, 정몽주

훈고학	**최충**	해동공자, 7_____ 융성 → 사학 12도는 공양왕 대(1391)까지 존립, 문헌공도(사학융성), 문종, 훈고학적 유학에 철학적 성향 주입
	김부식	· 보수적, 현실적 유학자, 금 사대, 8_____ (유교적 합리주의 사관, 기전체, 신라계승)
	이규보	· 이름 : 인저, 과거 3번×, 4번째 꿈 - 규성(과거 담당하는 별)에서 합격통지 → 합격 ⇒ 이름 규보 → 최충헌 때 등용(서방), 최우 때 활약 → 재상(동국이상국집) · ⟨9_____⟩-이규보 문집, ⟨10_____⟩-명종, 이의민 집권기, 고구려 계승, ⟨11_____⟩-패관소설, ⟨12_____⟩-술 의인화, 임춘 국순전 영향, ⟨청강사자현부전⟩ 저술 **cf** 기타 : 13_____⟨파한집⟩, 14_____⟨보한집⟩ - 이규보와 같은 시기 <u>암기TIP</u> [동2백국] - 동명왕편, 동국이상국집, 백운소설, 국선생전
성리학	**안향**	충렬왕, 원나라 사신으로 가서 주자책 모사해옴, **최초** 15_____ 소개, 회헌
	이제현	· 충선왕, 16_____ 에서 조맹부(송설체) 등과 교류, 성리학 이해↑, ⟨사략⟩, ⟨역옹패설⟩ · 이제현, 백이정, 박충좌 원에서 성리학 공부
	이색	중국 과거 1등, 이색학당 → **성균관** 17_____ → 성리학 전파에 기여, 제자(18_____)
	정몽주	공민왕~공양왕, 온건파 사대부, 성리학 이해↑(19_____), 외교의 달인, 과거1등, 성균관 박사, ⟨주자집주⟩-강설(해석)

* 기타 - 태조 : 최언위, 최응, 최지몽(신라 6두품계열 유학자들 활약)
　　　 - 성종 : 최승로(시무28조), 김심언(봉사2조) ⇒ 초기 유학은 6두품 주도

2 교육기관

중앙	20_____	유학부	3품↑	22_____	수업 연한 3년~9년
			5품↑	태학(역사 · 정치)	
			7품↑	사문학(문학)	
	21_____	8품↓ (하급관리, 평민)		율학(법)	수업 연한 3년~6년
				서학(글씨)	
				산학(수학)	
변천	국자감 성종	→	성균감 충렬왕	→	23_____ (순수유교기구) 공민왕
지방	향교 - 유교 경전 학습, 중앙에서 교수, 훈도 파견, 인종 때 향교 강화				

* 기타 기술직은 해당 관청에서 교육

(1) 관학 진흥책

① 태조 : 개경, 서경에 학교 설치, 학보 설치(서경에 둔 장학재단)
② 정종 : 24_____ 설치
③ 성종 : 25_____ (국립대학), 26_____ (지방관리와 서민 자제 입학, 인종 때 정비), 문신월과법, 과거제 정비, 비서성(개경), 수서원(서경)
④ 문종 : 27_____ , 최충 9재학당(문헌공도) 등 사학12도 융성 → 관학 쇠퇴
⑤ 숙종 : 28_____ (인쇄, 출판) → 서적 간행 활성화 <u>암기TIP</u> [쑥써] - 숙종, 서적포
⑥ 예종 : 29_____ (장학재단), 30_____ (전문 강좌, 강예재=무학재 포함), **보**문각, **청**연각, 기타(천장각, 임천각-서긍[31_____]), 문신들 즉흥 시회(문신중시법)
　　<u>암기TIP</u> [양재동에 보청기] - 양현고, 7재, 보문각, 청연각
⑦ 인종 : 32_____ 학(무학재×), 33_____ (유신지교 中 제15조) <u>암기TIP</u> 6향
⑧ 충렬왕 : 34_____ (장학재단), **성균감**, 35_____ (공자제사, 김문정), 36_____ (경전, 역사교육, 참하관에게 교육) <u>암기TIP</u> 성경학문
⑨ 공민왕 : 37_____ -순수유교교육기관, 대사성-이색, 유교 교육 강화

3 역사서

암기TIP [대국왕해유제사] - 7대실록, 삼국사기, 동명왕편, 해동고승전, 삼국유사, 제왕운기, 사략

38	작자미상, 기전체, 「삼국사기」모체, 고구려계승 역사서술로 추정
39	태조~목종에 이르는 7대, 거란 침입으로 실록 소실 → 복원, 현종, 현존×(임진왜란 때 소실)
고금록	박인량, 문종시기추정, 현존× * 박인량의 저서 : 가락국기(가야 역사서)
편년통재	현존×, 김부식 삼국사기에 소개
속편년통재	예종 때 홍관, 편년체 삼한 ~ 고려 초
편년통록	의종 때 김관의, 「편년통재」개찬, 태조 왕건 신화 서술
40	· 41 (1145), 기전체, 42 (불교, 신화, 설화 내용 없음), 신라계승(김유신 열전↑), 본기28권(고구려10권, 백제6권, 신라12권), 지 9권, 표 3권, 열전10권으로 구성 · 삼국의 왕 본기에 기록, 세가×(고려사 : 본기×, 세가○), 구 삼국사 기본, 43 배격 · 발해·고조선 기록 없음, 고유명칭 그대로 사용(신라 왕호) ⇒ 자주적, 현존 44 , 신채호 사대주의 사관이라고 비판 **사료TIP** '그에 관한 옛 기록은 거칠고 졸렬하며... 만대에 전하여 빛내기를 해와 별처럼', '우리나라 역사에 대하여는 도리어 아득하고 알지 못하니'
45	· 이규보, 고구려 계승(46), 고구려의 계승의식, [47] 안에 수록, 김부식이 〈삼국사기〉를 저술하면서 생략한 내용을 시로 서술하여 후세에 알리려 함 · 48 기본, 명종때 이의민 집권기 **사료TIP** '신이한 사적이 세상에서 이야기하는 것보다 더하였다. 환이 아니고 성이며, 귀가 아니고 신이었다.'
49	· 50 , 삼국~고려시대 승려기록, 현재 삼국시대 51 (교종 승려), 교종 입장 · 우리 불교사를 중국과 대등한 입장에서 서술
52	· 53 (불일사 짓고 불일결사문 저술), 충렬왕, 불교사 정리, 54 , 55 중심, 단군 신화 기록, 기사본말체, 고유문화와 전통 중시, 향가 기록(14수) · 구성(왕력-기이-흥법-담상-의해...) ⇒ 9개 편목 중 7개가 불교 · 기이편에 〈56 〉(가야의 역사) 수록
57	· 58 , 고조선~충렬왕(단군이야기 수록), 중국과 우리나라 대등하게 파악, 서사시, 최초 발해사 기록, 자주적 사관, 59 - 중국역사, 7언시, 60 - 우리역사, 7언시와 5언시, 단군 - 기자 - 위만 3조선설 최초기록 **사료TIP** '요동에 별천지', '요동에 따로 한 천지가 있으니 뚜렷이 중국과 구분되어 나눠져 있다', '중국이 우리를 소중화라 하네'
61	62 서술, 고려왕조에 관한 역사책, 63 역사 서술의 효시, 편년체+강목체, 현존×
64	65 , 정통의식과 대의명분을 강조하는 66 유교사관, 정통성 강조, 현재 사략의 사론만 전함, 편년체로 저술(태조~숙종), 공민왕 시기 저술
후기 기타 역사서	가락국기 - 문종, 가야의 역사, 삼국유사에 일부 전함

※ 기타
· 고금록 : 문종, 박인량, 현존 ×
· 편년통재 : 연대, 저자 ×, 삼국사기에 소개
· 속편년통재 : 예종, 홍관, 현존 ×
· 편년통록 : 의종, 김관의 편찬, 현존×, 고려 왕조 찬양
· 구삼국사 : 고구려 계승, 북진정책, 발해유민 포용의식

※ 역사 기술체
① 67 : 정사체, 본기, 세가, 열전, 지, 표 구성, 사마천 사기 기원, 분류사 → 삼국사기, 고려사, 동사, 해동역사
② 68 : 시간순 편찬, 사마광 자치통감 기원 → 실록, 절요, 통감 종류
③ 69 : 사건 발단순, 결과 순 편찬, 통감기사본말 기원(중국서서) → 삼국유사, 연려실기술
④ 70 : 강, 목으로 구성, 정통·비정통 구분 주자, 자치통감 기원 → 강목집요, 동사강목

※ 삼국사기 vs 삼국유사

구분	71	72
시기	중기 인종때(1145, 묘청의 서경천도운동 직후)	원간섭기(1285)
저자	김부식	일연(승려)
사관	73 (보수, 사대)	75
체계	기전체	기사본말체와 유사
의미	74	76

총정리

유학자 3명	충 식 보	성리학자 4명	향 제 색 정
역사서	대 국 왕 해 유 제 사	교육기관	국자감, 향교
관학진흥책	숙종(ㅅ ㅅ), 성종(2 2 2), 예종(양재동 보청기), 인종(경 향), 충렬왕(성 경 학 문), 공민왕(순수)		

CHAPTER 26 중세문화 (3) −과학기술·예술

POINT
① 고려 시대 역법 순서 / 의학서 ② 인쇄술 특징(목판, 금속활자)
③ 주심포 건축, 석탑, 승탑, 불상 특징 ④ 고려청자, 문학, 서예 특징

1 과학 기술과 예술 발달

(1) 천문학의 발달

① 농업관련, 천인감응설

② 사천대(서운관)에서 관장, 첨성대(개성)에서 관측, 첨성단(상방하원 구조, 강화 천도기간동안 첨성대로 활용)

③ 역법 : 1 _____ (당, 신라에서 고려 초기까지) → 2 _____ (원, 충선왕) → 3 _____ (명, 공민왕) 사용
→ 4 _____ (세종) → 5 _____ (조선후기, 효종때 김육 주도, 아담샬) **암기TIP** 선 수 대 칠 시

* 사천대 → 서운관(충렬왕) → 조선 시대 관상감(세조)

(2) 인쇄술 발달 : 인쇄기관(서적포 − 숙종, 서적원 − 공양왕)

① 6 _____ 발달 : 한가지 책 다량인쇄 적합, 고려대장경판목(세계최고수준), 대량인쇄 적합, 소량 다종 인쇄(×), 초조대장경, 재조대장경

② 7 _____ : 여러가지 책을 소량 인쇄하는데 적합
 • 배경 : 목판인쇄술↑, 청동기술주조↑, 종이제조기술↑ ⇒ 8 _____ (고종1234), 남명천화상송증도가(1239) → 현존(×)
 • 9 _____ (우왕1377) → 10 _____ 간행, 백운화상 저술 현존 최고 금속활자본, 11 _____ 보관

 ※ 상정고금예문 **암기TIP** [정직 / 청주를 먹으니 흥난다] − 상정고금예문, 직지 / 청주 흥덕사
 인종 때 최윤의 등이 지은 의례서(목판), 고종 때, 몽고2차 강화천도 이후 최우(이)가 금속활자로 출판(동국이상국집에 기록됨)

③ 제지술 발달 : 12 _____ 재배 장려, 우수한 종이 생산, 종이 제작 관청 설치

④ 서적원 : 공양왕, 활자 · 인쇄 담당

---

(3) 의학 발달 **암기TIP** [방이 구질 구질 큰 집에서 냄새 난다] − 향약방, 향약구급방, 향약집성방, 의방유취, 향약채취월령

① 13 _____ 설치 : 의료업무, 의학교육 실시, 의과 시행(의원 선발)

② 중기 − 향약방(독자적 처방)

③ 후기 : • 14 _____ : 현존 최고 의서, 대장도감에서 편찬, 질병 처방, 국산 약재 180여종 소개
 • 삼화자향약방 : 현존×

④ 중앙 : 혜민국, 동서대비원, 제위보 등 설치 / 지방 : 주 · 부 · 현에 약점 설치

(4) 화약 제조기술과 조선 기술

① 화약 제조법 : 고려말 최무선 개발, 15 _____ 설치, 화포사용, 진포대첩

② 조선기술 : 대형범선 제조(송무역에 이용), 조운선 등장, 해안 조창에 배치, 누전선(수군 배)

(5) 수학 : 산서도입(수학서) − 고려 말 중국에서 〈산학계몽〉, 〈양휘산법〉, 〈상명산법〉 도입

2 청자와 공예

(1) 자기 **암기TIP** [순 상 분 백 청] − 순청자, 상감청자, 분청사기, 백자, 청화백자

 • 10세기 : 신라 + 발해 전통기술 + 송 기술 수용
 • 11세기 : 16 _____ (독자적 발전+송자기 기술), 송 사신 서긍 극찬(인종, 고려도경−1123, 색이 푸른데 비색이라 한다.) **사료TIP** '임천각'
 • 12세기∼13세기 : 17 _____ (나전칠기, 은 입사 기술 응용), 도요지 − 전북 부안, 전남 강진
 • 원 간섭기 : 상감청자 퇴조, 18 _____ 나타남 → 소박하고 천진스런 무늬, 16세기부터 생산↓
 사료TIP '회색이나 회흑색 태토 위에 백토로 분장... 풍만하고 율동적인 형태, 안정감 있고 실용적인 모양'

(2) 금속공예 : 은 입사 기술↑, 청동 은 입사 포류 수금문정병(대표적)

(3) 나전칠기 : 옻칠한 바탕에 자개를 붙여 무늬 표현, 경함, 화장품함, 문방구 등

(4) 범종 : 신라계승 ⇒ 화성 용주사 종, 대흥사 탑신사 종 * 청자 : 강진 · 부안이 주생산지

※ 순청자 ※ 상감청자 ※ 금속공예

참외 모양 매병 상감 운학문 매병 청동 은입사 포류수금문정병 용주사 종

3 건축과 조각

(1) 건축 암기TIP 봉부수 극무대 맞자 8대 맞자 / 성석심 읍보

- 궁궐 : 개성 만월대 궁궐터(건물을 계단식으로 배치) - 세계 문화유산

19 사찰		20	· 현존하는 가장 오래된 목조건축물 · 23 지붕, 기둥 위에 공포가 있음
		영주 21	배흘림 기둥양식, 24 지붕
		예산 22	25 지붕, 주심포 양식
	다포	26 (사리원)	원의 영향, 기둥 사이에 공포가 있음
		27 (안변)	조선시대 건축물에 영향, 규모↑,
		28	응진전-맞배지붕, 보광전-팔작지붕

* 기타 : 강릉 객사문(현존 최고 문-주심포, 맞배지붕, 가장 오래)

※ 29 _____ : 공포가 기둥 위에만 짜여져 있는 양식, 고려 전기, 중기 유행, 안동봉정사극락전, 영주 부석사 무량수전, 예산 수덕사 대웅전이 유명

※ 30 _____ : 공포가 기둥 위뿐 아니라 사이에도 짜여져 있는 양식(원나라의 영향을 받음)

안동 봉정사 극락전   영주 부석사 무량수전

예산 수덕사 대웅전   안동 봉정사 극락전 주심포   다포 건물 양식

(2) 석탑 : 고려 석탑 특징 신라 양식 + 독자적 형태 = 다각 다층탑
암기TIP 전현(7)무(5)집에 불(5)나서 송월타월 / 월경(고려) 원(조선)

석탑	전기	개성 현화사 7층석탑	신라 영향 계승
		부여 무량사 5층석탑	백제 영향
		개성 불일사 5층석탑	고구려 영향
		31	32 영향, 다각다층 탑
	후기	33	· 34 영향, 라마교 영향, 충목왕때 건립, 대리석으로 제작, 일본에 불법 반출되었다가 다시 반환되어 현재 중앙박물관에 소장 · 조선 35 석탑의 원형

현화사 7층석탑   무량사 5층석탑   36

불일사 5층석탑   37

(3) 불상 `암기TIP` 춘관부 철돌흙

불상	철불	38 _____ 철불(= 하남 하사창동 철불)	고려 초기
	대형 석불	39 _____ 입상(은진미륵) 안동 이천동 마애여래입상(규모↑)	지방문화(호족)
	대표 불상	40 _____ (진흙으로 제작)	신라양식 계승, 균형미

* 기타 : 석불 – 파주 용미리 마애이불상, 북한산 구기리 마애 석가 여래좌상
　　　　전통양식 – 영탑사 금동 삼존불(신라)

※ 불상

41 _____ 부석사 소조 아미타 여래 좌상

42 _____ 안동 이천동 마애 여래 입상

※ 부도

고달사지 승탑

지광국사 현묘탑

부도	8각 원당	43 _____ 승탑 – 선종의 영향, 44 _____ 철감선사 승탑(통일신라) 영향 받음, 갑사 부도 `cf` 흥법사 염거화상탑(신라말기)
	특수형태	정토사 흥법국사 실상탑(현종, 탑신만 공 모양), 법천사 45 _____ (사각형), 신륵사 보제존자 승탑(석종형) `cf` 무학대사 흥융탑(조선시대, 원종형)

↳ `암기TIP` 쌍(통일신라) 고지(고려)

4 서예, 그림, 음악

(1) 서예

- 전기 : 46 _____ (유신), 왕희지체 (탄연)
- 후기 : 47 _____ (조맹부체, 이암, 이제현)

※ 신품 4현 : 48 _____
`암기TIP` 우유탄(고려) 생(신라)

(2) 회화

- 전기 : 예성강도(이령), 이광필 → 현존×
- 후기 : 49 _____ (공민왕, 원대북화영향, 우리나라 소장), 50 _____ (혜허, 일본), 부석사 조사상 벽화(사천왕상+범천+제석천), 사경화

※ 불화 : 관음보살도(양류관음도), 수월관음도 – 혜허, 일본에 소장, 사경화 (불경 표지에 금으로 그림) 유행

(3) 음악

- 아악 : 송에서 수입된 대성악이 궁중음악으로 발전(문묘제례악)
- 향악(속악) : 동동, 대동강, 한림별곡 등(고려가요)

(4) 문학

- 고려 전기 : 균여 『보현십원가』 → 광종, 향가집 / 혁련정(문종)이 지은 〈균여전〉 / 51 _____ 〈도이장가〉 – 팔관회 이후 쓴 글, 신숭겸·김락 충심 찬양
- 고려 중기 : 김부식, 정지상 한시, 52 _____ 의 수이전(최초의 수필문학)
- 경기체가 : 신진사대부 문학, `예` 관동별곡(안축) `cf` 조선 관동별곡(정철) 한림별곡, 죽계별곡
- 고려가요(속요, 창가) : 가시리, 쌍화점, 청산별곡, 동동(서민의 생활감정을 대담하고 자유분방하게 표현)
- 패관(수필)문학 : 형식에 구애받지 않는 설화 형식으로 현실 도피적 수필 문학의 발달
  - 53 _____ : 파한집(최초의 시화집)
  - 54 _____ : 보한집
  - 55 _____ : 백운소설, 동국이상국집
  - 56 _____ : 역옹패설(익재난고 포함)

- 가전체문학 : 사물 의인화(교훈적 내용)
  - 57 : 국순전(술), 공방전(돈)
  - 58 : 죽부인전(대나무)
  - 이첨 : 저생전(종이)
  - 59 : 국선생전(술), 청강사자현부전(거북)
  - 석식영암 : 정시자전(지팡이)
- 기타
  - 이색 : 목은집
  - 정몽주 : 포은집
  - 이숭인 : 도은집
  - 길재 : 야은 ⇒ 온건파 사대부

(5) 기타
- 나례 실시 : 섣달 그믐 밤 귀신을 쫓던 행사 → 처용무 (역귀×, 궁중무역으로 발전)
- 가면극 산대놀이 유행(국가 기관 나례도감 에서 관장) - 격구 유행
- 팔관회 이후 가무백희(노래, 춤, 기예 공연)

> **출졌회**
> 1. **역법 순서** : 선 수 대 칠 시
> 2. **금속활자** : 상(1234, 고종) 직(1377, 우왕, 백운화상, 충주 흥덕사)
> 3. **의학서** : 방이 구질 구질 해서 냄새가 난다.
> 4. **화약** : 최무선, 화통도감, 진포대첩
> 5. **청자** : 순 상 분 백 청
> 6. **건축** : 봉 부 수 , 극 무 대 , 맞 8 맞 (주심포) / 응진(다포)
> 7. **석탑** : 전 현 무 불 / 월 / 경 / 원
> 8. **부도** : 쌍 / 고 지
> 9. **불상** : 춘관부 / 철돌흙
> 10. **문학** : 이규보 - 동백국, 이인로 - 노파, 최자 - 보한집, 임춘 - 국순전

도끼 한국사만의 특별한 암기팁으로 한 권에 완성하는 **공무원 · 경찰 · 소방 한국사**

04
근세 사회의 발전

CHAPTER 27 | 근세정치 (1)

CHAPTER 28 | 근세정치 (2) – 붕당(정치사건)

CHAPTER 29 | 근세정치 (3) – 통치체제 1

CHAPTER 30 | 근세정치 (4) – 통치체제 2

CHAPTER 31 | 근세정치 (5) – 대외관계

CHAPTER 32 | 근세경제 (1) – 토지제도

CHAPTER 33 | 근세경제 (2) – 수취제도, 농업기술

CHAPTER 34 | 근세사회 (1)

CHAPTER 35 | 근세사회 (2)

CHAPTER 36 | 근세문화 (1)

CHAPTER 37 | 근세문화 (2)

CHAPTER 38 | 근세문화 (3) – 과학 예술

CHAPTER 27 근세정치 (1)

POINT 정도전, 태종 vs 세조, 세종 vs 성종

* 조선 흐름

15C	태 정 태 세 문 단 세 예 성	관학파의 시대(훈구) - 조선기틀 완성, 왕권과 신권 변화 보기
16C	연 중 인 명 선	사화의 시대 - 훈구와 사림의 갈등, 왕권·신권 혼란기
17C	광 인 효 현 숙	붕당의 시대 - 예송, 환국, 신권 강화 → 서로 갈등
18C	경 영 정	탕평의 시대 - 영조, 정조의 탕평정치, 왕권↑
19C	순 헌 철	세도정치 시대 - 안동김씨 등 일부 가문의 권력 독점, 신권↑

※ 조선시대 왕실 여인

- 1   : 의경세자 부인, 성종 어머니, 성종시기 폐비윤씨 사건을 일으킴
- 2   : 연산군 어머니, 성종 때 투기로 인해 사사, 갑자사화의 원인이 됨
- 3   : 중종의 부인, 명종의 어머니, 불교를 숭상하고 보우 후원, 을사사화 주도(소윤)
- 4   : 선조의 부인, 광해군에 의해 유폐되고 영창대군은 강화도에서 사사 되었다.
- 5   : 인조의 부인, 효종 죽음 이후 자의대비 상복문제로 인한 예송 발생
- 인현왕후 : 숙종의 부인, 병약하여 후사 없음, 기사환국 때 폐비, 갑술환국 때 복위
- 6   : 숙종의 후궁, 경종의 어머니, 무고의 옥 때 사사당함
- 숙빈최씨 : 영조 어머니
- 7   : 영조의 부인, 순조 초기 수렴청정을 함, 신유박해 주도(시파, 남인제거)

1 조선 건국 과정

(1) 주도세력

권문세족(8)	신진사대부(9)	급진(혁명파)	온건파
		왕조교체(역성혁명)	왕조유지(개혁)
대농장, 음서, 불교, 보수적, 친원파	중소지주, 과거, 불교비판, 성리학, 개혁적, 친명파 +신흥무인세력(이성계)	10 , 11 , 12 , 남은 토지개혁(과전법) 불교자체비판 관학파(훈구파)	13 , 14 , 15 , 이숭인 전면적토지개혁× 온건한 비판 사학파(사림)

(2) 과정

고려후기 사회모순 → 공민왕 즉위 → 홍건적 → 우왕즉위(1374), 이인임 집권 → 왜구 침입 → 신흥무인 대두 → 16   일파 축출(1388) → 명 17   통보(1388 최영집권) → 요동정벌계획(1388) → 18   회군(1388 이성계) → 창왕즉위 → 급전도감설치 → 공양왕 즉위(1389) → 19   (창왕·우왕×) → 20   (1391 공양왕, 조준상소) → 21   제거 → 공양왕 폐위(1392) → 조선건국(1392) → 국호제정 '조선'(1393 고조선 계승) → 한양천도(1394) → 경복궁건립(1395)

2 조선 전기 왕 특징

		· 조선건국(1392), 국호 조선 제정(고조선 계승, 1393), 한양천도(1394), [23] (1393,군사 총괄 기구), [24] (1395), 도첩제 실시, 중농억상 정책, 사대교린 정책 · 한양도성 정비(숭례문, [25] (왕과 왕비의 신주를 모신 사당), [26] (토지신과 곡식신 제 사) - [27] , 동쪽에 종묘, 서쪽에 사직, 시장, 도로 등 건설 · [28] 발생(무인정사, 1398) : 이방원이 방석, [29] 제거 → 정종(이방과) 옹립 ※ 재상 정도전 [암기TIP] 심금을 울리는 불씨경고 - 심기리편, 금남야인, 불씨잡변, 조선경국전, 고려국사 · [30] (총재정치) ·억불정책 · 성리학통치이념↑, 서울시내 건축물 이름 지음(유교식) · 1차 왕자의 난(무인정사, 1398) 때 이방원에게 살해 당함 · 저서 : [31] (최초사찬법전), [32] (불교비판·조선건국이후), [33] (정치조직), [34] (고려역사, 패가입진, 조선건국 정당성), cf 경제육전(조준, 조례 정리), 삼봉집(문집), 진도(요동정벌위해 만든 지도), [35] (성리학이 불교, 도교보다 우세), 심문천답(도교비판), 학자지남도(성리학 대강 그림 설명 → 권근 입학도설에 영향), 금남야인·금남잡영(고려 말 유배지 저서), 소재동기(1375년 유배시기 쓴 글) ※ 태조의 3대 정책 : 숭유억불(도첩제 실시), 중농억상 정책, 사대교린 정책
15C	[22] 이성계 1392~1398	(see above)
	정종 1398~1400	· 개경 천도(1399), 도평의사사 축소 → 의정부 설치, 중추원 → 삼군부 · 2차 왕자의 난(1400) : [36] 의 반란 → 이방원이 진압, 이방원 권력 장악(세제)
	[37] 이방원 1400~1418	· 2차례 왕자의 난 통해 권력장악 - 1차 : 무인정사, 방석, 정도전제거 - 2차(1400) : 방간, 박포제거 → 정종이 방원을 세제로 삼고 양위 · 왕권강화↑ [암기TIP] 의사가 신문을 보며 6개 떡을 호로록 먹었다 - 의금부, 사병혁파,사간원, 신문고, 6조직계제, 호패법, 노비변정도감 [38] (왕-6조), [39] (민증-세금징수·역), [40] (노비해방, 재정↑), [41] , [42] 독립(대신견제), [43] (재정↑), 한양 환도, 창덕궁 건설(세계 문화유산), 유향소 폐지, 의정부설치(정종), [44] (금속활자) cf 세종 - 갑인자 승정원, [45] 설치, 인보법 시행(호적 작성을 위해 실시), 신문고 설치 ※ [46] : 태종 때 건설 ① 인정전 : 창덕궁의 정전으로 조정의 각종의식이나 외국사신을 접견하던 곳 ② 희정당 : 조선후기에 이 건물을 편전으로 사용 ③ 주합루 : 정조가 자신의 왕권을 강화하기 위한 기구를 두었다 - 규장각 설치 ④ 연경당 : 순조가 자신의 거처로 삼기 위해 지은 양반저택 · 국가재정 : 양전사업, 호구 조사, 시원전 몰수(242개 사원만 인정), [47] (16세 이상 남 자), 인보제(10개 호를 하나로 묶음), 유향소 폐지, 노비해방(노비변정도감) · 기타 : [48] (등문고), 사섬서(저화 재발행), 서얼차대법(한품서용제), 주자소, 계미자(동 활자), 재가금지법(삼가금지법), 처남숙청(민무구·민무질), [49] , 권근 「동국사략」, 거북선과 비거도선 제조, 양전사업(양안 : 20년), 호구파악(호적:3년), 사섬서 설 치(저화 발행), 5부 학당 설치(→ 세종 때 4부 학당), 조사의 난(1402, 함경도)

[암기TIP] 칠갑통집의 정직녀와 훈삼 먹는다,- 칠정산, 갑인자, 총통등록, 향약집성방, 의방유취, 정간보, 농사직설,
여민락, 훈민정음, 삼강행실도

· 태종 3째 아들(충녕대군), 태종이 4년간 상왕으로 인사와 군사권 장악
[51] (국가행사 오례·사대부들은 주자가례), 문화↑, [52] (학술 연구 기관)
명재상(황희, 맹사성, 허조), [53] 편찬 시작(신숙주 주도, 성종 때 완성)
[54] (왕-의정부-6조, 왕은 인사·군사 처리, 나머지는 재상이 처리)
윤대제(백관이 교대로 왕과 정사논의)
· 영토 확장 : 4군 [55]), 6진 [56]), 토관제도(토착민 등용), 쓰
시마 섬 정벌(1419, 이종무) → [57] (1443, 배 50척, 쌀 200석), [58] (평
안도&함경도) [암기TIP] 계기오이백 - 계해약조, 기유약조, 50척 200석, 20척 100석
· 공법(토지세) : 여론조사, [59] (풍흉에 따라 20두~4두), [60] (비옥도 따라 6등급)
· 과학기술 : 혼천의, 간의, 측우기, 자격루, 앙부일구(장영실), 조지서(종이), 조선통보
(화폐), [61] 주조(밀랍대신 식자판), 경자자. 병진자 주조
· 불교정책 : 선종18개, 교종18개만 인정, 왕실에는 내불당 설치, 석보상절(부처님일대
기)과 월인천강지곡 간행 → [암기TIP] 농약 친다
· 문화 발전 : [62] (농업), [63] (의서), [64] (역법) ⇒ 우리나라 독자적

15C [50] 이도 1418~1450	의서	[65] , 의방유취, 향약채취월령	음악서	[69] (음악), 정간보(악보), 박연(아악정리)
	농서	[66] (정초)	병서	[70] (화약)
	역법	[67]	훈민정음	[71] (이씨 찬양), [72] (석가모니 일대기), [73] (노래) [암기TIP] 용석쌤 월요일
	활자	[68]	의례서	삼강행실도(충신, 효자, 열녀)
	기타	치평요람, 자치통감훈의(국가의 흥망성쇠와 백성애환의 귀감이 담긴 책)		

· 유교통치이념 확립 : 예-정치질서, 삼강행실도, 효행록 / 악-백성교화, 아악, 여민락,
정간보 / 사-정통성, 동국세년가, 고려사 시작 / 지-국토관리, 신찬 팔도지리지
· 기타 : 부민고소금지법(수령고소금지), 원악향리처벌법(부패향리처벌), 사가독서제 실
시(성종, 중종 계승), 토관제도, [74] 금지법(노비 사적 처벌금지), 금부삼복법
(사형은 의금부에서 3심제), [75] 부활, 경재소 설치, 태배금지법(고문금지)

문종 1450~1452	고려사, 고려사절요, 동국병감 저술, 2년만에 사망
단종 1452~1455	12세 즉위, 재상 중심 정치(김종서, 황보인), [76] (1453, 수양대군 정변, 김종서×, 황 보인×, 한명회 주도), 이징옥의 난(1453, 김종서의 부하), 폐위 후 노산군 → 숙종때 단종

15C	77 1455~1468	**암기TIP** 6명 원시인의 경직된 진보 – 6조직계제, 원각사지 10층석탑, 이시애의 난, 인지의, 경국대전 시작, 직전법, 진법, 보법 · 세종의 둘째 아들 → 수양 대군에 봉해짐. 78_____으로 권력 장악(김종서×, 한명회 주도), 집현전·경연폐지, 원상제(한명회, 신숙주) → 훈구파 형성 · 단종 복위운동(1456) : 79_____ 이 주도 (성삼문, 박팽년, 하위지, 이개, 유성원, 유응부), 집현전폐지, 경연폐지, 생육신 출현(세조 정권 참여거부) · 80_____, 보법(3인 1조-1정군 2보인), 5위체제, 진관체제(국경지대 방어) · 81_____ (함경도) : 이준, 남이 등 진압 → 유향소 폐지 · 북방개척 : 경진북정(신숙주), 정해시정(남이,강순) · 불교 진흥 : 간경도감(불경번역), 원각사지 10층 석탑, 해인사 장경판전(팔만대장경 보관) · 토지 측량 : 82_____, 83_____ 실시(수신전×, 휼양전×) → 현직관리 지급 · 저서 : 월인천강지곡 + 석보상절 → 월인석보 · 기타 : 내수사 설치(왕실재산 관리), 팔방통보(유엽전-화살촉모양), 종친등용, 장례원 설치, 84_____ 편찬 시작, 육전상정소 설치
	예종 1468~1469	· 세조 둘째아들, 직전수조법 제정하여 둔전의 민경을 허락, 남이·강순 역모죄로 처형 (남이의 옥사)
	85 1469~1494	**암기TIP** 문경에서 동국대 음악학과 간다.- 동문선, 경국대전, 동국여지승람, 동국통감, 악학궤범 · 조선 문물 완성, 예종이 즉위후 1년만에 사망, 어머니 인수 대비와 장인 한명회 힘으로 13세에 즉위, 정희왕후 수렴청정(세조 비) · 86_____ 완성(cf 시작은 세조 때) → 조선 성문법, 서얼차대법, 재가금지법 시행 · 집현전 계승하는 87_____ (옥당) 설치 → 3사 완성, 남호 독서당 설치, 성균관 내 존경각 건립 · 억불정책(도첩제× → 산간 불교화), 간경도감 폐지 · 88_____ (국가 토지 지배력↑), 사창제 폐지(흥선대원군 때 부활) · 김종직 등용(영남 사림, 훈구 견제), 유향소 부활 · 서적 : 89_____ (문학집, 서거정), 90_____ (최초 편년체 통사, 서거정), 91_____ (지리서), 92_____ (음악 백과사전, 성현), 삼국사절요, 국조오례의, 표해록(최부), 해동제국기(신숙주) **사료TIP** 동문선 – '송나라의 글, 원나라의 글도 아닌 우리나라 글' · 유교통치이념 완성 : 예-국조오례의 / 악-악학궤범 / 사-동국통감 / 지-동국여지승람

※ 조선 왕실 : 불교 숭상(대외적으로 불교 억제, 왕실내부에서는 불교 숭상)
· 내원당(태종) : 불교 행사장
· 내불당(세종) : 궁궐안에 사원 설치
· 간경도감(세조) : 불경 번역

출제회

1. **급진파 사대부** : 정도전, 조준, 윤소종, 남은, 왕조교체, 불교 비판, 토지개혁
2. **온건파 사대부** : 정몽주, 이색, 길재, 왕조유지, 전면적 토지 개혁 반대
3. **태조** : 조선 건국, 한양천도(사직, 경복궁, 종묘 설치)
4. **정도전** : 심금 / 불씨경고
5. **태종** : 의사가 신문을 보며 6개 떡을 호로록 먹는다.
6. **세종** : 빅 3 – 농약친다/ 칠갑통에 정직녀와 훈삼을 먹는다.
7. **세조** : 6명 원시인의 경직된 진보
8. **성종** : 문경에서 동국대 음악학과 간다.

CHAPTER 28
근세정치 (2) - 붕당(정치사림)

POINT 사대부의 특징, 사림정치, 붕당, 양란, 사림 특징 및 정치적 사건

1 16세기 왕 특징

1494~1506	• 삼사 기능 약화, 신권 ×, 한글문학, 시가, 『한중록(궁중수필)』, 원각사, 왕권강화 1. ___1___ 이 죽음 2. 1498, ___3___ - ___4___ 이 통해 사초문제로 발단 → 영남 사림 시기(___5___ , 사회주) 3. 1504, ___8___ - ___9___ 사건 4. 사림(폐비윤씨 사건) 문제로 훈구파를 숙청하기 위해 일으킨 사건(___6___ 사건) ___7___ , 임진왜란, 정문형, 장녹수·장경왕후, 공신 사건 • 폐위: 삼사의 언관 들에 의해 폐위(전차판) 폐지, 폐 사림 • ___10___ 으로 이름 중 최초 폐위, 중종반정
1506~1544	___11___ • 조광조의 혁신 정치 ① ___12___ (소격서), 『소학』, 여씨향약 ② ___13___ (×위사제) ③ ___14___ (수미법시행) ⑤ ___15___ (공리감축) ⑥ ___16___ 품장 공거 다시 → 중종이 조광조 사사 사림의 영향력 확대 → 훈구의 반발 → 기묘사화(1519) **사료TIP 내수도 중지** ⑧ ___17___ 후 강성, 조광보존지, ⑨ ___18___ 금광 왕실 음란 **암기TIP 약 모임 소학이가 훈련위장이었다.** - 중종: 소격서폐지, 향약실시, 현량과 시행, 위훈삭제, 서원은 없음, 서원은 없음 조광조의 이상 정책(대동) 중심 인종 1544~1545
1545~1567	___19___ • 대윤파와 소윤파의 싸움 + 사림 훈구의 영향 → ___21___ (윤원형 파종 가: 외척(외척정치)) - 사화(외수)사림·처동을 이이·매운 청년 → 정권공중파(익산당동) (인정심판) • ___22___ - 백운동, 양주팔, 기기원 • 정미학수: 1547, 사적정 25년, 서울의 예문제(1555) → 비변사 상설기구 체제 • ___23___ 폐지: 1556, 수조원의 기능 약화, 녹봉의 기능 축소 → 임금 전성기 약화 • 임꺽정의 난: 1559, 경기 • ___24___ 사림 : (ㅇ주 을묘, 영속 음모 때 이용 왕인 사액서원 (___25___)
16C	___26___ 1567~1608 • 원인 → ___27___ 정책 해결 → 사립권권 대립 → 사림상 집권 → 이조전랑권 사립분해 ___28___ ___29___ 훈신 ___30___ 대윤 → ___31___ 해지

※ 조선시대 3대 국시: ① 안평정도 - 영성존주 ② 인의정치 ③ 왕실정치
① 건국 - 정도전 ② 안정 - 태종 ③ 유교정치 - 세종

2 정치사건

(1) 15세기
① 태조
• 왕자의 난
- 1차: 원비 계비 공신, 역대 이방원이 공신(1차) ___32___ , 1398
- 2차: 방간이방간(형)과 박포의 반란, 이방원이 친(정) ___33___ , 1400)
② 단종 - ___34___
③ 세조
• ___35___ 동: 1456, 사육신(성삼문·하위지·이개·유응부·유성원·김문기) 등
이 유신들이 상왕 단종 복위를 계획 세조 폐위와 세종(동궁) 등 복위시키는
길 점창 계획사건
④ 공신의 사건

36	
(공신회) 공신사건들의	37
김종직 사초 사화, 대사헌, 대공주	38
패들상자, 6조직계	only 44
39 가로, 정본의, 단공권리	사헌
기폭된 중의 15cm과 한 기폭관등	
41 정성, 중보기갑, 42 중의	
정치 때 고위 고관들이 그 공약왕궤해	
정치에 진출 → 공신사례 비판	

(2) 16세기(사화-훈구와 사림의 갈등) 암기TIP 무갑기을

① 46_____(연산군) : 1498, 김종직〈47_____〉, 유자광 주도 - 김종직 일파 제거(영림사림×), 김종직 부관참시, 48_____ 능지처참

② 49_____(연산군) : 1504, 폐비윤씨 문제, 50_____ 주도 - 부중파×, 51_____ 부관참시, 정인지 부관참시

③ 52_____(중종) : 1519, 53_____ 혁신정치, 남곤·심정 주도 - 조광조 일파 제거(기묘사림×)
   사료TIP '주초위왕', '내 붉은 충정'

④ 54_____(명종) : 1545, 왕실외척대립(대윤vs소윤) - 대윤×, 55_____ 사건으로 피해가 확대
   사료TIP 여주 - 여자군주

3 붕당 출현

(1) 사림 권력 장악 → 사림 세력간 갈등 - 선조 때 집권 후 척신정치, 청산을 둘러싼 갈등

(2) 붕당의 시작(1575) 암기TIP 이기정경사 - 이조전랑직 다툼, 기축옥사, 정철처리문제, 경신환국, 사도세자 죽음

① 척신 정치 잔재 청산과 56_____ 직 다툼(인사권) - 김효원(신진사림) vs 심의겸(기존사림)

김효원(신진사림, 동인)	심의겸(외척, 기성사림, 서인)
신진사림, 척신정치 청산 적극적 이황(주리), 조식(북인), 서경덕(주기)	기성사림, 척신정치 청산 소극적 이이(이=기), 성혼
공통점 : 붕당 토대 - 경제(농장,전호) + 인적·학연 + 지연(출신지) + 혈연(문벌)	
※이조전랑 : 정5품 정랑과 정6품 좌랑, 낭천권(인사추천권), 자대권(후임자 추천), 통청권(3사 선발권)	

② 정여립모반사건 : 정여립 서인에서 동인으로 변경, 낙향 후 대동계 조직 → 서인의 밀고로 기축옥사 발생(동인1000명 제거, 서인 정철 주도) → 정철 세자 건저의 문제 → 57_____(동인 분파) → 강경파(58_____), 온건파(59_____) → 북인분열 (대북 - 광해군 지원(이산해, 이이첨)/소북 - 영창대군 지원(유영경))

※ 이황 문인 : 유성룡, 김성일(남인 형성)   서경덕 문인 : 이지암, 이산해(북인 형성)
   조식 문인 : 정인홍, 이이첨(북인 형성)   이이 문인 : 정철, 윤두수, 김장생(서인 형성)

③ 60_____ : 숙종 유악사건, 삼복의 변 → 남인제거(서인분파) → 강경파(노론·송시열-대의명분, 민생안정강조), 온건(소론·윤증, 실리중시, 적극적 북방개척주장)

④ 61_____(사도세자×) : 노론분파 → 사도세자 부정(벽파), 사도세자 긍정(시파)

※ 사림 선조 때 집권 → 이조전랑직 문제로 동인, 서인 분열 → 62_____, 정철처리문제 → 동인 분열(북인-강경파, 남인-온건파) → 북인집권 → 인조반정 → 서인집권 → 경신환국으로 서인 분열 → 노론(강경파), 소론(온건파) → 영조 때 노론 집권 → 임오화변(사도세자 죽음)으로 노론 분열 → 벽파(강경파), 시파(온건파)

(3) 붕당토대 : 경제(농장, 전호) + 지연(출신지) + 혈연(문벌)

4 붕당 정치

(1) 성격 ① 상호,견제 비판 인정 ② 공론중시(비변사, 3사기능↑) ③ 재야 여론수렴(산림, 서원↑)

(2) 한계 ① 국론분열 ② 현실문제 경시

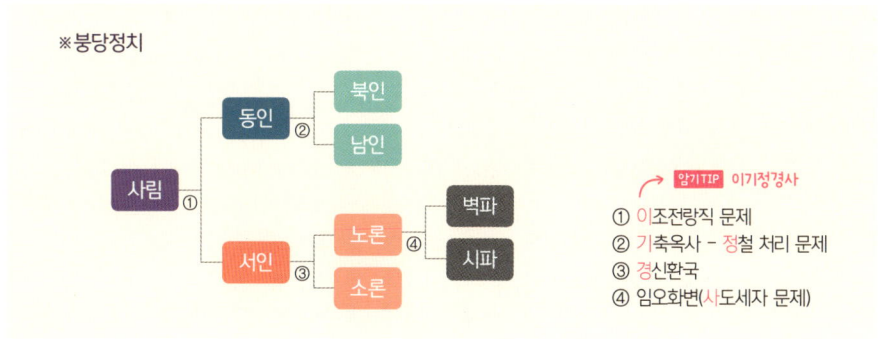
※붕당정치

암기TIP 이기정경사
① 이조전랑직 문제
② 기축옥사 - 정철 처리 문제
③ 경신환국
④ 임오화변(사도세자 문제)

총정리

(1) 훈구파 : 관학파, 부국강병, 다양한 학문 인정, 대토지 소유, 주례, 사장 강조
(2) 사림파 : 사학파, 왕도 정치, 성리학만 인정, 중소지주, 주자가례, 경학
(3) 4대사화 : 무(조의제문), 갑(폐비윤씨), 기(조광조 혁신정치), 을(외척다툼)
(4) 연산군 : 무 갑 (사화)
(5) 중종 : 조광조 업적 - 약 먹은 소현이가 훈방 되었다 유~
(6) 명종 : 돼지 불 백 직 구 한다.
(7) 선조 : 부탄 옥사한진 평행 칠직 명노 / 붕당 흐름 : 이기정 경사

CHAPTER 29 근세정치 (3) – 통치체제 1

POINT 통치체제(중앙, 지방)특징

1 중앙 통치체제

왕	의정부	· 의정부 : 1 _____ 합좌기구, 정1품-영·좌·우의정(정승) → 종1품 – 좌찬성, 우찬성 → 정2품-좌참찬, 우참찬 으로 구성, 국정을 총괄하는 2 ____ · 6조 : 이조(3), 호조(4), 예조(5), 병조(6), 형조(7), 공조(8) · 구성 : 판서(정2품, 6조 장관), 참판(종2품), 참의(정3품) → 속사·속아문
	의금부	· 9 _____, 판사(임시), 반역죄, 강상죄 등 국가 중죄 처결 · 구성 : 종1품, 도사(전임,종5품) → 왕권 강화기구
	10 ___	왕명 출납, 11 ____(정3품), 6승지(좌,우,좌부,우부,동부), 별칭 – 후원, 은대 → 왕권 강화기구
	삼사 (언관)	· 12 ___(=옥당, 정책자문, 대제학, 정2품), 13 ___(간쟁, 대사간, 정3품), 14 ___(감사, 대사헌, 종2품), 삼사는 청요직으로 불리며 언론을 담당함 · 양사(대간)은 사간원과 사헌부 → 왕권 견제기구
	15 ___	역사편찬, 실록 – 영사(정1품, 영의정이 겸임), 지사(정2품), 승정원, 예문관 겸직
	16 ___	수도 행정, 치안 – 판윤(정2품)
	17 ___	최고학부, 국립교육, 대사성, 지사(정2품)

(1) 왕권↑

① 18 _____ (태종, 세조) : 왕 ⇔ 6조, 왕권↑
② 19 _____ (의금부 판사) : 왕 직속 사법 기구, 역모, 대역죄
③ 20 _____ : 왕명 출납, 도승지, 6승지(왕비서)
④ 과거제, 호패법, 정조 – 장용영, 규장각

(2) 신권↑

① 21 _____ : 왕 ⇔ 의정부 ⇔ 6조, 신권↑ (세종)
② **삼사** : 홍문관(22 ____), 사간원(23 ____), 사헌부(24 ____) ⇒ 양사, 대간
③ 상소, 경연 : 언론↑
   ※ 언관 : 양사·사간원·홍문관과 홍문관이 맡은 업무성격 때문에 부르는 명칭

---

(3) 기타 조직

→ **암기TIP** 상옥이랑 장비 교인 예수왕, 승무원이 외교한다
   - 상서원(옥쇄), 장례원(노비), 교서관(인쇄), 예문관(왕교서), 승문원(외교)

장례원	25	예문관	29
승문원	26	교서관	30
상서원	27	포도청	치안
4부유수	28 / 경관직(수도 방어)	경연관	왕 교육
관상감	천문, 지리	서연청	세자 교육

※ 심화

· 6조판서(정2품) → 참판(정3품) → 전랑(5품, 인사권 장악, 자대권, 낭청)
· 31 ___ : 사간원, 사헌부 → 간쟁, 봉박, 서경(5품이하), 고신서경-인사, 의첩서경-의례, 법 제정
· 삼법사 : 사헌부, 형조, 한성부   · 삼관 : 예문관, 교서관, 홍문관
· 사관 : 예문관, 교서관, 승문원, 성균관

※ 조선 정치 특징

① 왕권과 신권의 조화(왕도정치)   ② 재상 합의제 발달(의정부)
③ 언론 및 학술 중시(3사)   ④ 행정 기능적 분화와 통일성 중시
⑤ 경국대전 법제화(문·무, 18등급, 경외관직) ⑥ 문무양반제도(문반, 경관직 우대)
⑦ 관직, 관계 결합(정3품 당상관 이상 고위직 – 겸직발달)
* **조선시대 고위직과 하위직 기준** : 32 ___(정3품 상계 이상, 문반의 통정대부, 무반의 절충장 군 이상, 고위관리), 당하관(정3품 하계 이하), 참상관(정3품 하계부터 종 6품 까지), 참하관 (정7품에서 종9품까지)

※ 언론존중

① 33 ___ (성균관 휴학) ② 상소 ③ 조회(왕,신하 정책 회의) ④ 구언(왕, 신하 정책 조언)
⑤ 상참(매일 편전에서 대신과 토의, 고위관리) ⑥ 윤대(관청별 관리와 정사논의, 5명 중급관리)
⑦ 차대(매달 6번, 고관 정책건의) ⑧ 의정(3정승이 주요관청 책임 겸직, 경연, 서연 책임)
⑨ 조참(매월 4회 중앙 문무관리들이 왕에게 문안드리는 조회)

※ 고려와 조선 중앙 행정 기구 비교

고려	도병마사, 도평의사사	(낭사)중서문하성	(승선)중추원	안찰사	어사대	순군부	문하시중
조선	의정부	사간원(독립)	승정원(독립)	관찰사	사헌부	의금부	영의정

2 지방 통치체제

왕 － 8도 － 부, 목, 군, 현 － 면, 리, 동
　　　　관찰사　　　수령　　　　　자치

(1) 중앙집권 강화

① ₃₄____ 조직(8도)
② 관찰사↑ → 수령↑ (고과제)
③ 속현×, ₃₅____
④ 면·리·통정비(인구파악, 부역징발 보조) (권농(풍헌), 이정, 통주)
⑤ ₃₆____ 를 세습적 아전으로 격하(봉급×, 토지×, 과거×) - 부정부패↑

(2) 양반 중심의 향촌 사회 : 향촌 자치와 중앙집권 조화

① 유향소(향청)
　• 지방 양반으로 구성(₃₇____), 수령보좌(감시) - 향리 규찰, 풍속 규정(농민 지배)
　• 향회(₃₈____), 향규(₃₉____), 향안(₄₀____) - 향촌자치
　• 변천 : 고려 사심관에서 유래 → 태종 폐지 → 세종 부활 → 세조 폐지 → 성종 부활 → 향청
② 경재소
　• ₄₁____ 에 설치, 지방출신 고관 임명, 유향소와 정부의 연락기능 담당, 유향소 견제(₄₂____)
　• 중앙의 지방통제력↑, 서울에서 근무, ₄₃____ 설치, ₄₄____ 혁파

(3) 지방통치

① ₄₅____ (8도) : 감사, 도백, 방백, 종2품
　• 관내 수령 지휘, 감독, 감찰권, 상피제
　• 행정·사법·군사권, 임기제(₄₆____), 단임, 감영 상주, 대개 병마절도사·수군절도사를 겸직
② 지방관(수령)
　• 목민관(부윤, 부사, 목사, 군수, 현령 / 정4-6품)
　• 수령7사(₄₇____)
　• 상피, 임기제(1800일), 행정·사법·군사(감찰권×), 모든 군현파견(330개) → 중앙집권 강화

③ 향리
　• 6방 아전 : 수령보좌, 행정실무
　• 무보수, 과거×, 직역 세습, 중인층 형성

* ₄₈____ : 서울(수도)파견, 중앙관청과 지방관청의 연락업무, 입역, 공납 → 방납의 폐단 주범
  ₄₉____ : 감영파견, 군현과 감영의 연락업무

* 4도 유수부(특수 행정 구역)
  - 개성, 강화, 수원, 광주(경기)
  - 국왕에게 직속된 경관(4도 유수)파견
  - 4도 유수(유수관, 종2품) : 관찰사의 지휘·통제를 받지 않음

※ 8도 → 5부, 20목, 82군
　 → 175현 → 면, 리, 통

(4) 지방행정조직 비교(고려 vs 조선)

구분	고려	조선
지방관 파견	전국에 파견× 주현＜속현	중앙집권체제 완성 모든 군·현 관리 파견
특수행정구역	향·소·부곡(○)	향·소·부곡(×)
향리 역할	실질적 토착 지배자 (조세징수, 외역전 수급)	수령의 단순보좌역

총정리

1. **중앙 정치 조직** : 의정부 - 6조, 승정원, 의금부, 3사, 한성부, 춘추관, 성균관
2. **6조 직계제** : 태종, 세조, 왕권강화, 6조 보고를 왕에게 직접
3. **의정부 서사제** : 세종, 6조 보고를 의정부로 의정부가 왕에게 보고, 신권강화
4. **왕권강화 기구** : 6조직계제, 의금부, 승정원
5. **신권 강화 기구** : 의정부 서사제, 삼사
6. **기타 조직** : 상옥이랑 장비 교인 예수왕, 승무원이 외교 한다.
7. **지방 정치 조직** : 8도-부목군현-면리통 (일원적 조직)
8. **관찰사** : 1년, 상피제, 감찰, 행정, 사법, 군사권, 수령지휘
9. **지방관** : 5년, 상피제, 군사, 행정, 사법, 수령 7사

CHAPTER 30
근세정치 (4) – 통치체제 2

POINT 방어체제 변천, 과거제 특징(과정, 종류), 관리인사제도

1 군역제도 : 호적, 호패제도 강화

· 양인개병제 : 정남(1_____), 면제 – 현직관리, 학생, 향리
  ⇒ 정병(1년2달), 유방군(진 방어, 3달), 수군(두달, 산계 받음), 갑사(직업군인), 별시위(왕직속), 내금위(왕직속)

· 보법(세조) : 정군(군인), 보인(정군비용부담 1인 베 2필), 특수군(2_____)

(1) 중앙 : 3____ (세조) → 정군(농민), 갑사(직업군인), 4____ (태종 때 설치된 예비군, 서리, 신량역천, 노비)

(2) 지방

· 5____ (태조, 육군과 수군이 국방상 요지인 영, 진에 소속 – 영군 : 병마절도사, 진군 : 첨절제사 통솔)
· 6____ (지역단위 방어체제, 수령이 지휘 통제)

(3) 방어체제 변천 **암기TIP** 영진제속영

```
   7____          8____          9____          10____
  태종, 태조   →    세조     →    명종     →   임란이후   →   영장제
 지역방어체제       대규모 방어체제      진관복구
```

※심화
① 11____ : 정군(농민군), 영(병마절도사 지휘), 진(첨절제사 지휘), 수영(수군절제사)
② 진관체제 : 국방상 요지에 진관 설치, 12_____ (수령지휘), 세조, 익군체제(중익, 좌익, 우익)를 진관체제로 개편 **사료TIP** 거진을 중심으로
③ 제승방략 : 대규모 침입대비, 중앙에서 장수파견 지휘, 예비군 체제 **사료TIP** 13____
④ 속오군 : 예비군, 진관체제 복구, 14____ 주도, 명나라 기효신서 기반
   * 명나라 척계광 「15____」 기반 : 훈련도감, 속오군

2 군사조직

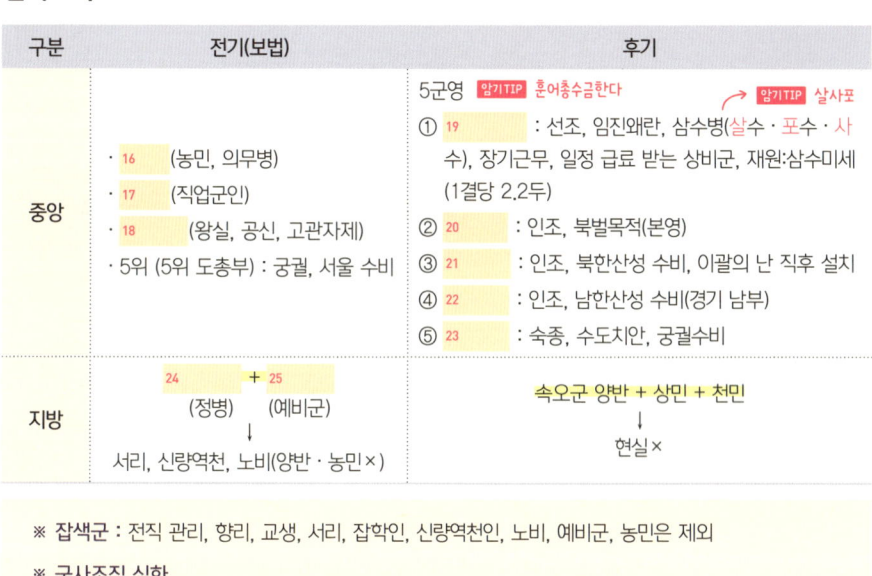

구분	전기(보법)	후기
중앙	· 16____ (농민, 의무병) · 17____ (직업군인) · 18____ (왕실, 공신, 고관자제) · 5위 (5위 도총부) : 궁궐, 서울 수비	5군영 **암기TIP** 훈어총수금한다　　**암기TIP** 살사포 ① 19____ : 선조, 임진왜란, 삼수병(살수·포수·사수), 장기근무, 일정 급료 받는 상비군, 재원:삼수미세(1결당 2.2두) ② 20____ : 인조, 북벌목적(본영) ③ 21____ : 인조, 북한산성 수비, 이괄의 난 직후 설치 ④ 22____ : 인조, 남한산성 수비(경기 남부) ⑤ 23____ : 숙종, 수도치안, 궁궐수비
지방	24____ + 25____ (정병)　(예비군) ↓ 서리, 신량역천, 노비(양반·농민×)	속오군 양반 + 상민 + 천민 ↓ 현실×

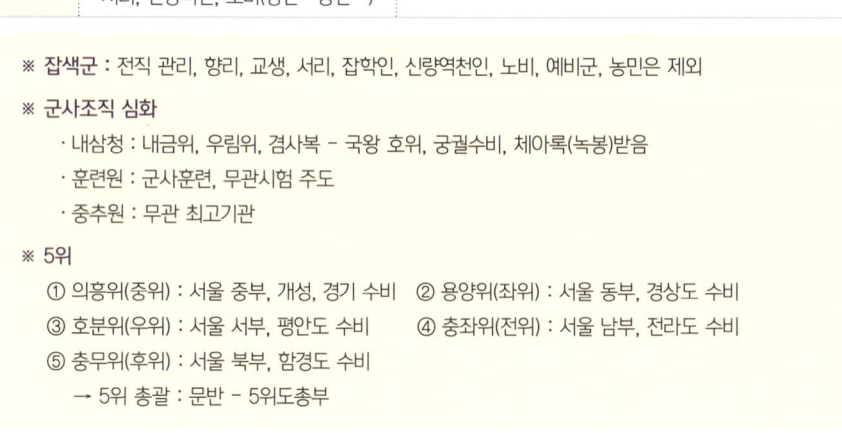

※ 잡색군 : 전직 관리, 향리, 교생, 서리, 잡학인, 신량역천인, 노비, 예비군, 농민은 제외
※ 군사조직 심화
 · 내삼청 : 내금위, 우림위, 겸사복 – 국왕 호위, 궁궐수비, 체아록(녹봉)받음
 · 훈련원 : 군사훈련, 무관시험 주도
 · 중추원 : 무관 최고기관
※ 5위
① 의흥위(중위) : 서울 중부, 개성, 경기 수비
② 용양위(좌위) : 서울 동부, 경상도 수비
③ 호분위(우위) : 서울 서부, 평안도 수비
④ 충좌위(전위) : 서울 남부, 전라도 수비
⑤ 충무위(후위) : 서울 북부, 함경도 수비
  → 5위 총괄 : 문반 – 5위도총부

3 관리등용 제도

(1) 관리등용 제도 POINT 절차가 중요하다

문과	종류	정기	26_____ (3년마다)
		비정기	27_____ (국가 경사, 태종 때 처음-1401), 28_____ (문묘배향, 성균관), 춘당대시(국가 경사시 왕이 창경궁 춘당대에서 친림하여 시행, 세조 때 처음-1460)
	절차	소과	문과 예비 시험인 생원시(유교경전), 진사시(논술) ① 초시(1차) : 각 도의 29_____ 로 700명 선발(한성부200명, 경기60명, 충청90명, 전라90명, 경상 100명, 강원 45명, 황해 35명, 함경 35명) ② 복시(2차) : 30_____ 각각 100명씩 선발(생원 100명, 진사 100명) ③ 합격자 : 31_____ (합격증) 지급, 성균관 입학하거나, 문과 응시, 하급관리가 되기도 함
		대과	소과합격자(생원, 진사) 응시 가능 ① 초시(1차) : 각 도의 32_____ 로 240명(관시-성균관유생 50명, 한성시 40명, 향시 150명) ② 복시(2차) : 도별 안배를 없애고 33_____ 33명 선발 ③ 전시(3차) : 34_____ 시험, 합격자에게 홍패 지급
	최종 합격		전시 합격자 - 갑.을.병 (갑: 3명 · 35_____ (종6품) · 방안 · 탐화(정7품), 을 : 7명 · 정8품, 병 : 23명 · 정9품)
	응시 제한		원칙적 양인 응시 가능, 36_____
무과			37_____, 초시(38_____ ,190명 선발), 복시(39_____ , 28명 선발), 전시에서 28명 순위 결정, 장원×, 홍패 수여
잡과			· 소과×, 초시·복시·전시×, 40_____ 실시, 해당관청에서 교육 · 역(사역원), 율(형조), 의(전의감), 음양(관상감) - 초시, 복시(백패 지급) / 산학·도학·화학·악학(실기시험) 예) 허준 의과 합격 → 전의감에서 교육, 분야별로 정원이 정해져 있음(최고 정3품까지 승진 가능), 백패 수여
승과			건국초 시행, 중종때 조광조 건의로 폐지, 41_____ 로 일시 부활(42_____ 지원) → 폐지
음서			2품이상 - 43_____ 3품이상 - 현직 관리 자제 ⇒ 고위직 진출 위해서는 과거 필수

※ 성균관 : 초시합격자, 특권(권당, 알성시), 명륜당(강의), 문묘(성현봉사), 양재(기숙사), 존경각(도서관), 비천당(과거시험장)
※ 잡과 : 역(사역원), 율(형조), 의(전의감), 음양(관상감) - 초시, 복시(백패)
⇒ 관청에서 교육, 식년시·증광시 선발, 3품까지 승진가능(한품서용제)

(2) 기타 관리등용제도
① 44_____ : 범위↓(공신, 2품 자손(전,현직), 3품(현직) 직계만) ⇒ 고려보다 제한적
② 45_____ : 기존관리 대상(조광조 현량과 제외), 대개 3품 이상의 고관이 천거권 가지고 있음
③ 46_____ : 서리, 하급관리의 선발제도, 산학, 회화(도화서), 악학에서도 선발
④ 47_____ : 서리선발·훈민정음 시험
⑤ 도시(하급무관시험), 중시(승진시험)
⑥ 48_____ : 60세 이상 시험, 영조
⑦ 49_____ : 정3품 이상 관원이 자신이 받을 품계를 아들, 사위, 조카에게 주는 제도
⑧ 50_____ (하급기술관) : 공노비, 장인, 상인

(3) 인사관리제도
① 51_____ : 친척 同×, 부서×, 출신지역×
② 52_____ : 5품 이하(대간 검증)
③ 순차법 : 근무기간 채우면 승진
④ 고과법(=포폄제) : 근무 성적
⑤ **분경금지법** : 사사로운 출입×, 청탁금지법
⑥ 53_____ (-품계가 높은 사람이 낮은 관직에 임명될때 관직앞에 행자를 붙임, 54_____ - 품계가 낮은 사람이 높은 관직에 임명될 때 관직 앞에 수자를 붙임)
⑦ 55_____ : 서얼 정3품, 향리·토관 정5품까지, 서리는 정7품까지로 승진 제한
⑧ 대가제 : 정3품 이상 관리 아들, 동생, 사위, 조카에게 품계를 주는 제도

(4) 관리체계 18품 30계

```
18품 30계
      정 ┬ 상
1품   ┤   ├ 하                              ↑
      종 ┴                          당상관(홍색)
      정 ┬ 상           통정대부              ↓
2품   ┤   ├ 하
3품   종 ┴
                                    당하관
4품                                 참상관(청색)
5품
6품                6×4=24계                         30계

7품   정 ┬ - 상하×
      종 ┴                           참하관(녹색)
8품
9품                3×2=6계
```

4 교통과 통신 : 국방, 중앙집권↑

(1) 역원(역, 참)

① <u>56</u> : 공문전달, 역마사육(매매), 주요 도로에 <u>57</u> 설치, 287개 역참

② 원 : <u>58</u> 제공(국립호텔)

(2) 조운 : 수운 이용, <u>59</u> 수송(지방조창 → 한양경창) - 충주(<u>60</u>), 서울(<u>61</u>)

(3) <u>62</u> : 국방상 위기 신속대처(효율성↓), 전국 6200여개 봉수대, 병조담당
　↓ (임진왜란 이후)
　<u>63</u> : 인조 때 완성, 서발·북발·남발 3대로 근간, <u>64</u> 에서 관리

　보발 : 30리참(북발, 남발) / **기발** : 25리참(의주-서울)

(4) 교통 : 마필, 가마, 수레, 선박 이용

　※ 기타 : 취각령 - 서울 관료들을 수시로 궁 앞에 비상소집
　　　　석석희(척석군) - 돌팔매, 무장갑사, 광화문에서 군사훈련(후기폐지)

[총정리]

1. **군사제도** : 5영제도, 영진군, 잡색군으로 구성
2. **과거제도** : 문과, 무과, 잡과, 승과
　① 문과 : 소과, 대과(33명)로 구성 - 식년시, 알성시, 증광시
　② 무과 : 대과(28명) - 경전, 무술시험
　③ 잡과 : 역, 율, 의, 음양과 - 식년시, 관청에서 훈련
3. **기타 관리등용** : 음서, 천거, 취재, 이과
4. **인사관리제도** : 상피제, 서경, 고과제, 분경금지법, 행수제도 등
5. **방어체제** : 영진제속영
6. **교통, 통신** : 역원, 조운, 봉수 → 파발제

CHAPTER 31

근세 정치 (5) - 대외 관계

[POINT] 대명관계, 대일관계, 임진왜란 특징

1 대명관계

(1) 태조
- 정도전의 요동정벌 문제로 갈등, <u>1</u> 사건(정도전의 외교문서가 불손하다)으로 명과 대립
- 요동수복운동(진법), <u>2</u> 발생(이성계가 이인임 아들이다)
- 금인을 받지 못함(왕 도장, 나라로 승인받지 못함)

(2) 태종
- 양국관계 호전, 고명, 금인 받음(책봉관계), 요동수복×, 문물교류, <u>3</u> (실리적 외교)

(3) 세종 : 조공무역, 선진문화 수입목적, 금·은 세공×, 공녀·공환× - <u>4</u>

(4) 세조 : 요동수복시도(명, 토목의 변) - 실시하지 않음

　※ 명나라 사절단
　· **정기 사절** : 하정사(정월1일), 성정사(황제, 황후 생일), 천추사(황태자 생일), 동지사(12월 동지)
　· **부정기 사절** : 주청사(주청을 위한 사절단), 진하사(황제 등극, 황태자 책봉), 진위사(황실 상고시 조문)

2 대여진관계

(1) **회유책**: 귀순장려, 무역소(경성, 경원, 태종)설치, 북평관 설치(한양, 사신접대)

(2) **강경책**: 진·보설치(지역방어), 5_____(4군6진, 세종), 최윤덕, 김종서 ⇒ 압록강-두만강 국경선 확대, 니탕개의 난(1583, 6_____ 이 진압)

(3) **북방정책**: 7_____(삼남지방 주민 북방이주), 토관제도(토착민 하급관리 임명)

※ 사신접대소: 명 – 태평관, 모화관 / 일 – 동평관 / 여진 – 북평관

3 대일관계 [암기TIP] 계 임 정 기(계해, 임신, 정미, 기유약조)

(1) **세종**: 8_____(이종무, 1419), 3포 개항(9_____, 1426) → 왜관설치, 10_____ – 1443, 제한무역(11_____), 신숙주 『12_____』 – 성종 때 출간

(2) **중종**: 13_____왜란(1510) → 14_____설치, 임신약조(1512, 25척 100석), 사량진 왜변(1544, 무역단절)

(3) **명종**: 정미약조(1547, 25척, 인원규정 위반시 벌칙강화) → 을묘왜란(1555), 비변사 상설화

(4) **선조**: 15_____(1592) → 비변사 16_____, 유정(사명대사) → 포로 송환, 정유재란(1597, 명량·노량대첩), 부산 두모포 왜관 설치(1607)

(5) **광해군**: 17_____(1609) – 부산포개항(18_____) → 왜관설치

(6) **통신사 파견**: 1607~1811, 12번, 300~500명 국빈대우 → 조선전기8회(태종~선조), 임진왜란이후 12회

(7) **숙종**: 안용복 – 일본 가서 울릉도·독도 인정 → 「통항일람」 기록에 따르면 1693년

※ 동남아시아 관계: 류큐 – 불경, 유교경전, 범종, 부채전래, 교류활발, 시암, 자바 등과 교류 활발

4 비변사: 조선 중·후기 의정부를 대신하여 국정 전반을 총괄한 실질적인 최고의 관청

[암기TIP] 중3이 설치다가 명을 상실해서 선임에게 최고로 맞고 고종폐

(1) **중종**: 19_____, 설치   (2) **명종**: 20_____, 상설화
(3) **선조**: 21_____, 최고기구   (4) **고종**: 22_____, 폐지

※	강경	온건
여진	4군 6진, 사민정책	무역소, 토관
왜	쓰시마 정벌	계해, 기유약조

5 임진왜란

(1) **배경**: 장기간 평화, 일본통일(전국시대), 국내 국론분열(동·서), 대립제, 방군 수포로 국방력 약화

(2) **과정**

① 초기: 왜란(1592.4, 23_____ 패배) → 24_____(신립×) → 한양 함락(5.2) → 평양성 함락(1592.6)

② 이순신 활약(한산도대첩, 남해의 재해권 장악, 전라도 곡창지대 보전, 일본의 수륙병진 작전 좌절)

③ 관군활약: 진주성 싸움(25_____), 행주대첩(26_____)

④ 의병: 27_____(홍의장군, 의령), 유정(사명대사), 북인출신다수, 28_____(7백의총, 옥천에서 거병 금산전투×), 고경명(장흥에서 거병 금산전투×), 김천일(나주에서 거병 진주대첩×)
⇒ 농민주축, 유림, 승려조직, 향토지리이용

※ **대표적인 의병장**

- 29_____: 경상도 의령, 진주대첩(홍의장군)
- 김천일: 전라도 나주, 진주 혈전
- 고경명: 전라도 장흥, 금산 전투
- 정문부: 함경부 경성·길주(북관대첩비) 일대 회복
- 30_____(유정): 금강산, 임란 후 포로 송환
- 정인홍: 경상도 합천, 성주에서 왜군 격퇴
- 31_____: 충청도 옥천, 금산 전투(700의총)
- 김덕령: 전라도 전주, 남원에서 왜군 격퇴
- 임중량: 평안도 중화, 안주·정주·평양 활약
- 32_____(휴정): 묘향산

(3) **임진왜란·정유재란 순서** [암기TIP] 부탄 옥사한진 평행 칠직 명노

① 33_____점령(임진왜란시작, 1592.4, 부산진-정발, 동래성-송상헌) → 상주전투(이일)
② 34_____전투(충주, 신립) 대패(4.28), 5.2 한양함락   ③ 옥포 해전(1592.5, 이순신 최초승리)
④ 사천포(1592.5, 거북선 최초사용), 당포, 옥포, 6.15 평양함락
⑤ 35_____대첩(1592.7 학익진-크게 승리), 부산포 해전
⑥ 36_____싸움(1592.10, 김시민 항전)
⑦ 37_____탈환(1593.1, 조·명 연합군) → 벽제관 전투에서 명군 대패(평양으로 후퇴)
⑧ 38_____(1593.2, 권율)   ⑨ 진주성 전투 패배(관군+의병, 김천일 전사, 논개)
⑩ 선조한양복귀(1593.10) → 휴전협정(명,일본) → 정유재란 발발(1597.1)
⑪ 39_____해전(원균대패, 1597.7)   ⑫ 남원전투(조선군 패배)
⑬ 직산전투(1597.9, 육지, 조·명승리)   ⑭ 이순신 장군 파견
⑮ 40_____(1597.9, 울돌목, 12척 배 승리, 이순신)   ⑯ 41_____(1597.11, 이순신 전사)

* 임진왜란 3대 대첩: 한 진 행(한산도, 진주, 행주) / * 이순신 3대 대첩: 한 명 노(한산도, 명량, 노량)

(4) 결과

① 정치 : 비변사↑, 군영정비(훈련도감, 속오법)

② 경제 : 인구격감, 양안, 호적소실로 국가재정↓

③ 사회 : 신분제 이완(납속, 공명, 군공…)

④ 문화 : 불국사×, 경복궁×, 사고×(전주(○)), 이몽학의 난(충청도 홍산, 1596)

⑤ 국제적 : 일본문화↑(도자기-이삼평, 이황 〈성리학〉 전파-강황이 기여함),

여진족 급성장 → 후금 → 청(정묘·병자)

출정리

1. **대명 관계** : 태조-정도전 / 태종-관계호전 / 세종-금은세공×, 공녀×, 공환× / 세조-요동수
복시도

2. **대여진 관계** : 회유(귀순, 무역소), 강경(4군6진 개척), 북방정책(사민정책, 토관제도)

3. **대일 관계** : 세종 - 쓰시마 섬 정벌, 3포 개항, 계해약조 / 중종 - 3포 왜란, 비변사 설치 / 명종
- 을묘왜변, 비변사 상설화 / 선조 - 임진왜란, 비변사 최고기구 / 광해군 - 기유약조, 통신사 파견

4. **임진왜란** : 부탄 옥사한진 평행 / 칠직 명노

※ 근세정치 총정리

① 왕 특징

	태조	건설, 정도전(심금/불씨경고)
	태종	의사가 신문보며 6개 떡을 호로록
15C	세종	칠갑통진의 정직녀와 훈삼, 농약친다
	세조	원시인의 경직된 진보
	성종	문경에서 동국대 음악학과
	연산군	무(조의제문), 갑(폐비윤씨)
16C	중종	조광조(약, 소현이가 훈방된다유)
	명종	문정왕후, 을사사화, 서원, 비변사 상설화, 임꺽정의 난

② 통치체제

중앙	왕↑기구, 신권기구, 기타조직
지방	관찰사, 수령 지위·권한
군사	영진제속영
관리	과거제(문과, 무과, 잡과)

③ 정치사건

15C	왕자의 난, 계유정난
16C	무 갑 기 을
17C	이 기 정 경 사

④ **대외관계**

· 계 기 오 이 이 백(일본 조약)　· 임진왜란 - 부탄 옥사한진 평행　· 정유재란 - 칠직 명노

CHAPTER 32

근세 경제 (1) - 토지제도

POINT 과전법 변천 과정, 토지종류

※ 성리학적 경제관

(1) 검약, 절약 중시 → 사치×, 소비↓

(2) 자급자족적 경제형태(농업중심경제)

(3) 지주전호제 발달(양반-지주, 농민-소작)

(4) 중농억상 정책(농본주의 경제 정책)

1 과전법 변천과정 : 과(18등급) + 전(땅의 수조권), 수조권↓, 사적소유욕↑, 지주전호제)

(1) 과전법

암기TIP

과	직	관	×
공	세	성	명

- 1.　　　　경제적 기반 확보, 고려 말 2.　　해결(권문세족×)

- 조준의 상소, 공양왕, 신진사대부 경제 기반 마련

- 경기 44현 토지 관리에게 지급(수조권), 최고 150결에서 최하 10결 과전 지급, 전현직 관리가 수
조권 행사(1/10), 1결당 3.

- 전·현직 관리, 4.　　　　반납 원칙 → 공신전, 수신전(관리 미망인), 휼양전(관리 유가족) 세
습 ⇒ 토지 부족

(2) 5.　　　　 : 세조, 토지 부족 해결을 위해 6.　　　　에게만 지급

⇒ 수신전×, 휼양전×, 현직 관리 수취↑(농민↓)

(3) 7.　　　　 : 성종, 직전법 안에서 변화, 관에 답험 후 관리에게 분급, 수조권 대행, 국가 토지 지배
력 강화 ⇒ 관리 사유재산 확보(토지 직접 소유욕↑) → 농민 몰락(지주전호제)

(4) 직전법 폐지 : 명종, 8 ⬚ 소멸(통·신~조선), 토지소유↑, 9 ⬚ ↑
  ⇒ 지주(양반) 소작(농민)제 일반화, 사유재산↑

  ※ 흐름 ① 관리수조권 감소 → ×   ② 지배층 사적소유↑(농장↑)
         ③ 지주전호제↑(농민몰락)   ④ 국가 토지 지배력↑

  ※ 답험방식: 전주답험(조사) → 관답험 → × / 전주수조(세금) → 관수관급제 → ×

2 토지 종류

- 과전 : 전·현직 관리
- 공신전 : 공신에게 지급
- 13 ⬚ : 관리 미망인
- 10 ⬚ : 관리유가족(자녀)
- 12 ⬚ : 왕실경비
- 14 ⬚ : 관청경비
- 학전 : 성균관, 4부 학당, 향교
- 군둔전 : 지방군 경비
- 능전 : 지방관청경비
- 적전 : 왕의 친경지
- 능침전 : 능 관리경비
- 11 ⬚ : 준 공신에게 지급된 토지(3대까지만 세습가능)

  ※ 기타
  · 창고전(궁사전) : 왕실사유재산
  · 군자전 : 군량미 확보 위해 군자시에 소속(세조때 폐지)
  · 군전 : 지방관청의 한량(유향품관)에게 5결 혹은 10결씩 지급한 토지
  · 군인전 : 조선시대에는 군인전 지급×, 고려만 지급

3 전시과 vs 과전법

전시과	과전법
전시, 시지 지급	전지 지급 15 ⬚
전국 대상(규모↑)	16 ⬚ 한정(규모↓)
공적 지배	사적지배
공음전, 외역전, 군인전	17 ⬚ ×, 18 ⬚ ×, 19 ⬚ ×
별사전(승려)	별사전(준공신)
경작권 법정보장×	경작권 법적 보장○

---

* **토지 소유·경영·토지개혁론 변천**
  · 좌식계급(고구려 지배 계층) → 놀고 먹는 자들 1만 명
  · 연수유답(일반평민) → 통일신라 민정문서
  · 노비가 지주의 작개지와 사경지 경작 → 조선(16세기)
  · 최소한의 토지 영업전 → 이익의 한전론(18세기)
  · 지계, 관계 발급 → 대한제국시대

출제최
1. 과전법 변천 : 과 직 관 ×
2. 토지제도 변천 흐름 : 수조권 감소, 사적소유 증가, 지주 전호제↑, 국가 토지 지배력 강화
3. 토지 종류 : 과전, 공신전, 별사전, 수신전, 휼양전, 내수사전, 공해전, 학전, 군둔전, 적전, 능침전
4. 직전법 폐지 이후 변화 : 전주전객제 폐지, 지주전호제 강화, 농민 몰락, 농장 확대, 수취제도 모순 강화

CHAPTER 33 근세경제 (2) - 수취제도, 농업기술

POINT 공법, 공납, 역의특징, 수취제도 변화과정, 상업 변화과정(장시, 화폐, 무역), 농민 안정책

1 조세(토지세)

(1) 건국초기 : 생산량(300두) 1/10(답험손실법-풍흉을 조사해 수확량에 따라 납부액 결정) → 30두 수취 / 공양왕(전주답험), 태종(관답험)

(2) 세종 : 17만호 1 ⬚ , 답험손실법 폐지 → 2 ⬚ 실시, 수등이척법(등급에 따라 각기 다른자를 사용)
  ⇒ 3 ⬚ 에 따라 1결당 4 ⬚ (연분9등법, 공법상정소)
     5 ⬚ 에 따라 6등급(전분6등급, 전제상정소)

(3) 수취제도 문란, 양반 토지 소유↑ → 지주전호제↑, 최저세율 적용(4두)

(4) 인조 6 ⬚ (1결 4두 고정), 농민에게 도움되지 않음, 양척동일법

※ **조운(조세운반)**
- 군현 → 조창 → 경창(전라, 충청, 황해 → 서해안 / 강원, 경기 → 한강 / 경상도 → 육로, 남한강, 낙동강)
- 상주 → 가흥창(충주) → 경창(경상도 육로 상주 → 충주 가흥창)
- 잉류지역 : 평안도(사신접대비), 함경도(군사비), 제주도 → 자체사용
- 조창 : 주로 강 하구에 위치 - 영산창(나주), 법성포창(영광), 공진창(아산)
  내륙 수운 이용 - 가흥창(충주), 흥원창(원주), 소양강창(강원도)

2 공납(특산물세) - 상공, 별공, 진상(*조선만 진상이 있음)

(1) 15세기 : 7〔　　　〕(정기적), 8〔　　　〕(비정기적), 9〔　　　〕(왕실예물) → 현물 징수, 횡간(세출)에 따라 할당량 제정

(2) 16세기
- 변질, 10〔　　　　〕(생산되지 않는 특산물) 징수 → 방납(대신 납부, 이자 받음) → 11〔　　　　〕(대가-2배~40배) → 농민몰락
- 12〔　　　〕증가(중앙에 바치는 쌀), 13〔　　　〕(지방관아 자체소비) 감소, 농민유망·몰락, 족징·인징 폐단
- 경저리, 상인, 서리가 방납 주도 　[자료TIP]　불산공물 부과 → 고리대↑, 중간착취↑(경저리, 상인서리, 관리)

(3) 대응책 : **수미법 주장**(14〔　　　　〕), 농민통제(15〔　　　　〕)

(4) 광해군 : **대동법 실시**(16〔　　　　〕), 이원익(남인)주장 → 효종 때 17〔　　　〕전국 실시 주장
　　　　　→ 18〔　　　〕때 전국실시

3 역(노동세, 군역, 요역)

(1) 15세기 : 정남(16~60세)
- 요역(19〔　　　〕, 6일 이내 - 성종, 경국대전), 군역(농병일치제, 보법 - 1정군 2보인)

(2) 16세기 : 20〔　　　〕→ 군역 기피 → 21〔　　　〕(개인 불법), 방군수포(관청 불법) → 군적수포제
(국가 실시, 1인 2필) → 문란 : 인징(이웃), 족징(친척), 22〔　　　〕(어린이), 23〔　　　〕(죽은 사람), 강녕채(60세이상), 마감채(일시불) → 양역변통론(소변통, 대변통) ⇒ 영조 때 24〔　　　〕실시(1인 1필)

　※ **환곡**
　- 농민생활 안정을 위해 농민에게 곡물 대여
　- 15세기 의창에서 담당 빈민구휼(춘대추납, 무이자) → 16세기 고리대화(환곡업무 상평창으로 이관)

4 국가재정

(1) **수입(공안)** : 조세, 공물, 역, 각종 세금
(2) **지출(횡간)** : 왕실, 관청경비, 녹봉, 군량미, 행사비, 빈민구제비, 의료비, 사신접대비

　※ 잡세 : 어염세(어민), 광산세, 산세, 상세(상인), 공장세(수공업자)등

5 농업기술

(1) **농법**
- 밭농사 : 2년 3작 일반화(조,보리,콩), 농종법(이랑)에 농사 시행
- 논농사 : 남부 일부 지방 이앙법(모내기) → 이모작 나타남, 정부 반대(저수지↓, 가뭄↑)
- 25〔　　　〕발달(인분, 덧거름, 밑거름) → 연작상경 일반화, 건사리(건경법), 물사리(수경법)
- **목화재배**(26〔　　　〕) → 의류혁명 + 중국 강남농법(논) 받아들여 수전농업 더욱 발전
- 쟁기, 호미, 낫 등 농기구 개량, 약초, 과수 재배 확대

(2) **농서**
- 세종 : 정초, 변효문〈27〔　　　〕〉 - 우리나라 농법, 우리 풍토에 맞는 씨앗 저장법, 토질개량법 소개
- 세조 : 강희안〈28〔　　　〕〉 - 원예 농업
- 성종 : 강희맹〈29〔　　　〕〉 - 강희맹이 퇴직 후, 시흥지방 농법
- 중종 : 〈농서집요〉 - 16세기 전반의 한국 농법(農法)의 실상(實相)을 알려주는 유일한 서적
- 명종 : 〈30〔　　　〕〉 - 도토리 가공법, 나무껍질, 뿌리 가공하는 구황방법 제시

　※ 조선 후기 농서
　- 효종 : 신속 〈농가집성〉　　　　　· 숙종 : 박세당 〈색경〉, 홍만선 〈산림경제〉
　- 정조 : 서호수 〈해동농서〉　　　　· 헌종 : 서유구 〈임원경제지〉

도끼한국사 빈칸노트　　　　　　　　　　　　　　　　　　　　　　PART 04 근세 사회의 발전　**78**

6 상업

- 시전 : 종로 점포(운종가), 상세납부, 독점판매권, 육의전(명주, 종이, 어물, 모시, 삼베, 무명 독점 판매), 31_____(신해통공으로 혁파-채제공건의), 32_____ 감독(33_____ 감독, 물가조절, 도량형 검사)
- 장시 : 15세기 이후 등장(전라도), 일부 5일장으로 발전, 34_____ 주도 → 16세기 전국 확대 → 18세기 중엽 상설화 전국 1000여개 설치
  * 보부상 : 보상(봇짐), 부상(등짐), 장시에서 다양한 상품을 판매함. 임방에서 보부상 관리
- 화폐 : 35_____ (공양왕, 태종), 36_____ (세종), 37_____ (유엽전, 세조)
- 국제무역 : 명과 사신왕래 공·사무역, 여진(무역소 - 38_____), 일본(왜관, 동래)

7 수공업

(1) **관영수공업** : 부역제에 기초, 39_____ 작성(기술자를 기록한 장부), 관청에 등록된 장인들은 국역으로 물건을 제조해 납품, 식비만 지급, 40_____ 판매가능, 41_____ (무기제조), 42_____ (음식, 도자기), 43_____ (의복), 44_____ (토목)

(2) **16세기(부역제×)** : 45_____ 증가(장인세 납부하고 활동)

(3) **민영수공업** : 농기구, 양반사치품 / **가내수공업** : 자급자족, 면직물

8 농민안정책

(1) **구황방법제시** : 『46_____』 도토리 가공법, 명종
(2) **농민통제강화** : 호패법, 오가작통법
(3) **지방양반** : 향약시행 → 양반중심 농촌사회 안정 도모, 4대 덕목 - 47_____

> **암기TIP** 떡과 과일을 먹으니 애(예)환이 왔다 - 덕업상권, 과실상규, 예속상교, 환난상휼

9 양반과 농민경제 생활

(1) **양반** : ① 과전, 녹봉, 토지, 신공 → 풍요
　　　　② 농장경영 : 3남 지방 집중(15세기 후반)
(2) **농민** : 과도한 수탈 → 몰락, 임꺽정의 난 → 향약, 오가작통제로 통제
(3) **노비** : 솔거(가사, 농경, 옷감) / 외거 - 신공(포, 돈)

10 광업 : 철, 은, 국가주도

(1) **철광업 발달**
　① 15세기 : 염철법(공철제)/철장제(부역제)
　② 15세기 후반 : 철장도회제(농한기 부역동원)
　③ 15세기 말 : 각읍채납제(철 보유한 마을에만 공철 부과)

(2) **금·은 채굴**
　① 15세기 : 은세공 위한 광산개발(세종 명에 은세공 면제)
　② 16세기 : 민간업자 채굴증가

11 무역(공무역 위주)

- 대명 무역 : 사신왕래시 공·사무역 허용
- 대일 무역 : 동래 왜관을 통해 교역
- 대여진 무역 : 경원, 경흥을 통해 교역

총정리

(1) **조세(토지세)** : 답험손실법 - 공법 - 수취제도 문란 - 영정법
(2) **공납(특산물세)** : 상공, 별공, 진상 - 방납의 폐단 - 수미법 - 대동법
(3) **역(노동세)** : 요역, 군역 - 대립제, 방군수포, 군적수포제 - 균역법
(4) **조선 전기 경제 활동**
　① 농업기술 발달 : 2년3작, 농종법, 남부 일부지방 이앙법, 시비법 발달
　② 농서 : 농사직설, 사시찬요, 금양잡록, 양화소록, 구황촬요
　③ 상업 : 장시발달, 화폐주조, 국제무역(공무역 위주)
　④ 수공업 : 관영수공업 발달
　⑤ 농민안정(통제)책 : 구황촬요, 향약, 오가작통제

CHAPTER

34 근세사회 (1)

POINT 신분제도, 사회제도(농민몰락방지), 유향소·경재소, 향약, 제도·용어 잘 파악하기

① 신분제도

15세기 `1`_____(법제적, 신분을 양인과 천민으로 구분) → 16세기 `2`_____(실제적, 양반, 중인, 상민, 천민 으로 구성)

(1) 양반

① 정치적 – 관료, 사회적 – 지배층, 경제적 – 지주, 문화적 – 성리학자
  → 조선 지배층 각종 국역 면제 신분적 특권 → 특권 유지(과거, 음서, 천거 등으로 고위관직 독점)
    – 서얼, 중인, 기술관 차별
② 변천 : 15세기 – 문무관직자, `3`_____만 양반(문관, 무관) → 16세기 – 계층화, 관리 + 가족 +
  가문(확대) → 조선후기 – 공명첩, 납속책으로 양반 수 증가(70~80%)
    ⇒ 분화 – `4`____(서울), `5`____(지방), `6`____(몰락)
③ 신분 유지 수단 : `7`_____

(2) 중인

① 의미 : 넓은의미 – 중간계층(서얼+기술인+향리+서리)
    좁은의미 – `8`____, 행정실무 담당
② 구성 : 서리(중앙하급), 향리(지방하급, 6방소속), 기술관(역관·의관, 향리, 서리, 토관, 군교,
  역리–협의), 서얼(중서, 서얼금고법, 문과응시×, 무과, 잡과 가능–광의) → 직역세습, 상호결혼
③ 지위 : 전문기술, 행정실무 담당 – 위상확보 ⇒ 역관(무역이익↑), 향리(수령보좌 – 위세↑)
④ 변화 : 임진왜란 이후 `9`____, `10`____으로 과거 응시 가능, 차별 감소
    → 정조 규장각 검서관(4검서) : `11`_____
    → 철종 : 기술관 `12`____(청요직 임용 운동–실패)
    → 개화기 : 통상개화파(`13`_____)

(3) 상민 : 법제적 과거응시○, 실제×

① 농민 : 조세·공납·역의 의무, 농본억상으로 농민우대(법적)
② 수공업자 : 관영·민영 수공업에 종사
③ 상인 : 시전, 보부상
④ `14`____ : 양인 중 천역을 담당
⑤ `15`____ : 장인에게 하급관리임명, 노비도 임명

> **※신량역천 종류(칠반천역)**
> ⇒ 조례(문관청사령), 역졸(역에 근무)·일수(지방관청 하인), 나장(무관청사령), 조군(조운선 사공)·
>   수군·봉수군(봉수업무)

(4) 천민

• 노비(증여, 매매, 상속) : 공노비, 사노비 구분
• 노비 변천 과정 : `16`____노비(삼국) → `17`____노비(통·신) → `18`____노비(고려, 조선 초) → `19`____
  (영조) → 노비공감법(영조) → `20`____×(고종) → `21`____(갑오1차)
  암기TIP 전채세종× – 전쟁노비, 채무노비, 세습노비, 노비종모법, 폐지

> **※노비(일천즉천, 천자수모 원칙 적용)**
> 공노비(입역노비–선상노비, 관청에 노동력제공/납공노비–신공납부), 사노비(솔거노비–주인집거주/외
> 거노비–독립생활, 신공납부)

> **※ 백정 변천과정**
> · 고려 : 백정(일반백정)   · 조선 세종 : 화척, 재인(신백정)
> · 조선 세조 : 재인 환속, 화척만 백정   · 조선 성종 : 백정 양민화 실패

총정리

1. **양반** : 정치 – 관료, 경제 – 지주, 사회 – 지식인, 각종 국역 면제, 중인층 차별
2. **중인** : 기술관, 향리, 서얼, 조선후기에 신분상승 운동 펼침(신해허통, 소청운동)
3. **상민** : 농민, 수공업자, 상인, 신량역천
4. **천민** : 백정, 노비 – 공노비, 사노비

CHAPTER 35 근세사회 (2)

 POINT 조선시대 의료시설(빈민구제책), 조선시대 법률제도특징, 유향소·경재소·향약비교, 향교·서원비교, 예학, 보학(족보)

1 조선 사회정책

(1) **환곡제**: 1 _____ (15c 무이자) → **상평창**(16c, 물가조절, 의창 보완, 이자↑, 고리대)
  - 2 _____ : 민간운영(향촌통제, 농민생활 안정, 고리대로 변질), 세종 때 실시, 문종 때 이자(1석당 3두), 세조 때(1461)전국 확대, 성종 폐지(1470), 흥선대원군 부활

  ※ 상평창 : 곡식 가격 조절 → 선혜청으로 변경(선조) → 인조 때 진휼청에 통합

(2) **의료시설**
  - 3 _____ : 수도권 내 의원파견, 약재판매 → 4 _____ (세조, 1466)
  - 5 _____ : 수도권 서민환자 치료(구호), 숙식 → 동서활인원 → 6 _____
  - 7 _____ : 기금 만들어 서울·지방민 구호담당(기아, 고아, 의녀교육) → 8 _____
  - 9 _____ : 유랑자 수용, 구휼

  ※ 동서대비원 → 동서활인원(태종) → (동서)활인서(세조) / 혜민국 → 혜민서(세조)

(3) **농민통제** : 국가 - 호패법, 오가작통법 / 양반 - 향약, 동약, 동계
(4) **한계** : 농민 최저 생계보장, 유망 방지 → 근본적 대책×

2 조선의 법률제도(신분관련없이 소송가능, 처벌은 신분차별)

법전	특징	형법(대명률)	민법(관습법)
· 형법 : 10 _____ · 행정법 : 11 _____ · 민법 : 12 _____ (상속 → 종법제) ⇒ 관찰사(수령)처리	· 중앙 : 사헌부, 형조, 의금부, 한성부, 장례원 · 관찰사 : 수령 · 고과제 : 관찰사가 수령 통제, 지방관에게 행정+사법권을 줌	· 중죄 : 13 _____ → 엄히 처벌, 연좌제, 유교윤리↑ → 가족 및 지역주민(군현호칭 강등, 수령 파면) · 형벌 : 14 _____	· 소송 : 초기 - 15 _____ , 후기 - 16 _____ · 상속 : 종법에 의거, 제사·노비 상속중시(소유권↑) · 재산소유권 분쟁 : 문건에 의한 증거주의 / 신문고, 격쟁

3 사법기관

(1) **중앙** : 의금부, 사헌부, 형조, 한성부, 장례원, 포도청(형조이하 잡범처리)
  → 3법사(사·형·의·한) 하나 빼고 다른 것 넣어도 됨
(2) **지방** : 관찰사, 수령 → 사법·행정(사형, 유형 제외)
(3) **재판 업무** : 항소제도(재심가능), 신문고·징(일반적×), 재판 불만시 → 상부 관청에 소송 제기 가능

  ※ 신분 관련없이 소송가능, 처벌은 신분에 따라 다름(피지배층 가중처벌)
  ※ 신문고(창덕궁 내부, 일반인 접근 어려움) from 송나라, 태종(최초)-연산군(폐지)-영조(부활)

4 향촌 사회와 촌락운영

(1) **유향소**
  ① 변천 : **사심관 제도에서 유래** → 고려 말·조선 초 성립 → 17 _____ 폐지 → 18 _____ 부활, 경재소 설치 → 세조 때 19 _____ (함경도)-폐지 → 성종 때 20 _____ , 21 _____ → 향청(관 하부 조직)
  ② 역할 : 수령보좌, 향리규찰, 풍속규정
  ③ 구성 : 향촌의 덕망 있는 인사(양반) → 22 _____ 선출, 23 _____ (자율적 규칙), 24 _____ (양반명단), 25 _____ (양반모임)

(2) 26 _____ : **세종 때 설치**, 지방출신 중앙 고관 임명, 유향소 관리, 수령 관리, 연락 업무, **1603년 폐지**(선조), 경재소 혁파 후 유향소는 향청(향소)으로 개편(기능강화)

(3) **촌락구성과 운영(사족-양반이 주도)**
  ① 국가의 촌락 지배 : 면리제, 오가작통법
  ② 촌락 구성 : 대개는 양반, 평민, 천민이 혼합 → 반촌·민촌
  ③ 촌락의 농민공동체 : 두레, 향도, 석전, 27 _____ (장례 도움), 동린계(28 _____)
  ④ 촌락풍습 : 29 _____ (돌팔매), 향도계, 30 _____ (백성들 문화조직) → 양반이 음사라 비판 → 임란이 후 동계와 결합

(4) **유향소 VS 향약**
  ① 15세기 유향소
    · 간부 : 31 _____ · 향촌자치기구, 풍속규정 · 수령보좌, 향리감찰 · 구성원 : 양반

② 16세기 향약

- 전통적 공동조직 + 삼강오륜 유교윤리 ⇒ <mark>32 </mark> 모두 포함
- 간부 : 약정, 부약정, 직월, 유사
- <mark>33 </mark> 기원(조광조) 발전 → 이황〈<mark>34 </mark>〉, 이이〈<mark>35 </mark>〉
- <mark>36 </mark> (농민공동체) + <mark>37 </mark> (사족)
- 4대 덕목 : 덕업상권, 과실상규, 예속상교, 환난상휼 <mark>암기TIP</mark> 떡과 과일을 먹으니 애(예)환이 온다
- 풍속교화, 향촌 사회 질서 유지, 치안담당, 향촌 사림 결집, 주민 통제와 교화의 수단으로 이용
- 유교 윤리 보급에 기여, 지방 사림의 지위 강화
- 폐단 : 백성 수탈 수단으로 기능

(5) 서원

① 기능 : <mark>38 </mark> (공자제사 ×), 후진 양성, <mark>39 </mark> 연구
② 종류 : <mark>40 </mark> (중종, 주세붕, 안향 제사) → <mark>41 </mark> (명종, 최초 사액서원, 이황 건의)
③ 기능 : <mark>42 </mark> (교육) + <mark>43 </mark> (선현제사), 유교윤리 보급, 사림결집 강화, <mark>44 </mark> (봄, 가을, 술
예절), 향사례(활쏘는 예절), 향촌 사림 결집(여론형성), 유교윤리보급, 향촌 교화에 공헌, 사림의
지위 강화
④ 폐단 : 각종 국역 면제로 국가재정 악화, 붕당 근거지로 당쟁격화 원인

> ※ 대표 서원 : 소수서원(안향 제사), 옥산서원(이언적), 도산서원(이황),자운서원(이이), 화양동서원(송
> 시열), 화곡서원(서경덕), 병산서원(유성룡), 덕천서원(조식)
> <mark>암기TIP</mark> 향수(안향,소수서원) / 빨간 옥(이언적, 옥산서원) / 황도(이황, 도산서원)
> / 이자 (이이, 자운서원)/ 화가나서 열난다(화양동서원, 송시열)

(6) 예학 : 종족 내부의 의례 규정(양반 질서 유지 목적)

① 17세기 예학의 시대
② 장자 중심, 남존여비, 과부재가 금지, 서얼차대 원칙 확립, 삼강오륜은 가부장적 종법 질서로 구현
③ 양반의 신분적 우월성 강조, 사림의 향촌 지배력 강화, 예송의 근거, 가묘와 사당 건립
④ 예학자 : <mark>45 </mark> (서인, 가례집람), <mark>46 </mark> (남인, 오선생예설분류) ⇒ 예송

> ※ 삼강 : 군위신강, 부위자강, 부위부강 / 오륜 : 부자유친, 군신유의, 부부유별, 장유유서, 붕우유신

(7) 보학(족보) : <mark>47 </mark> **성화보(현존최고)** <mark>cf</mark> 기록상 가장 오래된 족보 – 문화류씨, 현존×

① 기능 : 종족의 종적인 내력과 횡적인 종족관계 확인
② 역할 : 종족 내부 결속 강화, 신분우월의식 표출
③ 영향 : 결혼 상대자 구하거나 붕당 구별, 양반 문벌제도 강화 수단

(8) 촌락 조직

① 양반조직 : 동계, 동약(양반조직 → 임란 후 향도계 평민참여)
② 기타조직 : <mark>48 </mark> (노동공동체), <mark>49 </mark> (농민공동체) → <mark>50 </mark> (상여를 매는 사람)
③ 촌락풍습 : 석전(돌팔매), 향도계, 동린계(백성들 문화조직) → 양반이 음사라 비판 → 임란이후
동계와 결합

> ※ 조선 정부 농민 정책
>
> | | 농민보호 | 농민통제 | 양반지위↑ | 농민자치 |
> |---|---|---|---|---|
> | 정책 | 의창, 상평창
혜민국
동서활인서 | 오가작통제
호적
호패법 | 서원
유향소
향약, 동약 | 두레
계
향도 |
> | 목적 | 자영농
몰락방지 | 조세징수
부역징발 | 농민통제 | |

<mark>총정리</mark>

> 1. **사회정책** : 의창, 사창제, 혜민국, 동서대비원, 제생원, 동서활인서
> 2. **농민통제** : 호패법, 오가작통법, 향약, 동약, 동계
> 3. **조선 법률** : 5형(태장도유사), 형법 – 대명률, 행정법 – 경국대전, 민법 – 관습법
>   지방 – 지방관, 중앙 – 사헌부, 형조, 의금부, 한성부, 장례원
> 4. **유향소** : 수령보좌, 향리규찰, 풍속규정, 좌수·별감 선출/경재소 – 유향소 견제
> 5. **향약** : 약정, 부약정, 직월, 조광조 여씨 향약이 최초, 전통조직 + 유교윤리
>   4대덕목(덕과예환), 농민강제가입, 양반부터 노비 모두 포함
> 6. **향교** : 국립교육기관, 성현제사, 각 군현에 하나씩 존재, 교사 중앙파견
> 7. **서원** : 사립교육기관, 교사 자체 조달, 향음주례, 향사례, 선현제사
>   소수서원, 옥산서원, 도산서원, 자운서원, 덕천서원, 화양동서원

CHAPTER 36 근세문화 (1)

POINT 성리학의 발달, 서경덕, 조식, 이언적, 이황, 이이 특징

[유교문화]

1 성리학 발달 – 성리학 5형제

암기TIP 이황·이이가 빨간(이언적) 떡(서경덕)을 조식으로 먹는다

(1) 성리학의 정착
① 수용 : 고려후기 신진사대부가 학문과 이념을 지표로 수용(안향, 이색, 1_____ –동방이학의 조)
② 정책 : 조선 통치이념으로 정착

(2) 성리학의 두 흐름
① 2_____
- 관학의 경향, 문물정비에 공헌(15세기), 부국강병, 성리학 이외 다른 사상에 관대, 주례 중시
- 정도전, 조준(관학파) → 한명회, 정인지, 신숙주(훈구파)

② 3_____ : 사학 학풍, 성리학 발달 공헌(조선중기 16세기), 주자가례 중시 교화 중시, 성리학이외 사상 배척, 이색, 길재 → 김종직, 조광조

(3) 성리학자
① 4_____ : 5_____(호), 개성, 송도3절, 6_____ 사상(현실중시), 7_____ 개방적, 제자 – 이지함, 허엽, 태허설 ↑ 서경덕, 박연폭포, 황진이
사료TIP '이는 기를 작용하는 법칙일 뿐이다'

② 8_____
- 9_____(호), 경상도 산청, 10_____ 강조, 11_____ 포용적, 지리산 처사, 칼·방울 차고 자신 12_____, 단성현감소
- 제자 : 임진왜란 때 의병(정인홍–최초의 산림, 곽재우–홍의장군) → 북인형성, 서리망국론

※ 경상도 성리학자 : 경상우도(서쪽) – 조식, 정인홍, 곽재우 / 경상좌도(동쪽) – 이황, 유성룡, 김성일

③ 13_____
- 14_____(호), 15_____ 으로 사상 전개 〈16_____〉 → 이황에게 영향, 17_____
- 유배생활을 하는 동안 〈구인록〉, 〈대학장구보유〉, 〈중용구경연의〉, 〈봉선잡의〉 등의 중요한 저술을 남겼다.

④ 이황

구분	퇴계 이황(18____–19____) – 동방의 주자, 학문의 본원적 연구에 치중, 20____, 이상주의적 성격, 도산서원
지향	이 : 원리 – 21____ / 기 : 실제 – 22____ → 23____ (이존기비론, 이는 귀하고 기는 천하다.), 24____ (주리론, 이와 기는 서로 성격이 다르다.), 25____ (이와 기는 동시에 발한다), 이 능동성 강조, 26____ 바탕, 도덕원리에 대한 인식과 실천, 근본적, 27____ ⇒ 28____ '____' 강조, 29____
저서	30____ (양명학 이단으로 비판), 31____ (주자책 정리, 일본에 전해짐), 32____ (군주 스스로 성학, 10개 그림), 이학통록(중국 성리학자 전기)
붕당	영남학파(김성일, 유성룡) → 동인 → 남인, 도산서원(안동)
영향	33____ ↑(주자서절요 전래), 4단7정논쟁(이황vs기대승), 개항이후 위정척사 사상, 예안향약을 만들어 향약↑, 의리·명분 강조
한계	지나친 도덕주의 강조로 인해 34____ 에 소극적

암기TIP 이황은 전주성에서 일본산 황도 먹는다 – 이황, 전습록변, 주자서절요, 성학십도, 일본영향, 이황, 도산서원

⑤ 이이

구분	율곡 이이(35____ –주기론) – 동방의 공자, 결과가 아닌 과정을 중요시 하였다. 구도장원공(9번과거 모두 장원, 천재), 강릉 오죽헌(태어난 곳, 신사임당 친정)
지향	36____ : 통한다(공통성) / 37____ : 국한된다(차별성) → 38____ (이는 통하고 기는 국한된다.) : 일원론적 이기이원론 – 39____ (주기론, 이와 기는 분리될수 없다.) 40____ : 기가 발할 때 이가 그 위를 타고 오른다. 관념세계와 현실세계 동시 존중 ⇒ '41____' 강조
저서	42____ (왕도정치 구현을 문답형식으로 서술, 수미법) 43____ (신하가 국왕을 가르쳐 기질을 변화시켜야 함) 44____ (소학장려) 45____ (시대에 맞는 법률 제도 강조, 십만양병설, 개혁책) 46____ (존화주의 역사서)
붕당	서인 → 노론, 자운서원(파주), 이이 → 김장생 → 김집 → 송시열 → 권상하
영향	사회 경장론(개혁론) : 통치체제 정비와 수취체제 개혁(수미법), 10만 양병설 47____ (조헌·김장생)형성 → 서인(노론), 48____ (파주) 해주 향약(황해도), 서원향약(청주) 만들어 향약 발전시킴 북학파 실학과 개항이후 개화사상과 연결

암기TIP 이이는 이요를 좋아해 – 이이, 성학집요
암기TIP 똥성격 만기 – 동호문답, 성학집요, 격몽요결, 만언봉사, 기자실기

CHAPTER 37 근세문화 (2)

POINT
교육기관(관학·사학), 훈민정음 창제, 15세기·16세기 역사서, 조선왕조실록 등 사서, 지도, 윤리서, 의례서, 법전

출제키워드
1. 훈고학 : 경학의 일종, 경전의 자구 해석 – 한·당대, 경전 정리, 유교주의
2. 사림파 : 사장학 경시, 이학 중시 – 성리학, 조광조
3. 성리학 : 기 중심, 불교 개념에 개념차용
4. 주자 : 대륙사상에 해당, 항렬 감정 정교화, 제가 관리 설명
5. 이기론 : 이 중심 사상, 이황에게 계승 〈성학십도〉
6. 이황 : 이황학파에서 영남학파 계승으로 발전
7. 이이 : 이이를 중심으로 동아해, 동장강파기

1 한글창제

(1) **배경** : ① 우리말의 표기상 불편 ② 한자사용 및 이두의 불편 ③ 피지배층 교화

(2) **창제와 보급** : 세종과 집현전 학자가 창제 → 훈민정음(창제1443, 반포(1446), 용비어천가 등 운행

(3) **보급**

암기TIP 용비어천가 월인천강지곡 - 훈민정음, 삼강행실, 월인석보지화

① 1 _____ (이과시험), 2 _____ (임용), 3 _____ (훈민정음해례), 동국대보감(상용), 두시·농·사

② 사서대응시험, 정치적평권임 참여 가능

③ 언문자청 설치 : 기사, 문인, 하리계층 활동

※ 기타 한글사서 : 왕실소식(세조), 간경도감에서 해설, 사장행실에 번역(성종), 번역이 아동 잔문

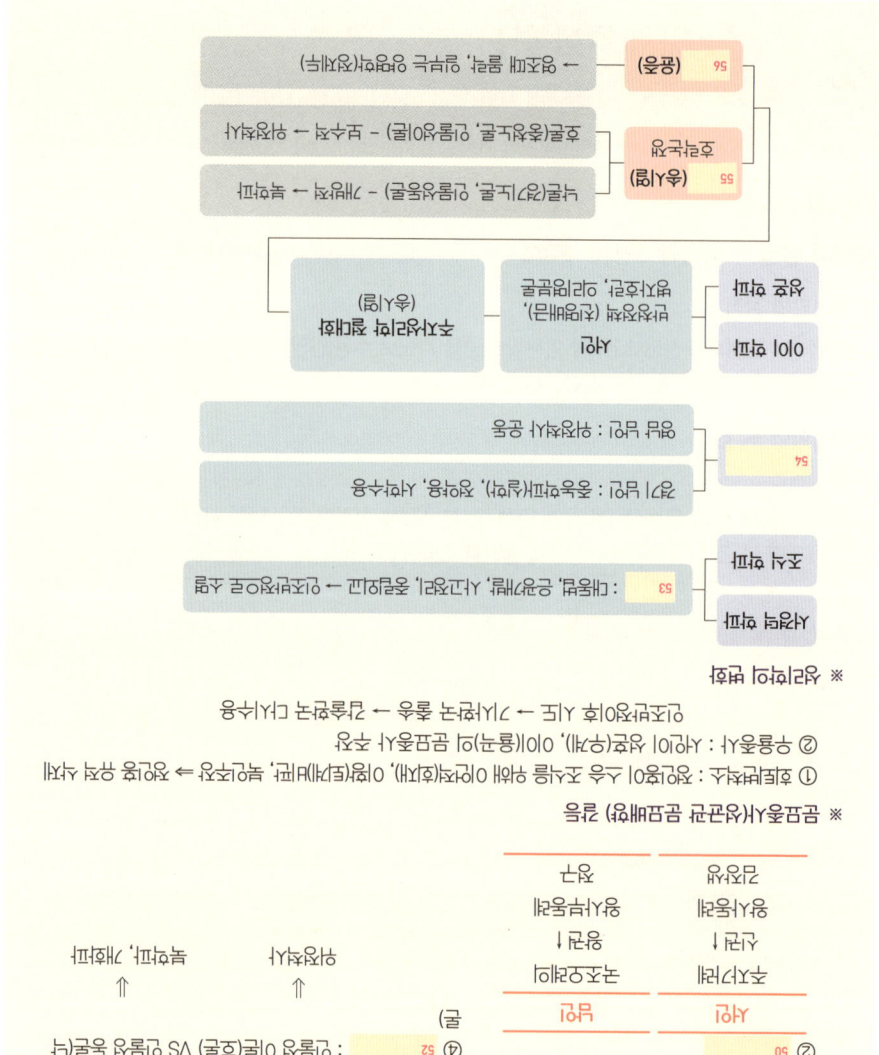

※ 지리의 변천

① 이익(이이)폐 → 이발설

③ 51 _____ : 동발이기(기로) VS 동(주도)동(서기) ⇒ 남인(계학)에서 주도 이동 분명

④ 52 _____ : 이동발이 이름 (호론) VS 인동유 동발동론

50 _____ VS 기대승(기폭), 주리론 자동

※ 조선유학 발전양상

사인	동인
김사장한	조권과
전기 ↑	음식 ↑
음식성리	음시성리
구화	동구

↑ 사장학시 ↑ 북학파, 개화파

※ 문묘종사(성균관 문묘배향) 등등

① 훈당종사 : 성묘한 조조들을 위해 이전(되게)(하제) 이량(등기)(에게) 등한 선유를 봉안 사제

② 수용봉사 : 사인의 영향력 확대(유계)의 이야(통의)의 분묘동사 주장

⇒ 인조광우 사고 → 기여현용 장장 → 김동인광 등중 다수수용

※ 영남학파와 기호학파

사영 학파	
이이 계폐	
영남 학파	

53 _____ : 대용화, 은정하고, 중적성으로 → 인조반정과 함께

명기 담인 : 동부권(남인), 장인용, 사사통용

54 _____

동묘 담인 : 동북학(동천학), 노양학, 사사통용

인(사인)	기호학파의 정통대응	
55 _____	보수적(나랑이), 기독적	이이 계폐
(동인)	영남(중심)(성리용) – 개상역 – 이호상식	동인 계폐
56 _____	호론(중심(성리용, 인동유수 – 남수조 – 이왕상식	
(동동)	→ 동호서(호와 양주의 호동개본(출지계학)	

(4) 의의 : 일반백성 문자생활 가능, 민족문화기반 확대, 민족적 긍지↑

※ 세종시기 편찬서적

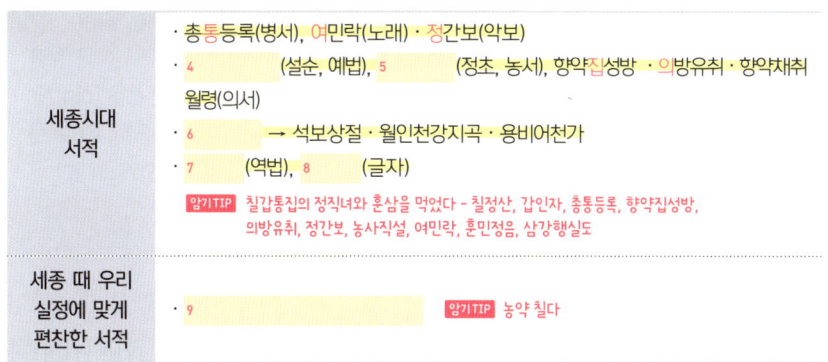

세종시대 서적	· 총통등록(병서), 여민락(노래) · 정간보(악보) · 4_____(설순, 예법), 5_____(정초, 농서), 향약집성방 · 의방유취 · 향약채취월령(의서) · 6_____ → 석보상절 · 월인천강지곡 · 용비어천가 · 7_____(역법), 8_____(글자) **암기TIP** 칠갑통집의 정직녀와 훈삼을 먹었다 - 칠정산, 갑인자, 총통등록, 향약집성방, 의방유취, 정간보, 농사직설, 여민락, 훈민정음, 삼강행실도
세종 때 우리 실정에 맞게 편찬한 서적	· 9_____ **암기TIP** 농약 칠다

2 교육기관

(1) 국립교육기관
① 10_____(최고학부, 소과합격자 입학, 대사성)
② 11_____(서울중등교육, 동학 · 서학 · 남학 · 중학, 정원 각각 100명)
③ 12_____(지방중등교육, 부목군현에 하나씩 설립, 교수, 훈도 파견, 성적 나쁜 교생은 군역)

※ 성균관
  승보시(향교 · 4학 승급시험) 합격자↖
· 최고학부, 수업 연한 9년, 원칙적으로 생원 · 진사 입학(상재생), 하재생(기재생) · 문음 입학가능, 순수유교육기관
· 13_____(강의), 14_____(제사), 15_____(기숙사), 16_____(도서관), 성현+18선현 제사
· 특권-권당(수업거부, 단식 투쟁), 알성시(문묘시 성균관에서 문과시험), 공관(동맹휴학), 소행(집단시위)

※ 18선현 : 설총, 최치원, 안향, 정몽주, 정여창, 김굉필, 조광조, 이언적, 김인후, 이황, 이이, 성혼, 김장생, 조헌, 김집, 송시열, 송준길, 박세채

(2) 사립교육기관
① 서원(중종, 백운동 서원, 선현제사, 향사례, 향음주례-봄 · 가을, 유생들의 학문연구, 향촌사회 교화)
② 서당(초등교육, 사립)

(3) 기술 교육 : 해당관청에서 교육, 의학(전의감), 역학(사역원), 산학(호조), 율학(형조), 도교(소격서), 회화(도화서), 천문학, 풍수지리(관상감)

※ 향교 VS 서원

구분	향교	서원
기능	17_____(공자), 교육	19_____(선배유림), 교육
역할	과거준비, 유생교육, 지방민 교화	사림활동 근거지, 붕당 근거지, 교육
내용	군현마다 하나씩 설립 중앙에서 18_____ 파견 ⇒ 쇠퇴	향음주례(술 예절), 향사례(활쏘기 예절), 인재교육, 향촌교화, 사액서원↑(최초 20_____ -주세붕, 중종)
공통점	제사, 지방민 교화, 기숙, 향음주례, 향사례	

3 역사서 편찬

암기TIP 고동-건국초(고려국사, 동국사략) / 고삼절요통-자주적 성격 (고려사, 고려사절요, 삼국사절요, 동국통감) / 동기요-화이론적 역사관 (동국사략, 기자실기, 동사찬요)

건국 초기	「21_____」	정도전	조선건국의 정당성, 태조	
	「22_____」	권근	상고사 정리(삼국시대정리), 고대사 체계 수립, 태종	
	「동국세년가」	권제	단군 조선에서 고려 말까지 역사를 노래형식으로 편찬, 세종	
	건국초 특징	23_____에 대한 명분, 성리학적 통치 규범 정착		
15C 관찬서	「고려사」	김종서 정인지	· 세종시작 - 문종완성, 24_____, 본기×, 세가o, 왕 중심, 자주적 성격 · 고려 말 우왕과 창왕을 열전에서 다룸(25_____) · 26_____ 등 칭호 그대로 사용 (27_____ 입장, 세종의 주장 관철)	
15C (관찬)	「28_____」		문종, 보급용, 신하 중심, 29_____, 고려 역사를 자주적 입장에서 정리	
	「30_____」	서거정 노사신	성종, 고조선-삼국통일(31_____), 편년체	
	「동국통감」	32_____	· 성종, 최초 우리나라 33_____ · 중국 사마광 「34_____」을 모델로 삼음 · 고조선 – 고려(35_____) · 훈구(서거정) + 사림(사관사론) → 조화 · 외기(단군-삼한) - 삼국기 - 신라기 - 고려기 구성	
	15세기 특징	우리나라 역사를 자주적 입장에서 재정리		

	「36___」	박상	동국통감 비판, 요약
16C (화이론적 사관)	「37___」	유희령	중종, 단군-고려시대, 편년체
	「38___」	이이	화이론적 역사관(사대주의), 기자정통론
	16세기 사서 특징 : 사림의 존화주의 사관, 명분론 강조		
17C	「39___」	오운	남인 입장(북인입장설 논란되고 있음), 애국 명장 소개, 기전체

※ 실록(태조-철종) : 가치 – 유네스코 세계기록문화유산
  ① 편찬 : 국왕 사후, 춘추관에서 임시기구 실록청 설치
     → 편년체 편찬 시작(사초 + 시정기 + 의정부 등록 + 비변사 등록 + 승정원일기 + 일성록 + 40___ 자료) → 41___ 편집 : 초초(초안), 중초(수정, 보완), 정초(최종수정) → 최종판 완성 이후 나머지 세초(북한산에서 자료파기)
  ② 보관 : 4대 사고(42___) `암기TIP` 전주 충성
         ↓ 임란 소실
        5대 사고(43___ (현재소실), 오대산(도쿄대 → 한국반환), 태백산(부산국가기록소), 묘향산 → 적상산(김일성대), 마니산 → 정족산(서울대)) `암기TIP` 봄에 오태가 적정하다
  ③ 특이점
     · 일기(연산군, 광해군), 총독부 편찬(고종, 순종), 수정(선조, 경종, 현종)
     · 44___ (후대 왕에게 귀감이 될 만한 내용만 발췌수록(감계사관), 요약), 왕은 실록을 볼 수 없음
  ④ 45___ : 3년마다 햇빛에 말리는 작업

4 지도와 지리서 편찬

(1) **목적** : 중앙집권과 국방강화

(2) **지도**

① ___46___ (태종, 이회)
  · 원나라 세계지도+한반도 지도(아메리카×), 김사형, 47___, 이무 제작, 48___ 이 발문을 지음, **동양최고 세계지도(일본보관)**
  · 아라비아 영향을 받은 49___ 세계지도와 50___ 지도, 51___ 첨가, 유럽, 아프리카 **표기**, 단 52___ 대륙은 발견전이라 표기가 안됨
② 53___ (태종, 이회) : 조선 최초 전국지도 / 팔도도(세종, 정척)

③ 54___ (세조, 양성지) : 규형 · 인지의 이용, 최초 실측 지도, 북방기록↑, 현존×
  `cf` 조선후기 동국지도 비교
④ 조선방역지도(명종) : 유일하게 현존 원본 지도, 8도를 다른 색으로 표시, 주현, 병영, 만주 · 대마도 표기, 명종

(3) **지리서**

① 55___ (세종) : 지리 · 역사 · 정치 · 사회 수록, 최초 지리지, 최초 관찬 지리서
② 56___ (단종) : 전국 지리지, 세종실록부록, 57___ 최초기록(우산-독도, 무릉-울릉, 강원도-현경상북도)
③ 팔도지리지(성종) : 세종실록 지리지 미비점 보완, 수로 + 봉화 + 역참 표기
   경상도속찬지리지(예종) : 향토 문화적 유산에 대한 관심 반영
④ 58___ (성종, 서거정) : 군현 연혁/지세/인물/풍속/성씨 등 수록, 노사신, 양성지, 강희맹이 왕명으로 편찬, 팔도지리지 + 동문선(시문)
⑤ 59___ (중종, 이행) : 동국여지승람 증보편찬, 인문지리지, 현존, 60___ 수록(독도, 울릉도 지도 표현)
⑥ 61___ (세종–성종) : 신숙주 일본견문기
⑦ 표해록 : 최부, 중국표류기, 성종시기

5 윤리 · 의례서 편찬

(1) **15세기**

① **삼강행실도** : 세종, 62___ 편찬, 그림 + 글, 63___
② 64___ : 성종, 65___, 정척 편찬, 국가의례정비, 가례(관혼) · 빈례(사신접대) · 군례(군사) · 흉례(상례) · 길례(제사)
③ 기타 : **효행록**(세종, 설순), 오륜록(세조)

(2) **16세기**

① 66___ : 연장자와 연소자, 친구사이에 지켜야 할 윤리, 조신, 김안국 편찬
② 동몽수지 : 주자, 어린이가 지켜야 할 예절
③ 67___ : 최세진, 어린이 한자교육
④ 동몽선습 : 어린이 윤리서, 박세무
⑤ 68___ : 어린이 성리학 윤리서, 이이

6 법전 편찬

암기TIP 국문 있는 육전 - 조선경국전, 경제문감, 경제육전 / 육전을 조준한다 - 경제육전, 조준

69	태조	정도전	여말선초 조례를 정리한, 최초 법전(주례참조)
70	태조	정도전	조선정치 조직의 초안
71	태조	조준, 하륜	각종 조례를 정리한 법전
속육전	태종	하륜	경제육전 수정, 보완
육전등록	세종	집현전	일시의 편법으로 시행되던 것을 모아 편찬한 법령집
72	세조-성종	최항, 노사신	· 조선기본법전, 유교통치 질서, 문물제도완성, 법치주의 · 6전으로 구성(이, 호, 예, 병, 형, 공)

※ 조종성헌주의 원칙(선조가 만든 것은 바꿀 수 없다) 암기TIP 경속통회

성종 : 73_____ + 국조오례의
↓
영조 : 74_____ + 속오례의
↓
정조 : 75_____ + 속대전(속) + 추가법령(증)
↓
고종 : 76_____ (흥선대원군) - 원 + 속 + 증 + 보(추가법령)

※ 세계기록문화유산
① 훈민정음해례본(97) ② 조선왕조실록(97) ③ 직지심체요절(01) ④ 승정원일기(01)
⑤ 의궤(07) ⑥ 팔만대장경(07) ⑦ 동의보감(09) ⑧ 일성록(11) ⑨ 5.18운동 기록물(11)
⑩ 난중일기(13) ⑪ 새마을운동기록물(11) ⑫ 이산가족 찾기 기록물(15) ⑬ 유교책판(15)
⑭ 조선왕실 어보 · 어책(17) ⑮ 조선통신사 기록물(17) ⑯ 국채보상운동 기록물(17)

※ 77_____
유네스코 세계 기록 유산, 왕실의 큰 행사의 과정, 비용, 인원을 기록한 책, 조선초기부터 제작했으나 현존하는 의궤는 임란이후에 만들어진것이다. 현존 최고 의궤는 선조시기에 만들어진 의인왕후 〈반전혼전도감의궤〉와 〈산릉도감의궤〉이다. 외규장각의궤는 프랑스가 병인양요때 약탈했다가 최근에 반환되었다.

7 불교

(1) 태조 : 78_____ → 태종 : 79_____ 몰수, 도첩제 강화, 7종의 불교와 242개 사원만 인정
(2) 세종 : 승록사 폐지, 선 · 교 통합 80_____ 인정, 왕실 내 81_____ 설치
(3) 성종 : 억불정책, 82_____ 폐지(위상↓) → 이후 83_____
(4) 불교명맥 유지
 · 세종(내불당, 〈석보상절〉 〈월인천강지곡〉 간행) / 세조(84_____ , 한글 불경, 85_____)
 · 명종(문정왕후 지원-86_____ 등용, 승과 일시부활) / 임진왜란-휴정(87_____), 유정(88_____)

8 도교, 민간신앙

(1) 도교 : 89_____ 설치, 90_____ (참성단에서 하늘에 제사), 91_____ 폐지
(2) 풍수지리설 : 한양 천도에 반영, 산송 유발
(3) 기타 민간신앙 : 무격신앙, 산신신앙, 삼신신앙, 촌락제(마을제사) 등
(4) 장례 : 불교식 화장 풍습이 묘지를 쓰는 것으로 변화 → 92_____ 경향이 두드러짐

출제치

1. **한글창제** : 훈민정음 - 용석 쌤 월 수업/ 세종 서적 - 칠갑통집의 정직녀와 훈삼 먹는다.
2. **성균관** : 최고교육기관, 원칙적 생원 · 진사 입학, 명륜당, 문묘 대성전, 동재 + 서재, 존경각, 비천당
3. **향교 vs 서원** : 성현제사, 선현제사 구분하기
4. **역사서** : 고 동 / 고 삼 절요 통/ 동 기 요
5. **실록** : 3단계 편찬, 사초 + 시정기 + 관청문서 + 개인문서 등, 4대사고 - 5대사고
6. **지도** : 혼일강리역대국도지도, 팔도도, 동국지도, 조선방역지도
7. **지리서** : 신찬팔도지리지, 세종실록지리지, 동국여지승람, 해동제국기
8. **윤리서** : 삼강행실도, 국조오례의 / 이륜행실도, 동몽수지
9. **법전** : 국물 있는 육전(전기) / 경속통회(전기-후기)
10. **불교** : 태조(도첩제), 태종(사원전몰수), 세종(36만 인정), 성종(도첩제×)

CHAPTER 38 근세문화 (3) – 과학 예술

POINT 천문·역법 특징, 농서·의서 종류, 병서, 건축 특징 및 종류, 회화·음악·서예·문학 특징

[과학기술의 발달]

1 과학기술의 발달

(1) **배경** : 전통과학기술 계승 + 국왕(세종) 관학파의 부국강병과 민생안정 중시
(2) **장영실** : 천민출신으로 각종 기구(1_____ 등) 발명

2 천문과 역법

(1) **천문**
① 천체관측기구 : 혼의, 간의, 간의대(천문대)설치, 규표 설치(1년 길이 측정)
② 천문도 : 2_____(태조) ※고구려 천문도를 바탕으로 제작
③ 시간측정기구 : 앙부일구(해시계), 3_____(물시계, **자동시보장치**), 현주일구(휴대용, 세종)
④ 강우량 측정기구 : 수표(청계천 수위 측정), 4_____(세계최초, 1443) – 관상감, 세종, 장영실 도움

※ 토지 측량 기구 : 기리고차(세종, 거리측량 수레) / 인지의, 규형 – 세조

(2) **역법**
• 5_____(한양기준) → 회회력 + 수시력 참조해 제작(세종), 내편(6_____), 외편(7_____ 8_____) – 자주적, 농사에 이용
• 〈국조역상고〉(1796, 정조) : 서호수가 천문 역산학의 역사기술
암기TIP 선수대칠시-선명력, 수시력, 대통력, 칠정산, 시헌력

3 활자 인쇄술과 제지술

(1) **인쇄술**
• 태조 : 주자소 설치, 9_____ 주조(동활자)
• 세종 : 10_____(동활자, 가장 아름다운 활자), 경자자(구리), 병진자(납), 밀랍 대신 11_____ 조립 (자치통감강목 인쇄)

(2) **제지술** : 조지소(태종 만듦, 세종↑, 종이전문 생산관청, 공조 속아문) – 서적 다량인쇄 보급, 세조 때 조지서 개칭

4 농학과 의학

(1) **농학**
① 12_____ (세종-정초, 독자적 우리농법 소개, 농부실제경험)
② 13_____ : 강희안(세조, 양잠·원예)
③ 14_____ (성종-강희맹, 경기도 시흥지방 농법 소개)
④ 사시찬요 : 강희맹(세조, 사계절 농사법 소개)
⑤ 양잠서·목축서 : 양성지(세조)
⑥ 15_____ : 명종, 구황법(나무껍질, 도토리)

암기TIP 상사가 / 요설성 / 이정신-농상집요, 농사직설, 농가집성, 안양(강희안, 양화소록)에서 맹글이 죽었다 (강희맹, 금양잡록, 사시찬요)

(2) **의학** **암기TIP** 방이 구질구질해서 집에서 냄새가 난다-향약방, 향약구급방, 향약집성방, 의방유취, 향약채취월령
① 향약제생집성방(태조) : 제생원에서 편찬 – 향약집성방에 영향을 줌
② 16_____ (세종) : 약초의 월별 채취시기 정리 – 일본에 영향
③ 17_____ (세종) : 우리 풍토에 맞는 약재, 치료방법 개발, 정리 **cf** 고려 – 향약구급방
④ 18_____ (세종) : 출산과 영아의 질병 정리
⑤ 19_____ (세종) : 의학백과사전, 의관 전순의 저술, 중국+국내 의서

※ 신주무원록(세종) : 원나라 무원록을 기반으로 만든 법의학서

5 병서, 무기

(1) **병서**
• 진법서(진도) : 태조, 정도전, 요동정벌 위해 전술 정리
• 20_____ : 세종, 화약무기제작과 사용법 정리, 그림 + 글
• 동국병감 : 문종, 김종서, 고조선~고려 말까지 전쟁사 정리
• 진법(21_____) : 문종, 성종, 군사훈련 지침서, 화포제작 사용법 수록
• 역대병요 : 단종, 고조선~고려 말까지 전쟁 전술 정리(병법서)

(2) **무기** : 화약, 화기(22_____-태종 때 관리로 특채), 신기전, 거북선(태종), 비거도선(소형, 속도↑) – 쾌속선

도끼한국사 빈칸노트

PART 04 근세 사회의 발전 **88**

[건축과 예술]

1 건축

(1) 15세기(왕실, 관청 중심) - 관학(훈구) 규모↑

① 특징 : 공공건축물 중심(궁궐, 관아, 성문, 학교), 건물규모제한(유교적 검약정신), 자연과 조화 추구
② 대표적 건축 : 23_____(태조, 법궁), 24_____(태종, 세계문화유산),
　　　　　　　창경궁(성종), 숭례문(태조) → 조선전기 독창적 건축
　　　　　　　남대문(개성), 보통문(평양) → 고려의 영향을 받음(고려시대+조선시대)
③ 불교 건축 : 25_____(세조), 강진 무위사 극락전(주심포), 26_____(세계문화유산)
　　　　　　　암기TIP 월·경 / 원·무·해

(2) 16세기(양반, 서원 건축)

① 특징 : 서원 건축 중심, 가람배치양식 + 주택양식결합(강당, 사당, 재 : 장서각)
② 대표적 서원 : 27_____(경주, 이언적), 28_____(안동, 이황) 등
③ 양반정원 : 담양 소쇄원(양산보), 식영정(정철), 보길도 세연정(윤선도)

한양 지도　　경복궁
종묘　　해인사 장경판전　　원각사지 10층 석탑

2 도자기(생활용품 문방구 위주 제작, 실용적) 암기TIP 순상분백청

(1) 15세기 : 29_____ - 청자에 분을 칠한 것 같은 표현 → 자유분방한 그림, 개성적
(2) 16세기 : 30_____ - 선비 취향 저격, 깨끗함 ⇒ 조선후기 : 31_____ (청아한 한국의 아름다움)

　※ 사옹원 : 조선 왕실 도자기 생산, 광주·이천 지역, 음식도 담당
　※ 기타 공예 : 문갑, 장롱, 탁자, 화문석 등 제작 / 화각(쇠뿔)공예

3 회화

(1) 15세기 암기TIP 몽고(몽유도원도, 고사관수도 / 안강(안견, 강희안)

① 안견 〈32_____〉 : 안평대군 꿈 내용, 도화서 화가, 현재 일본 덴리 대학 소장, 세종시기 제작
② 강희안 〈33_____〉 : 문인화, 선비의 고상함
③ 일본 무로마치 미술에 영향을 줌

(2) 16세기(선비취향)

① 이상좌 〈34_____〉　② 이정 〈묵죽도〉
③ 어몽룡 〈월매도〉　　　④ 신사임당 35_____
⑤ 황집중 〈36_____〉

암기TIP 좌송합니다 - 이상좌, 송하보월도 / 이정은 침묵-이정 묵죽도 / 어, 월매~월매~어몽룡 월매도 / 집중해서 포도만 그린다-황집중, 묵포도도

안견의 몽유도원도

강희안의 고사관수도

이상좌의 송하보월도

4 음악

(1) 15세기
① 아아(雅樂)이 궁중음악으로 발전, 악기·제도 정비(세종), 악보, 음악이론
② 악기 : 자진(아약) 채택
③ 아악정리(세종) : 음악정리(세종), 아악, 당악, 향악 정리
④ (종묘제례약) : 음운통론(악학레범, 세종), 시용, 의약, 음운, 속악 정리

(2) 16세기 : 속악(민간음악) 등장 : 당약 + 향악

5 사예

(1) 15세기 : 인문대론, __43__
(2) 16세기 : 축구(蹴球), __44__ ㄴ 전문여사

6 문학

(1) 15세기 : 사장문학(한문학), 시가 + 부 + 송, 기사긴록문, 악장문학(용비어천가, 사용)
① 시가문학 : __45__ : 왕실 업적과 조선 창업의 150자신 한 쓴 글
⚠️ 사료TIP ← '한양 산기슭 중, 월인 곡이 어디서 유래되었는지 물음.
② 용운천강지곡 : 제조 관수자십지, 부처 대한 참송을 실용한 대편 시 사용
③ (시조집) : 왕실찬양시
④ __48__ : 정학 유교윤리 담은 이야기 사용

※ 시조
• 김종서 : 나라 사랑 평화 오른 길영의 속에 담다~
• 이유 : 세상사 달관 성 속성 곳이 다나다~
• 김시습 : 유배로 늘쓰기를 끊이며 등가되~
• 윤선도 : 음률이 수수하고 감정선 담백 표조하다~

---

1 정문
1. 천문 : 천상열차분야지도 / 간의대(세종) / 간의, 혼천의, 축구기, 인자기, 그림(세조)
2. 달력 : 칠정산(세종) - 한양지(세종) 기준으로 서울 천체운행
3. 토사 : 앙부일구 / 자격구 / 흠경각(세종)에 옥루각이 만든 수선
4. 의사 : 측우기 - 강수량조사하여 정영에 편리하게 이용
5. 문자 : 종이와 놀, '인쇄출판 발정, 총통등록
6. 은식 : 경자자 / 갑인자
7. 의학 : 항악·인방, 의반집성방 / 양혜 편방 / 이약당 편찬 / 김중총 편집 그림
8. 광문 : 동역지, 능사직설, 광세촌요, 금양진시기

7 음운, 두

(1) 음운 : 종옥(성기태 세종), 세계제왕(동국통감, 세종) 내 세계관 사실 시식 중요성
(2) 두 : 동국여지승람, 언해승람(이대통일), 인문지리사(구축기지)

8 윤애

(1) 15세기 : 고성성사(태종)으로 자연보호 억제
(2) 16세기 : 속옥(덕속에 들, 사림 성장 자격 장소 자진

도끼한국사만의 특별한 암기팁으로 한 권에 완성하는 **공무원·경찰·소방 한국사**

05
근대 태동기 사회의 발전

CHAPTER 39 | 근태정치 (1)
CHAPTER 40 | 근태정치 (2)
CHAPTER 41 | 근태경제 (1)
CHAPTER 42 | 근태경제 (2)
CHAPTER 43 | 근태사회 (1)
CHAPTER 44 | 근태사회 (2)
CHAPTER 45 | 근태문화 (1)
CHAPTER 46 | 근태문화 (2)
CHAPTER 47 | 근태문화 (3)

CHAPTER 39 근태정치 (1)

POINT ① 조선후기 통치체제 ② 예송, 환국 특징

1 통치체제

(1) 정치

① 의정부, 6조 → 비변사 : 조선후기 국방, 외교, 내정 총괄하는 최고 기구

> ※ __1_____ (조선후기 최고기구)
> · 비변사 구성 : 전 현직 정승+5조판서(__2__ 제외)+각 군영 대장+대제학(홍문관 최고직)+강화유수
> · 지변사 재상 중심으로 비변사 운영 → 변방을 잘 아는 경상, 전라, 평안, 함경도 관찰사와 병사(兵使)·수사(水使)를 지내 변방 사정에 밝은 2품 이상의 관원 중에서 선출하여 운영
> · 비변사 설치

내용	시기	계기	특징
임시기구	중종	삼포왜란	__3_____
상설기구	명종	__4_____	상설기구
기능확대	__5__	임진왜란 후	최고 의결·집행기구(국정 전반)
폐지	__6__	의정부 삼군부 부활	비변사 폐지
	고종		

> **암기TIP** 중 3 설 / 명을 상 / 선 임 최 - 중종 3포왜란 설치 / 명종 을묘왜변 상설화 / 선조 임진왜란 최고기구

② 3사(공론) → 3사(자당대변), 상대방 비판

③ 이조전랑 권한↑ → 자기 세력 유지수단으로 이용, 이조전랑↓(영, 정조)
　　* 숙종 때 전랑천대법(자대법) 폐지, 영조는 3사의 관리를 선발하던 관행을 제한

(2) 군사 : 5위(징병제) → __7_____ (모병제, 직업군인, 서인정권 군사기반)

> **암기TIP** 훈어를 잡아 청에 팔아 수금받는다 - 훈련도감, 어영청, 총융청, 수어청, 금위영

① 5군영 (조선후기 군사체제, 임기응변식 설치, 서인 정권의 군사적 기반)
- **8** _____ (1593)　　**암기TIP** 살사포
  - 선조, 임진왜란 중 **9** _____ 설치, 구성(**10** _____ = 삼수병), 직업 군인
  - 급료 지급(농민 삼수미세 징수, 1결 2.2두, 지주에게 부과) → 상공업 참여(서울 난전 참가)
  - 명나라 척계광 〈기효신서〉 참고
- **11** _____ (1623) : 인조, 북벌 주도(효종, **12** _____ 대장), 인조반정 후 설치
- **13** _____ (1624) : 인조, **14** _____ 수비, 이괄의 난 직후 설치, 속오군 중심
- **수어청** (1627) : 인조, **15** _____ (광주 일대) 수비 , 속오군 중심
- **16** _____ (1682) : 숙종, **17** _____ 수비, 정초군(인조)+**18** _____ (현종, 남인), 서인 주도, 번상병 중심
- 성격 : **19** _____ 군사기반으로 이용, 임기응변 설치, 상비군제도 도입, 명나라 척계광의 〈기효신서〉 영향을 받아 설치, 용병제 실시

② 지방 : 영진군 → **20** _____ : 유성룡의 건의로 1594년(선조 24년)에 설치, 양·천 혼성군·양반(회피)·농민·노비(예비군), 생업 종사하며 향촌을 지키다 전투 동원

> ※ **21** _____ : 조선 중기 문신. 이황의 제자로 김성일과 동문, 수미법을 주장, 임진왜란 때 도체찰사(都體察使)로 군무를 총괄, 이순신, 권율 등 명장을 등용하여 국난을 극복한 명재상, 임진왜란 중 훈련도감과 속오군을 설치하고 중강개시를 개설해 군마를 조달함. 저서로는 징비록(임진왜란 기록), 서애집(문집), 병산서원(유성룡제사, 안동)

③ 방어체제 변천　**암기TIP** 영진제속영 - 영진군, 진관체제, 제승방략체제, 속오군, 영장군
　영진군 → **22** _____ (지역방어, 세조)　**사료TIP** '거진을 중심으로' → **23** _____ (명종, 대규모 방어)
　사료TIP '천리 밖 장수를 기다린다' → **속**오군(진관 복귀, 양반, 노비) → 영장군(속오군 내 변화, 직업군인)

> ※ 영장제(직업군) : 속오군 조련 목적 영장(전문적 무장) 파견(인조, 효종), 재정문제 + 민생악화 + 관찰사, 수령과의 갈등으로 혁파와 복설 반복

2 조선 후기 왕

17세기	광 인 효 현 숙	예송, 환국
18세기	경 영 정	탕평
19세기	순 헌 철	세도

(1) 광해군 암기TIP 전북대폐교 - 전란수습, 북인집권, 대동법, 폐모살제, 중립외교
① 24_____ (양전, 토지대장, 호적(인구조사)) ⇒ 세금↑, 개간 장려
② 25_____ (대북), 회퇴변척소(조식을 높이고 이언적, 이황의 문묘종사를 반대함, 정인홍이 유적에서 삭제) → 실패(김굉필, 정여창, 조광조, 이언적, 이황의 5현 종사 허용)
③ 26_____ (1결 12두, 경기도, 1608)-한백겸, 이원익
④ 27_____ (계축옥사, 칠서의 옥-일곱서자의 역모시도, 영창대군 사사(죽음), 인목대비(영창대군 어머니, 계축일기 주인공)유폐)
⑤ 후금 건국(1616, 누르하치) → 28_____ (후금vs명) - 29_____ 밀서(상황 따라 결정, 후금 자극하지 않으려 휴전) → 부차전투에서 패배
⑥ 5대사고 정비, 30_____ 편찬(허준, 세계기록 문화유산), 지봉유설, 동국지리지, 부상록(이경직)
⑦ 경희궁(경덕궁)건립, 왜란때 소실된 창덕궁 중건

* 7서의 옥(1613) : 7명의 서출들이 영창대군을 옹립하려 한 사건에 영창대군의 외조부도 연계됨
  → 영창대군 강화도에 위리 안치

(2) 인조 암기TIP 인괄형 군이야기 하면서 남한산성에서 삼계탕먹는다 - 인조반정, 이괄의 난, 형제맹약, 군신관계 요구, 남한산성, 삼전도 굴욕

・〈순서〉
① 31_____ 건국(1616, 누르하치) ② 32_____(1623) ③ 모문룡 33_____(1623)
④ 34_____ (1624) 사료TIP '반란군이 한양을 점령하고 왕이 피난길에 올랐다'
⑤ 인조 공주 피난 후 진압
⑥ 후금 침입(35_____, 1627, 이괄의 잔당들이 후금에 들어가 조선 상황을 말함, 광해군 원수를 갚겠다는 명분으로 침입)
⑦ 인조 강화도로 피난 → 36_____(용골산성), 37_____(의주) 의병
⑧ 38_____ (정묘약조)
⑨ 후금이 39_____ (1636)
⑩ 군신관계요구
⑪ 주화파(40_____)vs주전파(41_____   , win)
⑫ 병자호란(1636, 인조 42_____ 으로 피난, 43_____ 등 왕족 일부 44_____   )
⑬ 남한산성 항복(45일간 저항 후 항복 - 45_____) → 군신관계 체결, 명과 관계 단절,
   46_____ 등 청에 압송, 수만명의 백성이 청에 인질로 끌려감, 서북 지역 황폐화 → 청에 대한 적개심과 문화적 우월감으로 북벌론 제기(서인의 정권유지로 이용)
⑭ 임경업 - 의주 백마산성에서 항전

・47_____ 시행(인조 13, 1635), 대동법 확대(강원도)
・48_____ 주조
・중강개시와 북관쌍시(회령 및 경원개시) 개설

* 인조 도망 : 이괄의 난(공주), 정묘호란(강화), 병자호란(남한산성)
* 산림숭용론 : 재야 공론의 주재자인 산림 우대

(3) 효종 암기TIP 러시아 변신- 러시아 원정, 변급, 신유
① 봉림대군(둘째), 명에 대한 의리와 치욕 설욕 명분(복수설치)으로 북벌추진(청을 정벌하겠다는 의미, 서인 정권 유지 목적, 49_____ 강화, 이완 등용 - 어영청대장)
   → 송시열, 이완(어영청, 서인), 기해독대(송시열과 효종 독대) 직후 사망
② 청 요청으로 러시아 원정(나선정벌) → 1차 : 50_____ (1654), 2차 : 51_____ (1658, 조총부대 파견)
③ 기타
  ・52_____ 확대(충청도, 전라도 - 김육), 53_____ (역법, 54_____ , 1644), 속오군 강화(영장 파견)
  ・55_____ (신속, 이앙법 보급, 농사직설 + 금양잡록 + 구황찰요)
  * 대명거사, 숭명거사 : 병자호란 이후 출사를 거부하는 사람

(4) 현종 암기TIP 기갑 서남 11 - 기해예송, 갑인예송, 서인집권, 남인집권, 1년, 1년

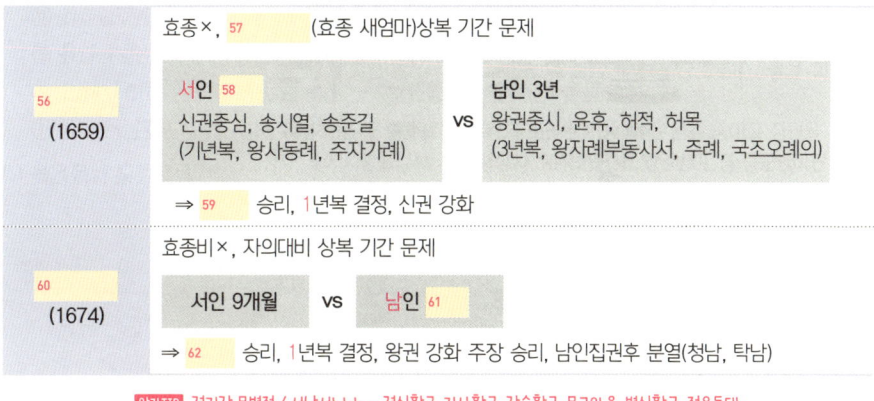

효종×, 57_____ (효종 새엄마)상복 기간 문제

| 56_____ (1659) | 서인 58_____ 신권중심, 송시열, 송준길 (기년복, 왕사동례, 주자가례) | vs | 남인 3년 왕권중시, 윤휴, 허적, 허목 (3년복, 왕자례부동사서, 주례, 국조오례의) |

⇒ 59_____ 승리, 1년복 결정, 신권 강화

효종비×, 자의대비 상복 기간 문제

| 60_____ (1674) | 서인 9개월 | vs | 남인 61_____ |

⇒ 62_____ 승리, 1년복 결정, 왕권 강화 주장 승리, 남인집권후 분열(청남, 탁남)

(5) 숙종 암기TIP 경기갑 무병정 / 서남서노노노 - 경신환국, 기사환국, 갑술환국, 무고의 옥, 병신환국, 정유독대 / 서인, 남인, 서인, 노론, 노론, 노론

・63_____ (편당적인 인사정책), 여자 3명(64_____   ), 명목상 탕평론(실제로는 편당적 인사), 호포법 시행 주장(윤휴)

- 북벌추진(3번의 난(청) → 남인 주도) → 윤휴 도체찰사부 설치(남인 군권 장악 시도 : 지방군 도체찰사부 귀속, 중앙군 제외)
  - ① 65_____ : 남인들의 북벌 추진으로 군권 장악시도, 66_____(기름친 천막 – 왕 전용, 허적 무단 사용), 67_____(복창군, 복선군, 복평군 + 남인 역모) → 남인 제거(허적·윤휴 사사), 68_____(남인 처벌 문제로 강경파 노론 – 송시열, 온건파 소론 – 윤증으로 분열)
  - ② 69_____ : 장희빈 아들(윤) 출생 → 70_____ 문제 → 남인 찬성, 서인 반대 → 서인 제거, 인현왕후 폐비 → 71_____(장희빈 중전으로 임명, 송시열 사약, 김수항 사약 받음)
  - ③ 72_____ : 73_____ 복위운동 전개(김춘택), 숙종이 남인을 축출하고 서인(노론, 소론) 집권, 장희빈 강등
  - ④ 74_____ : 장희빈 무당 불러서 저주 발각 → 75_____ 사사, 세자를 위해 희빈을 용서할 것을 주장한 남구만 등 소론 축출, 노론집권
  - ⑤ 76_____ : 회니시비논쟁(77_____) → 노론 vs 소론 갈등 → 숙종 78_____
  - ⑥ 79_____ : 노론 80_____ 독대 → 세자(경종) 병약을 구실로 연잉군 부탁함(노론 연잉군 지지)
  - ⑦ 기타 : 이순신 사당(현충사), 강감찬 사당, 단종 묘우, 폐사군 복설, 삼남지역 양전완료
    - 숭명의식 : 81_____(창덕궁, 1704), 82_____(충북 괴산,1704) → 명나라 신종·의종 제사, 권상하 만듦(송시열 제자)
    - 윤휴 북벌(1673) : 83_____ 설치, 경신환국 원인
    - 안용복 독도(1693)·울릉도(1696) 우리나라 영토 인정
    - 백두산정계비(1712) : 간도문제(서위압록, 동위토문)
    - 84_____(1697) : 해서(황해도)지방의 85_____(九月山)을 중심으로 활동, 서얼(이영창), 승려 세력과 함께 봉기하여 거사를 도모하려함, 체포 하지 못함.

> **＊숙종 순서** : 윤휴 북벌(1673) → 86_____(1680) → 금위영 설치(1682, 서인정권 기반, 김석주 주장, 정초군+훈련별대) → 기사환국(1689) → 87_____ 일본(1693, 1696) → 갑술환국(1694) → 88_____(1697) → 무고의 옥(신사환국, 1701) → 대보단(창덕궁, 1704), 만동묘(충북 괴산,1704) → 89_____(1708) → 90_____(1712) → 병신환국(병신처분, 1716) → 91_____(1717)

- **(6) 경종** : 장희빈의 아들로 소론의 지지를 받음 하지만 초기에는 노론 우세, 건강문제로 왕세제 책봉 (연잉군 → 노론 건의 ⇒ 소론, 노론 갈등)
  - ① 92_____ : 경종 때 연잉군 대리청정 문제로 노론 vs 소론 대립 → 노론 4대신 탄압(유배) → 93_____ 집권

- ② 94_____ : 목호룡(남인 서자 출신) 고변(95_____ 주도, 소론 거두) → 3급수설 : 자객, 칼, 약으로 살해, 모해하여 폐출)으로 노론 96_____ 사사(소론 집권) → 경종 병 걸림 → 연잉군 간장게장+감 (이인좌의 난 배경) → 경종사망 ▨암기TIP▨ 신임 소소 – 신축옥사, 임인옥사, 소론, 소론

- ※ 97_____ 고변 사건 : 경종시기 소론의 영수 김일경이 남인 서자 출신 목호룡을 시켜 노론이 경종을 시해하려고 한다고 고변한 사건, 이때 시행 방법으로 제시한 것이 삼급수이다. 삼급수란 칼, 독약, 폐출의 세 가지 수단을 동원해 경종을 죽이거나 내쫓으려 했다는 것, 이 중 대급수(大急手)는 숙종의 국상 때 자객을 궁중으로 보내 세자(경종)를 죽이는 것이고, 소급수(小急手)는 경종의 어선(御膳:임금의 수라상)에 독약을 넣는 것이고, 평지수(平地手)는 숙종의 유조(遺詔)를 위조해 경종을 폐출시키는 것이었다. 이 사건으로 노론 4대신이 사사당하는 임인옥사가 발생하였다.

(7) 붕당정치 변질양상
- ① 왕이 환국주도, 3사·이조전랑 비중↓, 비변사 기능↑, 비판세력 인정×, 일당전제화
- ② 17세기 이후 상품 화폐 경제 발달 → 정치집단 상업적 이익 독점 갈등
- ③ 정치적 쟁점 변화 : 사상적 문제(예론) → 군영장악, 세자 책봉 문제(숙종이후)
- ④ 지주전호제와 신분제 동요 : 양반 향촌 지배력 약화, 붕당정치 붕괴

(8) 붕당정치 변질 결과
- ① 왕위계승문제(보복↑)   ② 벌열가문 권력독점   ③ 양반층 분화
- ④ 사원 사우 남설(특히 경상도)   ⑤ 왕권 약화 → 탕평책 대두

※ 각 붕당의 비교

구분	98_____	101_____
정치	99_____(재상 중심)	102_____
경제	부국강병, 상업·기술↑	103_____ 개혁, 자영농↑, 공납폐단 시정에 소극적
사회	노비속량, 서얼허통	기존 신분질서↑
사상	주자가례, 이이, 주기론 치인, 지주제 옹호	국조오례의, 이황, 수기, 소농민 육성
학파, 인물	100_____, 송준길, 기호	윤선도, 허목, 윤휴(청남) 허적(탁남, 온건파), 영남·기호 남인

노론(강경파)	소론(온건파)
송시열중심 노장파, 이이계승 대의명분, 민생안정, 성리학만 추구	윤증 중심 소장파, 성혼 계승, 실리 북방개척, 성리학, 양명학, 노장사상 포용, 정제두 강화 학파 발전

CHAPTER 40 근태정치 (2) – 탕평정치, 대외관계

POINT 영조, 정조 탕평정치, 호란 순서와 내용, 조선후기 일본과 관계

1 탕평정치

암기TIP 탕을정인기 경신나사 - 탕평교서, 을사처분, 정미환국, 이인좌의 난, 기유대처분, 경신처분, 신유대훈, 나주괘서, 사도세자 죽음

(1) **영조** : 최숙빈 아들, 어머니 신분이 천함(무수리출신), 노론의 지지를 받아 즉위함

① 즉위 후 상황 : ¹_____ (1725, 완론 탕평, 노론+소론 등용)
  → ²_____ (1725, 신임사화 재조사, 김일경 효시, 목호룡 육시, 소론×)
  → ³_____ (1727, 노론 강경파×, 소론 온건파 집권)
  → ⁴_____ (1728, 소론 강경파+남인 강경파 반란, 경종의 원수를 갚는다. 영조 정통성 부정, 청주성함락 → 안성, 죽산에서 관군에게 진압)
  → ⁵_____ (1729, 왕과 신하간의 의리 확립 주장, 탕평파 육성) – 왕권 강화 추구
  → 경신처분(1740, 노론 4대신 완전히 복원, 신임옥사 무옥)
  → 신유대훈(1741, 목호룡 고변, 임인옥사 무옥-잘못된 것이다. 경종의 판단 부정)
  → ⁶_____ (1742, 성균관 입구(반수교)에 건립, 탕평채(음식), 탕평갓, 탕평부채)
  → 을해옥사(1755, 나주괘서 사건, 소론 강경파 윤지 역모발각, 소론 몰락)
  → 토역경과(역적 토벌하고 경축하는 과거 시험) → 소론 재기 불능 타격↑
  → 탄압지변서(영조 비판, 소론 500명 처형 ⇒ 소론 재기×)
  → ⁷_____ (1762, 노론 나경언이 세자 비행 10조목 상소, ⁸_____ (장헌세자) 뒤주에서 죽음) → 노론이 벽파(강경파, 사도세자 부정)와 시파(온건파, 사도세자 긍정)로 분열

② 탕평정치
  • 완론탕평(⁹_____), 탕평비(¹⁰_____, 편당 짓지 않는다.), 서원정리(산림부정), 이조전랑직↓(자천권, 통청권 폐지)
  • 산림존재 인정하지 않음

③ 개혁정치 **암기TIP** 균청탕 - 균역법, 청계천 준설, 완론 탕평책
  ㉠ ¹¹_____ (1750) : 2필→1필, 군역의 폐단 해소 노력, 부족분 → 결작(¹²_____), ¹³_____ (부자에게, 양반×), 어장세, 어염세, 선박세 징수
  ㉡ ¹⁴_____ (1760, 서울 홍수 방지, 임노동자 동원-돈주고)
  ㉢ ¹⁵_____ (1731, 양인 증가, 어머니가 양인이면 자식도 양인, 재정 확보 목적)
  ㉣ 기로과 실시(노인시험) ㉤ 노비공감법(1775, 신공↓)
  ㉥ ¹⁶_____ 형벌 폐지, 사형수 3심제, 가혹한 형벌 개선(압슬형, 낙형 금지)
  ㉦ ¹⁷_____ 부활, 상언, 격쟁(백성들이 왕을 직접 만나 억울한 일 호소) 실시
  ㉧ ¹⁸_____ (1751) : 군영정비(훈련도감, 어영청, 금위영 중심 도성 방어체제)
  ㉨ 기타 : 산림과 공론 부정, 고구마 도입 – 조선통신사(1763, 일본, 조엄,), 금주령, 사치금지

④ 문물정비
  ㉠ ¹⁹_____ (법전) ㉡ ²⁰_____ (의례서)
  ㉢ ²¹_____ (군대훈련) ㉣ ²²_____ (관찬백과사전, 홍봉안)
  ㉤ 동국여지도(전국지도) ㉥ 무원록(법 의학서, 세종 신주무원록 계승)
  ㉦ 해동지도(전국 군현을 총망라한 대표적인 군현 지도, 채색지도)
  ㉨ 기타 : 여지도서(전국 읍지), ²³_____ (스스로 반성), 어제경세문답, 어제소학지람
  암기TIP 속동2무, 어제 - 속대전, 속오례의, 속병장도설, 동국문헌비고, 동국여지도, 무원록, 어제경세문답

> * **영조 탕평** : 탕평교서, 탕평비(성균관 반수교), 탕평과(과거시험), 탕평채(음식), 동색금혼제
> * **최초 산림** : 정인홍, 가장 유명한 산림-송시열
> * **담배・고추** : 일본, 17C / 고구마 – 일본, 조엄, 18C / 감자 – 청, 19C

⑤ 한계 : 강력한 왕권에 의한 일시적 탕평, 붕당갈등으로 임오화변 발생

(2) **정조(이산)**
  • 탕평정치
  ① ²⁴_____ (각 붕당의 주장이 옳은지 그른지 명백히 가리는 적극적 탕평), 시파 등용 + 남인 (채제공, 정약용), 척신・환관 제거(홍인한 제거)
  ② 탕평현판 : ²⁵_____ → 창덕궁 주합루(규장각) **cf** 탕평비 : 영조, 성균관 반수교

③ 문체반정 : 기존 문체에 얽매이지 않는 신 문체 탄압, 노론 탄압(박지원) + 중국 패관 소품체
비난, 정통 고문 옹호
• 개혁정치(왕권강화책)
① 26____ (왕 직속 군대) : 내영(한성), 외영(화성), 4유수부 완성
② 27____
－ 왕실도서관(역대 왕의 글과 책 수집 보관) + 비서 + 28____ (과거시험 주관, 문신 교육
임무), 서얼 출신 29____ (4검서 이덕무, 박제가, 유득공, 서이수)
－ 강화도에 30____ 건설(병인양요때 프랑스가 도서 약탈)
③ 31____ (채제공의 건의로 시행, 육의전 제외 금난전권 폐지, 1791, 상공업 발달)
④ 32____ (관리재교육) : 37세 이하 당하관 중 젊고 재능있는 문신들로 선발, 선발범위
↑, 경사를 매월, 장문을 열흘마다 평가, 규장각에서 교육, 40세가 되면 졸업
⑤ 33____ (지방군경비)
⑥ 34____ 건설(사도세자 묘 이장 - 현륭원), 주교사(배다리 건설 이후 호서·호남 등의
조운에 관한 사무 주관)
⑦ 35____ : 수령이 군현 단위 향약 직접 주관, 지방사림 영향력 감소, 수령, 향리 권한 강화
⑧ 자대권, 통청권 완전폐지
⑨ 36____ 반포 → 보·방죽·저수지 등 수리시설 축조 및 정비
⑩ 장인등록제(공장안)폐지 - 수공업 발달
⑪ 정유절목(1777) - 서얼차별완화, 허통의 범위 확대, 노비에 대한 차별 완화
암기TIP 초화신규대장수 - 초계문신제, 화성건설, 신해통공, 규장각, 대유둔전, 장용영, 수령강화

※ 화성 : 정약용, 채제공이 주도, 사도세자 묘 이장(현륭원), 방어와 공격을 겸한 성곽시설로 종합
적 도시계획을 통해 추진, 장용영외영 설치하고 행궁 건설, 대유둔전 설치(국영농장으로 지방군
경비), 건설 내용을 기록한 〈화성성역의궤〉가 남아 있음, 유네스코 세계 문화 유산

• 문물정비 : 고금도서집성은 중국에서 수입한 서적(주의)
① 37____ (문집) **사료TIP** '태극이 나다'- 만천명월주인옹자서, 초월적 군주
② 38____ (일기) : 세계기록문화유산 ③ 39____ (외교문서)
④ 40____ (법전) ⑤ 탁지지(호조-재정)
⑥ 41____ (형조) ⑦ 42____ (무술정리) : 세계기록문화유산
⑧ 43____ (중국 백과사전 수입) ⑨ 내각일력(정조부터 고종까지 규장각 일기)
⑩ 만천명월주인옹자서(창덕궁 존덕정 현판) - 태극이 나다(왕권↑)
⑪ 규장각지(규장각 직제), 규장전운(이덕무, 어학책)

⑫ 태학지(성균관 역사), 홍문관지(홍문관 역사)
⑬ 춘관통고(의례서) ⑭ 증보동국문헌비고(동국문헌비고 증보)
⑮ 병학통(병법서) ⑯ 오륜행실도
⑰ 해동여지통재(영조 때 편찬된 여지도서 보완)
⑱ 송사전(원나라 때 편찬한 송나라 역사를 새로 정리)
암기TIP 대전에서 무예배워 홍재동문에서 탁치니 고추나간다 - 대전통편, 무예도보통지, 홍재전서, 동문휘고, 탁지지, 고금도서집성, 추관지

• 기타
① 홍국영 세도 정치(집권 초기)
② 44____ (1791, 윤지충, 권상연 모친 신주 소각) → 천주교 박해 시작(45____)
③ 산림 무용론, 군주 도통론
④ 화성 건설 - 사도세자 묘 이장, 의궤로 기록함, 46____ 사용(정약용)
⑤ 활자 : 임진자, 정유자, 한구자, 춘추자

• 영남만인소(1792) : 영남지역 유생 1만여명이 사도세자의 신원을 위해 상소
오회연교(정조24, 1800) : 신임의리는 옳고 임오의리는 잘못된 것이라 판정 → 정조 승하로 무마

(9) 순조, 헌종, 철종 ⇒ 세도정치, 소수가문(안동김씨, 풍양조씨) 권력 장악
① 비변사를 소수가문이 장악, 권한 강화, 2품 이상만 정치적 기능함
② 매관매직, 수령(탐관오리), 삼정문란
③ 47____ (1811) : 순조, 서북지방차별, 48____ (홍경래), 청천강 이북지역, 정주성 전투
④ 49____ (1862) : 철종, 50____ 폭정 - 진주 시작(잔반 51____ 주도), 전국전파, 52____
안핵사 → 삼정이정청 → 곧 폐지 **암기TIP** 홍순아~ 임철아~ - 홍경래의 난, 순조, 임술농민봉기, 철종

• 순조
－ 정조 사후 11세 즉위 53____ 수렴청정 → 장용영×, 54____ (1801, 노론 벽파가 남인
제거) → 노론벽파에서 노론시파로 권력 이동
－ 안동김씨 + 반남박씨 권력 장악, 특정가문(안동김씨) 권력 독점, 중앙 55____ 해방
(1801), 56____ 개혁추진(일찍요절해 개혁 실패)
－ 홍경래의 난(57____ 차별로 발생), 〈만기요람〉-재정, 군사관련 서적, 영국 로드암허스트호
최초 통상요구(1832)
• 헌종 : 풍양조씨(조만영) 세도 정치, 58____ (1839, 척사윤음, 정하상〈상재상서〉 ⇒ 처형),
59____ (1846, 우리나라 최초 신부 김대건 순교)

- 철종 : 안동김씨, 60_____(백낙신의 폭정, 양반 유계춘 주도)
- 조선 후기 평안도
  - 중국과 무역량이 증가, 의주·평양·정주 등지의 상인들이 많은 부를 축적하였다.
  - 영조, 정조대에 들어 문과 합격자 중 평안도 출신자의 비중이 높아졌다.(돈↑ ⇒ 교육열↑)
  - 잉류 지역으로 서울에 세금을 바치지 않지만, 관리들의 수탈로 불만↑ (단, 면세지역×)
  - 평안도 사람들은 61_____이라고 차별받았다.

※ 조선후기 왕과 붕당정치 총정리

시기	16세기 후반	17세기				18세기			19세기		
왕	선조	광해군	인조	효종	현종	숙종	경종	영조	정조	순조	헌종	철종
주요 사건	임진왜란	중립외교	친명배금 → 호란	북벌	예송	환국		완론탕평	준론탕평	세도정치		
집권 세력	사림집권	북인	서인		남인	서→남→서	탕평파		국왕, 시파	소수 외척가문		
정치 상황	붕당형성	상호비판세력 공존				일당전제화		왕권↑, 붕당세력↓		권력독점 이권독점		
3사·이조 전랑	공론대변 → 정치적 비중↑					공론무시, 당파이익↑ ⇒ 정치적 비중↓		이조전랑↓		언론활동		

2 대외관계

(1) 광해군 ① 전란수습 ② 62_____ (강홍립 밀서)

(2) 인조 ① 친명배금(모문룡(명) 가도 주둔, 후금 자극)　② 63_____ (인조 공주피난)
　　　③ 64_____ (후금, 형제) – 인조 강화도 피난, 정봉수·이립 항전　④ 후금 → 청 건국
　　　⑤ 주전파(오달제, 윤집, 홍익한) vs 주화파(최명길)　⑥ 65_____ (청 : 군신관계)
　　　⑦ 66_____ (삼궤구고두례, 봉림대군은 강화도 피난, 인조는 강화도 가던 중 막혀 남한산성) → 임경업 항쟁
　　　⑧ 삼학사 처형(윤집, 오달제, 홍익한) → 소현세자, 봉림대군 인질 [암기TIP] 집에 달이 빨갛게 익었다

(3) 효종 : 북벌, 67_____ (2차례), 하멜, 벨테브레이(인조), 북벌은 서인 정권 유지 수단, 어영청 강화

(4) 현종 : 예송논쟁, 북벌×, 남인〈훈련별대〉설치

(5) 숙종 : 윤휴, 허적 남인 북벌주도, 68_____ 설치(군권 장악 목적), 69_____ (1712, 서위압록 동위토문 국경선 확정), 만동묘, 대보단 설치

* 병자호란 이후 청과 약조
  - 청나라에 군신의 예 지킬 것
  - 명나라 연호 폐지하고 관계를 끊으며, 명나라에서 받은 고명, 책인 내놓을 것
  - 조선의 큰아들과 둘째아들 및 여러 대신의 큰아들을 심양에 인질로 보낼 것
  - 청 황제 생일, 중국 황후, 황태자의 생일, 정조, 동지, 경조 등의 사절파견은 명나라의 예
  - 명나라 칠 때 출병 요구하면 어기지 말것

※ 명 사대 상징
  · 만동묘 : 명나라 신종 제사, 충청도 괴산, 송시열 유언, 권상하 건립(숙종)
  · 대보단 : 명나라 황제 제사, 창덕궁에 위치(숙종)
  · 동묘 : 관왕묘, 관우사당, 명요청으로 선조때 설치

※ 대청관계

시기	외교	성격
16세기	북벌운동(효종-어영청, 이완)	명분중시
17세기	북학운동(영·정조-박지원)	실리추구(실학자)

(4) 간도 : 백두산 정계비(숙종 후기) → 서위 70_____, 동위 71_____ → 72_____ (중국 : 두만강 / 조선 : 송화강) → 간도 귀속 문제 발생 → 일본 1909년 간도 협약을 통해 청에 귀속(불법)

※ 간도 관리파견
  · 서북경략사(어윤중,1883), 토문감계사(이중하,1885)
  · 간도시찰원(이범윤,1902), 통감부 간도파출소(출장소)설치(1907)
  · 간도협약(1909,일본이 안봉선 철도 부설권 받고 간도 넘겨줌)

  * 간도 관련 서적 및 보고서(문서)
    – 이범윤 보고서
    – 미쓰야 협정
    – 어윤중 서북경략사 임명장

(5) 일본

- 73 _____ (쓰시마섬 도주 체결-막부×) – 광해군, 배 20척 쌀 100석 교류
- 74 _____ – 일본막부 장군 교체시 파견, 문화사절단, 비정기적, 75 _____ (개항이전), 76 _____ 파견(조선 전기에도 파견 – 8차례)
- 19세기 일본 77 _____ 발전으로 파견 중단

※ 울릉도, 독도 역사

① 삼국(신라) : 이사부 우산국 정벌   ② 조선 태종 : 공도정책

③ 세종실록지리지 – 강원도 울진현(울릉도 · 독도 최초 분리기록)

④ 조선 숙종때 안용복 일본막부로부터 우리영토로 확인받음

⑤ 조선 : 울릉도에 주민이주, 관리파견, 군설치, 독도까지 관할

⑥ 서적 : 세종실록지리지, 동국여지승람(강원도 울릉현→현 경상북도), 팔도총도

⑦ 19c 이주장려

⑧ 대한제국 : 울릉도를 울릉군으로 승격, 독도를 울릉군에서 관할한다는 칙령 내용

⑨ 러 · 일전쟁(한일협정서 체결 이후) : 시마네현 고시(불법편입)

  *** 독도가 우리 영토임을 입증하는 근거**
  - 대한제국 칙령 41호
  - 시헤이의 '삼국통람도설'에 실린 '삼국접양지도'
  - 은주시청합기(일본사료로 독도를 우리영토로 봄)
  - 태정관문서(일본의 태정관에서 독도가 조선 영토임을 결정한 문서)
  - 연합군 최고 사령부 지령 제 667호

총정리

1. 왕	· 광 : 전북대폐교 · 인 : 인괄형 군 남한산성 삼 · 효 : 러시아 변 신 · 현 : 기 갑(서 남 / 1 1) · 숙 : 경기갑무병정 서남서노노노	· 경 : 신 임(소 소) · 영 : 균청탕 속³동²무 · 정 : 초화신규대장수 대전무예홍재동문 탁 고추 · 순헌 : 홍순 / 철 : 임철
2. 통치체제	· 의정부, 6조 → 비변사 · 3사(공론) → 자당	· 5위 → 5군영(훈어청수금) · 영진제속영
3. 대외관계	· 중국(청) : 호란–북벌–북학 · 일본 : 기유약조(20척, 100석), 통신사(1607~1811,12회), 안용복 독도 인정, 시마네현 고시(1905) → 독도 강탈 →1948년 우리나라 실효 지배	

CHAPTER 41 근태경제 (1)

POINT ① 수취제도 변화(빅3-영.대.균) ② 영정법 ③ 대동법 ④ 균역법

1 수취제도 변화

농업기술 발달(이앙법 : 모내기, 견종법 : 밭, 시비법 : 거름)
⇒ 토지생산량↑(2배~4배) - 세금 기준 토지 이동(조세의 전세화)

2 영정법 - 1결당 4두

(1) 조선 전기

> 암기TIP 정육점에 영구없다 - 전분6등, 연분9등

- 1 _____ (생산량 1/10징수- 30두) → 공법(2 _____)
- 수등이척법 → 풍흉4두 - 20두 → 폐단 발생

(2) 조선 후기

3 _____ 적용 → 양반 조세 기피, 지주전호제↑ → 영정법 실시, 인조, 4 _____ 고정, 5 _____ (측량하는 자 동일, 효종), 면세지 증가(궁방전-왕실토지, 관둔전-관청 운영비) → 농민에 도움×, 부가세 농민 전가 → 농민 몰락(도움×), 지주에 도움 ⇒ 재정증가 실패

3 대동법 - 1결당 12두(방납의 폐단)

(1) 광해군 6 _____ 최초 실시, 7 _____ 전국 실시(100년 소요, 양반 반대), 삼베, 무명, 동전 등으로 징수
(2) 제외 지역 : 잉류 지역 - 8 _____

* 특산물세 변천
  · 15세기: 특산물 → 상공(정기적), 별공(비정기적), 진상(왕실예물)
  · 16세기: 불산공물 → 대신납부(서리, 향리, 상인) → 방납폐단(2~40배) → 농민몰락 → 민란↑(임꺽정의 난)
     → 해결책 : 수미법(조광조, 이이〈동호문답〉, 유성룡)
  · 17세기: 대동법(광해군~숙종) : 1결당 8두×2(봄,가을) → 1결 12두(쌀, 포, 동전 등 다양하게)
     → 선혜청(조선후기 최대 재정기관), 대동청(지방), 상공적용, 별공·진상×
        부과기준: 토지(조세전세화), 잉류지역(평안, 함경, 제주)
        4유수 : 수도, 자체 경비(개성, 강화, 수원, 광주), 공인등장(→ 도고 성장, 특수상인, 관수품 조달, 장시↑)
           암기TIP 개성강한 광수 - 개성, 강화, 광주, 수원

(3) 확대과정

① 9 _____ (광해군, 1608) : 이원익, 한백겸, 선혜청 설치
② 10 _____ (인조, 1623) : 조익(포저집)
③ 11 _____ (효종, 1651) : 김육(↔ 송시열 반대)
④ 전국실시(12 _____, 1708) : 허적, 박세채, 경상도, 황해도

(4) 결과

- 양반지주반대(경기도 → 강원도 → 전국, 13 _____), 상공전세화, 지주부담↑, 농민부담↓(일시적)
- 국가재정↑, 현물로 납부하는 것을 쌀, 무명, 동전으로 납부 → 화폐유통(상평통보, 인조, 숙종), 14 _____ (특수상인) 등장 → 도고 → 선대제수공업↑ ⇒ 15 _____

(5) 한계

상공에만 적용, 16 _____ 존속, 17 _____ (중앙, 국세), 18 _____ (지방자체소비, 지방세)
⇒ 수탈증가(지방 재정↓ ⇒ 농민수탈), 지주가 대동세를 소작농에게 전가 → 갑오개혁 때 지세 통합

4 균역법(균역청 → 선혜청 통합)

사료TIP '군포는 나라의 반쪽이 원망하고 호포는 한 나라가 원망할 것이다... 경들은 대안을 잘 강구하라'

(1) 15세기: 봉족제 → 보법(1정군 2보인, 세조)
(2) 16세기: 군역의 요역화 → 대립제(불법) → 19 _____ (불법) → 20 _____ (합법, 1인 2필)
(3) 17세기: 군역 문란 - 인징(이웃), 족징(친척), 21 _____ (죽은자), 22 _____ (어린이), 마감채(일시불), 강년채(60세↑)
(4) 18세기
  - 23 _____ 실시, 1인 2필 → 1필 50%감면
  - 부족분 : 24 _____ (부자징수), 어장세, 어염세, 선박세 징수, 25 _____ (1결 2두 징수) → 균역청 일괄 징수(어염세 감면) ⇒ 1753년 선혜청 통합
  - 한계: 선무군관포, 결작을 농민에 전가 ⇒ 군정 문란(정약용 '애절양'), 농민↓
     * 군역 : 대변통(크게 변화 → 호포제, 흥선대원군) VS 소변통(조금만 → 감포론, 영조)

5 수취제도 변화이유

농업기술↑, 토지생산력↑, 민중의 저항 ⇒ 조세의 전세화(합리적 세금체제)

※ 수취 제도 개편 정리 (1결당 총 20.2두)

① 전세 → [26_____] (1결 4두)

② 공납 → [27_____] (1결 12두)

③ 군역 → [28_____] (2필 → 1필, 어장, 어염, 선박세, 선무군관포 징수, 결작-1결2두 징수)

④ [29_____] → 2.2두

※ 조선 후기 세금 문란

① 마을 공동 납부 → [30_____] 로 변질 → 민란↑(20.2두→ 100두 이상, 농민몰락)

② 전세 (비총제-마을 공동 납부), 군포(군총제), 환곡(환총제) → 삼정의 문란

※ 삼정의 문란 - [31_____] 실시(마을단위 징수)

· 전정 : ① 은결 (토지대장 없는 토지)　　② 진결(황폐한 토지 징수)

　　　　③ 도결(정액이상 징수)　　　　 ④ 백지(공지-경작×, 징수)

· 군정 : ① 족징　② 인징　③ 강년채(60세 이상)

　　　　④ 백골징포　⑤ 황구첨정　⑥ 마감채(일시불)

· 환곡 : ① 늑대(강제대여)　　　　　　② 탄정(흉년 강제징수)

　　　　③ 반작(허위문서)　　　　　　④ 허류(실제× - 창고에 없는 것 허위작성)

　　　　⑤ 가분(창고 남은 곡식 대출)　⑥ 분백(겨 섞어서)

　　　　⑦ 중고(높은 이자)

* [32___] – 군역, 환곡, 잡역 중 일부 또는 전부를 토지에 부과하는 것

　　　– 제도적으로 신분에 따른 부세의 차별이 거의 나지 않게 되었음을 의미

　　　– 수령과 아전이 횡령한 관곡을 민의 토지에 부세로 부과하는 수단

6 농업기술　`암기TIP` 직농/이견 - 직파법, 농종법, 이앙법, 견종법

논농사	전기	직파법(이모작×)
	후기	[33____] (모내기, 이모작 가능, 노동력↓) → 생산력↑(2배~4배) 이모작 일반화로 보리재배 확대, [34__] 는 소작료 수취×, 소작인 보리 농사 선호, 수리시설 발달(저수지, 보 축조, 제언사, 제언절목)
밭농사	전기	농종법(밭이랑에 파종)
	후기	[35____] (밭고랑에 파종), 시비법↑ → 생산력 증가

⇒ 대규모 농업 출현([36__]), 농민 신분 이완 - 부농(소수), 요호부민(신분상승욕구↑, 족보매입, 위조, 공명첩), 빈농(대다수), 도시 · 포구 · 광산 이동 → 상품화폐경제발전

상품작물	쌀([37__] 기준), 담배, 인삼, 채소류, 쌀 수요 증가로 밭을 논으로 바꾸는 현상↑
구황 작물	· 고구마 -18세기 [38_____] 이 전래, 감자-[39____] 에서 전래 · 고추, 호박 – 임란 이후 일본에서 전래

(1) 지대의 변화 – 소작료(수취제도와 무관)　`암기TIP` 타도 - 타조법, 도조법

타조법	[41__]
[40__] 1/2, 병작반수, 신분적 관계,지주지위↑ 조선 전기에 일반적, 조선 후기에도 실시 수확량에 따라 지주의 이익이 좌우됨(지주감시↑)	조선후기에 등장, 경제적 관계, 소작인 도지권 행사(소작인에게 유리함), 풍흉에 관계없이 [42_____] (정액제)

※ 변화 원인　① 상품화폐경제　② 농업 생산성↑　③ 농민의 저항↑

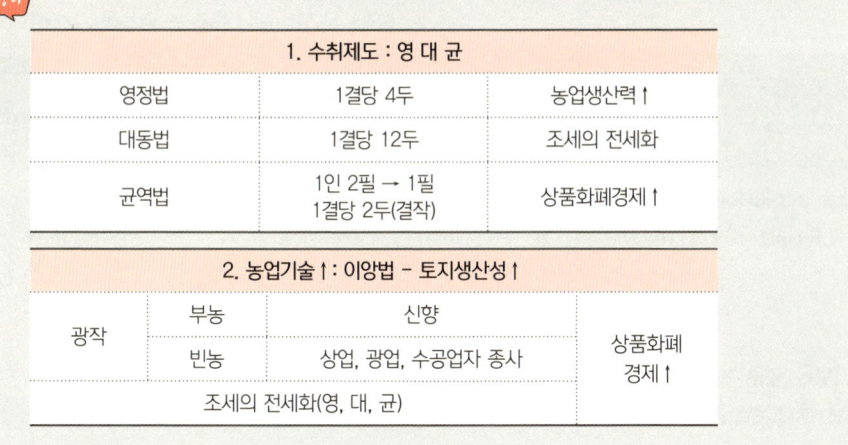

1. 수취제도 : 영 대 균		
영정법	1결당 4두	농업생산력↑
대동법	1결당 12두	조세의 전세화
균역법	1인 2필 → 1필 1결당 2두(결작)	상품화폐경제↑

2. 농업기술↑ : 이앙법 – 토지생산성↑			
광작	부농	신향	상품화폐 경제↑
	빈농	상업, 광업, 수공업자 종사	
	조세의 전세화(영, 대, 균)		

CHAPTER 42 근태경제 (2)

POINT 사상특징, 종류, 수공업 발달, 화폐 발달, 근대 자본주의 요소 파악

1 상업 발달 - 농업생산력 증대, 수공업 생산↑, 상품화폐경제↑

(1) 관허 상인 : 시전상인(종루, 육의전), 보부상(장시, 임방에서 상행위 허가권을 줌), 공인(대동법 이후 특수상인, 독점적 도매상인인 도고로 성장)

(2) 사상

> 암기TIP 여객중구 - 여객, 객주, 중간상인, 포구

- 1_____ : 포구, 중간상인, 사상, 운송, 보관, 숙박, 금융 등의 영업
- 2_____ : 서울 상인, 운송업, 선박제조(규모↑, 선상) 암기TIP 서울 경 - 서울상인, 경강상인
- 송상 : 3_____, 인삼, 전국지점(송방), 중계무역 주도(만상, 내상)
- 만상 : 4_____, 중국 무역 예 임상옥(중강, 책문 후시에서 활동) 암기TIP 만주 - 만상, 의주상인
- 내상 : 5_____, 일본 무역(은, 구리, 황, 후추 수입) 암기TIP 내래 - 내상, 동래상인
- 유상 : 평양 상인, 대청 무역
- 난전 : 6_____(동대문 시장), 칠패(7_____) 발달 암기TIP 이동남칠 - 이현, 동대문, 남대문, 칠패

(3) 금난전권 폐지(신해통공) : 정조 난전 허용(육의전 제외)

(4) 8_____ 발달

- 18c중엽, 1천여개 개설, 지역 시장권 형성, 9_____ 활약(보부상단 결성, 본부는 10_____), 항구 근처 큰 장시에는 객주 여각 및 거래를 붙이는 거간이 활동
- 일부 장시 상설시장화 → 대표적 장시 : 강경장, 송파장, 원산장, 마산장… (교통 요지, 포구↑, 상업중심지로 발달)

(5) 11_____ 발달 : 세곡, 조작료 운송 기지, 18세기 상업 중심지로 성장, 선상, 객주, 여각 활동

  ※ 보부상 담당 관천 변천 : 보부상(임방) → 혜상공국 → 상리국 → 황국협회 → 상무사
  ※ 중도아 등장 : 시전에서 물건을 떼어다가 판매하는 일종의 중간 도매상

2 수공업

- 조선전기에는 공장안에 등록(장인등록제)하고 식비만 주고 부역에 동원, 목표량 이외는 판매가능함
- 상품화폐경제발전 → 민영수공업↑, 12_____(장인등록제×), 납포장↑(장인세), 13_____(작업장, 사기점, 철점)
- 14_____ 수공업 : 대금, 원료 미리 지급 → 물건 생산 → 상인이 수공업자를 종속시킴(주문생산)
- 독립수공업 : 물건생산 → 판매

3 광업

(1) 17세기 : 15_____ → 사채허용(은광개발), 별장이 징세(별장수세제)
(2) 18세기 : 금광개발↑, 잠채 형성, 수령수세제(물주에게 설점허가)
(3) 조선후기 광산경영 : 16_____(상인, 자본) → 17_____(경영인) → 18_____(토지주인-광산경영자), 분업에 토대를 둔 협업

  ※ 단천연은법 : 김감불, 김건동 개발, 납에서 은을 분리 제련 → 일본에 영향

4 화폐

(1) 전기 : 저화(태종, 사섬서)·조선통보(세종)·팔방통보 - 유엽전(세조, 화살촉)
(2) 후기

- 인조 : 19_____(최초)   • 효종 : 상평통보(개성지역), 십전통보(고액화폐)
- 숙종 : 상평통보(20_____) → 세금, 소작료 납부(18c)
- 신용화폐 : 환·어음(상업자본 성장), 21_____ 발생 → 동전부족현상(재산축적수단) → 물가하락, 디플레이션
  ⇒ 이익 폐전론 주장, 박지원 용전론 주장, 고종(당백전, 당오전) → 인플레이션 발생

  ※ 22_____ : 1633년(인조 11) 김신국(金藎國)·김육(金堉) 등의 건의에 따라 상평청(常平廳)을 설치하고 주조하여 유통을 시도했는데 결과가 나빠 유통을 중지하였다. 그후 1678년(숙종 4) 정월에 다시 영의정 허적(許積), 좌의정 권대운(權大運) 등의 주장에 따라 상평통보를 다시 주조하여 서울과 서북 일부에 유통하게 하였다. 그 뒤 점차 전국적으로 확대 유통하게 했는데, 조선 말기에 현대식 화폐가 나올 때까지 통용되었다. 상평통보는 여러기관에서 발행하였다. 호조, 상평청, 진휼청, 훈련도감 등 7개 관청과 군영에서 주조했으며 정조때 호조에서 상평통보 관련업무를 전담하였다.

5 무역

(1) 전기 : 사무역↓, 공무역↑ / 명 : 사신 왕래시 공무역 / 여진 : 경원, 경성교역 / 일본 : 동래 왜관 교역

(2) 후기

① 청
- 공무역 – 개시(23 _____), 사무역 – 후시(24 _____), 회동관 후시(조선사신 숙소-북경), 25 _____ 이 주도함
- 단련사 : 후시단속 → 변질(단련사후시), 수출(은, 종이, 인삼, 무명), 수입(비단, 약재, 문방구), 팔포무역(사행원에게 허락된 사무역)

② 일 : 공무역 – 왜관 개시, 사무역 – 왜관 후시, 수출(인삼, 쌀, 무명), 수입(은, 구리, 황, 후추), 내상이 주도함

③ 중계무역 : 26 _____ 주도

> **＊ 두만강 국경 무역**
> (1) 회령개시(매년) : 초기 – 여진과 무역, 인조16년 개설, 공무역이었으나 사무역도 행해짐, 만주일 대 상인, 봉천·북경의 상인까지 모여들어 봄 가을 또는 겨울에 열림
> (2) 경원개시(2년마다) : 인조 24년 청의 요청으로 경원에 개설, 소록피와 농기구 일용품 등 교환
>
> **＊ 압록강 국경무역**
> · 공무역 – 조공무역
>   – 중강개시
> · 사무역 – 중강후시 : 밀무역(사무역)이 번성하자 숙종 때 폐지
>   – 책문후시 : 현종1년이래 사신왕래에 따라 책문에서 요동의 상인과 의주 개성의 상인간 통상 시작
>   – 회동관후시 : 인조18년 조선사신 유숙소인 회동관에서 사신의 수행원과 중국 상인간 의 밀무역↑
>   – 단련사 후시 : 단련사에 의해 이루어진 밀무역

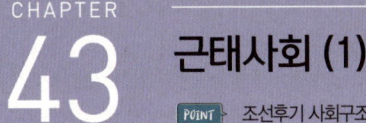

CHAPTER 43

근태사회 (1)

POINT 조선후기 사회구조 및 신분변동 특징, 중간계층 신분상승운동, 여성의 지위

1 사회구조 변동

(1) 신분제 동요

① 양반 분화 : 1 _____(권반), 2 _____(토반), 3 _____(몰락양반)

② 신분제 변동
- 특징 : 양반수↑, 상민수·노비수↓
- 이유 : 부농지위 상승욕구, 역부담 회피목적으로 족보 매입 및 위조, 납속, 공명첩

(2) 중간계층 신분상승운동

① 서얼 – 임란 이후 차별완화 → 납속·공명첩을 이용해 관직진출
- 영·정조 때 서얼허통 상소   **암기TIP** 가수공무 – 박제가, 서이수, 유득공, 이덕무
- 정조 때 서얼출신(유득공, 이덕무, 박제가, 서이수) 4 _____ 등용
- 철종 때 5 _____ 폐지(6 _____)

② 중인(기술관) : 기술직 종사, 재산↑, 실무능력↑, **철종 때** 7 _____ 전개, 위항문학

   예 역관, 의관 ⇒ 개화파 형성(오경석, 유홍기)

시기	내용
영조원년(1724)	서얼허통시위
정조원년(1777)	서얼의 허통범위 정함(정유절목), 서얼출신 검서관 등용(이덕무, 서이수, 유득공, 박제가)
정조2년(1778)	삼남지방의 서얼 3272명, 서얼허통 집단상소
순조23년(1823)	서얼 9996명 완전한 서얼허통 요구, 허통 폭 넓어짐(계이절목)
철종2년(1851)	서얼의 문과응시 차별 폐지, 8 _____(완전한 허통×)

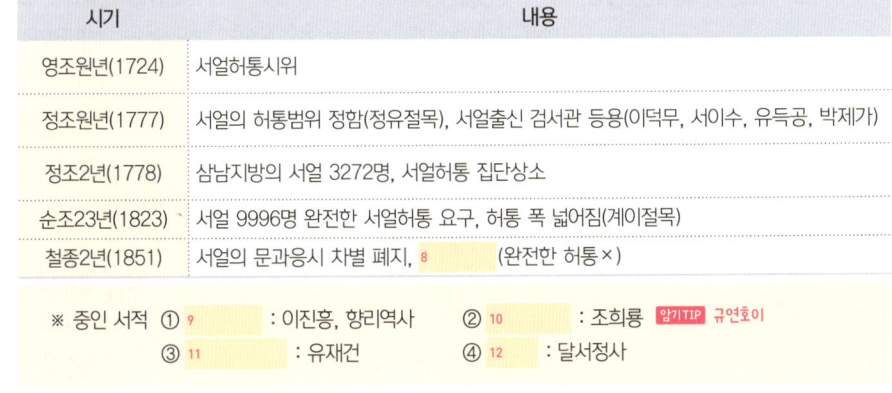

※ 중인 서적 ① 9 _____ : 이진흥, 향리역사   ② 10 _____ : 조희룡   **암기TIP** 규연호이
             ③ 11 _____ : 유재건   ④ 12 _____ : 달서정사

(3) 양민신분변화(농민)

- 부농 → 신분상승도모
- 소작농(빈농)·임노동자 - 도시이동, 상공업↑

(4) 노비의 해방

① 노비신분상승 : 군공, 납속, 도망(추노), 13_____(양민화 촉진), 노비공감법(1755, 영조), 입역 노비 → 납공노비로 전환
② 노비해방 : 14_____ 해방(1801) → 15_____ 폐지(1886) → 16_____(1894)
③ 호적에 신분대신 직업 기록(대한제국)

(5) 가족제도와 혼인

내용	전통적 가족제도		→		성리학적 가족제도
	15c	16c	17c	18c	19c
혼인제도	17_____			18_____	정착
제사상속	자녀윤회봉사		과도기		장자봉사
재산상속	자녀균분상속		중간형		적장자 우선, 여자×
족보수록 범위	외손 전부		외손범위 축소		사위만
족보남녀기재	남녀 차별 없이 출생순서대로				남자 먼저 여자 나중

① 가족윤리 : 효, 정절 강조, 성리학 가족제도, 과부재가 금지
② 혼인형태 : 일부일처제 원칙, 처첩제 실시, 서얼 차대

(6) 인구변동

① 호구조사
- 3년마다 호적대장 작성(인구조사), 4조(19_____)기록
- 성명, 본관, 노비기록, 호구단자 작성, 3부작성(중앙, 관아, 가정)

② 인구분포 : 20_____(50%)/경기, 강원(20%), 평안, 황해, 함경(30%)
③ 토지는 양안에 기록(20년마다 작성)

CHAPTER 44 근태사회 (2)

POINT 향전, 농민봉기, 천주교, 동학 특징

1 향전

구향	신향

· 재지사족
· 사림
· 서원 + 향약 기반 → 패배, 향청주도권↓
  * 신분유지수단 : 동약(규모↓), 사우(규모↓), 동성마을, 청금록, 족보↑
	· 부농, 부상 출신(경제력↑)
	· 1_____, 신향(족보매입, 위조, 공명첩)
	· 수령, 향리 결탁 → 승리, 향청주도권↑, 향교에서 공부
	⇒ 향회가 부세 자문기구로 전락
	   수령권한↑(부정부패↑)

2 향촌 사회 변화

16세기(조선 중기)	- 18세기(조선 후기)

· 사족 중심 향촌 질서
· 유향소, 향약, 서원
  → 사림의 기반
  → 사림의 시대
	· 향전(구향vs신향)
	· 관권강화 : 수령, 향청(향회)주관
	· 부농층 성장(=신향)
	  → 향전, 관권↑

※ 향촌 지배방식 변화
① 수령, 향리 중심지배체제 - 농민수탈 심화   ② 농민통제책 강화 - 호패법, 오가작통제 강화
③ 양반 - 향약

※ 부농층 신분 상승(환부역조, 모칭유학)
① 족보 위조, 매입, 공명첩, 납속책   ② 향직 매매, 향임직 진출 - 부세운영에 참여

3 사회변혁 움직임

(1) 19세기 세도정치

① 안동김씨 ⇒ 풍양조씨 ⇒ 안동김씨(3대 60년)

② 소수가문 권력독점(2_____)

③ 매관매직 → 탐관오리 → 삼정문란 → 농민수탈 (총액제 실시)

④ 저항 : 소극적 저항 – 3_____ / 적극적 저항 – 4_____(_____)

⑤ 흉년 + 전염병 + 이양선 ⇒ 혼란 ⇒ 비기, 도참, 정감록, 미륵신앙 유행

> ※ 향촌사회 불안 심화
> ① 신분제 동요   ② 농민경제 파탄(총액제-비총, 군총, 환총제)
> ③ 농민의식 성장(서당교육 발달)   ④ 정치기강 문란(탐관오리)
> ⑤ 재난, 질병, 서양 이양선 출몰, 무격신앙 유행, 선운사 도솔암 마애불
> ⑥ 도적단 : 명화적, 수적, 폐사3단, 채단, 장길산 일당

(2) 민란 `암기TIP` 홍순아~ / 임철아~

1811(순조) 5_____	1862(철종) 8_____
① 서북민에 대한 차별(6____ 지역), 평서대원수, 홍경래, 우군칙, 김사용, 이희저, 홍총각 등 주도	① 경상우병사 9____ 폭정, 잔반 10____ 주도, 진주 → 전국(북:함흥, 남:제주도)
② 광산노동자 + 중세상인 + 영세농민	② 양반통치체제 몰락의 전조
③ 10년 준비 → 5개월 지속	③ 안핵사 11____, 12____ 설치 → 곧 폐지
④ 7____ 이북 – 가산, 선천, 정주 일대 (더 이상 남쪽 진출×)	

공통점 ① 삼정문란 시정요구 ② 세도정치 폐단 시정요구 ③ 양반질서↓, 농민의식↑

(3) 천주교

① 서학 : 자발적 도입(남인, 학문성격), 천주실의(이수광 〈지봉유설〉 소개)

> ※ 이익학파 : 좌파(천주교O, 이벽, 이승훈, 정약종) / 우파(천주교×, 안정복 〈천학문답〉)

② 종교 : 18c 후반 남인계열 신앙적 수용(이승훈 최초 영세), 평등사상, 제사거부

③ 박해 : 13_____(정조) – 진산사건(위패소각)

　　　　 14_____(순조) – 대대적 탄압, 남인× → 황사영 백서사건

15____	(헌종) : 오가작통법, 척사윤음 반포
16____	(헌종) : 김대건 처형
17____	(고종) : 병인양요 원인

`암기TIP` 신기병 해유~ 해오~ – 신해박해, 신유박해, 기해박해, 병오박해

※ **천주교 박해 심화**(안동 김씨(시파) 집권기에는 탄압이 완화 됨)

　· 신해박해(정조,1791)
　　– 18_____(윤지충, 권상연의 신주 소각 사건), 피해가 적음, 정조 〈척사학교〉 발표
　　– 주문모신부 입국, 윤지충·권상연 처형, 이승훈 투옥 후 곧 방면
　· 신유박해(순조,1801)
　　– 순조 즉위 후 정순왕후 수렴청정, 벽파 집권, 남인·시파 제거(천주교 박해), 규모↑
　　　→ 이승훈×, 주문모 신부×, 정약종×, 19____ 유배(강진 500권), 정약전 유배(흑산도, 자산어보)
　　　→ 황사영 백서(프랑스 도움 요청 편지 발각)
　· 기해박해(헌종,1839) : 오가작통법, 척사윤음 반포, 정하상(〈상재상서〉저술), 프랑스 앵베르 신부 처형
　· 병오박해(헌종,1846) : 20____ (우리나라 최초 신부) 처형, 충남 당진 솔뫼에서 활동
　· 병인박해(고종,1866) : 병인양요 원인, 21____ 이 주도, 프랑스 신부 9명과 남종삼 등 수천명 처형

※ 안동 김씨(시파) 집권기에는 탄압이 완화 됨

(4) 동학

① 창시 : 경주 잔반 22_____ 창시(1860), **인내천**, **시천주**(인간 평등, 어린이, 여성 중시)

② 탄압 : 혹세무민으로 1대 교주 최제우 처형 → 2대 23____

③ 교세↑
　· 최시형 : 삼남지방 중심으로 교단↑, 24_____ (한글, 용담가, 안심가, 권학가, 포교가사집, 최제우가 짓고 최시형이 간행, 피지배층)
　· 25_____ (한문, 포덕문, 논학문, 수덕문, 경전, 지배층) 저술

④ 조직 : 포접제(조직) – 법소(중앙) + 도소(지방) + 포(하부), 북접(충청), 남접(전라) → 삼남↑
　⇒ 동학농민운동의 기반이 됨, 반봉건·반외세 성격 `예` 전봉준 – 접주

> `총정리`
> 1. **향전** : 구향 vs 신향(win), 구향 신분 유지 수단 → 청금록, 사우, 동족마을, 동약
> 2. **민란** : 홍경래의 난(홍순), 임술농민봉기(임철)
> 3. **종교** (1) 천주교 : 신 기 병 / 해 유 해오
> 　　　　 (2) 동학 : 창시- 최제우(인내천, 시천주) → ×, 전파 - 최시형(동경대전, 용담유사)

CHAPTER 45 근태문화 (1)

POINT 성리학의 상대화 – 윤휴, 박세당, 호락논쟁, 양명학특징, 강화학파(정제두), 실학자특징

1 성리학의 절대화(교조화)

※ 성리학 : 인간의 심성과 우주원리 연구 학문, 격물치지, 선지후행

(1) 성리학의 절대화 : 서인

① 의리 명분론 강화(개혁·실천적 측면 약화)
② 주자중심의 1._____(주자 경전해석 절대적 신봉-송시열(노론)), 주희 4서를 강조(논어·대학·맹자·중용) → 보수적, 대명의리론 강조

(2) 성리학의 상대화(성리학 비판) : 남인, 소론 주도

① 2.____(남인) : 유교경전에 대한 독자적 해석, 「제자백가」, 「원시6경」, 「3.____」, 「4.____」
   암기TIP 제육에 중독 - 제자백가, 원시6경, 중용주해, 독서기
② 5.____(소론) : 양명학, 노장사상 영향 받아 주자 학설 비판, 「6.____」 - 주자학적 학풍비판, 독자적 견해 주장, 「7.____」 - 농서, 양잠법 암기TIP 쎈 아저씨가 사색이 되었다 - 박세당, 사변록, 색경
   * 17c 후반 : 성리학을 상대화하고 6경·제자백가 등에서 모순해결의 사상적 기반을 찾으려는 경향

※ 송시열 : 노론, 서인 강경파, 효종 때 북벌 주장, 현종 예송 때 왕사동례 주장, 숙종 기사환국 때 사약 받음
※ 윤휴 : 서경덕 영향, 남인, 유교 경전 독자적 해석, 송시열 예론 비판 〈독서기〉, 〈중용주해〉저술, 사문난적
※ 박세당 : 소론, 양명학과 노장사상 영향을 받아 주자학설 비판 〈사변록〉, 〈색경〉 저술, 사문난적 당함
※ 성리학 반발 학자
① 한백겸(6경을 주자와 다르게 독창적 해석, 동국지리지)
② 조익(성혼 문묘건의, 주자와 다른 독창적 해석 - 중용주해)
③ 임제(문학, 원생몽유록 - 생육신을 통한 세조비판)
④ 이지함(도학, 토정비결)
⑤ 침류대학사(유희경, 허균 등 초기 실학자)
⑥ 허목 「기언」 - 붕당폐단, 중농정책, 난전×, 부세완화, 호포제반대, 서얼허통×, 남인 출신
⑦ 홍석주 「연천집」

2 성리학 논쟁

(1) 이기론 논쟁(16세기 후반) : 사단칠정(이황, 기대승) → 이황학파(영남남인) ↔ 이이학파(서인, 노론)

(2) 호락논쟁(18세기, 노론 간 논쟁)

구분	8.____(충청도)	9.____(서울)
중심인물	한원진, 윤봉구	이간, 김창협, 이재
주장	10.____	11.____
지역	12.____	13.____
계승	북벌론, 위정척사 송시열, 권상하	북학사상-개화파 홍대용, 박지원, 박제가

암기TIP 호이 낙동 - 호락논쟁, 인물성이론, 낙론, 인물성동론 / 서울에서 간, 천엽 먹는다. - 낙론, 이간, 김창협

(3) 반청 숭명
• 14.____(숙종, 충북 괴산, 송시열 유언, 명 신종 제사), 15.____(숙종, 창덕궁, 명 신종 제사)
• 〈존주휘편〉: 정조, 숭명반청 사상 총정리

(4) 16.____ : 성혼 사상 계승, 양명학과 노장사상 수용 → 성리학 이해의 탄력성을 보임, 박세당

3 양명학(중국 명나라 왕양명의 학문, 실천적 유학)의 수용

(1) 수용
① 중종 때 명에서 전래(서경덕 학파) - 〈전습록〉 왕양명 어록
② 서경덕 학파, 왕실종친↑ → 소론계열 수용
③ 이황 양명학 비판 〈전습록변〉 저술 ⇒ 이단으로 배척

(2) 사상 : 17.____(인간마음이 이) + 지행합일 + 18.____(앎을 실행해라) + 친민설(백성과 친해져야 한다) ⇒ 성리학 비판 19.____), 실천적 유학

(3) 발전
• 최명길(양명학 시작) → 20.____(강화학파 형성) → 이광사 → 이긍익 → 국학운동(박은식, 정인보)영향
   ⇒ 정제두 제자, 불우한 종친·재야소론 집안 후손, 인척중심의 가학형태로 계승

(4) 강화 학파(정제두) 특징

① 양반제 폐지 주장

② 일반민을 도덕 실천의 주체로 상정

③ 집안의 후손과 인척 중심으로 가학 형태로 계승(주로 소론 출신)

※ 정제두 저서 : [21]   , [22]   , [23]   , [24]   , 학변   암기TIP 하존변만

※ 성리학 : 성즉리, 격물치지, 선지후행, 신민설(백성은 교화의 대상)

　양명학 : 심즉리, 치양지설, 지행합일, 친민설(백성이 도덕 실천의 주체)

---

4 실학의 등장

(1) 개념 : 17~18세기 사회모순 해결책 강구하는 과정에서 대두, 실사구시(실용적 · 개혁적)

(2) 배경

① 성리학의 현실문제 해결능력 상실 → 사회모순 시정 요구

② 고증학과 서학의 영향

(3) 실학의 선구자

- 이수광([25]   -최초 백과사전, 천주실의 소개)   암기TIP 수지
- 한백겸([26]   -역사지리지, 고구려발상지 고증)   암기TIP 한동

(4) 발전 : 농업 중심 개혁론, 상공업 중심 개혁론, 국학연구

(5) 한계 : 몰락한 지식인들의 개혁론이었기 때문에 당시의 국가 정책에 미반영

(6) 기타

① 허균(홍길동전, 호민혁명 주장, 광해군 때 역모죄로 사형)

② 유몽인(은광개발, 화폐 유통, 노포-여관 설치)

③ 허목(붕당정치 비판, 「기언」·「동사」저술, 사상통제, 중농정책, 호포제, 서얼허통 반대)

④ [27]   (시헌력 도입-효종, 대동법 확대 실시, 화폐 유통)

(7) 실학의 발전 : 18세기 전후 중농학파, 중상학파, 국학연구로 확산

구분	중농학파(경세치용 학파)	중상학파(이용후생 학파)
출신	남인, 농촌선비(근기남인)	서인(노론), 도시인
주장	· [28] · 화폐사용 부정적(이익) · 분배 강조	· 영농기술 개발, [29] · 화폐사용 긍정적(박지원) · 토지제도개혁, 토지생산성 강조(생산효율성 강조)
지향	유교적 이상사회	근대적 상공업 사회

(8) 한계점 : 현실사회 비판, 사회개혁 주장 ⇒ 국가정책 반영× - 학문적 차원에 그침

5 농업 중심의 개혁사상(중농학파, 경세치용)

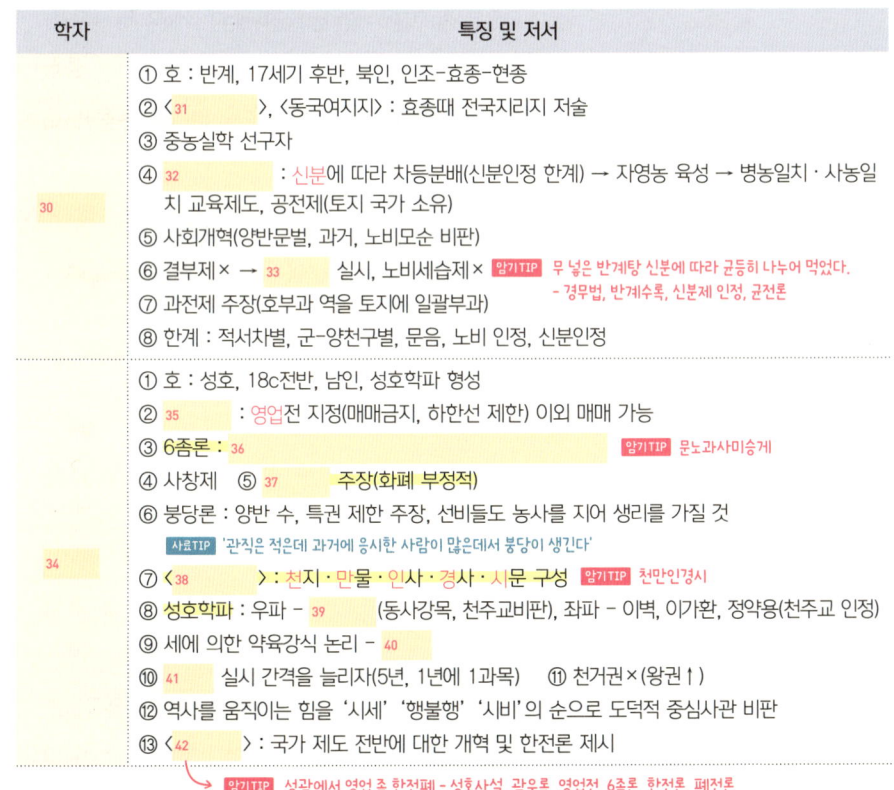

학자	특징 및 저서
[30]	① 호 : 반계, 17세기 후반, 북인, 인조-효종-현종 ② 〈[31] 〉, 〈동국여지지〉 : 효종때 전국지리지 저술 ③ 중농실학 선구자 ④ [32] : 신분에 따라 차등분배(신분인정 한계) → 자영농 육성 → 병농일치 · 사농일치 교육제도, 공전제(토지 국가 소유) ⑤ 사회개혁(양반문벌, 과거, 노비모순 비판) ⑥ 결부제× → [33] 실시, 노비세습제× 암기TIP 무 넣은 반계탕 신분에 따라 균등히 나누어 먹었다. 　　- 경무법, 반계수록, 신분제 인정, 균전론 ⑦ 과전제 주장(호부과 역을 토지에 일괄부과) ⑧ 한계 : 적서차별, 군-양천구별, 문음, 노비 인정, 신분인정
[34]	① 호 : 성호, 18c전반, 남인, 성호학파 형성 ② [35] : 영업전 지정(매매금지, 하한선 제한) 이외 매매 가능 ③ 6좀론 : [36] 　　암기TIP 문노과사미승게 ④ 사창제　⑤ [37] 주장(화폐 부정적) ⑥ 붕당론 : 양반 수, 특권 제한 주장, 선비들도 농사를 지어 생리를 가질 것 　　사료TIP '관직은 적은데 과거에 응시한 사람이 많은데서 붕당이 생긴다' ⑦ 〈[38] 〉: 천지·만물·인사·경사·시문 구성　암기TIP 천만인경시 ⑧ 성호학파 : 우파 - [39] (동사강목, 천주교비판), 좌파 - 이벽, 이가환, 정약용(천주교 인정) ⑨ 세에 의한 약육강식 논리 - [40] ⑩ [41] 실시 간격을 늘리자(5년, 1년에 1과목)　⑪ 천거권×(왕권↑) ⑫ 역사를 움직이는 힘을 '시세' '행불행' '시비'의 순으로 도덕적 중심사관 비판 ⑬ 〈[42] 〉: 국가 제도 전반에 대한 개혁 및 한전론 제시

암기TIP 성곽에서 영업 좀 한전폐 - 성호사설, 곽우록, 영업전, 6좀론, 한전론, 폐전론

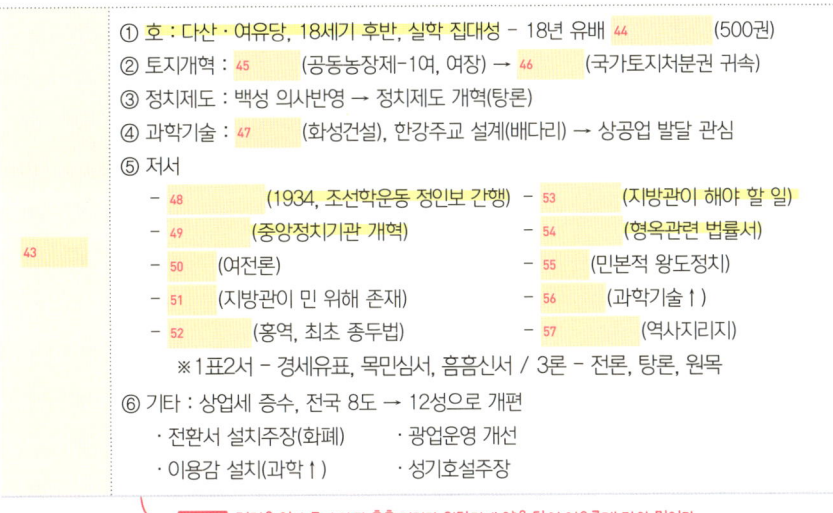

6 상공업 중심의 개혁사상(중상학파, 이용후생)

학자	특징 및 저서
58	① 호 : 농암, 18c전반(영조), 소론, 중상실학 선구자 ② 「59」저술 사료TIP '상공업을 두고 천한 직업이라 하지만 본래 부정하거나 비루한 일은 아니다' ③ 상공업 진흥과 기술혁신 강조, 60 · 전문화 강조 ④ 61 상업적 기여 강조 ⑤ 상인 간 62 을 통한 규모↑ 암기TIP 수원에서 우서요 - 유수원, 우서
63	① 호 : 담헌, 노론 명문가 ② 저서 - 64 : 균전론 주장(성인남성에 토지 2결씩 지급 주장) - 65 : 허자·실옹 문답, 지전설, 무한우주론 - 66 : 문집 - 67 : 기하학 수학책 - 68 : 청나라 여행기 ③ 균전제, 기술혁신, 문벌폐지, 69 이 부국강병 ④ 지전설, 무한 우주론, 혼천의 ⑤ 재능↑, 교육균등, 민족주체성↑ ⑥ 70 : 내가 서있는 땅이 중심이라는 사상, 중국중심세계관 비판 암기TIP 담임주의 - 담헌서, 임하경륜, 주해수용, 의산문답
71	① 호 : 연암, 농업생산력↑ 관심 암기TIP 과한열-과농소초, 한민명전의, 열하일기 ② 저서 - 72 : 청 여행기, 상공업진흥 강조 - 73 : 한전론(토지상한선)주장 - 74 : 영농방법 혁신, 상업적 농경장려, 수리시설 확충 - 방경각외전 : 한문소설집, 양반전, 민옹전 등 ③ 상공업 진흥, 수레·선박 이용 주장 ④ 75 필요성 주장(용전론) ↔ 이익(폐전론) ⑤ 양반 문벌제도 비생산성 비판(한문소설 - 양반전, 호질, 허생전, 민옹전)
76	① 호 : 초정, 서울출신 ② <77> 저술, 마과회통 부록 종두방서(with 정약용) ③ 상공업 진흥, 청과 통상강화, 절약보다 78 권장(79), 수레와 선박 이용, 벽돌 이용강조 암기TIP 박샘북 - 박제가, 샘, 북학의 ④ 80 (서얼) ⑤ 기타 - 81 건조, 국제무역 강조, 봉건적 신분제 타파 - 서양 선교사를 초빙하여 82 을 배우자고 제안

※ 실학사상 의의와 한계
  · **의의** : 근대 지향적, 실증적, 민족주의적, 국학연구로 발전
  · **한계** : 현실 정책에 반영되지 못했다.

총정리

1. **성리학 절대화** : 송시열 / 상대화 – 윤휴(제육) 박세당(사색)
2. **호락 논쟁** : 호이 / 낙동
3. **양명학** : 지행합일, 치양지 / 강화학파 – 정제두(하존변만)
4. **실학 선구자** : 이수광(수지), 한백겸(한동) / 중농(농정), 중상(상용)
5. **유형원** : 무 넣은 반계탕을 신분에 따라 균등하게 나누어 먹는다.
6. **이익** : 성곽에서 영업 좀 한전 폐 한다 / 문노과사미승게 / 천만인경시
7. **정약용** : 경전을 읽다 목이 아파 흠흠거리다 원탕기에 약을 달여 여유롭게 마아 먹었다.
8. **유수원** : 수원에서 우서요(사농공상이 같이 우서요)
9. **홍대용** : 담임주의
10. **박지원** : 과한열
11. **박제가** : 박샘북

CHAPTER 46
근태문화 (2)

POINT 국학 – 서적(역사서, 농서, 의서, 백과사전, 지도, 지리서)

1 국학 연구의 확대

(1) 배경 : 실학 발달과 함께 민족 전통과 현실에 대한 관심이 깊어지면서 우리역사, 지리, 국어 등을 연구하는 국학발달

(2) 역사학 연구 – 17세기
① ⟦1⟧ : 1609년, 오운, 신라~고려시대, 애국명장 소개, 기자조선 중시, 기전체
② ⟦2⟧ : 1639년, 인조 시기, 남인 홍여하, 고려사 정리, 기자 – 마한 – 신라, 강목체
③ **여사제강** : 1667년, 현종 시기, 서인 ⟦3⟧ , 고려시대 역사 정리(고려의 북방민족에 강력히 항전한 것을 기록), 서인 북벌운동지지, 송시열이 서문 작성, 노론들이 가장 추앙하는 사서, 강목체
④ **동국통감제강** : 1672년 현종 시기, 남인 ⟦4⟧ , 기자조선 – 삼국시대 정리, 왕권강화, 붕당정치 폐지를 주장, 휘찬여사와 함께 남인들에게 추앙받는 사서, 강목체
⑤ ⟦5⟧ : 1667년, 현종, 남인 허목, 기전체, 단군 – 삼국시대 서술, 자연환경 · 풍속 · 인성 · 독자성 강조
⑥ **동사보유** : 1630년, 인조 8년, 저자 조정, 단군조선에서 고려 말까지 전 역사를 편년체로 저술, 그동안 무시되었던 〈삼국유사〉의 신화와 설화를 많이 수록

(3) 역사학 연구 – 18세기
　　　　　　　　　　　　　　 사료TIP '시세, 행운, 불행, 시비'
① ⟦6⟧ : 중국 중심의 역사관 비판(⟦7⟧) → 성호사설(삼한정통론)
② ⟦8⟧ **암기TIP** 안동에서 열난다 – 안정복, 동사강목, 열조통기
　　㉠ ⟦9⟧
　　　　· 고증사학 토대 마련, 고조선~고려 말, 통사, 강목법을 가미한 편년체, ⟦10⟧ , ⟦11⟧ , 삼국사기 비판(고구려 강대함 강조, 신라는 남쪽 땅에 불과)
　　　　· 명분과 ⟦12⟧ 중시(성리학적 유교사관 근거), 이익의 역사의식계승(⟦13⟧)
　　　　· 삼국시대는 무통시대, 삼국사기 비판, 발해를 말갈사로 기록
　　㉡ ⟦14⟧ : 조선사 연구(당대사) 태조~영조까지 역사 서술, 편년체

③ 15
- 19세기 초, 순조 시기, 해동역사 - 다양한 외국자료(5000여종의 중국 · 16   ) 이용, 고조선 - 고려 통사, 우리역사를 고증함
- 민족사 인식확대↑, 기전체 암기TIP 한해 - 한치윤, 해동역사

④ 이긍익 : 19세기 초, 순조 시기, 17   - 실증적 · 객관적 조선의 정치 · 사회사, 당대사 기록, 야사총서, 기사본말체 암기TIP 술이 익는다 - 연려실기술, 이긍익

⑤ 18
- 19세기 초, 순조 시기, 19   (고구려사 강조) - 고대사 연구시야를 만주 · 연해주로 확대, 반도적 사관 극복 암기TIP 휘동
- 고조선 - 고려 통사, 기전체, 발해 · 고구려 계승한 국사, 단군본기 → 발해세가 → 을지문덕 열전

⑥ 유득공 : 1784년 정조시기, 20   (발해사) - 최초 21   , 구고로 구성되어 있음, 반도 중심의 역사관 극복 암기TIP 유발
  * 발해고 구고(九考) : 군고(왕), 신고(신하), 지리고(5경15부62주), 물산고(솔빈부 말), 국서고(문왕-고려국왕 외교문서), 의장고 등

※ 이외 역사서
- 동국역대총목 : 1705년 숙종 시기, 소론 홍만종, 단군-조선현종, 단군-기자정통론, 이익과 안정복에게 영향을 줌, 강목법을 가미한 편년체
- 동사회강 : 1711년 숙종 시기, 임상덕, 삼국시대-고려시대, 여사제강 계승, 발해×, 강목법을 가미한 편년체, 동사강목에 큰영향을 줌

※ 중인역사서 암기TIP 규연이가 호이
- 규사(달성정사, 서얼 역사서), 연조귀감(이진홍, 향리들 역사서)
- 이향견문록(유재건, 중인층이하 인물의 향적 기록)
- 호산외기(조희룡, 위항인-몰락양반, 중인 행적 기록)

(4) 지리서와 지도 : 경제적 · 문화적 목적으로 편찬 + 세계관 확대

국내	지리지	22 (이중환)	· 1615년, 영조, 인문지리지, 풍수, 생리, 산수, 인심 · 23 (거주할만한 지역) 선정이 목표 · 구성 : 사민총론(사농공상 유래, 역할), 팔도총론(8도의 풍수 지세, 역사, 인심, 자연환경, 물산, 풍속 기록), 복거총론(생리, 인심, 지리, 산수의 좋고 나쁨을 기록)
		24 (정약용)	· 1811년, 순조 시기, 25 (국경선고증) · 백제 첫 도읍지가 한성(서울)이라는 것과 발해 중심지가 만주라는 것을 고증함
		강계고 (신경준)	1756년, 고조선 - 조선 영역을 고증함
		26 (한백겸)	17세기 초 고대지명 새롭게 고증, 고구려 발상지가 만주지방임을 최초 고증
		동국여지지 (유형원)	· 1656년, 효종 시기, 유형원 사회개혁안, 특산물, 형세, 하천 · 농지조사 - 수취자료
		대동지지 (김정호)	· 인물×, 시문×, 관읍 자료만 파악, 전국지리지, 단군이래의 역사지리 내용 기술 · 남북국 용어 사용함
	지도	27 (정상기)	영조, 28 (백리척, 축적법), 최초의 29
		청구도 (김정호)	1834년, 순조, 관찬지도 집대성, 정상기의 동국지도를 바탕으로 제작함
		30 (김정호)	· 철종, 실측지도, 31 (10리눈금표시) · 22첩 분첩절첩식, 범례사용(표시정밀), 목판인쇄로 대량 인쇄 가능
국외	지리지	직방외기 (알레니)	세계지리지
	지도	32 (마테오리치)	세계지도(아메리카有)

(5) 백과사전 편찬

33 ___ (이수광)	· 17세기 초 최초 백과사전, **34** ___ 의 〈천주실의〉 소개 · 한사군이 조선 땅의 일부라는 것, 고대 지명이 만주에 있었음을 고증 · 유럽, 회교, 불교문화권 소개, 문화 인식 폭 확대
35 ___ (이익)	· 천지, 만물, 경사, 인사, 시문 5개 부분 기술 · 우리나라&중국문물 소개
36 ___ (한국학백과사전)	· **37** ___ 으로 우리나라 각 영역을 체계적으로정리한 **38** ___ 백과사전, 홍봉한이 주도 ※ 동국문헌비고(영조) → 증보동국문헌비고(정조) → 증보문헌비고(1908년 순종)
39 ___ (이덕무)	18세기 중국 역사·풍속·제도 소개
40 ___ (서유구)	농촌생활백과사전, **41** ___ 주장 **42** ___ , 16지로 구성
오주연문장정산고 (한국학백과사전)	· 이규경, 중국·우리나라 고금사물 소개, **43** ___ · 1417항을 고증적 방법으로 설명, 이덕무 손자
44 ___ (최한기)	만유인력 소개, 기철학 강조 - 개화파에 영향

※ **45** ___ : 조선 후기 실학자 서유구의 저서, 중국과 우리 나라 생물과학의 거의 모든 분야를 집대성한 새로운 백과사전적 박물학서이다. 그것은 《농사직설》·《동의보감》·《산림경제》·《택리지》·《고사찰요》와 《고사신서 五事新書》·《과농소초 課農小抄》로 이어지는 종래의 조선 농학과 박물학의 체계 위에, 800여 종의 문헌을 참고하여 이를 확대 발전시켜 19세기 중기의 조선 사회가 요구하는 보다 완벽한 박물학서로서 완성시켰기 때문이다.

(6) 언어연구

① 신경준 「**46** ___」 : 조선후기
② 유희 「**47** ___」 : 훈민정음 연구, 순조
③ 이의봉 「**48** ___」 : 우리방언·해외언어 정리
④ 변섬·박세화 「박통사언해」 : 중국어학습서 번역, 숙종, 1677
⑤ 강우성 「첩해신어」 : 일본어 학습서, 숙종, 1676
⑥ 정약용 「**49** ___」 : 한국어 속어 中 와전 or 사용처 모호한 것 고증
⑦ 권문해 「대동운부군옥」 : 지리, 역사, 인물 총망라 백과사전식으로 정리

암기TIP ㅓ(전기-언해), ㅜㅜ(후기-운해) - 조선전기, 훈민정음언해, 조선후기, 훈민정음운해 / 봉고 - 이의봉, 고금석림 / 유언 - 유희, 언문지

(7) 금석학 : 김정희 「**50** ___」 - 금석문 대가, 북한산비·황초령비가 진흥왕순수비임을 고증

(8) 기타 : 「규장전운」 - 중국사성 연구, 정조 / 「아언각비」 - 속어·속자고증, 정약용 / 「경제정운」 - 최석정 / 「자모변」 - 황윤석

2 서양 문물의 수용

(1) 사신을 통해 전래

① 북경에서 서양 선교사 접촉 → 서양문물소개(17c)
② 이광정(세계지도), 정두원(화포, 천리경, 자명종)

(2) 실학자 관심

① 남인 일부 천주교 수용 ② 대부분 학자들 서양과학기술 받아들이면서 천주교 배척

(3) 서양인 표류

① **51** ___ (박연) : 인조, 훈련도감 소속 - 서양식 대포 제조법, 조종법
② 하멜 : 효종, 〈 **52** ___ 〉

3 과학기술 발달

(1) 천문학

① 의의 : 근대적우주관, 성리학세계관 비판
② 김석문 : 최초 지전설, 〈역학도해〉
③ 이익, 정약용 : 서양천문학 연구
④ **53** ___ : 지전설, 무한우주론 주장(혼천의 제작), 중국 중심 비판
⑤ **최한기**(혜강, 19세기) - 기일원론, 북학사상과 개화사상 가교역할
· **54** ___ : 뉴턴만유인력 소개·기철학·경험철학 강조
· **55** ___ : 지전설 주장
· 심기도설
· **56** ___ : 기일원론, 기중심 사상 주장, 최초 서양 물리학 소개

(2) 역법 : **57** ___ 노력으로 아담샬이 제작한 시헌력 사용(효종) - 태음력에 태양력 원리 부합

(3) 지도 : **58** ___ (마테오리치) 전래 → 세계관 확대

(4) 의학

· 17세기 - 허준 「**59** ___」(의방유취 요약, 한의학 총정리, 중국과 일본에서 간행, 세계 기록문화유산)·허임 「**60** ___」 : 침구술 집대성
　- 안경창 「벽온신방」 : 장티푸스(온열) 연구, 전염병 연구
· 18세기 - 정약용 「**61** ___」 : 지석영 종두법 최초 보급
　- 정약용+박제가 「종두방서」 : 부록에 해당하는 실험서

- 19세기 - 이제마 「62_____」: 사상의학
  - 황필수 「방약합편」: 한글로 약재소개

(5) 농서

① 신속(효종) - 「63_____」: 이앙법 보급, 농사직설, 금양잡록, 구황촬요 등 조선 전기 농서 집대성
② 박세당(숙종) - 「64____」: 상권 - 농업의 총론적 내용, 하권 - 양잠 관련 내용
③ 홍만선(숙종) - 「65____」: 농업, 임업, 축산, 양잠, 식품 저장 등 소개
④ 서호수(정조) - 「66____」: 우리나라 농학을 중심에 두고 중국 농학 수용(남북농법 종합)
⑤ 서유구(서호수子, 헌종) - 「67____」: 농촌백과사전, 둔전 주장

암기TIP 상사가요설성·이정신 - 농상집요, 농사직설, 농가집성, 이암, 정초, 신속 / 쎈 아저씨 사색되었다 - 박세당, 사변록, 색경 / 선산 - 홍만선, 산림경제 / 서쪽 호수에 해떴다 - 서호수, 해동농서 / 구원투수 - 서유구, 임원경제지

※ 기타
- 수학 - 「기하원본」: 마테오리치 · 기하학서 / 「주해수용」: 홍대용 · 수학 정리
- 기술 - 「기예론」: 정약용 · 거중기 배다리 주교 / 「자산어보」: 정약전 · 물고기 연구

총정리

1. **역사학**: 이익(시세), 안정복(안동열), 한치윤(한해), 이긍익(술이 익는다), 이종휘(휘동), 유득공(유발)
2. **지리서**: 동국지리지(한백겸), 택리지(이중환), 아방강역고(정약용)
3. **지도**: 동국지도(정상기), 대동여지도(김정호)
4. **백과사전**: 지봉유설(이수광), 성호사설(이익), 청장관전서(이덕무, 무청) 임원경제지(서유구, 구원), 오주연문장전산고(이규경), 동국문헌비고(영조, 한국학백과사전), 명남루총서(최한기, 명기)
5. **언어연구**: 신경준(훈민정음운해), 유희(언문지), 이의봉(고금석림)
6. **금석학**: 김정희(금석과안록)
7. **의학**: 허준(동의보감), 허임(침구경험방), 이제마(동의수세보원)
8. **농서**: 신속(농가집성), 박세당(색경), 홍만선(산림경제), 서호수(해동농서), 서유구(임원경제지)

CHAPTER 47 근태문화 (3)

POINT ① 서민문화 배경, 장르 ② 문학작품 ③ 진경산수, 풍속화, 서양화 기법 (화가), 서예
④ 17세기, 18세기 건축, 조선후기 도자기

1 서민 문화의 대두

(1) 배경: 상공업 발달, 농업생산력↑, 서당교육보급(의식↑ ⇒ 서민지위↑)

(2) 창작주체 변화: 양반층 주도 → 중인·서민 주도(역관, 서리, 부농, 상인, 광대 등)
  ⇒ 시사조직: 중인층 시인모임, 위항문학 / 풍자시인 활동: 정수동, 김삿갓

  ※ 1____ : 위항인 - 장사완, 정수동, 조희룡, 옥계시사, 서원시사, 비연시사, 직하시사가 유명

(3) 서민문화 주요 장르
① 한글소설, 사설시조
② 시사와 민요
③ 판소리(2____): 세계무형유산, 판소리 6마당(현재는 5마당), 탈춤(마을 굿 일부)
④ 산대놀이: 가면극이 민중오락으로 정착, 도시상인 중간층 지원으로↑

2 문학의 새 경향

(1) 한글소설: 3____ (허균) - 최초의 한글 소설, 춘향전, 토끼전, 심청전, 장화홍련전 → 책 대여점 (세책점) 생김

(2) 한문학: 정약용 한시(4____ → 삼정피해 폭로), 박지원 한문소설(5____), 김삿갓 (김병연 - 풍자시인)

(3) 6____ : 격식에 구애 없이 남녀 간 애정표현·현실비판

3 **그림과 글씨**

(1) 그림의 새 경향

〈18세기〉 암기TIP 진정해홍윤아

① 7_____ : 중국의 북종화 + 남종화 ⇒ 한국적 독자성 추가
- 8_____ : 양반 출신으로 우리 자연을 그림, 9_____(바위산은 선으로 흙산은 묵으로 묘사), 진경산수화 집대성
- 심사정 : 정교하고 세련된 필치의 산수를 잘 그려 정선의 그림과는 대조를 보임

② 풍속화
- 10_____ : 도화서 출신, 모든 영역에서 그림을 그림, 특히 산수화와 풍속화가 유명, 영조 초상제작, 정조 총애를 받아 벼슬을 지냄, 궁중화가로 활동하면서 풍속화를 그림, 〈화성원행의궤도〉, 11_____ 등 유명
- 김득신 : 정조 시기 궁중화가, 당시 생활상을 그린 풍속화로 유명(김홍도와 비슷한 화풍)
- 12_____ : 양반, 기생(도시생활), 남녀간의 애정을 감각적, 해학적으로 묘사, 도화서 화원이었으나 쫓겨남, 〈월하정인〉, 13_____, 〈쌍검대무〉 등 유명

③ 서양화 기법(14____) : 영통골입구, 사물을 사실적으로 표현

정선 금강전도

김홍도 무동

강세황 영통골 입구도

〈19세기〉

① 풍속화, 진경산수침체 → 문인화 부활(18_____) – 사실적 묘사
② 19____ (20____ : 창덕궁 · 창경궁, 서궐도 : 경운궁 · 경희궁), 21____(노비 출신)

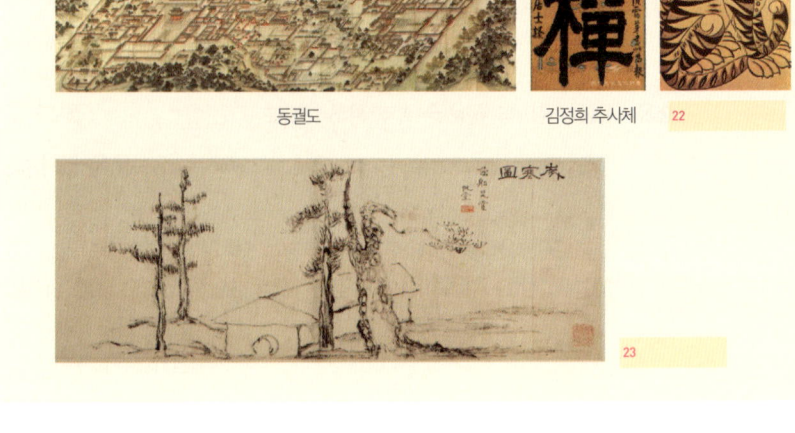

동궐도

김정희 추사체

(2) 민화의 유행 : 민중의 미적 감각, 소박한 정서 반영

(3) 서예 : 김정희(24____) – 굳센 기운 +조형성 / 이광사(25____) – 단아한 글씨 · 개성↑

4 건축의 변화

(1) 17세기 : 26 ▭ 암기TIP 금화8개
　　⇒ 불교 사회적 지위↑, 양반 지주층, 부농층 지원, **다층건물**, **규모가 큼**

(2) 18세기 : 사원 - 27 ▭ 암기TIP 논부안 / 쌍개석
　　⇒ 부농, 상인 지원, 장식성이 강한 사원
　　관청 - 수원화성(방어, 공격을 겸한 성곽시설, 종합적 도시계획)

(3) 19세기 : 경복궁 근정전, 경회루

금산사 미륵전

화엄사 각황전

법주사 팔상전

수원 화성

경복궁 근정전

경복궁 경회루

5 백자, 음악

(1) **자기** : 청화, 철화, 진사백자, 안료 다양화(청화·철화·진사) / 서민들은 옹기 사용

(2) **음악** : 양반 - 가곡시조(세계무형유산), 서민 - 민요, 광대·기생 - 판소리, 시조, 잡가

28

 총정리

1. **서민문화 유행** : 한글소설, 사설시조, 시사, 민요, 판소리, 산대놀이
2. **한문학** : 정약용 한시(애절양), 박지원 한문소설(양반전, 허생전, 호질)
3. **그림**
　· 정선(진경산수화 : 금강전도, 인왕재색도), 김홍도(생활상 풍속)
　· 신윤복(양반, 기생, 연인, 여성위주로 그림)
　· 강세황(영통골입구도, 서양화풍 소개), 민화 유행
4. **건축의 변화**
　· 17세기 : 금화8개
　· 18세기 : 논부안 / 쌍개석
5. **도자기** : 백자, 청화백자 유행

도끼한국사만의 특별한 암기팁으로 한 권에 완성하는 **공무원·경찰·소방 한국사**

06

근대 사회의 전개

CHAPTER 48 | 흥선대원군 정책

CHAPTER 49 | 강화도 조약 및 부속 조약

CHAPTER 50 | 개화정책 추진과 반발

CHAPTER 51 | 임오군란, 갑신정변

CHAPTER 52 | 동학농민운동

CHAPTER 53 | 갑오개혁, 을미개혁

CHAPTER 54 | 독립협회, 광무개혁

CHAPTER 55 | 항일의병운동, 애국계몽운동

CHAPTER 56 | 열강의 경제 침탈과 구국운동

CHAPTER 57 | 사회의식 변화, 근대문물 수용

CHAPTER 58 | 근대 교육, 국학, 문예

CHAPTER 48 흥선대원군 정치

POINT
① 흥선대원군 왕권강화책
② 흥선대원군 민생안정
③ 흥선대원군 대외정책
④ 병인양요, 신미양요 과정, 결과

1 1860년대 조선 정세 - 1863~1873(10년)

(1) 대내

① 정치 : 세도정치(안동김씨, 풍양조씨) → 정치개혁
② 경제 : 삼정의 문란 전정(토지세), 군정(군포징수), 환곡(춘대추납, 고리대) 피해↑ → 민생안정
③ 사회
  - 농민봉기↑ (홍경래, 임술농민봉기), 천주교 → 평등사상↑
  - 1____ : 몰락양반 + 농민, 광산노동자, 평안도 서북지방 → 2____ 자처, 전국×
  - 3____ : 몰락양반 유계춘 주도 → 경상우병사 백낙신 부정 → 진주민란 계기로 전국적 → 개별적 봉기, 연대× → 4____ 설치(박규수 설치), 곧 폐지
④ 문화 : 양반문화 → 대중문화

(2) 대외

- 중국 : 난징조약(1842), 베이징조약(1860) → 중국 개항, 양무운동(중체서용)
- 일본 : 미국에 개항(1854), 메이지 유신(1868), 문명개화론 영향
- 조선 : 이양선(영국 암허스트호 황해도, 1832) 출몰, 천주교 확산 → 근대화 추구

⇩

- 19c 조선 과제 : 반침략 · 자주화 + 반봉건 · 근대화 ⇒ 근대적 국민국가 건설

※ 조선후기 사회변화
  - 정치 : 세도정치
  - 경제 : 자본주의 맹아
  - 사회 : 신분제 붕괴
  - 문화 : 서민문화
  ⇨ 정치를 제외한 모든 분야에서 발전함

〈흥선대원군의 정치〉

2 흥선대원군 개혁정치(왕권강화, 민생안정)

- 흥선대원군 : 본명은 이하응으로 안동김씨의 견제를 피하기 위해 파락호 생활을 함

(1) 흥선대원군의 집권 : 고종 어린나이로(이명복 12세) 즉위(1863) ⇒ 국왕생부로 정권장악

(2) 개혁(목표 : 왕권강화, 민생안정)

- 왕권강화책
  - 5____ → 안동김씨×, 고른인재 등용 **사료TIP** 태산(노론)을 낮추고 남대문(남인)높이겠다
  - 6____ → 의정부, 삼군부 기능 부활
  - 7____ → 법전 정비, 통치체제 정비
  - 8____ (1865) → 원납전, 당백전, 묘지림벌목, 부역동원, 결두전, 도성문통행세 - 상인반발 → 양반(묘지림 벌목), 농민(노역징발, 경복궁타령) 모두반대
  - 9____ (국가재정확보목적) → 47개만 인정 나머지 철폐, 만동묘(충북괴산)×, 붕당근거지× → 양반 반대 **사료TIP** 공자가 살아 돌아 온다 해도 용서치 않겠다

  암기TIP 사비대경서 - 사색등용, 비변사폐지, 대전회통, 경복궁중건, 서원정리

  * 결두전 : 토지에 세금, 토지 1결당 1백문의 특별세 부과
  * 서원정리 : 영조, 흥선대원군
  * 대보단 : 창덕궁, 만동묘(노론의 근거지) - 충북괴산 송시열 → 소중화 사상

- 민생안정 **암기TIP** 은호사
  - 전정 : 양전사업 실시 ⇒ 10____ * 은결 : 숨어있는 땅(토지대장×)
  - 군정 : 동포제 → 11____ (국가재정확보목적) ⇒ 양반 반대↑ * 호포제 면제 : 현직관리, 노비
  - 환곡 12____ (자치적 곡물대여 제도, 사수를 임명해 마을을 자치적으로 운영)

※ 흥선대원군 개혁 정치 의의
  ① 전통적 통치체제 확립 ② 민생안정 ③ 체제 내 개혁(복고적)

※ 흥선대원군 집권
  ① 1863~1873 : 고종대신 친정 ② 1882 : 임오군란 직후 1개월 ③ 1894 : 갑오개혁(1차) 섭정

③ 통상수교 거부 정책과 양요 `POINT` 순서·원인·결과, 어느나라·위치·전투가 출제됨

[13]___ (1866. 1)
천주교 탄압, 9명 프랑스 신부×, 남종삼 등 8천명 신도× → [14]___ 에서
(대원군 초기 천주교 허용(러시아 남하 견제 목적) → 프랑스 선교사 거짓말 → 박해)

▼

[15]___ 사건(1866. 7)
미국상선 제너럴 셔먼호 통상요구·약탈자행(대동강), **평양감사 박규수·군인들이 격퇴**
(불태움)

＊ 박규수 : 제너럴 - 평양감사, 임술농민 - 삼정이정청 설치

▼

[16]___ (1866. 9)
· 프랑스가 병인박해 구실로 침략, [17]___ 강화읍 점령 `암기TIP` 프랑스 장미
· [18]___ (2011년 대여형식 반환) → 조선왕실의궤(세계기록유산)
  `cf` 직지심체요절은 프랑스 외교관이 돈주고 수집
· [19]___ (문수산성), [20]___ (정족산성) `암기TIP` 한문선생양정

▼

[21]___ 도굴사건(1868)
독일상인 오페르트 충남덕산 [22]___ 도굴시도(미국인 자본가 지원 + 프랑스 신부 합작)

▼

[23]___ (1871)
· 제너럴 셔먼호 구실로 미국 [24]___ 침략, 초지진 → 덕진진 → [25]___ 공격,
  [26]___ 광성보 항전(수자기 약탈)
· ⇒ 미군 철수, 흥선대원군 전국에 [27]___ 건립(임오군란 이후 철거됨)
  `암기TIP` 미국산 광어 - 신미양요, 광성보, 어재연

`암기TIP` 천제병남신 / 66 66 66 68 71 - 천주교 박해 66, 제너럴 셔먼호 66, 병인양요 66, 남연군묘 도굴사건 68, 신미양요 71
프랑스 장미를 가지고 한문선생 양정이 미국산 광어 먹는다 - 프랑스 로즈제독, 한성근 문수산성, 양헌수 정족산성, 미국, 광성보, 어재연

＊ 조선왕실의궤 : 2권제작(어람용 - 약탈, 사고보관 - 춘추관보관), 의궤는 조선초부터 제작, 현존하는 것은 임진왜란 이후
(선조 - 의인왕후 의궤)

※ 척화비 건립 : 병인, 신미양요 후 수교거부의지 보여줌
`사료TIP` 양이침범, 비전즉화, 주화매국, 계아만년자손, 병인작신미립 ⇒ 서양오랑캐가 침범함에 싸우지 않는 것은 화의하는 것이요, 화의는 매국이라. 우리 만년 자손에 경계할지어다. 병인년에 새기고 신미년에 세운다.

※ 흥선대원군 기타 정책
· 수뇌포 개발(수중폭탄), 무신 선발, 심도포량미 징수(강화도 주민, 1결 1두)
· 진무영 설치(1866, 강화도에 설치한 군영, 지위 강화)
  ＊ 흥선대원군이 국방강화 위해 걷어들였던 돈 → 심도포량미

※ 강화도 방어체제
· 1866년 강화 유수부가 진무영으로 개편
· 1871년 신미양요 이후 심도포량미 징수
· 1883년 기연해방영 설치(김윤식)

`총정리`

1. 1860년대 조선 정세
① 정치 : 세도정치 ② 경제 : 삼정의 문란 ③ 사회 : 농민 봉기 ④ 문화 : 대중문화 발달
⑤ 대외 : 이양선 출몰, 천주교 확산

2. 흥선대원군 왕권강화책 `암기TIP` 사비대경서
① 사색등용 ② 비변사 폐지 ③ 대전회통, 육전조례 ④ 경복궁 중건 ⑤ 서원정리

3. 민생안정책 `암기TIP` 은호사
① 은결 색출 ② 호포제 ③ 사창제 실시

4. 통상수교 거부 정책과 양요
① 병인박해(천주교 탄압) ② 제너럴셔먼호 사건 ③ 병인양요
④ 오페르트 남연군 묘 도굴사건 ⑤ 신미양요 `암기TIP` 천제병남신/프랑스 장미를 가지고 한문선생 양정이 미국산 광어 먹는다

※ 암기 Tip 정리
· 국내 : 사비대경서 / 은호사
· 국외 : 천제병남신 / 66.66.66.68.71
· 프랑스 장미를 가지고 한문선생 양정이 미국산 광어 먹는다

도끼한국사 빈칸노트 PART 06 근대 사회의 전개 **116**

CHAPTER 49 강화도 조약 및 부속 조약

POINT
① 강화도 조약 특징과 부속조약 특징
② 조미조약, 조러조약 특징
③ 개화파 흐름 파악(온건, 급진)
④ 수신사, 조사시찰단, 영선사, 보빙사
⑤ 위정척사운동 흐름

1 강화도 조약(조일 수호 조규, 1876)

(1) 배경

① 대원군 하야(1873, 최익현 상소) → 고종 친정, 민씨 집권 (국왕 친정, 통상수교 완화)
   * 최익현 : 대원군 하야상소, 왜양일체론, 을사의병 → 대마도 순국
② 통상개화파 ↑
   • 1 _____ (양반관료), 2 _____ (역관, 3 _____ 소개), 4 _____ (의관, 백의정승 – 김옥균·박영효 등 교육) 암기TIP 박규수, 오경석, 유홍기
   * 박규수 : 통상개화론자, 박지원 손자, 임술농민봉기 안핵사, 삼정이정청 설치, 제너럴셔먼호 소실시킴
③ 일본 야욕 : 메이지유신(1868) 이후 외교관계 개선 요구, 서계사건(일본이 조선에 외교문서 전달, 조선 문서 거부) → 정한론 대두 → 운요호 사건
④ 운요호 사건(1875) : 강화도 침범 – 발포유도 – 초지진·영종도 파괴 ⇒ 문호 개방 강요

(2) 강화도 조약(조일수호조규)과 부속조약(1876)

• 강화도 연무당에서 구로다와 신헌이 체결, 최초 근대적 조약
  ⇒ 5 _____

조약명	내용	결과 및 의미

조일수호조규 (1876. 2)	• 1관 : 조선을 6 _____ 으로 규정 → 청 종주권 배제, 조선 침략 목적
	• 2관 : 7 _____ → 수신사 파견(15개월 뒤 수시로 사신파견, 3차례 수신사 파견)
	  암기TIP 12조영3보 – 1차수신사, 2차수신사, 조사시찰단, 영선사, 3차수신사, 보빙사 파견
	• 4관 : 부산외 2개항구 개항(8 _____)
	  암기TIP 부원인 – 부산(경제,76), 원산(군사,80), 인천(정치,83) / 목포(1897), 군산(1899) 개항-조선 스스로 개항
	• 7관 : 9 _____ 인정(해도작성권) – 불평등, 주요 군사 정보 확보 목적
	• 10관 : 10 _____ – 불평등(영사재판권 → 사법권부정)
	  암기TIP 자사부해치 – 자주국, 사신파견, 부산개항, 해안측량권, 치외법권
		최초의 근대적 조약 불평등 조약

조일무역규칙 (=76조일통상장정)	3무 : 11 _____ 유출 암기TIP 3무 – 무관세, 무항세, 무제한 쌀수출	
조일수호조규 부록	• 일본 외교관 여행자유, 12 _____ (거주민 이주지역 설정), 13 _____ 허용 • 개항장에 일본 거류민 거류지 <조계>설정 * 14 _____ : 개항장에서 외국인의 토지소유를 인정하였다.(이후로 대한제국 역시 외국인의 토지소유 인정O) 암기TIP 간거화 – 간행이정 10리, 거류지 무역, 일본 화폐 유통	일본의 경제적 침략 발판 구축

암기TIP 조(자사부해치)무(3무)록(간거화) - 조일수호조규, 조일무역규칙, 조일수호조규부록

2 서양 열강과 통상수교

(1) **조미수호통상조약(1882)** : 신헌과 슈펠트, 서양 국가와 최초로 맺은 근대적 조약, 태극기 비공식적으로 최초 사용(이응준)

① 황쭌센[조선책략] 유포 : 김홍집(2차수신사) 가지고 옴 ⇒ 친중, 결일, 연미 ↔ 반러
   ⇔ 조선책략 반대 : 이만손 「15 _____」(81), 홍재학 「척화상소」(81)
   사료TIP 미국-모르는 나라, 러시아-혐의가 없는 나라, 일본-매여있는 나라, 청-섬기는 나라

② 청 알선 : 러 견제, 청 종주권 확인 암기TIP 거세혜치 - 거중조정, 관세부과, 최혜국대우, 치외법권
   • 조미조약 내용 : 16 _____ (1관), 17 _____ (4관), 18 _____ (5관), 19 _____ (6관, 최초)
   • 의의·한계 : ① 서양과 맺은 최초 조약, 불평등 조약
              ② 20 _____ 대우 규정으로 이권침탈원인 제공

(2) 기타 서구열강과 통상수교

- 조영통상조약(83, 치외법권, 최혜국 대우)
- 조독통상조약(83, 치외법권, 최혜국 대우)
- 조이수호통상조약(84, 이탈리아와 체결, 불평등 조약)
- 21 _____ (84, 베베르 주도, 청알선 없이 조선과 직접 체결, 영국 거문도 사건 원인)
- 22 _____ (86, 치외법권, 최혜국 대우, 천주교 포교 인정문제로 늦어짐)

암기TIP 서구열강 순서 - 미영독이러프 (82 83 83 84 84 86) : 미국, 영국, 독일, 이탈리아, 러시아, 프랑스

(3) 일본과 통상조약 - 임오군란 직후

① 조일수호조규속약(1882.7.30)   **암기TIP** 10→50→100

  ㉠ 제물포 조약과 동시에 체결

  ㉡ 23 _____ (일본인 이용 가능지역) 확대, 10리 → 50리 → 2년 후 100리(1년 뒤 24 _____ 개시)

  ㉢ 일본인 외교관 · 수행원 · 가족, 조선 내지 여행권 확보

② 조일통상장정(1883)   **암기TIP** 방관혜 - 방곡령, 관세, 최혜국 대우

  ㉠ 25 _____

  ㉡ 26 _____ 실시할 경우 사전통보(1889년 방곡령실시 때 배상금지불) → 일본 상인에 실질적 내지 통상 허용

  ㉢ 대응책 : 보부상(혜상공국 - 83, 객주 - 상회사 설립), 대표적 상화사 - 대동상회(평양), 장통회사(서울)

사료TIP

조일통상장정의 방곡령 근거(37관) - 1883.6
" 조선 정부가 잠정적으로 쌀의 수출을 금지하고자 할 때에는 반드시 1개월 전에 지방관이 일본 영사관에 통고해야 한다."

암기TIP

[일본과 조약]
조 : 자사부해치 - 조일수호조규, 자주적, 사신, 부산개항, 해안측량권, 치외법권
무 : 3무 - 3무-조일무역규칙, 무항세, 무관세, 무제한 쌀유출
록 : 간거화 - 조일수호조규부록, 간행이정10리, 거류지무역, 일본화폐사용
속 : 10-50-100 - 조일수호조규속약, 10리, 50리 100리로 확대
통 : 방관혜 - 조일 통상 장정, 방곡령, 관세, 최혜국대우

출제치

1. **조일수호조규(76)** : 자 사 부 해 치(부 원 인 / 76.80.83)
2. **조일무역규칙(76)** : 3무
3. **조일수호조규부록(76)** : 간 거 화
4. **조미수호통상조약(82)** : 거 세 혜
5. **미영독 러프(82. 83. 83. 84. 86)**
6. **조일수호조규속약(82)** : 10 → 50 → 100리
7. **조일통상장정(83)** : 방 관 혜

CHAPTER 50 개화정책 추진과 반발

POINT ① 개화파 흐름 파악(온건, 급진) ② 수신사, 조사시찰단, 영선사, 보빙사
③ 위정척사운동 흐름

1 개화세력의 대두

(1) 개화사상의 형성

① 영향 : 북학파, 청 - 양무운동, 일 - 문명개화론, 해국도지, 영환지략(청나라 세계지리책 - 오경석)

② 선구자 : 1860년대 박규수, 오경석, 유홍기 등(통상개화파)   **암기TIP** 수석기

(2) 개화파 두 흐름 : 임오군란 이후 분열

구분	온건개화파(사대당)	급진개화파(개화당)
인물	1 _____ **암기TIP** 중식집 - 어윤중, 김윤식, 김홍집	2 _____ , 서광범, 서재필 **암기TIP** 효식균 - 박영효, 홍영식, 김옥균
성향	친청, 민씨 정권과 결탁	반청 · 친일, 민씨정권 비판
개혁방법	청의 양무운동 모방 ⇒ 3 _____	· 일본의 메이지유신이 모델 · 4 _____ ⇒ 입헌군주제 지향
영향	갑오개혁(1894)	갑신정변(1884)

① 5 ____ : 온건개화파, 2차 수신사(조선책략 유입), 군국기무처 책임자, 갑오개혁 주도, 아관파천 후 민중에게 살해

② 6 ____ : 조사시찰단, 보빙사, 우정총판, 갑신정변 때 피살

③ 7 ____ : 철종 부마, 3차 수신사, 갑신정변 · 2차 갑오개혁 주도(내무대신), 일제시대 중추원의장

④ 8 ____ : 안동김씨, 4차례 일본방문, 조사시찰단(81), 3차 수신사(with 박영효, 82), 차관도입시도(83), 갑신정변 주도, 『갑신일록』, 『기화근사』 저술, 〈치도약론〉, 홍종우에게 피살

사료TIP [김옥균] '그'는 스스로 일본을 모델로 하고자 백방 분주하였다. '그'는 근대교육을 받지 못했으나 시대의 추이를 통찰하고...

⑤ 9 ____ : 급진개화파, 갑신정변 때 미국 망명, 의사자격 취득, 미 시민권자(필립제이슨), 귀국 후 독립협회 주도, 독립신문 창간

도끼한국사 빈칸노트   PART 06 근대 사회의 전개 **118**

⑥ 이동인 : 1879년 김옥균 도움으로 일본에 파견, 1881년 조사시찰단 파견 주도
⑦ 10_____ : 조사시찰단 참여(유학생), 보빙사(유학생), 갑신정변때 구금, 거문도사건 직후 조선중립화론 주장, 갑오을미개혁 참여, 아관파천 때 일본 망명

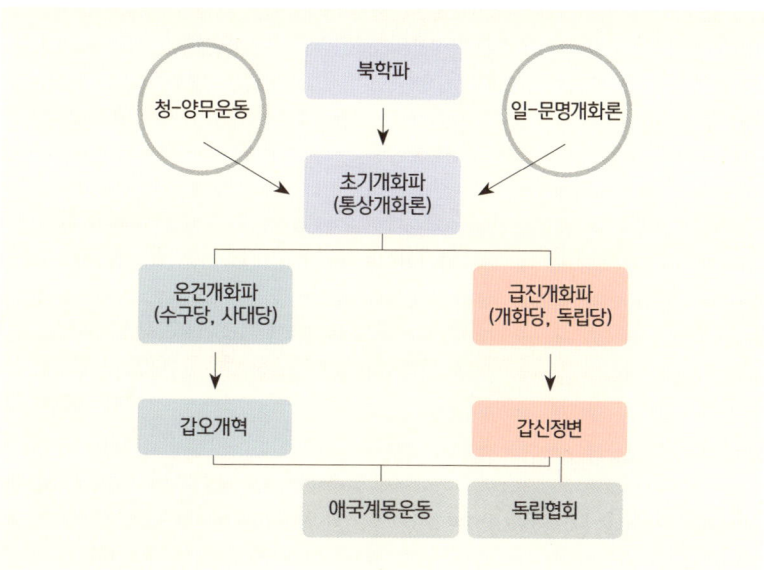

2 개화정책 추진 : 주체 – 민씨 + 온건개화파

(1) 수신사 파견 : 일본 개화 상황 파악하기 위해 파견
- 1차(1876) : 김기수 『일동기유』
- 2차(1880) : 김홍집 → 11_____ 도입
- 3차(1882) : 박영효, 김옥균 → 태극기 사용, 임오군란 후 배상금 문제 협상

(2) 제도 개혁 암기TIP 전박기우/ 83838384 – 전환국, 박문국, 기기창, 우편국
① 통리기무아문(1880) : 12사 설치(개화,행정담당), 사대사, 교린사, 통상사, 군무사, 군물사 등
② 근대시설 설치 : 12_____ (화폐, 83, 당오전주조(묄렌도르프 – 독일인)), 13_____ (인쇄, 83, 박영효), 14_____ (무기, 83, 김윤식), 15_____ (우편, 84, 홍영식)
③ 5군영 → 2영(무위영, 장어영), 별기군 창설(일본인 교관, 근대적 군사훈련), 해군 통어영 설치(1893)

(3) 근대문물시찰

① 일본
- 16_____
  - 1차 : 1876년 강화도 조약 이후, 17_____ 〈일동기유〉 – 일본기행문, 근대 문물 소개
  - 2차 : 1880년 김홍집이 황쭌셴(중국 외교관)의 〈 18_____ 〉 가지고 옴 → 19_____ (이만손, 홍재학)
  - 3차 : 1882년 박영효, 김옥균, 임오군란 후 배상금 문제 협상, 〈사화기략〉 지음, 박영효 태극기 사용(공식적 최초 사용)

  사료TIP 3차 : 근접한 시기에 김옥균은 일본에 차관교섭을 벌이고 외교사절과 접촉하였다

- 조사시찰단(신사유람단) 1881.4 : 어윤중, 박정양, 홍영식 파견, 일본 정부 산업 시찰(암행어사, 비공식적)

② 청 → 20_____ (1881.9)
- 김윤식 등 유학생 톈진기기국 파견 → 무기공장 기기창 설치(1883)

③ 미국 → 21_____ (1883.5)
- 조·미 조약 이후 파견, **최초 구미 사절단**(미국공사 푸트 부임에 대한 답례) – 민영익, 홍영식, 서광범, 유길준 파견
- 미국 아서 대통령과 만남, 워싱턴, 뉴욕 엑스포 관람 후 귀국
- 22_____ 은 귀국하지 않고 유학(최초 유학생, 『23_____ 』, 최초 국한문혼용체), 귀국 후 농무목축시험장 개설(1884)

암기TIP 1 2 조 영 3 보 / 76 80 81 81 82 83 – 1차수신사, 2차수신사, 조사시찰단, 영선사, 3차수신사, 보빙사

❸ 위정척사 : 보수적 유생 주도의 반외세, 반침략 민족 운동, 성리학을 지키고 성리학 이외 사상을 배척하겠다.

시기	배경	중심인물	내용
1860년대 (24)	서양통상요구 침략, 병인양요, 신미양요	25 (화서집, 화서아언) · 26	내수외양론, 척화주전론 흥선대원군 27 지지 **사료TIP** 바다 건너오는 적을 정벌, 서양오랑캐 화가 홍수나 맹수의 해보다 더 심합니다.
1870년대 (28)	강화도 조약	29 (면암집, 5불가소) · 유인석	30 , 개항불가론 **사료TIP** 왜인이라 하나 실은 양적
1880년대 (31)	조선책략 유포 정부 개화 정책	32	이만손 33 홍재학 만인척사소 **사료TIP** 러시아,미국,일본은 같은오랑캐, 러시아 는 본래 우리와 혐의가 없는 나라입니다.
1890년대 (34)	1895 을미사변 단발령	35 , 기우만, 이소응, 문석봉 등	을미의병 **사료TIP** 국모의 원수를 생각하며 1895 이를 갚았는데

사료TIP 조선책략 : 친중, 결일, 연미, 반러 / 영남만인소 - 모르는나라 (미국), 혐의없는 나라 (러시아), 섬겨온 나라 (청), 매여있는나라 (일)
암기TIP 6789 / 통개화개항 / 항정살을 익혀서 만학도인 인석이가 먹는다.
- 60년대 70년대 80년대 90년대 / 통상반대, 개항반대, 개화반대, 항일의병 / 이항로, 기정진, 최익현, 이만손, 홍재학, 유인석

※ 위정척사 인물
- 이항로 : 화서집   · 최익현 : 5불가소, 지부복궐상소, 면암집
- 이만손 : 영남만인소(1881), 홍재학 : 척화상소(1881), 유인석 : 을미의병

(1) 의의 : 항일의병으로 계승(긍정) → 반침략, 반외세, 자주적 성격, 정부개화정책 장애, 근대사회 전환 장애(부정)

1. 개화파 흐름 : 수석기 - 중식집 / 효식균
2. 수신사 : 1차(76.김기수) / 2차(80.김홍집) / 3차(82.박영효)
3. 제도개혁 : 통리기무아문(80) - 12사 / 전박기우(83.83.83.84)
4. 조사시찰단(81) : 비공식 / **영선사(81)** : 청 파견 / **보빙사(83)** : 최초 구미사절단, 유길준 유학생
5. 위정척사운동 : 6(통-항정) 7(개-익현) 8(개-만학) 9(항-인석)

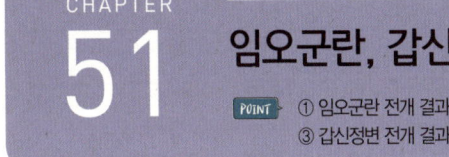

CHAPTER 51

임오군란, 갑신정변

POINT ① 임오군란 전개 결과   ② 임오군란 직후 조약 특징
③ 갑신정변 전개 결과   ④ 갑신정변 결과 및 후속 조약 특징

❶ 임오군란(1882)(과정보다 결과가 중요)

(1) 배경
① 신식군대(1)와 2 차별대우(3 차별, 월급×), 난전단속(군인불만), 13개월 만에 4 지급
② 개항 후 쌀값↑으로 서민생활↓, 하층민 몰락
③ 개화세력 · 보수세력 갈등

(2) 전개
① 선혜청 도봉소 사건(월급에 겨와 모래를 섞음), 5 폭동(민씨 고관 살해, 일본공사관 습격) → 급료지급하던 창리 구타 → 도시 빈민 합세(군인만 한게 아니다) → 6 살해와 민씨고관 습격, 민비 7 피신 → 8 습격, 별기군 병영 하도감 습격(별기군 교관 호리모토 피살) → 구식군인들 흥선대원군에게 수습 부탁
  * 민씨 고관 – 민겸호 : 별기군 창설, 선혜청 공식 배급 책임자, 이최응 : 대원군 형, 민씨와 결탁, 통리기무아문 책임자
② 9 재집권 : 개화정책 중단(통리기무아문×, 별기군×), 5군영, 삼군부 부활, 민비 국장 선포(살아있었음)
③ 10 로 가던 김윤식이 민씨요청으로 청군 출병(11) 요청, 대원군 납치(7.14) → 일본군대 파견

(3) 결과
① 12 (1882.7) : 배상금 지불, 일본 공사관 경비 주둔
② 13 (1882.7) : 제물포조약과 함께 체결, 간행이정 50리 – 100리, 1년후 14 에 개시
③ **청 내정간섭↑** : 군대주둔, 고문파견(마젠창, 묄렌도르프) → 친청 정권 수립

④ ¹⁵_____(1882.8)
  - 청 종주권 확인, 청상인 통상 특권↑ (¹⁶_____인정) "¹⁷_____"(마포)
  - 속방조관 삽입, 호조 허가증 발급시 ¹⁸_____ 활동 가능 치외법권(영사재판권)

  사료TIP 양화진 무역허락, 내지재판 금하고, 지방관 허가서가 있어야 내지재판 가능

④ 척화비 철거(1882.8)
⑤ 개화파 분열 : 급진개화파(독립당, 개화당) vs 온건개화파(친청 사대당)
⑥ 청 내정 간섭 심화 : 위안스카이 청군 조선 주둔, 고문파견(¹⁹_____)

  암기TIP 미제청속 - 조미조약, 제물포조약, 조청상민수륙무역장정, 조일수호조규속약 (82년 조약)

2 갑신정변(1884)

※ 개화정책
  ① 박문국 설치(1883.7) : 한성순보 간행(박영효 주도)
  ② 치도사업 전개 : 치도국설치, 도로와 도로변 가옥정비, 서울 시민 반발, 개화 부정적 여론 증가
  ③ 농무목축시험장 설치(1884) : 최경석, 보빙사파견 이후 설치
  ④ ²⁰_____ 설치(1884.3) : 근대적 우편 사업 시도

(1) 배경
① 청의 간섭으로 인한 개화정책 후퇴, 내정간섭↑
② 김옥균 일본차관 도입 실패 → 위세 하락, 민씨 정권의 개화당 탄압
③ ²¹_____ 전쟁(1884)으로 청군 일부 철수(3천중 1500명 철수)
④ 일본 공사(다케조에)의 재정, 군사를 개화당에 지원 약속

(2) 과정
① ²²_____ 거사(1884.10.17) → 김옥균이 왕,왕비를 창덕궁에서 경우궁으로 이동
② 민씨 처단(민영목, 민태호), 개화당 정부 수립, ²³_____ 발표
③ 청군 개입 ²⁴_____ 실패(위안스카이 진압, 3일천하) → ²⁵_____ 피살(우정총판), 나머지 일본 망명
④ 개화당 정변이 실패 후 일본으로 망명하자 반일정서로 민중들이 ²⁶_____ 파괴함

※ 갑신정변 14개조 개혁정강
  1. 대원군을 가까운 시일 안에 돌아오게 하고 청에 조공하는 허례의 행사를 폐지할 것
  2. 문벌을 폐지하여 인민 평등의 권리를 제정하고 능력에 따라 관리를 등용할 것
  3. 지조법을 개혁하여 간사한 관리를 뿌리 뽑고 백성의 곤란을 구제하며, 국가 재정을 넉넉하게 할 것
  4. 내시부를 없애고 그 가운데 재능이 있는 자는 등용할 것
  5. 국가에 해독을 끼친 탐관오리를 처벌할 것
  6. 각 도의 환곡을 영구히 폐지할 것
  7. 규장각을 폐지할 것
  8. 급히 순사를 두어 도둑을 막을 것
  9. 혜상공국(보부상 조직)을 폐지할 것
  10. 그 전에 유배, 금고된 사람들은 사정을 참작하여 석방할 것
  11. 4영을 합쳐 1영으로 하고 영 중에서 장정을 뽑아 근위대를 설치할 것, 육군대장은 세자를 추대할 것
  12. 재정은 모두 호조에서 관할케 하고 그 밖의 재무 관청은 폐지할 것
  13. 대신과 참찬은 합문 안의 의정소에서 회의 결정하고 정령을 공포해서 시행할 것
  14. 정부는 6조 외의 불필요한 관청은 모두 없애고 대신과 참찬이 협의해서 처리케 할 것

(3) 결과
① 개화세력 도태, 청 내정간섭 심화 → 친청보수세력 장기집권
② 인아거청 대두(러시아를 통해 청의 간섭을 벗어난다) : 2차례 조러밀약(1885,1886)
③ ²⁷_____ (조·일) : 배상금 지불, 비용 부담(10만원), 군대 주둔×
  cf 제물포조약 - 군대주둔(○)
④ ²⁸_____ (청·일) : 청·일 ²⁹_____ ⇒ ³⁰_____ 의 원인, 조선 파병시 미리 알릴것, 청일의 조선에 대한 군대 파병권

(4) 의의
최초의 근대국민국가 수립 운동 - 사대관계 청산, 입헌군주제 실시, 신분제 폐지

(5) 한계
일본 지원 의존, 토지개혁×, 민중지지×, 군대개혁↓

(6) 갑신정변 이후 정세 - 조러조약(1884) 직후
① 조러통상조약(1884.7) : 갑신정변 이전(베베르), 조러 밀약(2차례), 러시아세력 확대
② ³¹_____ (1885) : 러시아 남하 저지위해 영국 거문도 점령
  * 영국 : 조선을 청의 속방으로 인정하고, 공사대신 총영사 파견
③ 한반도 ³²_____ 대두 : ³³_____, 독일 부영사 ³⁴_____ **암기TIP** 길 중간에서 부들부들
④ 방곡령 사건(1889) : 함경도(조병식), 황해도(조병철) → 배상금 지불

* 개화파, 위정척사파, 동학 정책 비교

	개화파	위정척사파	동학
통상	찬성	반대	반대
정치개혁	찬성	반대	찬성
신분제개혁	찬성	반대	찬성
지주제 폐지	반대 → 메이지유신 갑신정변 효식균	반대 → 동학탄압(민보군이 동학농민군을 죽이려 했었다), 조선책략유포반대(이만손,홍재학)	찬성 → 사상적 배경 동학, 토지개혁 내용

암기TIP

63 - 73	75	76	80	82	83	84	85	86	94
흥선대원군	운	조	조선	미	통상	갑신정변			동
	요	무	책략	(임)	장정				청
	호	록	제		이				갑
				청	영독	러		프	
				속		(독자적)		(천주교포교)	

총정리

1. **임오군란** : 구식군인+도시빈민 폭동, 흥선대원군 재집권(청 납치)
2. **임오군란 결과** : 제물포 조약(배상금, 군대주둔), 조청상민수륙무역장정(양화진 개항)
   암기TIP 미 (임) 제 청 소 기
3. **갑신정변** : 급진개화파 정변, 우정국 축하연 거사, 14개조 혁신정강, 3일천하
4. **갑신정변 결과** : 개화세력 도태, 청 내정간섭 심화, 한성조약(배상금지불, 군사주둔×),
   텐진조약(청일전쟁 원인) 암기TIP 한 텐 거
5. **갑신정변 이후 정세** : 조러통상조약, 거문도사건, 한반도 중립화론 대두

CHAPTER 52 동학농민운동

POINT ① 전개과정 ② 집강소 ③ 사료분석 ④ 백산봉기 격문, 4대강령 ⑤ 폐정개혁안

암기TIP 삼서보 고백 황전(점청일화)집 교궁 청국 삼우보 홍
- 삼례, 서울, 보은집회, 고부민란, 백산봉기, 황토현전투, 황룡촌전투, (전주성점령→청군→일본군→전주화약), 집강소, 교정청, 경복궁 점령, 청일전쟁, 군국기무처, 삼례 2차봉기, 우금치전투, 보은전투, 홍범14조

1 배경

① **지배층 농민 수탈** : 배상금, 문물수용비용 → 수탈↑, 전운사(전세운반), 균전사 횡포↑
   * 전운사, 균전사 → 세금전달
② **농촌 경제 파탄** : 일본 경제 침탈 1___, 2___, 고리대, 쌀 유출↑, 농촌 수공업 몰락 (⇒ 3___ 면제품 수입)
③ **동학교세 확장** : 최제우 처형 후, 최시형 「4___」 – 한문 「5___」 – 한글 간행 → 인내천, 후천개벽사상, 교세↑, 주문-시천주조화정영세불망만사지, 부적-궁궁을을
④ 교조신원운동 전개 : 6___ (93, 종교적 → 정치적), 금구집회 (전봉준 주도) ⇒ 탐관오리 숙청, 서양세력 축출

2 전개과정

① 7___ (1894.1) → 고부군수 조병갑 폭정, 공덕비, 만석보 증축, 수세 징수(민란발생)
② 민란 발생 후 신임군수 박원명 선정 → 안핵사 이용태 농민탄압 → 무장봉기, 8___ (1894.3, 4대강령) → 9___ 에서 관군격파(1894.4), 초토사 홍계훈 격파 → 10___ 점령(남접 중심-전봉준, 김개남, 손화중, 1894.5.8)
   * 동학 – 청·일 양국군의 동시철수를 요구 ⇒ 보국안민, 제폭구민, 척왜양창의 주장, 4대강령(사람×, 백성↑, 일본×, 서울관리×)
③ 11___ (5.5 아산만 도착) → 12___ (5.6 제물포) → 텐진조약근거
④ 13___ (5.8) → 14___ (6.7, 53군 전라도지역 치안(나주,남원 제외), 행정 담당하는 농민자치조직,전봉준), 정부 폐정개혁 실천약속(6.11, 폐정개혁안12조, 15___ 설치)
⑤ 16___ (6.21), 청·일 전쟁 발발(6.23), 17___ 설치(6.25, 일본 내정간섭↑)
⑥ 농민군 토벌 시작 → 9월 삼례에서 2차 봉기(1894.9, 남접+북접(18___ 집결, 최시형, 손병희)) → 19___ 전투 대패(1894.11.11, 관군, 일본군, 민보군 ↔ 농민군) → 김개남 청주성 함락 실패 → 12월 전봉준 체포, 처형 → 영동, 보은 전투 패배

* 20 _____ : 전라도 53개군 치안 행정 담당(나주, 남원제외), 농민자치기구, 폐정개혁안 실천, 집강과 서기, 성찰, 집사, 동몽 등으로 구성, 총본부는 대도소로 전주에 있음, 전봉준이 주도

  사료TIP 공초사료 : 왜 재봉기하였는가? → 일본이 경복궁 점령했기 때문

3 성격

① 의의
  - 반봉건(노비문서×, 천인대우×, 신분×) → 갑오개혁 영향
  - 반외세(항일구국봉기) → 의병영향
    cf 갑신 : 문벌을 폐지하고 인민 평등권제정 능력에 따라 관리 임명
② 한계 : 근대사회건설을 위한 구체적 방안 제시하지 못함

  ※ 21 _____ (호남창의문) : 우리가 의를 들어, 안으로는 탐학한 관리의 머리를 베고 밖으로는 횡포한 강적의 무리를 내몰고자 함이라. 앉으면 죽산이요, 서면 백산이다.
  ※ 22 _____
    1. 사람을 죽이지 말고, 물건을 해하지 않는다.
    2. 충효를 다하고, 세상을 구하고, 백성을 편안하게 한다.
    3. 일본 오랑캐를 몰아낸다.
    4. 군대를 몰고 서울로 올라가 권세가와 귀족을 없앤다.
  ※ 잔여 동학농민군조직 : 영학당(영국종교위장), 남학당(제주도), 활빈당(대한사민논설)
  ※ 23 _____ (1900) : 활빈당의 강령 - 방곡령실시, 외국상인×, 금광×(금광채굴을 금지하고 인민의 방책을 세울것), 사전혁파, 균전법 실시
  ※ 동학농민운동 특징 : 반봉건(신분제반대), 반외세(일본반대), 24 _____ 주장
  ※ 동학 25 _____
    1. 인명을 함부로 죽인 자는 벨 것
    2. 탐관오리는 발본해서 없앨 것
    3. 횡포한 부호들을 준엄하게 응징할 것
    4. 유림과 양반들의 소굴을 토벌해 없앨 것
    5. 노비문서를 소각한다. - 신분제 폐지
    6. 7종의 천인차별을 개선하고, 백정이 쓰는 평량갓을 없앤다. -신분제 폐지
    7. 청상과부의 재가를 허용한다. - 과부재가 허용
    8. 무명잡세 등은 혁파할 것
    9. 관리채용에는 지벌을 타파하고 인재를 등용한다.
    10. 왜와 통하는자는 엄징한다 - 반외세
    11. 공사채를 물론하고 기왕의 것을 무효로 한다 - 공, 사채 무효
    12. 토지를 평균하여 분작한다. - 토지개혁 요구

총정리
1. 순서 : 암기TIP 삼 서 보 / 고 백 황 전(점청일화) 집 교 궁 청 국 삼 우 보 홍
2. 집강소 : 전라도 53개군 농민자치기구(전봉준 주도, 전라도 관찰사 후원)
3. 교정청 : 정부 자주적 개혁기구, 일본군의 경복궁 점령으로 ×
4. 백산봉기 : 탐학한 관리의 머리를 베고
5. 농민군 4대강령 : 사람을 죽이지 말고 물건을 해하지 않는다, 백성을 평안하게 한다, 일본 오랑캐를 몰아낸다, 서울로 올라가 권세가를 없앤다.
6. 폐정개혁안 : 노비문서소각(반봉건), 왜 내통한 자 엄징(반외세), 토지 평균 분작(토지제도 개혁)

CHAPTER 53 갑오개혁, 을미개혁

POINT
① 1~4차 김홍집 내각 특징   ② 갑오 1~2차 개혁 내용, 특징 비교
③ 을미개혁 내용 및 특징   ④ 갑오개혁 의의, 한계

1 배경

(1) **정부의 개혁인식** : 개화세력의 개혁의지, 동학개혁요구 → 교정청 설치(자주적)
(2) **일본의 내정개혁 요구** : 일본이 군대를 동원하여 내정개혁 요구(강요)   cf 교정소 - 대한제국

※ 개혁과정

갑오개혁	제 1차 개혁 1차 김홍집 내각 (1894.7)	① 일본 경복궁 점령 ② 김홍집 내각 구성 ③ 1 _____ 섭정 ④ 2 _____ 개혁 ⑤ 친일 내각 ↳ 총재관 → 김홍집, 일본간섭↓ (일본의 적극적개입×)
	제 2차 개혁 2차 김홍집 내각 (94.12 ~ 95.7)	① 청일전쟁 승리한 일본 내정간섭↑, 이노우에 공사 주도 ② 김홍집, 3 _____ 내각(친일 내각) ③ 4 _____, 독립서고문 반포(12월) - 경복궁근정전+종묘에서 발표 ④ 홍범14조 내용 : 2차개혁방향제시, 장관을 교육하고 징병하는 법을 사용하여 군제의 기초 확정

을미개혁	-	3차 김홍집 내각 (95.7 ~ 95.10)	① 삼국간섭 후 성립, 5 ⇒ 요동× ② 친러 내각	
	제 3차 개혁	4차 김홍집 내각	① 을미사변 후 개혁추진 ② 6 주도(유길준)	
			② 이범진, 이완용 등용 ④ 박영효실각, 일본망명	
			③ 단발령 반포 ⇒ 을미의병	

※ 8아문 : 내무아문, 외무아문, 탁지아문, 군무아문, 법무아문, 학무아문, 공무아문, 농상아문
※ 홍범 14조 : 청국에 의존×, 궁내부 의정부 분리, 조세징수 경비지출은 탁지아문 관할, 유학생, 징병제 실시, 인재등용
암기TIP 훈시 미친 시진 : 훈련대, 시위대 (갑오 2차), 을미개혁, 친위대, 진위대, 시위대(광무)

2 개혁 내용

구분	정치	경제	사회
제 1차 개혁 (94.6)	① 7 사용 ② 왕실(궁내부), 국정사무(의정부) 분리 ③ 6조 → 8 ④ 과거제 폐지 ⑤ 경무청/도찰원(감찰기구) / 중추원 설치	① 9 (탁지아문) 1차2차 可 ② 10 화폐제도, 외국화폐 사용 ③ 조세금납화/예산제도 ④ 도량형 통일 ⑤ 방곡령 반포 금지 **암기TIP** 아은신 - 아문, 은본위, 신분제 폐지	↗ 갑신&동학영향 ① 11 , 인신매매금지 ② 12 허용 ③ 조혼 금지 ④ 고문연좌제 폐지, 5형제도 폐지 - 봉건적 악습 타파
제 2차 개혁	① 군현제폐지(8도) → 23부 337군으로 개편(지방) ② 13 (8아문이 7부로 개편) ③ 14 지방 재판소 설치), 법관양성 ④ 경찰권 일원화 ⑤ 훈련대, 시위대 설치 → 군제의 기초확정	① 육의전 폐지 ② 상리국폐지 ③ 탁지부 산하에 관세사, 징세사 설치 * 보부상 : 혜상공국(보부상단체) → 상리국 → 황국협회 → 상무사 **암기TIP** 부사입 - 부, 사법부, 교육입국조서	① 지방관 권한 축소 ⇒ 군사권, 사법권 제외, 행정권만 행사 ② 15 → 한성사범(1895-1911), 소학교관제, 외국어학교 관제 발표, 유학생 파견, 근대적 교과서 편찬
제 3차 개혁	① 16 (조선 최초) ② 17 사용 ③ 종두법 시행 ④ 중앙 : 18 / 지방 : 19	※관리들의 두루마기 착용 (1896.1) 양복착용(1900) **암기TIP** 건태단소 - 건양, 태양력, 단발령, 소학교	· 우편사무 · 20 (을미의병 원인) · 21 (소학교령 - 여성교육可)
의미	· 국왕전제권↓ · 근대적 정부조직 · 군제개혁 미흡	일본의 경제침투 용이	봉건사회체제 해체

3 갑오 · 을미개혁의 의의, 한계

(1) **의의 :** 봉건적 전통질서를 타파한 근대적 개혁(신분제×)

(2) **한계** · 일본의 간섭(타율성), 위로부터의 개혁, 군제개혁×
· 농민요구사항×(토지개혁×), 일본침략 용이

(3) 아관파천 후(복고적 개혁개편), 단발령 폐지, 음력 부분 허용, 23부→13도, 호적제 개편(신분 대신 직업 기재)

4 성격별로 정리하는 개혁내용

· 반봉건(신분제×) : 갑신정변, 동학, 갑오개혁   · 반외세 : 흥선대원군, 위정척사, 동학, 임오군란
· 재정일원화 : 갑신정변, 갑오개혁, 헌의 6조(관민공동회)
· 토지분배 : 22

5 시대 흐름

암기TIP 시삼박3을(죽자개)아독 - 시모노세키조약, 삼국간섭, 박영효 일본망명, 3차김홍집내각, 을미사변, 을미개혁, 을미의병, 아관파천, 독립협회

· 순서 : 동학 - 청일 전쟁 - 군국기무처 폐지 - 2차 김홍집내각(박영효) - 23 조약 (청일전쟁결과) - 24 25 망명 - 26 내각(친러) - 27 (95.8, 여우사냥, 미우라 고로와 일본낭인 주도, 장소 경복궁 옥호루) - 4차김홍집내각(친일) - 28 - 을미의병 - 춘생문사건 (95.11, 미국 공사관으로 고종 파신 시도 실패 사건) - 29 (96, 러시아 공사관으로 고종 파신)

총정리

1. **1차 김홍집내각** : 대원군 섭정, 군국기무처 개혁, 친일내각, 갑오1차개혁
   2차 김홍집내각 : 일본 내정간섭↑, 군국기무처×, 박영효 연립내각, 홍범14조
   3차 김홍집내각 : 삼국간섭 후 친러 내각, 을미사변 발생
   4차 김홍집내각 : 친일내각 주도, 유길준, 을미개혁 추진
2. **1차 갑오개혁** **암기TIP** 아 은 신 / **2차 갑오개혁** **암기TIP** 부 사 입
3. **을미개혁** **암기TIP** 건 태 단 소   4. **시대 흐름** **암기TIP** 시 삼 박 3 을 아

CHAPTER 54 독립협회, 광무개혁

POINT
① 독립협회 활동(3자+민) ② 헌의6조 내용, 특징
③ 광무개혁 성격, 내용 ④ 간도, 독도 특성

1 아관파천(1896.2.11)

① 배경 : 을미사변과 단발령으로 반일감정 고조, 을미사변 후 고종 신변 위험 가중
② 춘생문 사건(1895.11) : 정동구락부(친미파)가 고종을 궁궐 밖으로 피신시키려고 한 사건(실패)
③ __1_____ (1896.2)
  · 고종이 __2_____ 으로 파천한 사건, 갑오·을미개혁 중단(__3_____), 을미의병 해산권고 발표
  · 친일내각 붕괴 친미·친러 내각 수립, 김홍집, 어윤중 민중에게 피살
  · 서구 열강의 이권 침탈 본격화(__4_____ 등)
    ↳ 러시아 · 일본 · 미국 · 영국 · 독일

2 독립신문 창간 : __5_____ 이 창간(1896.4.7, 중추원고문으로 귀국), 최초 __6_____, 최초 __7_____
  ↳ 독립협회보다 먼저 창간

3 독립협회(1896~1898)

· 순서 : 아관파천(96.2) - 친러내각 - 갑오 을미개혁 중단 - 열강 이권 침탈

(1) 독립협회 창립(__8_____)

① 배경 : 아관파천(1896) → 열강 이권침탈↑(친러내각 수립), 러일세력 균형
② 목적 : 자유민권 + 자주국권 + 자강개혁 + 민중계몽 → 국권수호와 자주독립국가 수립
③ 참여계층 : 진보적 지식인(서재필, 윤치호, 이상재, 남궁억, 정교), 정부관리(안경수, 이완용), 시민, 학생 노동자, 천민(백정, 박성춘) → __9_____ 연설

(2) 독립협회 활동(민 + 3자)

① 민중계몽운동 : 독립신문(96.4), 강연회와 토론회 개최, __10_____ (모화관 자리), __11_____ (영은문 자리, 독립의식↑, 사바틴 설계)
② 자주국권운동 : 고종 환궁 요구, 고종 경운궁 환궁(97.2), 대한제국 수립(97.10), 구국선언 상소문 발표(러시아 반대, 자주독립 주장하는 상소), __12_____ 개최(98.3, 종로) - 최초 근대적 민중대회, 개화세력 + 민중, 이권침탈 대항

※ 반러 : __13_____ 조차 반대, 러시아의 목포, 증남포 매도저지, __14_____ 폐쇄, __15_____ 철수
암기TIP 고은영 - 고문철수, 은행폐쇄, 절영도 조차 반대

· 기타 : 프랑스 광산채굴권 요구 저지, 독일 이권 요구 저지, 일본의 석탄고 기지 반환, 이권양도를 주도한 이완용 제명
· 한계 : 친일, 친미 성격, 반러 성격

③ 자유민권운동
  · 국민기본권확보 운동 : 신체·재산권·언론·출판·집회·결사자유, 노륙법, 연좌죄 부활 반대
  · 국민 참정권 운동 : 의회설립운동 추진, __16_____ 진보내각 수립
④ 자강개혁운동 : __17_____ 추구, 보수내각 퇴진 후 진보적 내각 수립 (박정양 내각, 98.9)
  → 관민공동회 개최 함(98.10)
  · __18_____ (98.3) : 러시아 이권 저지(서재필 주도), 수구파 관료 비난 → 서재필 미국 추방(98.5)
  · __19_____ 개최(1898.10) : 백정 박성춘 연설, __20_____ 채택(관선 25명, 민선 25명으로 구성, __21_____ 관제, 예산 공포, __22_____, 공개재판) **암기TIP** 중탁 - 중추원, 탁지부

* __23_____ (1898.10)
  1. 외국인에게 의지하지 말고 관민이 힘을 합해 전제 황권을 견고하게 할 것
  2. 외국과의 이권에 관한 계약과 조약은 각 대신과 중추원 의장이 합동날인해 시행할 것
  3. 국가 재정은 탁지부에서 전관하고, 예산과 결산을 국민에게 공포할 것
  4. 중대 범죄를 공판하되, 피고의 인권을 존중할 것
  5. 칙임관을 임명할 때에는 정부에 그 뜻을 물어서 중의에 따를 것
  6. 장정(정해진 규정)을 실천할 것

⑤ 해산 과정 : 박정양 내각 수립(1898.9) → 관민공동회 개최, 헌의6조 결의, 중추원관제 반포, 의회설립시도 → __24_____ 사건(공화정 추구한다) → 독립협회 해산(1898.12) → 복설시도(만민공동회, 1899.3) → __25_____ 와 군대 이용해 해산(1899.3)

※ 독립협회 순서 : 독립신문 → 영은문× → 독립문, 모화관× → 독립관 건립, 독립협회보 창간 → 강연회 개최 → 만민공동회 개최(1898.3, 종로) → 박정양 진보내각 출범 → 관민 공동회(1898.10, 종로) → 헌의 6조 결의 → 중추원 관제 반포 → 익명서 사건 → 황국협회(1899) 동원 충돌 → 해산
  ↳ 보부상단체

암기TIP 독립협회 순서 : 신문관 만진관 6해 - 독립신문, 독립문, 독립관, 만민공동회, 진보내각, 관민공동회, 헌의6조, 해산

(3) 해산 및 역사적 의의, 한계

① 해산 : 보수파 모함 - 독립협회 해산, 만민공동회 개최, 황국협회 동원, 만민공동회 해산

② 의의 : **근대적인 민중운동** - 자주국권운동 + 자유민권운동 + 자강개혁운동, 민중지지, 전국 4천 명 회원과 전국적 지회 설립

③ 한계 : 러시아, 보수 집권세력의 탄압, 시민세력 미성숙, 반러반청 → 26_____ 성격

〈 대한제국 - 광무개혁 〉

1 광무개혁(1897~1907)

(1) 대한제국 수립(1897)

① 배경 : 독립협회와 여론의 환궁요구, 러일간 세력균형 → 경운궁 환궁(순종 이후 덕수궁)

② 성립

• 27_____ ('광무'연호, '황제' 칭호, '대한제국국호'), 28_____ (1899) 반포

• '29___ '(환구단, 30___ 1897), '31___ '(제사 1899), 사례소(1897.6, 선왕 업적 정리) 설치

• 교전소(1897.3, 신구 법제 절충) → 교정소

(2) 광무개혁

① 성격 : 32_____ (복고주의, 동도서기론계승(온건개화계승)), 33_____ 설치(황제직속 특별입 법기구) ⇒ 점진적 개혁 추구

　　* 조선 : 동도서기론, 청 : 중체서용, 일 : 화혼양재

② 개혁내용 `암기TIP` [광무개혁] 제지도원해 - 황제권강화, 지계발급, 13도, 원수부, 해삼위통상사무

정치	1. 34_____ ↑(황제권↑)　　　5. 내각제 폐지 → 의정부 부활 2. 지방 23부 → 35___ 개편　　6. 궁내부 36___ 확대로 황실 재정 강화, 3. 독립협회 탄압 후 해산(98.12)　　평양을 서경으로 격상(풍경궁 건설) 4. 대한국국제 선포(99), 법규는 교정소　(대한국국제선포 이후 99년 이후) 　→ 전제군주제
경제	1. 양전사업(37_____ , 토지조사) → 38___ 발급(근대적토지소유권 제도, 지주제철폐목적×), 　→ 지계아문(토지측량과 지계발급 양지아문이 지계아문으로 통합) → 러일전쟁으로 39___ 　발급 중단 → 일제가 토지조사사업으로 계승 2. 40___ 정책(근대적 공장, 회사↑) - 서북철도국 설치(궁내부 소속, 1900) 3. 근대시설(전화, 전차, 의료, 통신) 4. 은행 : 한성은행(1897), 대한천일은행(1899)　`cf` 조선은행(1896)최초민간은행 관료 5. 상무사 설치(99) : 보부상 지원, 평식원설치(1902, 도량형 관할 관청)

군사	1. 41___ (99) → 황제직속　　　4. 징병제 실시 조칙 반포(1903.3) 2. 서울 : 42___ , 지방 : 43___ 　　5. 경위원(황궁경비, 사찰, 정보 수집) 설치(1901) `암기TIP` 시친 - 시위대 , 친위대 3. 무관학교 설립(98, 장교양성)
외교	1. **해**외교민보호 : 간도 관리사(이범윤), 44_____ (블라디보스톡) 2. 한·청 통상조약(1899) : 청과 맺은 대등한 근대적 조약, 최혜국×, 총영사관 설치 3. 울릉도 → 울릉군 승격(1900), 독도관할　→ 대한제국칙령제41호 4. 만국박람회 대표 파견(1900, 파리) 5. 한반도 영세 중립화 선언(1904.1) 6. 스스로 개항 항구 : 목포(97), 군산(99), 마산(99)　`cf` 원산×(강화도조약) 7. 만국우편연합가입(1900) 8. 대한제국 칙령 41호 반포(1900) - 독도가 한국영토임을 관보에 게재
기타	1. 근대시설 도입 : 철도, 전차, 통신시설 → 재정악화, 이권침탈 동반 2. 교육진흥책(실업, 기술학교↑, 경성의학교(99), 상공학교(99) 광무학교(1900)) 3. 해외유학생 파견 4. 망육순(51세) 행사 대비 도시 개조(탑골공원, 도로 등)

* 45_____
　· 법규 교정소에서 만국공법에 기초하여 제정, 만세불변의 전제 정치 강조, 군대 통수권, 입법권, 행정권, 사법권, 외교권 등
　· 모든 권한을 황제 대권으로 규정(황제권 강화)

* 광무 양전사업 모든 산림, 토지, 전답, 가옥을 발급대상에 포함
　`cf` 1910토지조사사업 only토지만, 임야조사령(1918)별도 실시, 농지개혁(임야포함×)

* **서북경략사 - 46___ (1883), 간도관리사 - 47___ (1902), 토문감계사 - 48___ (1885)**

* 러시아, 일본의 협정
　· 베베르 고무라 각서(96) - 러시아와 일본 세력 균형, 로바노프 야마가타 의정서(96) - 고종의 러시아 공사관 체류 인정
　· 로젠 니시협정(98) - 러시아 일본의 조선 내정 불간섭(세력 균형)

(3) 의의와 한계

① 의의 : 경제, 교육, 시설면에서 근대화와 국력증강을 위한 노력

② 한계 : 집권층의 보수적 성향과 열강 간섭으로 성과 미흡

※ 사료 : 대한국국제(1899.8) - 대한국은 자주독립제국, 대한국은 전제정치, 대한국 대황제는 무한군권

※ 연호 : 광서(청) → 개국 → 건양 → 광무 → 융희
　　　　　　　　갑오1차　을미　광무개혁　1907 순종
　　　　　　　　(연호×)　　　(고종)

※ 군제개편 정리
　1881 - 5군영 → 2군영, 별기군 창설　　　1882 - 임오군란 후 5군영 부활
　1884 - 갑신정변 : 4영 → 1영, 근위대 설치　1894 - 2차 갑오 : 49 , 50 설치
　1895 - 을미개혁 : 51 , 52 설치　　　　1897 - 광무개혁 : 53 , 54 설치

※ 1896년도 사건 : 아관파천, 13도 설치, 호적에 신분 대신 직업 기재, 조선은행 설립
　 1900년도 사건 : 한성중학교, 만국박람회 파견, 만국우편연합가입, 관리 양복착용, 해삼위통상사무관 파견, 대한 사민 논설, 울도군 승격, 서북철도국 설치

　* 고종때 시행한 군비 증강사업 순서　[암기TIP] 해무원징
　　해군제도입 → 무관학교창설 → 원수부창설 → 징병제실시

2 간도 · 독도

(1) 간도
① 55　　　　(1712) : 19세기 토문강 해석 간도귀속문제(서위압록, 동위토문) → 조선과 청간의 간도귀속 문제 다툼 → 18C
② 서북경략사 어윤중 파견(1882), 토문감사(1885 이중하) 파견, 간도를 함경도에 편입, 회령에 변계경무서 설치(1901) → 19C
③ 간도관리사 파견(1902 이범윤), 통감부 간도출장소 설치(1907) → 20C
　　　　　　↳ 헤이그특사 파견 이후
④ 56　　　(1909) : 일본이 남만주 철도 안봉선(안동 - 봉천) 획득 대가로 청 영토 인정

(2) 독도
① 숙종 때 57　 이 우리 영토로 확인
② 울릉도 개척령(1884), 공도정책×, 울릉군으로 승격시켜 독도 관할하게 함(조선 - 강원도 소속)
③ 러·일전쟁 중 일제는 독도를 일본 영토로 편입시킴(1905, 58　　　　고시), 1906 강원도
　→ 경상도 편입

④ 해방 후 : 1946년 연합국 최고 사령관 각서 제 677호에서 독도를 한국의 행정 관할 구역으로 선포
⑤ 이승만 라인 선포 : 1952년 독도를 우리 영토로 선언(일본 인정하지 않음)

※ 독도 기록
· 59　　　　　, 동국여지승람 : 울릉도, 독도(강원도 울진현 소속)
· 신증동국여지승람 내 60　　　 : 최초 울릉도, 독도 표기 지도
· 일본 기록 : 은주시청합기(1667, 일본 최초 문헌), 일본여지노정전도(1779, 울릉도, 독도가 국경선에서 제외), 삼국접양지도(1785, 울릉도 독도를 조선영토로 표시), 조선전도(1876, 일본 육국 참모국에서 발행한 지도로 울릉도, 독도를 조선영토로 간주
· 태정관 지령(1877) : 일본 정부 최고행정기관인 태정관은 독도가 일본과 관계가 없다는 결론을 내림

총정리

1. **독립협회** : 3자 + 민, 반러 활동 - 고 은 영　[암기TIP] 독립/신문관/만진관/육해
2. **관민공동회** : 헌의6조 - 중추원 관제, 탁지부 재정적 일원화
3. **광무개혁** : 제 지 도 원 해
4. **간도**
　· 백두산 정계비(서위압록, 동위토문), 토문감토사(이중하)
　· 간도관리사(이범윤), 간도협약(1909년 불법적 협약)
5. **독도**
　· 숙종 안용복 우리 영토 확인, 울릉도 개척령
　· 러일 전쟁 중 일본 영토로 편입(1905년 시마네현 고시)

CHAPTER 55 항일의병운동, 애국계몽운동

POINT
① 을미·을사·정미의병의 이해 비교
② 동학농민운동과 을미의병의 이해
③ 애국계몽단체의 설립과 활동
④ 신민회 활동과 특징

1 항일의병운동

(1) 항일의병운동의 시작: [1] 1895

① 원인: 을미사변과 단발령, 공주유생 유인석 등이 주축이 된 위정척사계열의 유생들이 개화정책에 반발해 전국적 규모의 [2] (충주), [3] (강원도), [4] (경북), [5] (경기) 등 주도

② 주도세력: 위정척사계열 유생 - 동학농민군 잔여세력, 친일관리 처단 등 반침략 반개화 운동 전개

③ 해산: 아관파천 후 단발령 철회, 고종의 해산권고(조칙)으로 해산

④ 전사대: 유인석 (1898) - 평안도지역에서 정주성에서 1899년에 일본군 잡기기기 주도, 유림세력 등을 규합해 본격적인 유림의 독립운동 방법 전파, 황해도 평산 등지에서 활동

⑤ 조기의병(1900~1905): 김남수·이남규 등 영남 유생이 주도
⑥ 을사의병(乙巳義兵): - 일부의 유생 유인석·이용구에 자결 [8] (동학당, 주도)

※ 유생 의병장: 농민군
동학의병운동이 원인은 유생의병에서 시작되어 고급 유림운동은 이항운동 기암

(2) 을사의병(1905) - 이용식운동 자체

① 원인: [9] 사건(1905. 11) - 을사조약 체결(이사용, 이근택, 이완용, 이용군, 권중현)

② 지방각지 의병
전국의 유림이 일제에 항거하여 일본의 침략에 격분해 의병운동 시작

○ 유생: 조병세, 이상설, 최익현, 송병선, 민영환

[10] 「의사의 마음...」 자제TIP [11] (대로포), [12] 「의병의 난」: 전사주의
[13] 전사민 (조기개체) → 평민의병장

※ **최익현** : 경복궁 중건 반대 상소, 흥선대원군 하야 상소, 5불가소, 을미의병(단발령), 을사의병(포고팔도사민, 도장을 마음대로 찍고 조약), 쓰시마 섬에서 사망

남궁억 : 황성신문 발행인, 무궁화 보급

25 _____ : 독립협회 활동, 조선교육회 회장, 민립대학 설립운동, 신간회 초대 회장, 최초 사회장

26 _____ : 대한협동회 회장, 을사조약 반대 상소, 서전서숙 설립, 헤이그특사 파견, 성명회, 권업회 조직, 대한 광복군 정부 조직

(3) 정미의병(1907) - 의병전쟁 전개

① 원인 : 고종 27 _____ (1907.7.20), 정미7조약(1907.7.24), 28 _____ 해산(1907.7.31)
  ↳ 헤이그특사빌미

② 주도
  - 군대해산으로 29 _____ 자결, 서울 시위대 + 지방 진위대 봉기, 강화도 진위대장 30 _____, 의병에 합류
  - 해산된 군인주도 + 각계각층(농민, 노동자, 광부, 포수 - 김수민, 31 _____)

③ 활동 32 _____ 조직 cf 13도 의군(연해주)
  ㉠ 외교 활동 : 서울주재영사관 교전단체 인정요구 → 거부
  ㉡ 서울진공작전 : 총대장 - 33 _____, 군사장 - 34 _____, 13도연합의병(1907. 12), 평민의병장 배제 → 이인영 낙향, 허위 동대문 진격 → 실패
  ㉢ 국내진공작전 : 홍범도, 이범윤이 의병부대를 이끌고 국내진공을 꾀함
  ㉣ 의병활동위축 : 35 _____ (1909), 36 _____ 지역 의병 학살(1907.8, 맥켄지 기사), 호남의병 큰 피해
  ⇒ 만주, 37 _____ (13도 의군 결성. 1910) 이동, 38 _____ (마지막 의병장) 체포(39 _____) ⇒ 세력↓

  암기TIP
  - 을(을미) 95 - 유인석(유생) • 활빈당-대한사민논설
  - 을(을사) 05 - 종현의 돌(평민) • 정(정미) 07 - 허위, 이인영(군인)

(4) 의의 및 한계
① 의의 : 일제하 항일투쟁기반 마련
② 한계 : 봉건적 질서의 유지를 고집하는 유생층 주도

〈 애국계몽운동 〉

1 애국계몽운동(1904~1910)

(1) 애국계몽운동 성격
① 성격 : 사회진화론 영향, 교육·산업·언론을 통해 실력양성운동
② 변천과정 : 주기론 → 북학사상 → 통상개화론 → 독립협회 → 애국계몽운동 → 일제시대 실력양성운동
③ 한계 : 의병운동을 부정적으로 평가, 사회진화론에 의거해 제국주의 식민지배를 인정함

(2) 애국계몽단체 활동 **암기TIP** 보헌자협신 - 보안회, 헌정연구회, 대한자강회, 대한협회, 신민회

① 40 _____ = 협동회, 공진회로 계승
  - 1904.7, 원세성, 송수만 등이 서울에서 조직, 일본 41 _____ 반대운동(1904) ⇒ 성공, 농광회사 설립
  - 민중대회 개최, 협동회로 명칭 변경, 회장 이상설, 원세성, 송수만, 심상진 중심, 일제 탄압으로 해체

② 42 _____
  - 1905.5, 공진회 해산 후 보부상을 제외한 이준, 윤효정 등 독립협회 인사들이 조직
  - 헌법과 정치연구, 독립협회 계승, 43 _____, 일진회 대립, 을사조약 이후 통감부에 의해 강제해산

  ※ **일진회** : 1904-1910, 송병준, 이용구가 만든 매국 단체, 일제 강제 병합 적극협력, 병합 후 해산

③ 44 _____ **사료TIP** 대한자강회는 고종 강제퇴위를 반대하다가 통감부에 의해 해산되었다.
  - 1906.4 45 _____ 반대, 장지연 주도 + 윤치호, 윤효정, 교육산업진흥추구, 헌정연구회 계승
  - 지회(25개)설치, 대한 자강회 월보 간행, 강연회 개최, 국채보상운동 참여
  - 해산(1907) - 고종퇴위 반대, 군대해산 반대, 일진회 반대, 보안법(1907) 적용

④ 대한협회 : 1907.11, 대한 자강회 계승, 장지연, 오세창 등 천도교 세력 중심, 교육, 산업 진흥, 실력양성 ⇒ 친일성격↑

⑤ 46 _____ : 1907-1911
  - 조직 : 47 _____, 양기탁, 신채호, 박은식, 이동녕, 이동휘 등 민족운동가 비밀결사(1907) → 전국적 조직(총본부-감독부-총감소-군감소)
  - 목표 : 국권회복, 공화정체의 국민국가 건설, 선실력 후기회론
  - 국내활동 : 실력양성, 민족주의 교육실시(대성1907, 오산1907), 민족산업육성(50 _____)
    ↳ 48 _____ ↳ 49 _____

- 국외활동
  - 국외독립기지건설(남만주 삼원보, 밀산부 한흥동, 신흥무관학교) → 무장투쟁 준비
    ↳ 서간도
  - 청년학우회(1909) → 51_____ (1913, 샌프란시스코)
    ↳ 안창호
- 산업 : 태극서관(서적출판, 평양, 서울, 대구), 자기회사(평양)
- 언론 : 52_____ (신민회 기관지), 소년(협력지), 조선광문회(학술지, 민족고전간행)
  ↳ 윤치호,양기탁 체포   ↳ 박은식, 최남선
- 해체 : 안악사건 → 53_____ 이 군자금 모금사건으로 조직 와해(1911) → 54_____ 으로 해산
  ↳ 데라우치 총독암살미수로 조작함

(3) 교육, 언론 활동
① 교육단체 : 서북학회(평안도, 함경도, 황해도 출신 인사들 중심), 호남학회, 기호흥학회 등
  ⇒ 민족의식, 민중계몽, 신교육 ↑
② 언론활동
  - 55_____ (남궁억, 장지연) – 56_____ '시일야방성대곡'
  - 대한매일신보(57_____) – 국채보상운동 전개, 베델의 치외법권을 이용해 대중계
    몽 및 항일사상 고취 cf 독립신문 – 서재필

자료TIP 신민회 4대 강령
1. 국민에게 민족의식과 독립사상 고취
2. 동지를 발견하고 단합하여 국민운동역량 축적
3. 상공업기관 건설로 국민의 부력 증진
4. 교육기관 설립으로 청소년 교육진흥
   - 의병이 퇴조할 무렵, 총감독 양기탁의 집에모여... 독립군 기지를 만들어서 무관학교를 설립하고...
   - 신민회 취지문 : 신국가, 신단체, 신정신

총정리
1. **을미의병** : 을미사변/단발령 원인, 유생중심(유인석,이소응), 고종 해산권고 조칙으로 자진해산
2. **활빈당** : 해산된 농민들 조직, 반침략 반봉건, 대한 사민 논설
3. **을사의병** : 을사조약 원인, 유생(민종식,최익현), 평민(신돌석), 평민의병장 등장
4. **을사조약반대운동** : 의병, 상소, 자결, 미국특사파견, 헤이그특사, 의열활동
5. **정미의병** : 고종강제퇴위, 군대해산 원인, 13도창의군 조직(이인영, 허위)
6. **남한대토벌 작전** : 1909 의병탄압, 만주, 연해주로 이동, 의병 위축
7. **애국계몽운동** : 암기TIP 보 헌 자 협신
8. **보안회** : 황무지개간권 반대운동 / **헌정연구회** : 입헌군주제
   대한자강회 : 고종강제퇴위 반대 / **대한협회** : 실력양성, 친일성격
9. **신민회** : 신단체, 신국가, 신정신, 국내 – 실력양성, 국외 – 해외독립군기지건설, 비밀결사단체

CHAPTER 56 열강의 경제 침탈과 구국운동

POINT ① 1870~1890년대 외세침탈 경쟁 특징   ② 열강 이권침탈 종류
③ 일본 토지약탈 과정   ④ 일본의 금융지배 과정
⑤ 상권수호운동, 이권수호운동, 국채보상운동 특징

1 청과 일본 상인의 침투

강화도 조약 후 (1876~1882)	· 강화도 조약 이후 일본 상인 진출 – 1_____ 무역 (객주, 보부상 이익 얻음) · 수출 : 2_____ / 수입 : 3_____ 면직물(조선 수공업 피해) · 일본 쌀 유출로 곡물가격 상승, 외국면직물 유입으로 면직물 산업 타격
임오군란 이후 (1882~1894)	· 4_____ (양화진, 내지통상허용) – 청상인, 일본상인 상권침탈경쟁 · 조일통상장정 : 관세, 최혜국대우, 방곡령규정 (국내 상인 타격) · 우리나라 상인의 대응 : 객주(상회사1883 – 장통회사, 대동상회), 시전상인 – 5_____ · 보부상(혜상공국 1883) → 6_____ (대한제국이 보부상을 끌어들여 만든 단체(독립협회와 만민공동회 활동 방해))1898 → 상무사1899
청일 전쟁 후 (1894~1904)	· 제국주의 열강의 이권 침탈 심화 → 삼국간섭과 아관파천 후 본격화 · 일본 무역 독점, 일본상인 ↑, 7_____ 유입 · 일본인 자본가 대규모 농장경영 (전주, 군산, 나주 등)
러일 전쟁 후 (1905~1910)	① 토지약탈 본격화, 8_____ 화폐정리사업(1905.7~9), 금본위제 ② 9_____ – 백동화 남발로 인한 물가 상승 　→ 조선화폐(백동화, 엽전) 회수, 일본제일은행권 교환(기준, 갑, 을, 병) 　→ 조선 상공인 피해, 조선민족은행 몰락, 신은행령, 화폐부족현상(물가하락) ③ 재정장악 목적으로 차관제도 : 10_____ 발생(1907) (시설개선목적)

2 경제적 구국운동 전개

방곡령 실시	· 일본상인의 곡물 반출로 곡물 부족 : 지방관 방곡령 실시(11_____) – 일본의 압력으로 방곡령 철회(12_____)–1개월 전 통보 규정 때문(조일통상장정(83))
상권수호운동	청일 상인의 상권 침탈 : 서울 시전 상인들의 상권 수호운동 전개(철시파업(80년대 후반), 황국중앙총상회 조직 1898)

도끼한국사 빈칸노트 / PART 06 근대 사회의 전개 **130**

이권 수호 운동 (독립협회)	독립협회의 13 요구 저지, 14 폐쇄, 독일, 프랑스의 광산 채굴권 요구 저지, 러시아의 목포, 증남포 토지 매도 요구 저지, 재정고문 철수
황무지개간반대	보안회 중심으로 반대운동 전개 - 15 설립
국채보상운동 (원인 : 일본의 화폐정리와 시설개선 목적으로 거액의 차관을 제공했다.)	• 1907, 16 제 등이 17 시작 : 서울에서 국채보상기성회 설립 **암기TIP** 빛나는 돼지 - 김광제, 서상돈 • 대한매일신보, 만세보, 황성신문, 제국신문 홍보 18 • 일제 탄압 : 공금횡령으로 양기탁 구속, 부호들의 참여× ↳ 서울 국채보상기성회(서울에서 합류) **암기TIP** 대만황제 - 대한매일신보, 만세보, 황성신문, 제국신문

3 민족 자본의 성장

(1) **시전상인** : 1880년대(철시투쟁) / 1890년대(황국중앙총상회(1898), 종로직조사 설립)

(2) 19   : 증기선 도입 / 개성상인(인삼재배권 회복을 위한 저항)

(3) 20   : 1880년대 상회사 설립(창신상회, 태평상회)

(4) **근대적 상회사 설립** : 21   (1883, 평양), 22   (1883, 서울), 종삼회사(개성) 등

(5) **1890년대 식산흥업정책**
- 황실주도 방직, 제지, 무기제조 공장 운영, 민간회사지원, 농상회사
- 민족 해운, 육운회사 설립(대한협동우선회사, 인천윤선주식회사)
- 서북철도국(1900, 이용익), 대한철도회사(1899, 박기종)

(6) **상무사 설립(1899)** : 상인과 보부상 중심, 외국상 영업세 징수 기능, 혁파(1904)

(7) 금본위제 시도, 차관도입 시도 실패(프, 러), 메가타의 금본위제 시행

(8) **근대적 산업 자본** : 조선유기상회(1897), 대한직조공장(1897), 종로직조사(1900), 연초공장, 사기공장 ↳ 최초은행

(9) **금융** : 23   (1896, 관료자본), 한성은행(1897), 천일은행(1899) 화폐 정리사업으로 몰락

(10) **광업회사** : 해서철광회사(1900), 수익금광합자회사(1903)

4 열강의 경제침탈

(1) **열강의 이권침탈**

① 열강의 이권침탈 : 아관파천(1896) 이후 열강은 최혜국대우규정을 내세워

   ㉠ 24   : 압록강, 두만강, 울릉도 25   (1896), 경성, 종성 광산 채굴권(1896)

   ㉡ 미국 : 26   부설(1896) → 일본에 양도(1897), 갑산, 27   채굴권(1896), 전등, 전화, 수도, 전차, 전기 부설권

   ㉢ 일본
- 경인선 부설권 미국으로 부터 인수(1897) 완공(28), 경부선 부설권(1898) 완공(29)
- 경의선 부설권(1903) 완공(30), 경원선 부설권(1904) 완공(31), 직산 금광(1900), 연안 어획권, 하천 운항권

   ㉣ 영국 : 은산(평안도) 금광 채굴권(1900)

   ㉤ 독일 : 당현(강원도) 금광 채굴권(1897)

   ㉥ 프랑스 : 경의선 부설권(1896) - 일본이 인수(1903)

(2) **일본토지약탈**

① 청일전쟁이후 : 일본인 대농장 경영(전주, 나주, 군산…)

② 러일전쟁이후
- 철도부지, 군용지 확보를 구실로 본격적 토지약탈
- 32   - 대한제국의 군용지, 철도부지 마음대로 사용 가능
- 황무지 개간권 요구(1904. 7) → 보안회 반대로 철회 **사료TIP** 일본인 나가모리
- 33   (1906) - 외국인의 부동산 소유 인정

③ 34   (1908) → 나석주 폭탄투척(1926)
- 토지와 자원수탈 목적으로 설치, 일본 토지 투자, 농업이민 후원 ⇒ **토지조사사업(1910)**

(3) **일본의 금융지배와 차관제공**

① 일본의 금융지배 : 러일전쟁 후 한국정부의 화폐발행권 박탈
- 35   (1897, 부산) : 은행 업무 이외 세관, 화폐정리 업무 담당
- **농공은행 설립(1906)** : 농업 공업자금 지원 목적(실제로는 일본인 토지구입 대금 빌려줌)
- **토지조사사업(1912) 이후** 36   에 통합(1918)
- **화폐정리사업(1905)**으로 대한제국의 재정과 유통체계 장악 → 37   몰락

② 차관제공
- 청일전쟁이후 : 내정간섭과 이권획득 목적으로 차관제의
- 러일전쟁이후 : 화폐정리와 시설개선 목적으로 차관공세 → 재정 예속화 심화

※ 화폐정리사업(1905) : 메가타(1차한일협약 때 파견된 재정고문)

1. 배경 : 은 가격 하락으로 인한 화폐 가치 하락, 경제 예속화 작업
2. 취지 : 일본 제일은행은 중앙은행화하여 금본위 화폐제도 시행
3. 방식 : 화폐정리를 위한 차관도입(3백만원), 백동화를 남발하던 전환국 폐지(04), 백동화를 제일
   은행권으로 교환, 화폐 상태에 따라 갑종 2전5리, 을은 1전, 병동 폐기
4. 결과 : 화폐 발행권 강탈, 국내 민족 자본 은행과 중소기업가 몰락, 농촌경제 파탄, 화폐 부족으로
   디플레이션 발생, 막대한 국가채무발생(국채보상운동 원인)

총정리

1. **청일 상권 침탈 경쟁** : 개항초기, 1880년대, 1890년대 특징
2. **열강의 이권 침탈** : 일본 – 철도 / 러시아 – 산림 / 미국 – 금광
3. **일본 토지약탈** : 황무지 개간권 요구(보안회 반대)
   동양척식주식회사 설치(토지약탈, 일제 토지조사사업 주도)
4. **일본 차관 증가** : 국채보상운동 발생
5. **화폐정리사업** : 메가타 주도, 일본 제일은행권 화폐 교환 → 조선상인 몰락

CHAPTER
57 사회의식 변화, 근대문물 수용

POINT ① 신분제 변화과정 ② 근대문물 수용과정(연도암기) ③ 언론기관(신문사) 특징, 비교

1 사회의식 변화

(1) 평등사회로의 이행

1801	**1** 해방(순조)
1884	갑신정변 14개조 개혁정강(문벌×, 인민평등권)
1894	동학의 **2** (노비문서 소각, 천인 차별 개선)
1894 ~1895	**3** , 신분제·과거제도 폐지, 연좌제/고문 타파, 조혼금지, 과부재가 허용 소학교령 ⇒ 여성권익↑ → 신분제도 폐지 → 평등사회기틀 마련
1894 ~1895	호구조사규칙(신분삭제), 백정 박성춘 관민공동회 연설, 헌의 6조 – 피고인권존중
1896	호적제 개편 : 신분 → 직업기재

※ 여성 지위 상승
여자교육회, 이화학당 진명부인회(1886), 진명여학교설립(1906)
4   (최초여성단체, 북촌 양반 부인 중심, 최초 여권 운동 전개 , **5**   발표, 순성여학교 설립)
6   (1898, 한국인이 세운 최초 여자 사립학교), 양규의숙(1906)
박에스더(최초 여의사), 윤희순(의병가 작사, 군자금 모금)

(2) 민권사상 보급
- 동학농민운동(94) : 신분제도 타파, 근대적 사회의식 표명 한계
- 갑오·을미개혁(94, 95) : 신분제도 폐지, 근대적 사회의식 표명 → 민중지지×, 외세개입 한계
- 독립협회(96~98) : 국민 기본권 보장, 근대민권의식 형성
- 애국계몽운동 : 민주공화정제 출현, 국민국가건설 필요성 주장

PART 06 근대 사회의 전개

(3) 생활모습 변화

① 의식주 변화
- 의복 : 신분에 따른 옷 구별 폐지, 을미개혁 때 예복으로 검정두루마기, 1900년 문관복장규칙 반포(양복) → 서양식 복제 도입
- 음식 : 커피, 케이크, 호떡, 오뎅, 과자
- 주거 : 서양식 건물 – 7._____(96), 8._____(98, 고딕양식), 정동교회(98), 손탁호텔(02 독일여성 손탁), 9._____(르네상스양식 10) **암기TIP** 독 명 석 – 독립문, 명동성당, 덕수궁 석조전

  * 최초양복착용 – 서광범

※ 국외이주 동포생활(1위 : 일본(노동자↑), 2위 : 간도, 3위 : 미주)
- 간도 : 19세기 후반 이주 시작, 황무지 개척, 벼농사 → 독립군 기지 건설
- 연해주 : 100여개의 신한촌 건설 – 독립운동 기지화
- 미주지역 : 농장노동자 하와이 등지로 이민(1903 알렌주선), 사진결혼, 멕시코 '애니깽'
- 일본 : 초기 유학생, 정치망명가, 지식인, 일제시대 – 노동자↑

2 근대문물 수용

(1) 서양과학기술 수용
① 개항 이전 : 청을 통해 일부실학자 서양과학기술 수용
② 개항 이후 : 동도서기론 바탕으로 서양과학기술 수용, 신사유람단, 영선사 파견
③ 대한제국시기 : 식산흥업 정책의 일환으로 학교설립, 유학생 파견

(2) 근대시설의 수용 **암기TIP** 전(83)박(83)기(83)우(84) **암기TIP** (85)전신병원 [전신] – 청나라가 주도

무기	10._____ (1883, 최초의 무기공장)
화폐	11._____ (1883, 당오전 주조, 묄렌도르프)
출판	12._____ (1883, 한성순보), 광인사(1884, 최초 민간 출판사)
전신	13._____ (1885), 14._____ 전신(1885) / 15._____ (1887) / 전기(1885) / 16._____ (1898)
우편	갑신정변으로 중단, 을미개혁 때 재개, 만국우편연합 가입(1900), 17._____ (1884)
전화	궁중에 최초로 부설(덕률풍이라 불림, 18._____) → 서울 민가에도 가설(1902)
철도	19._____ (1899), 20._____ (1905), 21._____ (1906) **암기TIP** 인부의
전차	한성전기회사(1898, 미국과 합작) → 최초 전차 22._____

의료	23._____ (1885, 알렌, 제중원으로 개칭), 위생국(1885), 24._____ (1900), 세브란스(1904, 에비슨), 25._____ (1907), 26._____ (1909, 도립병원, 전국 10개) **암기TIP** 광제 제대개 00 07 09 – 광혜원, 제중원, 광제원, 대한의원, 자혜의원
건축	· 27._____ (1896), 28._____ (고딕, 1898) · 29._____ (르네상스식, 1910, 미소공동위원회 회의장, 박물관으로 사용) · 손탁호텔(1902, 최초호텔, 독일여성 손탁이 세움) · 덕수궁 중명전(1901) – 고종 집무실, 외국사절 연회, 을사조약체결 · 사타틴 – 러시아인 손탁호텔, 덕수궁 중명전, 세창양행직원 사택 설계 **암기TIP** 독(96) 명(98) 석(10)

(3) 언론기관 발달 **암기TIP** 순주독 황제 대만경 – 한성순보, 한성주보, 독립신문, 황성신문, 제국신문, 대한매일신보, 만세보, 경향신문

① 30._____ : 최초의 신문(관보, 순한문) (83~84), 31._____ 에서 발간, 32._____ 주도, 10일에 한 번, 갑신정변때 폐간(84)

② 33._____ : (최초)국한문 혼용, 최초 34._____ (86~88), 7일마다 간행(주보), 박문국에서 간행(88년에 폐지됨)

③ 35._____ : 1896년 4월 7일 창간(현재 신문의 날)~1899년 폐간, 근대적 일간지, 한글판, 영문판, 최초의 36._____, 정부 지원 받아 창간, **최초민간신문**, 국권·민권사상↑, 독립협회기관지, 띄어쓰기 실시, 37._____ (96~99)주도, 독립협회 해산후 폐간(1899)

④ 38._____ (1898~1910) : 유생층 대상, 국한문 혼용, 장지연 39._____, 오건조약청제 전말 게재(을사조약 과정설명), 40._____ 발행, 한성신문으로 계승했지만 1910 폐간

⑤ 41._____ (1898~1910) : 서민, 부녀자 대상, **순한글**, 42._____ 발행, 이승만 주필, 신교육, 국민계몽
  사료TIP 순국문으로 날마다 출판하고자 하니, 대황제 폐하의 당당한 대한국 백성에게 속한 신문이라는 뜻에서 지은것이다.

⑥ 43._____ (1905~1910) → 국권피탈 후 일제가 인수 → 총독부 기관지
  44._____, 반일논조, 의병호의, 영문, 국문·국한문체 베델(영국아일랜드), 양기탁, 일본인 출입금지 표기, 신민회 기관지, 45._____ 무효를 주장하는 고종의 친서 게재, 신문지법으로 위축, 베델 추방, 경술국치 후 총독부 인수 후 매일신보 개칭(친일)

⑦ 46._____ : 국한문 혼용, 천도교 기관지, 47._____ '혈의누' 게재, 손병희·오세창(06~07.6), 일진회 공격, 재정난으로 이인직에게 인수됨, 48._____ 개칭, 친일 내각 기관지로 변함

⑧ 49._____ : 순한글, 천주교 기관지, 50._____ 신부 드망즈 간행(06~10), 국민계몽, 교회기관지

⑨ 대한민보(1909~1910) : 순한글, 오세창 중심, 대한협회 기관지, 국민신보에 대항
  ↳ 이완용내각 기관지

⑩ 경남일보(1909~1914) : 순한글, 최초의 지방신문

※ 일제탄압 : 신문지법(1907) - 국내 신문 탄압, 대한매일신보, 해조신문은 제재 못함
　　　　　　신문지법 개정 (1908.4) - 언론, 출판 자유제약(거의 모든 신문), 국권피탈 후 폐간

※ 친일신문
· 국민신보(1906) : 일진회 기관지
· 경성일보(1906) : 통감부기관지
· 대한신문(1907) → 이인직 인수, 이완용 내각기관지
· 매일신보(1910) : 대한매일신보 폐간 후 창간한 총독부 기관지

※ 국외발간 신문
· 하와이 : 한인합성신보(1907), 신한국보(1909)
· 미주본토 : 공립신보(1905), 신한민보(1909)
· 연해주 : 해조신문(1908), 대동공보(1908), 권업신문(1912)

총정리

1. **평등사회 이행** : 1886 노비세습제 폐지, 1894 신분제 폐지
2. **근대문물 수용** : 전 박 기 우(83.83.83.84) / 전신, 병원(85) / 전등(87) / 전화, 전기(98) /
　　　　　　　　　　전차, 기차(99) / 독 명 석(6.8.10)
3. **언론기관** : 순 주 독 황 제 대 만 경
4. **신문지법** : 1907년 일제의 언론 탄압

CHAPTER 58 근대교육, 국학, 문예

POINT ① 원산학사, 동문학, 육영공원 특징　② 교육입국조서 특징
　　　　③ 독사신론, 국문연구소 특징　　　④ 국권 피탈 과정

1 근대교육 - 학교 중심으로 볼 것

(1) 근대교육의 시작(1880년대) 암기TIP 원동육 (83 83 86)
① 1_____ (1883) : 최초 근대식 학교(사립), 근대학문 + 무술교육 → 덕원부사 정현석 + 주민
② 2_____ (1883) : 영어 강습기관(통역관 양성), 묄렌도르프, 외국어 교육(통역관), 관립외국어교육
　　기관
③ 3_____ (1886) : 상류층 자제 근대학문 교육, 최초 관립학교, 4_____ 초빙, 좌원(현직관
　　료) + 우원(상류층자제) 교육, 1894년 폐교

(2) 근대적 교육제도의 마련(갑오개혁 시기)
① 학무아문 설치(1894년 1차 갑오개혁) : 교과서 편찬(국민소학독본, 초등 본국 역사)
② 5_____ 발표(1895) : 2차갑오개혁, 6_____ 관제 반포, 설립(1895.7), 교과서 편
　　찬 - 국민소학독본(1895, 국어교과서), 유년필독(1907, 현채), 초등본국역사(1908)
③ 7_____ 공포(95.9) : 소학교 설치
④ 각종 관립학교 설립(소학교, 사범학교, 외국어 학교) : 한성중학교(99), 흥화학교(민영환, 98.11)

(3) 사립학교 설립
① 애국계몽운동가(을사조약 이후)
· 8_____ (07, 안창호), 9_____ (07, 이승훈), 보성(05, 이용익), 진명(06), 숙명(06, 엄귀비, 황
　실), 흥화(98, 민영환), 점진(99, 안창호)
· 10_____ (06.북간도, 이상설, 최초 해외 민족교육기관)
② 개신교 중심 : (최초)11_____ (아펜젤러, 85), 12_____ (스크랜턴, 86), 13_____ (언더우드, 86),
　　정신여학교(87), 숭실학교(97) 암기TIP 경배이

(4) 학회
· 서북학회(1908, 평안도지역) - 기존의 서우학회와 한북흥학회를 통합, 월보 간행 등 교육운동
　전개, 호남학회(1907, 전라도 지역)
· 기호 흥학회(1908, 경기도, 충청도 지역) → 일제의 탄압(사립학교령, 학회령 - 1908년)

(5) 일본의 통제 : 교과서 검정제도 실시, 1908년 사립학교령으로 일제의 통제(허가제)

2 국학연구

(1) 국사연구(근대계몽사학)
① 민족주의 역사학
- 신채호 「14_____」(1908) : 민족주의 역사학 방향 제시, 대한매일신보에 연재, 단군에서 발해역사 다룸
- 신채호 『역사와 애국심과의 관계』
- 15_____ : 최남선, 박은식, 민족고전정리

② 영웅전기 편찬 : 을지문덕전, 강감찬전, 이순신전, 최도통전 → 신채호
③ 외국역사서 : 미국독립사, 이태리 삼걸전 → 신채호
④ 국권침탈과정 서술 : 매천야록(황현), 정교(대한계년사)
* 박은식 : 이준전, 안중근전, 천개소문전, 동명성왕전 / 현채 : 동국사략, 유년필독, 월남망국사 / 황현 : 매천야록

(2) 국어연구
① 국한문혼용체 보급 : 황성신문, 유길준의 16_____(최초의 국한문 혼용)
② 한글 전용확대 : 독립신문, 제국신문, 대한매일신보 등
③ 17_____ 설치(1907년) : 주시경, 지석영 중심, 학부내부기구(국어학연구소, 08)
④ 문법서 편찬
- 외국인 프랑스 신부 리델이 쓴 최초 한국어 문법서 〈한불문전〉 - 1881
- 유길준의 〈대한문전〉〈조선문전〉, 주시경의 〈국어문법〉〈말의 소리〉〈말모이〉, 이봉운의 〈국문정리〉, 지석영의 〈신정국문〉

(3) 문예 새 경향 * 근대문학의 기틀을 마련 → 1900'S
① 신소설 유행 (이인직 혈의누(06), 안국선 금수회의록(08), 이해조 자유종(10))
② 신체시 : 18_____(08) - 소년 잡지(1908)
③ 외국 문학 번역 : 천로역정, 이솝이야기, 빌헬름 텔, 로빈슨 표류기
④ 음악 : 창가유행 (독립가, 권학가, 애국가) / 미술 : 서양식유화 등장
⑤ 연극 : 협률사 건립(02, 관립극장), 원각사(19_____, 은세계, 치악산 신극운동)
⑥ 건축 : 약현성당(92), 정동교회(97), 명동성당(20_____), 덕수궁 석조전(21_____) 암기TIP 독 명 석
↳ 서양식건물↑, 미소공동위원회가 개최된 곳이다.

(4) 종교
① 천주교 ⇒ 1886년 조·프 조약 이후 자유, 고아원, 양로원, 경향신문
  ⇒ 의민단(무장단체)
② 개신교 ⇒ 장로교, 감리교, 평양대부흥회, 학교, 고아원, 병원
  ⇒ 신사참배거부(1935)
③ 천도교(1906) ⇒ 손병희, 민족종교로 발전, 보성, 동덕여학교, 만세보
  ⇒ 3·1운동 주도, 제 2의 3·1운동 준비, 개벽, 어린이잡지 간행
④ 22_____ ⇒ 단군신앙, 나철·오기호, 간도무장독립운동
  ⇒ 중광단(서일) → 북로군정서 개편
⑤ 불교 ⇒ 한용운 '조선불교유신론', 불교 개혁
  ⇒ 사찰령(1911), 조선불교유신회(1921)
⑥ 23_____ ⇒ 박은식(24_____), 정인보 ⇒ 성리학 비판(유학은 왕의 편, 민중지지↓, 실천×, 대동교 창시 / 대동학회(1907) - 친일단체, 이완용이 주도함
⑦ 원불교 ⇒ 박중빈, 새생활 운동

※ 근대 인물 정리

1. **유길준** : 조사시찰단 참여, 보빙사 참여, 최초 유학생, 서유견문 저술, 조선중립화론 주장, 을미개혁 주도
2. **이상재** : 독립협회 활동, 조선교육회, 민립대학 설립운동 주도, 신간회 회장, 최초 사회장
3. **이상설** : 협동회 회장, 을사늑약 반대 상소, 서전서숙 건립, 헤이그특사, 성명회, 13도의군, 권업회, 대한광복군 정부, 만주와 연해주에서 주로 활동 1917년 사망
4. **이동휘** : 신민회 참여, 강화 진위대장, 정미의병, 대한광복군 정부, 한인사회당, 대한국민의회 주도, 임정 초대 국무총리, 고려공산당 창당
5. **이동녕** : 만민공동회, 신민회, 삼원보 신흥학교 초대교장, 대한광복군정부 주도, 임시의정원 의장
6. **양기탁** : 독립협회, 만민공동회, 신민회, 대한매일신보, 105사건으로 투옥, 정의부 주도, 임정 국무령
7. **김좌진** : 대한광복군 부사령관, 무오독립선언 주도, 북로군정서 총사령관, 청산리 전투, 신민부 활동, 혁신의회 주도
8. **안창호** : 독립협회, 공립협회, 미국 망명, 대한인국민회, 신민회 주도, 점진학교, 대성학교 건립, 흥사단, 임정 주도, 한국 독립유일당 북경 촉성회, 윤봉길 의거로 체포 후 본국 송환, 수양동우회 사건으로 구속, 병보석 출옥 후 사망
9. **조소앙** : 한국독립당, 임시정부 국무위원, 건국강령, 3균주의, 2대국회의원

도끼 한국사만의 특별한 암기팁으로 한 권에 완성하는 **공무원·경찰·소방 한국사**

07
민족 독립 운동의 전개

CHAPTER 59 | 일제 국권 피탈과정

CHAPTER 60 | 식민통치체제, 경제수탈정책

CHAPTER 61 | 1910년대 민족운동

CHAPTER 62 | 3·1운동 · 임시정부

CHAPTER 63 | 국내항일투쟁, 의열투쟁

CHAPTER 64 | 항일무장투쟁

CHAPTER 65 | 실력양성운동, 노동 · 농민 운동,

사회적 민족운동 전개

CHAPTER 66 | 민족문화 수호운동, 국외 이주 동포 활동

CHAPTER 59 일제 국권 피탈과정

POINT ▶ 국권 피탈 과정 순서, 사료 문제

1 국권피탈과정 - 1904년

(1) 1894년 청일전쟁 → 1895년 : 삼국간섭 (러프독)으로 요동반도 반환, 한반도 지배권을 가지고 일본과 러시아 대립

(2) 1902년 제 1차 영일동맹(러시아 견제, 청에 대한 영국 이권과 조선에 대한 일본 이권 인정)
  → 1903년 용암포 사건(압록강하구의 용암포를 러시아가 강제 점령하고 조차요구, 일본과 대립)

(3) **1904년 2월 8일 러일전쟁 발발(일본의 기습)**
  - 1904. 2.10 일본의 선전포고(전쟁 시작 이후에 함)
  - 배경 : 용암포사건(1903. 러시아의 용암포 점령), 대한제국 대외중립선언(1월, 1_____, 인정받지 못함)

(4) 1904년 2월 23일 2_____
  사료TIP 한일양국간에 오래도록 변하지 않는 친교를 유지하고 동양 평화를 확립하기 위하여… 시정개선에 대한, 제3국
  ① 대한제국 영토 보전과 황실 안녕 보증을 명분으로 함(토지약탈)
  ② 주요 3_____ 점령, 독도 강탈, 4_____ 사용권
  ③ 외교권 제한(제3국과 조약체결 금지)
  ④ 5_____ 에 관한 충고를 들을 것
  cf 통감이 시정개선 – 신협약

(5) 5月 : 6_____ - 철도, 통신, 재정 장악 목적 ① 황무지개간요구 ② 보안회 반대

(6) 8月 : **1차 한일협약** – 7_____
  ① 외교 고문 : 스티븐스 – 전명운, 장인환에게 사살(8_____)
  ② 재정 고문 : 메가타 – 9_____
  ③ 내정간섭 강화, 재정 외교 실권 상실, 일진회(친일매국단체) 조직

2 국권 피탈 과정 - 1905년

(1) 7月 : 10_____ (일본 – 조선, 미국 – 필리핀 독점권 인정)

(2) 8月 : 11_____ (일본 – 조선, 영국 – 인도, 미얀마 권리 인정) **cf** 1차 영일동맹 1902

(3) 9月 : 12_____ (러vs일, 일본의 한국에서의 독점적 지배권 국제적 인정 받음) – 러일전쟁 종결(일본의 한국권리 인정)

(4) 11月 ▶ 덕수궁 중명전에서 체결, 토지가옥증명규칙이 제정 일본인이 한국에서 소유권을 가질 수 있게 되었다
  - 을사조약 13_____) : 보호국화
    ① 14_____ (일본 보호국 전락)
    ② 15_____ (이토 히로부미 초대 통감) **사료TIP** 통감을 두되…, 경유, 중개
  - 을사조약 반대
    ① 상소 ② 자결 : 16_____ ③ 의병 : 을사의병 ④ 언론 : 황성신문 '17_____'
    ⑤ 특사 : 18_____ (네덜란드)

(5) 12月 : 미국 특사 – 19_____ 파견(거중조정을 근거로 미국의 중재요청, 미국의 외면)

* 청일전쟁결과 – 시모노세키조약, 러일전쟁결과 – 포츠머스조약

3 국권 피탈 과정 - 1907년

(1) 6月 : 헤이그특사 – 을사조약에 대한 반발로 고종이 파견, 20_____, 일본 방해로 실패 (외교권박탈, 국제사회외면)

(2) 7月 20日 : 21_____ (헤이그 특사 구실로 퇴위 강요)

(3) 7月 24日 : **한일신협약**
  ① 정미7조약 체결   ② 22_____ (일본인차관, 조선인×)
  ③ 통감부의 23_____   ④ 군대해산
  ⑤ 행정권 박탈, 24_____ 임명권 박탈
  ⑥ 25_____ (7.24), 26_____ (7.27, 고종퇴위반대운동 탄압, 대한자강회 해산 근거)
  사료TIP - 한국고등관리(일본인 차관)의 임명은 통감의 동의(통감권한↑)로써 이행
    - 한국 정부는 통감이 추천한 일본인을 한국관리에 임명 할 것
    - 육군 1대대를 존치하여 황궁수위를 담당하게 하고 기타부대는 해체한다.
    - 시정개선에 관해 통감지시 받을 것, 행정상 처분 통감승인 받을 것
    - 통감동의 없이 외국인을 용빙하지 말 것

(4) 7月 31日 : 순종의 군대 해산 조칙 → 27_____ (정미의병 발생)

(5) 8月 2日 : 연호를 " [28]   " 로 고침 → 8.27 순종 즉위식 → 11.13 순종 처소 창덕궁 이동

cf 고종 - 경운궁

* 통감부가 간도용정에 출장소(파출소) 설치 - 1907
* 한일신협약 원인 → 고종의 헤이그특사파견과 그로 인한 고종강제퇴위에 따른 조치

4 국권 피탈 과정 - 1908년

(1) [29]   의 스티븐스 사살(샌프란시스코)

(2) 사립학교령, 학회령(사립학교 허가제)

(3) 동양척식주식회사 설치(일제 토지약탈 주도)

5 국권 피탈 과정 - 1909년

(1) 7月 : [30]   - 사법권 박탈 → 사법과 감옥사무는 일본에 위탁한다

(2) 9月 : 간도협약(불법, 일제 안봉선 획득)

(3) 10.26 : [31]   의거(이토히로부미 하얼빈에서 사살)

(4) 12月 : 이재명의 이완용 저격시도, 일진회의 한일 합방 청원

6 1910년

(1) 6月 : [32]   박탈 : 일본 헌병경찰 파견

(2) 8.29 [33]

① 총독정치(데라우치)

② 무단통치

③ [34]   과 통감 [35]   이름으로 조인, 반포(불법, 순종의 조인 없음)

④ 황현 자결

사료TIP · 한일의정서 : 제3국
· 1차 한일협약 : 미리
· 2차 한일협약 : 경유, 중개
· 한일신협약 : 통감승인, 통감동의

※ 조선 통감

1대 : 이토히로부미(06~09), 2대 : 소네 아라스케(09~10.5), 3대 : 데라우치 마사타케(10.5~10.8)

※ 국권 피탈 이전 일제가 만든 악법

· 신문지법(07) : 신문 탄압, 통제 / 보안법(07) : 집회와 결사, 언론의 자유 탄압
· 사립학교령(08) : 사립학교 설립시 학부대신의 인가 받음, 학부대신의 폐교 명령 가능, 사립학교 통제 강화
· 학회령(08) : 학회 설립시 학부대신의 인가를 받도록 함
· 출판법(09) : 교과서와 일반 서적 검열

암기TIP 의 1 2 신 기 X - 한일의정서, 1차한일협약, 2차한일협약, 한일신협약, 기유각서, 경술국치
군F 고 통 차 사경 X - 군사시설 무료, 고문정치, 통감정치, 차관정치, 사법권 강탈, 경찰권 강탈,

총정리

1. 1904년
(1) 2月 : 러 · 일 전쟁 → 한일의정서 ① 군사시설 사용권 ② 외교권 제한
(2) 5月 : 대한시설강령 ① 황무지개간요구 ② 보안회반대
(3) 8月 : 1차한일협약 - 고문정치
    ① 외교 : 스티븐스
    ② 재정 : 메가타 - 화폐정리사업

2. 1905년
(1) 7月 : 가쓰라 · 태프트밀약
(2) 8月 : 2차 영 · 일 동맹
(3) 9月 : 포츠머스 조약
(4) 11月 : 을사조약 (2차 한일협약) ① 외교권 박탈 ② 통감정치(이토 히로부미)

3. 1907년
(1) 헤이그특사
(2) 고종폐위
(3) 한일신협약 ① 군대해산 ② 차관정치

4. 1909년
(1) 기유각서 ① 사법권 박탈 ② 안중근 의거

5. 1910년
(1) 경술국치 ① 총독정치(데라우치) ② 무단통치

CHAPTER 60 식민통치체제, 경제수탈정책

POINT
① 일제의 각 시대별 통치 정책(연도 암기 필수)
② 일제의 각 시대별 경제 수탈 정책(연도 암기 필수)

1 식민지 통치체제

1. 헌병경찰통치 (무단통치) 1910년대
① 1_____ : 2만명 배출, 독립운동가 색출, 범죄즉결례(1910, 즉결처분), 태형령(1912, only조선인), 경찰범처벌 규칙(1912)
② 2_____ : 교원, 관리, 제복, 칼(공포감 조성)
③ 기본권 박탈 : 언론, 출판, 결사, 집회자유×
④ 교육통제(1차 조선교육령(11), 사립학교규칙(11), 서당규칙(18))
⑤ 3_____ 105인 사건(1911)
⑥ 악법 : 경찰범 처벌규칙(1912), 즉결처분권(1912), 4_____ (1912)
⑦ 조선총독부 설치 : 초대총독(5_____), 정무총감(행정), 경무총감(치안)
  * 총독 : 육해군 대장 임명, 일본국왕 직속, 입법, 행정, 사법, 군 통수권 장악
⑧ 6_____ : 총독 자문기관, 의장(정무총감+친일파), 형식적(소집×), 조선인 회유 목적, 3.1운동 전까지 한 번도 소집 안함

2. 문화통치 (1920년대)
① 배경 : 3·1운동, 국제여론, 다이쇼데모크라시, 무단통치에서 7_____ 로 전환
② 실상
  · 문관총독 → ×, 보통경찰제 → 3배 증가, 고등경찰, 8_____ (25, 사회주의자, 독립운동가 탄압) ↳ 독립운동가색출
  · 민족신문허가(동아일보, 조선일보) → 검열, 삭제, 지방행정 참여 ⇒ 도평의회, 부면 협의회, 친일파 일부 참여, 선거권×
  · 교육기회확대 → 초등(6년), 실업교육↑, 학비↑(2차 교육령)
  · 경성제국대학(9_____) – 일본인 위주 → 민립대 설립운동 방해
③ 본질 : 친일파 양성, 민족분열 획책 → 10_____ (이광수, 최린)
  * 치안유지법 – 동기로 처벌, 사회주의 처벌

자료TIP 치안유지법 – 국체를 변혁 또는 사유재산제도를 부인할 목적으로 단체를 조직하거나 또 그 정체를 알고도 이에 가입하는 자는 10년 이하의 징역 또는 금고에 처한다.

3. 민족말살통치 (1930년대 이후)
① 배경 : 경제공황 → 대륙침략 → 11_____ (31), 12_____ (32), 13_____ (37), 14_____ (41) **암기TIP** 만중태 1 7 1
  * 1937 중앙아시아 강제이주
② 병참기지화 정책 ⇒ 군수공장↑
③ 악법
  · 조선사상범 보호관찰법(36, 치안유지법으로 구속 후 석방된자 감시)
  · 조선사상범 예비구금령(41), 경방단 규칙(1939, 의용소방조직 구성)
  · 15_____ (1938) : 인적, 물적 자원 수탈
④ 국민총력조선연맹(1940) : 총독부 주도, 국가적 조직의 친일단체, 경방단(1939) – 화재방지 및 한국인 감시
⑤ 조선, 동아일보 폐간(40), 매일신보(총독부기관지) 유지
⑥ 16_____ 정책
  ㉠ 내선일체, 일선동조론 ㉡ 황국신민서사암송(17_____), 궁성요배, 정오묵도, 신사참배
  ㉢ 창씨개명(18_____) ㉣ 우리말, 역사 금지 ㉤ 신문 폐간
⑦ 19_____ (1938.4) : 인적, 물적 수탈 강화(민족말살)
⑧ 기타 : 3차 교육령(1938) – 조선어 수의 과목, 동아일보, 조선일보 폐간(1940), 국민학교령(1941), 조선어학회사건(1942), 4차교육령(1943) – 전시교육체제
  * 인적수탈 – 20_____ (38.2, 국가총동원법 이전), 21_____ (39), 22_____ (43), 23_____ (44), 24_____ (44) **암기TIP** 지정이가 학교 갔다 병신

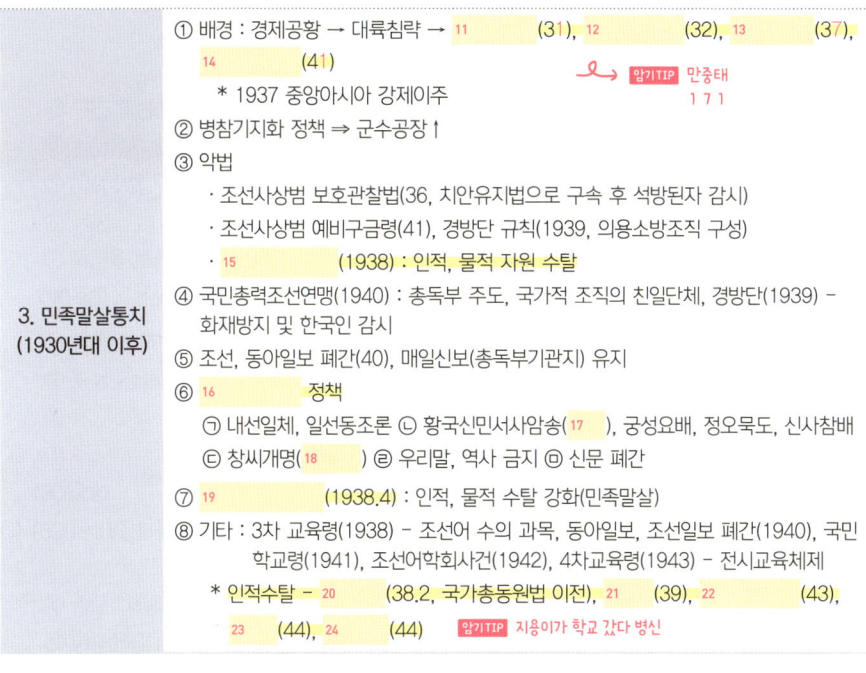

※ 총독 : 1910년대 - 25_____, 1920년대 - 26_____, 1930년대 - 우가키, 27_____, 1940년대 - 28_____ **암기TIP** 데사미아

※ 일제문화재 파괴 : 남원운봉 황산대첩비, 해인사 사명대사 석장비, 통제사 충무이공 명량대첩비
  ↳ 임진왜란 ↳ 임진왜란 – 이순신

	구한말 5대 악법	일제시대악법
1907	보안법(언론·집회·결사×) 신문지법(신문탄압)	태형령(1912) - 조선인만 1차조선교육령(1911) - 보통4년
1908	학회령, 사립학교령	경찰범처벌규칙(1912) - 즉결처분
1909	출판법 (잡지탄압)	조선형사령(1912) 정치범처벌령(1919, 3·1운동 이후) 치안유지법(1925) 총동원령(1938, 중일전쟁 이후)

2 경제수탈정책

(1) 1910년대 정치 : 헌병경찰통치(무단통치)

〈경제〉

농업 29 _____ (1912~1918) - 토지조사국설치(10), 토지조사령(12) 공포

① 실시배경 : 식량공급기지 확보, 지세확보, 日人 토지소유 합법화, 토지약탈

② 방법
- 조사대상 : 토지소유권, 토지가격, 지형과 지목
- 신고방식 : 30 _____

③ 결과
- 토지약탈 : 미신고, 공공기관 토지(궁방전, 역둔토 등), 문중 토지 등 총독부 귀속
- 수탈토지(농토40%)를 동양척식주식회사, 일본인에게 싸게 불하 - 일본이주민↑
- 31 _____ (소작료↑), 32 _____ (공용토지, 공동사용) 부정, 33 _____ 부정
- 식민지 지주제 확립, 자영농몰락, 소작농 증가, 총독부 재정수입 증대
- **농민몰락** ⇒ 만주·연해주 이주, 화전민, 도시빈민
  - * 지세령(1914) : 토지조사사업을 바탕으로 지세 납부 규정, 1918년 개정 - 결부제 폐지, 지가에 따른 지세납부, 지가의 1.3%를 1년 세액으로 책정

산업

① 34 _____ (1910) : 허가제(민족기업 ×), 조선식산은행(1918, 친일은행)
  ↳ 개항전후 ×

② 담배, 인삼, 소금 전매제(국가독점), 도로규칙(1911, 신작로공사), 수리조합령(1917)

③ 35 _____ (1911), 36 _____ (1911), 37 _____ (1915), 38 _____ (1918) ⇒ 자원 약탈

④ 기간 산업 확충 : 39 _____ (1914), 40 _____ (1914) ⇒ 자원 약탈

⑤ 산업박람회 : 조선물산공진회(1915), 조선부품공진회(1917)

암기TIP 회(10)사 산(11)악회 낚(11)시하고 광야(1518)간다 - 회사령, 산림령, 어업령, 광업령, 임야조사령

암기TIP 은하철도999 인부의 5시 6시 출발 14시 도착 경호 - 경인선 99년, 경부선 05년, 경의선 06년, 경원선 14년, 호남선 14년

- * 도로규칙 : 신작로 → 1911년
- * 은행령 : 1912년
- * 41 _____ : 국가독점, 일제는 담배, 소금, 인삼(홍삼)
  ① 담배 : 1909 연초세법 / 1914 연초세령 / 1921 연초전매제(전매령)
  ② 인삼 : 1908 홍삼전매법 / 1920 홍삼전매령
  ③ 소금 : 1930 영수이입관리령 / 1942 조선전매령

(2) 1920년대 정치 : 문화통치(기만적 통치)

〈경제〉

농업 42 _____ (1920~1934) **사료TIP** 빈민촌이 생겼다.(1920'S)

① 배경 : 일본 내 쌀 부족(쌀 폭동) ⇒ 한국에서 수탈

② 방법
- 토지·수리시설 개선·종자개량
- 화학비료 보급 - 920만석 증산

③ 결과
- 30%증산, 수탈량 증가(증산 < 수탈), 만주잡곡 수입, 증산비용 농민전가(종자개량, 수리조합비, 비료대금)
- 소작료 상승(80%, 소작쟁의↑ - 43 _____ 소작쟁의), 쌀 단작 심화, 농민몰락
  → 대공황으로 산미증식계획중단, 일본 농민보호목적

산업

① 44 _____ (1920, 신고제) : 일본기업 조선 진출

② 45 _____ (1923) : 일본자본진출 확대 → 물산장려운동발생

③ 신은행령(1928) : 조선민족은행말살

④ 부전강수력발전소(1929), 46 _____ (1927), 연초전매령(1921)

(3) 1930~40년대 정치 : 민족말살 정책

〈30년대〉

① 47 _____ : 값싼 공업 원료 공급(군수물자)

② 48 _____ (1932~1940) : 농민회유, 농민통제, 농민보호

③ 소작조정령(32), 49 _____ (34), 50 _____ (34)

④ 병참기지화정책 : 군수공업위주 공업화 정책 추진(미쓰이, 미쓰비시, 노구치)

〈40년대〉 국가총동원법(1938) **암기TIP** 지(38)용(39)이가 학도(43)병으로 징병되어 44당했다 - 지원병제(38), 학도병(43), 징병(44)

① 산미증식계획 재개(1940)

② 식량 51 _____, 미곡 52 _____ 제도, 전쟁물자수탈, 금속공출, 가축공출

③ 인적수탈 : 근로 보국대(38), 53 _____ (38), 54 _____ (39), 55 _____ (43), 56 _____ (44), 57 _____ (위안부,44) 등

④ 국민생활 개선 기준

⑤ 근로 보국대 조직(1938, 몸빼바지)

⑥ 58 _____ (1939)

* 창씨개명 - 39년 명령, 40.2~8 실시, 창씨개명×(공무원×, 공기업×, 일반기업×, 학교입학×)
* 윤동주 - 「자화상」 '내 이름자를 써보고 흙으로 덮어 버리었습니다', 내 성(性)마저 빼앗으려 하는구나
* 은행 → 탄압 : 은행령(1912) - 한국인·일본인 합작은행만 인정
　　　　　　　신은행령(1928) - 한국인 소유 중소은행을 총독부가 인수
① 조선인은행
- 조선은행(최초) : 1896, 관료출신중심 → 1901 폐점
- 한성은행(1897) : 민족계열은행 → 조흥은행 → 신한은행
- 대한천일은행(1899) : 민족계열은행, 거상과 거대지주 중심 → 조선상업은행 → 현재우리금융지주
- 한일은행(1906) : 지주출신인사가 주도·서민은행
- 한국은행(1909) : 통감부가설치, 중앙은행 → 1910년 폐점
② 친일은행
- 제일은행 : 일본은행, 최초부산에 지점, 은행업무이외 세관, 화폐정리사업 주관
- 농공은행 : 1906, 메가타주도, 일본인 이주민 지원
- 59   은행 : 1918, 동양척식주식회사가 지배, 일제식민정책 후원
- 조선은행 : 1911년 일제가 세운 중앙은행

총정리

1. 일제 통치 체제 : 1910년대 - 때리고 땅(데) / 1920년대 - 속이고 쌀(사)
　　　　　　　　　 1930년대 - 말살, 남면 북양(미) / 1940년대 - 말살, 배급, 공출(아)
2. 일제 말기 수탈 : 지 용 이가 징병 되어 38선에서 정신을 잃어 사사되었다.

CHAPTER 61 1910년대 민족운동

POINT
① 국내 민족운동 단체 특징
② 연해주, 북간도, 서간도, 상하이, 미주 민족운동 단체 이름과 특징

1 1910년대 민족운동

(1) 1910년대 민족운동

① 1912 __1__　　　 ⇒ 전라도, __2__　　(최익현 제자, 전라남북도 순무총장), 고종밀지, __3__　　(왕정부활), 유생과 의병 중심, 국권반환요구서 → 일본총리 및 조선총독, 의병전쟁계획 중 발각, 임병찬 거문도 유배, 순국

② 1915 __4__　　 ⇒ 풍기광복단 + __5__　　, __6__　, __7__　, 김좌진, 채기중, 우재룡, 이시영 주도
　• 군대식 조직 : 총사령 박상진, 부사령 __8__　, 의병출신, 신지식인 참여, 만주에 무관학교 설립시도
　• 군자금 모집, __9__　처단(경주 우편차 폭파, 장승원 - 친일부호, 박용하 처단 - 도고면장), 서간도 부민단, 신흥학교 연계, 근대 공화주의, 일제발각, 박상진 체포, 해산(18)

사료TIP 일인 고관 및 한일 반역자를 수시 수처에서 처단하는 행형부를 둔다.
암기TIP 독 대 - 독립의군부, 대한광복회

③ __10__　　(1913) : 숭의여학교 여교사, 학생이 만든 비밀결사 단체, 황에스더, 김경희 중심
④ 기성단(1914) : 대성학교 출신 인사가 만든 비밀결사 단체
⑤ 자립단(1915) : 함경남도 단천 기독 실업인+청년 비밀결사 단체, 신민회계, 방주익, 강명환
⑥ 조선 산직 장려계(1915) : 경성고등교원양성소 재학생들이 민족 경제 자립 목적으로 설립
⑦ 조선 국민회(1915) : 평양 숭실학교 학생, 장일환과 하와이 박용만 중심
⑧ 선명단(1915) : 공화주의, 조선총독부 비롯 일제요인 암살 목적

암기TIP 송기자직장 : 송죽회, 기성단, 자립단, 조선산직장려계

⑨ __11__　　(1915) : 경북유림비밀결사, 3.1운동 참여

※ **대한광복회 강령** : 부호의 의연 및 일본인 세금 압수, 사관학교 설치, 행형부 설치
　　　　　　　　↳ 최초의 해외 민족 학교

※ **이상설** : 서적서숙(06), 헤이그특사(07), 권업회(11), 대한광복군 정부(14), 신한혁명당(15), 지병으로 니콜리스크에서 서거(17)

※ **이동휘** : 강화도 진위대장, 강화 보창학교, 신민회 참여, 대한광복군정부, 한인사회당 결성, 임시정부 초대 국무총리, 상해파 공산당

(2) 1910년대 국외 민족운동

① **연해주(12 ____**) : 한민회(1905), 해조신문 발행(1908)　[암기TIP] 연신내 – 연해주, 신한촌

　㉠ 13 ____ (1910) : 이상설, 유인석 주도, 한일합방무효선언 "광복의 그날까지 피의투쟁" 선언문

　㉡ 14 ____ (1911)
　　• 이범윤, 이상설, 이종호, 권업신문, 한인사회자치조직, 러시아당국 최초 공인,
　　• 러시아 총독과 교섭해 광복군 군영지 확보

　㉢ 15 ____ (1914) : 이상설, 이동휘, 사관학교 건립, 공화정, 정부명칭을 단 최초단체

　㉣ 16 ____
　　• 전로한족중앙총회(1917) 후신, 대통령 손병희, 이동휘, 이동녕
　　• 문창범 주도함, 상해 대한민국 17 ____ 로 통합(1919.9)

　㉤ 18 ____ (1910) : 이범윤, 유인석 등 의병장출신, 의병, 국내침투작전, 망명정부수립시도, 블라디보스토크에서 조직　[cf] 13도 창의군 : 정미의병 당시 대장 이인영, 군사장 허위

　㉥ 한인사회당(1918) : 이동휘, 최초 사회주의 정당

　[암기TIP] 성권광국 – 성명회, 권업회, 대한광복군정부, 대한국민의회

② 북간도
　• 왕청 ㉠ 19 ____ – 서일(대종교), 20 ____ (김좌진(청산리)) 개편, 무오독립선언
　　　　㉡ 간민회 → 21 ____ (기독교) – 22 ____ (홍범도) – 봉오동 전투
　　　　[cf] 대한독립군단 – 서일, 밀산부, 20년대
　• 용정 ㉠ 23 ____ (1906) – 이상설, 해외 최초 민족교육기관
　　　　㉡ 24 ____ (1908) – 서전서숙 계승, 김약연
　　　　[암기TIP] 중북/대독/서명 – 중광단, 북로군정서 / 대한국민회, 대한독립군 / 서전서숙, 명동학교

③ 서간도 – 25 ____ – 26 ____ (1911) – 이회영, 이동녕, 양기탁(→ 6형제, 삼한갑족)
　　　　⇧
　　신민회 지원　　한민족 자치기관 ⇒ 부민단(1912), 한족회(1919)로 발전
　　　　　　　　　↓
　　　　서로군정서, 27 ____ (1919)↺　[암기TIP] 연신내 간이 삼삼하다 – 연해주, 신한촌, 서간도, 삼원보
　　　　　　　　　　　　　　　　　　　　경부신신 – 경학사, 부민단, 신흥무관학교, 신민회 지원

④ 중국　[암기TIP] 동신 – 동제사, 신한혁명당, 신한청년당
　㉠ 28 ____ (1912) : 한인유학생 중심, 신규식, 박은식, 박달학원(1913) 설립, 비밀결사, 상하이
　㉡ 대동보국단(1915) : 신규식, 박은식, 〈진단〉 잡지 발행, 상하이
　㉢ 29 ____ (1915) : 상해 동제사 인사+베이징교포, 초기에 복벽주의 → 공화주의 표방, 망명정부수립목표(이상설, 박은식, 신규식), 베이징
　㉣ 30 ____ (1917) : 대종교 + 동제사 + 신한혁명당, 복벽포기, 국민주권 + 공화정, 상하이
　㉤ 31 ____ (1918) : 김규식, 김철, 여운형, 파리강화의 김규식 파견, 임정전신, 상하이

> ＊ 신규식≠김규식, 이상설≠이상재
> ＊ 파리강화회의 대표파견 : 상하이 신한청년단 – 김규식
> 　　　　　　　　　　　연해주 대한국민의회 – 윤해, 고창일 파견
> 　　　　　　　　　　　미국 – 이승만 파견하려 했으나 비자발급× ⇒ 파견×

⑤ 미국　[암기TIP] 대조흥 – 대한인국민회, 대조선국민군단, 흥사단
　• 샌프란시스코
　　㉠ 공립협회(1905) : 항일운동목적, 한인대표기관, 신민회 창립합의
　　㉡ 32 ____ (1910)
　　　• 장인환, 전명운 의거 이후 결성, 샌프란시스코의 대한인공립협회와 하와이의 한인합성협회를 통합(미주한인단체 통합)
　　　• 안창호, 이승만, 박용만 주도, 〈신한민보〉간행, 독립운동 자금 모금,
　　　• 샌프란시스코에 중앙총회, 북미, 하와이, 시베리아, 만주에 지방총회 설치
　　㉢ 33 ____ (1913) : 안창호, 청년 학우회 후신
　• 하와이
　　㉠ 한인합성협회(1907) : 하와이 한인사회 구심체
　　㉡ 34 ____ (1914) : 박용만, 항일군사조직, 하와이에서 조직, 17년해산
⑥ 멕시코 : 숭무학교(1910)

1. 1910년대

(1) 국내 항일운동(독립의군부, 대한광복회)
① 1912 독립의군부 ⇒ 전라도, 임병찬, 고종밀지, 국권반환요구서, 복벽주의(왕정부활)
② 1915 대한광복회 ⇒ 경북, 박상진, 김좌진, 군대식 조직, 의병출신지, 신지식인 참여
군자금 모집, 친일파 처단(근대 공화주의)

(2) 연해주(신한촌)
- 권업회 : 이상설, 해조신문 발행
- 대한광복군정부 : 이상설, 이동휘, 사관학교 건립
- 대한국민의회 : 대통령, 손병희

(3) 북간도 왕청
- 중광단 : 서일(대종교), 북로군정서(김좌진)개편, 무오독립선언
- 대한국민회(기독교) - 대한독립군(홍범도) - 봉오동전투

북간도 용정
- 서전서숙 : 이상설, 해외 최초 민족교육기관
- 명동학교 : 서전서숙 계승

(4) 서간도(삼원보)
- 경학사(이회영, 이동녕) 신민회지원 한민족 자치기관 ⇒ 부민단, 한족회로 발전, 서로군정서, 신흥무관학교

(5) 중국
- **상하이** : 동제사 - 신규식, 박달학원 설립 / 신한청년단 - 김구, 여운형, 파리강화회의 김규식 파견

(6) 미국
- **하와이** : 대한인 국민회 - 안창호, 이승만, 미주한인단체 - 조선국민군단 - 박용만, 항일군사조직
- **샌프란시스코** : 흥사단 - 안창호, 신민회 후신

CHAPTER 62 3·1운동 · 임시정부

POINT
① 3.1운동 배경과 과정, 결과 ② 임시정부 수립과정, 조직
③ 임시정부 개편과정 ④ 국민대표회의 특징, 결과

〈3.1운동〉

* 3·1운동 주도 종교 : 천도교, 기독교, 불교 / 제 2의 3·1운동 주도 종교 : 천도교

1 3·1운동 배경 → 천도교가 계획

(1) 국제정세
① 레닌 식민지 민족해방 지원
② 윌슨 민족 자결주의(우리나라는 해당×) → 패전국 식민지에 해당

(2) 1_____ (1917) : 상하이 교포, 국민주권론, 주권불멸론 [암기TIP 단독2]
사료TIP 융희황제가 삼보를 포기한 8.29일..즉 우리 동지가 삼보를 계승한 8.29일이니...황제권 소멸한 때가 즉 민권발생의 때이다.

(3) 2_____ (무오독립선언)(1918.11, 김좌진)
① 만주길림에서 민족대표 39인 참가
② 전쟁으로 독립쟁취 선언

(4) 3_____ (1919.2, 이광수, 도쿄) : 동경유학생 400명 시위, 조선청년독립단, 3.1운동에 직접적 영향, 선언문 쓴 사람 → 이광수

(5) 독립청원 : 신한청년당(김규식 파견), 이승만(위임통치 청원서) ↔ 신채호반발

2 3·1운동 전개과정

(1) 전개
① 고종 4_____ 날 발생, 종교계(민족대표 33인 주도), 독립선언서(최남선)
② 독립선언 : 민족대표 태화관 → 자수, 학생들은 5_____ 에서 독립선언서 낭독
③ 전국민이 참가한다(기생+천민 등 피지배층 주도)

(2) 확산
① 1단계 : 점화단계, 계몽운동 계열 지식인, 종교인, 일부민족자본가 참여, 6_____ 주의
② 2단계 : 청년·학생중심, 전국도시 확산, 7_____ 참여(경성인쇄소, 철도노동자)

③ 3단계 : 농촌확대, 8 _____ 으로 발전(토지조사사업 불만) → 해외로 전파
④ 해외 : 만주 – 삼원보, 용정, 훈춘 등지에서 만세시위
　　　　연해주 – 블라디보스톡 교민 만세시위
　　　　미주 – 필라델피아 독립선언식 거행 후 시가행진
　　　　일본 – 동경 유학생, 오사카 동포 시위

3 탄압

- 무력진압, 경기화성 9 _____ 학살사건(선교사 10 _____ 가 미국언론에 폭로)
- 11 _____ (탑골공원, 천안아우내장터, 서대문형무소에서 옥사)

4 3·1운동의 의의 　사료TIP 오등은 자에 아 ~~

① 독립운동 폭↑(노동자, 농민 참여)　　② 임시정부 수립에 기여
③ 무단 → 문화통치(실력양성운동 출현)　④ 중국 5·4운동, 인도 독립운동에 영향(간디)
⑤ 사회주의사상 도입(계급투쟁 중시)　　⑥ 무장투쟁 활성화
④ 중국 12 _____ , 인도 독립운동에 영향(13 _____)

5 한계 : 일제의 탄압, 민족대표의 소극적 자세, 민족자결주의 맹신으로 실패

> ※ 3대 만세운동
> 　1919. 3·1 운동
> 　1926. 6·10 만세운동(순종 인산일)
> 　1929.11.3 광주학생 항일 운동 – 한일학생 충돌, 신간회 후원

〈 대한민국 임시정부 〉

1 대한민국 임시정부 수립

(1) 연해주 : 14 _____
　• 주도 : 이동휘, 이동녕, 문창범
　• 구성 : 대통령 손병희(1919.3), 국무총리 이승만
　　　　　↳ 명목상

(2) 상하이 : 대한민국 임시정부(15 _____ 중심) ⇒ 대한민국 임시헌장 공포(1919.4.11)
　• 상하이 대한민국 임시정부 수립, 국무총리 이승만, 임시의정원 의장 이동녕

(3) 국내 : 16 _____ (13도 대표 국민 대회, 17 _____ 주도) ⇒ 3권분립, 민주공화정(1919.4), 집정관 총재 이승만, 국무총리 이동휘
　* 임시헌장선포 : 1919년

2 임시정부의 조직과 활동

(1) 통합 과정 : 장소는 18 _____ , 정통성은 19 _____ , 최초의 민주 공화정, 20 _____ 가 통합주도

(2) 임시정부체제 : 3권분립, 민주공화제 정부(1차개헌)
　① 3권분립 : 21 _____ (행정), 22 _____ (입법), 23 _____ (사법)
　② 지도부 : 대통령(24 _____), 총리(25 _____) 내무총장(26 _____ (실력양성)), 법무총장(이시영), 외무총장(김규식), 경무국장(김구)

(3) 연락조직
　① 27 _____ : 비밀통신망, 군자금모금과 정보수립
　② 28 _____ (독판, 군감, 면감) : 국내외 비밀 행정통치제도, 1921년 붕괴(서울, 각군·도)

(4) 군자금 조달 : 애국공채, 의연금 → 29 _____ (만주, 아일랜드인 쇼), 30 _____ (부산)

(5) 군사활동
　① 만주지역 무장단체 포섭(1920) : 북로군정서, 서로군정서, 대한독립군 임정지지
　② 광복군 사령부(1920.2), 광복군 총영(1920.7, 서간도 청년단+독립단),
　③ 군무부 설치, 육군무관학교 설치(상하이), 비행사 양성소, 간호학교 설립
　④ 육군주관참의부(23, 남만주, 임정직속)
　⑤ 한국광복군 창설(1940, 지청천)

(6) 외교활동
　① 31 _____ 외무총장 겸 파리위원으로 임명 : 파리강화회의 김규식파견 → 입장거부
　② 32 _____ (워싱턴, 이승만) : 한국의 독립문제를 국제여론화(실패)
　③ 모스크바 극동인민대표대회 참가(1922) : 이동휘, 김규식 등 레닌과 면담
　④ 제2인터내셔널 회의(만국사회당 대회) 참가, 워싱턴 회의 참가

(7) 문화활동 : 33 _____ (국한문 혼용체, 이광수 주도), 34 _____ (박은식 주도, 한일 관계 사료집), 인성학교(상하이), 삼일중학 설립
　　　　　　　　　　　　　　　　　　　　　↳ 임시정부 2대 대통령

(8) 방향 : 외교활동에 중점을 두었으나 최후 수단으로 독립전쟁을 목표로 함

3 임시정부의 고난

(1) 1921년 이후 35_____ · 36_____ 조직파괴(자금단절)

(2) 독립운동방향 대립 : 외교독립론(37_____), 무장투쟁론(38_____), 실력양성론(39_____)

(3) 국민대표회의(1923) 개최

① 이승만 40_____ 계기, 신채호, 박은식 소집요구

② 베이징 군사통일회의(1921. 41_____) = 북경군사통일주비회(창조파) → 국민대표회의 소집 제창

③ 국민대표회의 개최(1923) : 상하이, 1월~6월까지 개최, 각 세력 분열(125명 회의, 갈등↑)
42_____(김구), 43_____(신채호), 44_____(안창호) 대립 → 분열 → 창조파는 만주로 이동하여 정부 수립 시도

④ 국민대표회의 결렬 → 45_____ 만 남음(임정고수파)

사료TIP 베이징방면의 인사는 분열을 통탄하며 통일을 촉진하는 단체를 출현시키고 상하이 일대의 인사는 이를 고려하여 개혁을 제창하고 있다. (중략)...이에 국민대표회의의 소집을 제창

(4) 46_____ 에서 이승만 탄핵(1925), 2대 대통령 47_____ (건강문제로 사임), 김구가 임시정부 주도, 48_____ (1931), 49_____ 조직

* 주의 : 이승만 탄핵 – 국민대표회의×

(5) 임시정부 개편 **암기TIP** 대내집주부 – 대통령제, 내각책임제, 집단지도체제, 주석제, 주석 부주석제

제헌	1919	내각 책임제 – 국무총리, 의장	이승만, 이동녕	상해
제 1 차	1919	50_____	이승만, 박은식	상해
제 2 차	1925	51_____	이상룡, 김구	상해
제 3 차	1927	52_____	국무위원(김구)	중국각지이동
제 4 차	1940	53_____	김구(주석)	충칭
제 5 차	1944	54_____	김구, 김규식	충칭

* 임정이동 : 상하이(19~32) → 항저우(32~37) → 난징(37~38) * 4차, 5차 군무부장 : 김원봉
→ 우한 · 창사(38) → 류저우(38~39) → 치장(39~40) → 충칭(40~45)

4 임시정부 재정비

김구 한인애국단 조직(1931, 이봉창(도쿄), 윤봉길(홍커우)) → 장제쓰(국민당)의 후원받음

(1) 55_____ 조직(1940.5, 조소앙–한국독립당, 김구–한국국민당, 지청천–조선혁명당), 충칭 정착

(2) 56_____ 창설(1940.9, 지청천) : 임시정부 정규군대 → 4차 개헌(1940.10, 주석중심제)

(3) 57_____ 채택(1941.11) : 58_____ (정치, 교육, 경제) → 1941년 12월 태평양 전쟁 발발, 대일 선전 포고(임정)

(4) 1942년 조선민족혁명당·김원봉 합류

(5) 영국군과 59_____ (1943)

(6) 5차개헌 : 주석, 부주석제(1944)

(7) 국내진공작전 : 60_____ 와 합작, 61_____ 편찬, 일본의 항복으로 무산

* 62_____ : 1931년 결성, 김구 주도, 이봉창 일본 국왕 폭살 기도(1932.1), 윤봉길의 상하이 홍커우 의거(1932.4), 윤봉길의거로 일제 탄압이 심화되 임시정부가 상하이를 떠나 이동함(상하이(1919~1932), 항저우, 난징, 한커우, 창사, 함양, 광저우, 류저우, 구이양, 치장, 충칭(1940~1945)으로 이동)

* 63_____ : 민족주의계열 인사들이 만든 독립운동단체, 1935 김구 한국국민당창립 → 1940 여러광복운동단체들과 함께 한독당으로 결합

사료TIP 조선혁명당(지청천), 한국국민당(김구), 한국독립당(조소앙)은 이제부터 다시 존재할 조건이 소멸되었을뿐 아니라 각기 해소될 것을 전제로하고 신당창립에 착수하였다.

5 한계

(1) 중국에 위치해 국내 영향력↓

(2) 미국, 영국이 대한민국 정부로 승인×

총설치

1. 3.1 운동
① 배경 : 윌슨 민족자결주의, 레닌 식민지 민족해방 지원, 무오독립선언, 2.8독립선언, 독립청원(김규식, 이승만)
② 과정 : 1단계(점화, 서울), 2단계(확대, 전국도시), 3단계(무장투쟁, 농촌으로 확대, 전국), 4단계(해외)
③ 3.1 운동 의의 : 독립운동 폭 확대, 임시정부 수립, 문화통치, 해외영향

2. 대한민국 임시정부
① 형성과정 : 대한국민의회 + 상하이 임시정부 + 한성정부
② 체제 : 국무원, 임시의정원, 법원·대통령(이승만), 국무총리(이동휘)
③ 조직 : 교통국, 연통제 / 군자금 조달 : 이륭양행, 백산상회
④ 분열 : 국민대표회의(창조파, 개조파, 현상유지파)
⑤ 임시정부 개편 : 대 내 집 주 부

CHAPTER 63 국내항일투쟁, 의열투쟁

POINT ① 6.10 만세 운동 특징　② 광주 학생 항일 운동 과정, 특징
③ 의열단 변천과정, 의거, 인물 특징　④ 한인애국단 특징, 의거, 인물 특징

〈 국내항일운동, 의열투쟁 〉

1 국내항일운동

(1) 민족운동 분화

① 민족주의 계열

- 1 _____ : 이광수, 최린, 자치권, 참정권 운동, 민족개조론
- 비타협적 민족주의 : 2 _____. 개량주의 비판, 사회주의와 연대(신간회) ⇒ 세력약화

② 사회주의 계열 : 노동자, 농민의 생존권 투쟁, 청년 · 학생 · 여성운동, 3 _____ 창당(25)
　　　　　　　　　→ 4 _____ 으로 탄압

※ 5 _____ : 동경삼재(이광수, 최남선, 홍명희)로 유명, 임시정부 독립신문 주필, 귀국후 최초 근대 소설 무정(1917) 저술, 민족개조론(22. 우리민족열등), 민족적 경륜(24.동아일보, 자치론) → 친일로 변절

(2) 국내무장항일투쟁 : 천마산대(1919~1920), 보합단(1920), 구월산대(1920) → 일제 탄압으로 만주 독립군에 합류(대한 통의부)

* 마지막의병 – 채응언 : 1915년 체포

(3) 6 · 10만세운동(1926)

① 배경 : 식민지 교육반발, 6 ____ 인산일 , 7 _____ (학생시위) 8 _____ 만세시위, 사회주의 확산

② 전개 : 조선 공산당과 천도교 계열 반일운동 계획 → 사전발각 → 학생주도 만세시위(종로 창덕궁 돈화문)

③ 의의 : 학생세력이 구심체로 등장, 9 _____ 갈등 극복 제기, 좌우합작운동계기
　　　　　↳ 신간회 형성의 계기

④ 한계 : 사전발각으로 전국으로 전파×, 10 ____ 에 한정

사료TIP 조선학생과학연구회주도(1925), 전개당시 구호×, 일본 이민제를 철폐, 마음껏 통곡하고, 복상하자.
일본인 지주에게 소작료 바치지 말자 8시간 노동제 실시, 조선 민중아, 우리의 철천지 원수는 자본 제국주의 일본이다.

(4) 11 _____ (1929. 11. 3) 학생의 날

① 배경

- 일제민족차별, 식민지 노예 교육, 신간회 활동
- 한일학생 간 12 _____ (광주~나주 간 열차에서 일본인 학생이 박기옥(여학생) 희롱, 박준채와 후쿠다 충돌)

② 전개

- 한 · 일 학생 충돌 → 학생 비밀결사(독서회 등), 조선청년총동맹 · 신간회 진상조사단 파견 → 전국적 전파
- 동맹휴학, 적극적 가두시위, 식민지 교육제도 철폐와 13 _____ 주장

③ 의의 : 3 · 1운동 이후 14 _____ , 신간회 후원

2 의열투쟁

(1) 15 _____ (1919 길림, 16 _____ , 윤세주 정의의 사(事)를 맹렬히 실행한다(유래))

① 1920년대 활동, 김원봉, 윤세주 13명이 조직

② 아나키즘 영향, 행동지침 → 신채호『17 _____』→ 18 _____ 강조, 19 _____ , 준비론 · 외교론 비판　**암기TIP** 강도일본

③ 일제요인 암살, 식민통치기구 파괴 – 공약 10조와 5파괴, 7가살 (폭력 투쟁을 통한 일제 타도)

※ 20 _____ 내용 : 기존 독립운동 비판(자치론, 외교론, 문화운동론, 준비론), 강도 일본, 민중 직접 혁명론 주장(기관파괴, 요인암살)

※ 7가살 : 친일파/매국노/타이완총독/반민족적 토호/조선 총독 이하 고관/군수뇌부/밀정

※ 5파괴 : 총독부/동양척식주식회사/매일신보/경찰서/기타 중요기관

④ **구체적 활동**

ㄱ 21 _____ 부산경찰서(22 ____)

ㄴ 23 _____ 밀양경찰서(24 ____)

ㄷ 김익상 25 _____ → 26 _____ (1922, 오성륜과 함께 → 육군대장 다나카 저격)

ㄹ 김상옥 27 _____

ㅁ 김지섭(28 _____)

ㅂ 29 _____ 동양척식주식회사 + 조선 식산 은행 폭탄투척(30 ____)

암기TIP 부(20)부가 밀(20)수 총(21)상 입은 종(23)육이가 지(24)도가지고 주(26)주가 도망
- 부산 박재혁, 밀양 최수봉, 총독부 김상옥, 종로경찰서 김상옥, 김지섭 도쿄궁성, 나석주, 동양척식주식회사

⑤ 변천 순서 : 31_____(19) → 의열투쟁(20~26) → 1926년 20개조 강령 발표(방향전환, 개별적 의열 활동 한계 인식, 조직적 군대 필요성↑) → 32_____(교장 장제스) 입교(26) → 33_____(32, 난징, 국민당 지원) → 34_____(35) → 중일전쟁(37) → 35_____(38, 한커우) → 36_____(42, 옌안) - 최초한인군대

암기TIP 단(19)군(26)간(32)혁(35)전(38)대(38)군(42)
- 의열단, 황포군관학교, 조선혁명간부학교, 민족혁명당, 조선민족전선연맹, 조선의용대, 조선의용군

※ 기타 의열활동 : 37_____(19사이토총독암살미수, 서울역에서 의거), 38_____(1923, 일본에서 국왕 암살 기도), 39_____(1928, 타이완에서 일왕장인×)

※ 부민관 의거 : 45.7.24, 대한애국청년단 - 조문기, 강윤국 등이 아세아 민족분격대회가 열린 서울 부민관에 폭탄 투척

(2) 40_____(1931, 김구)

① 1931년 만주사변 → 1932, 41_____ 일왕 폭살(실패)기도(도쿄) → 중국 신문 의거 실패 아쉬움 표현에 일본 반발 → 1932, 상하이 사변 → 1932, 42_____ 공원 폭탄 투척 의거(일본군 장성, 고관 사망)

② 영향 : 상하이 사변 응징, 임시정부 위상제고, 43_____ 임시정부 지원 약속 → 낙양군관학교 한인특별반 편성(지청천 교관 초빙), 한국광복군 창설

사료TIP 도왜실기 - 한인애국단의 활동을 김구가 약술해 간행한 책(엄항섭이 정리)

* 5봉 - 김원봉(의열단), 김두봉(조선독립동맹), 양세봉(조선혁명군), 이봉창(도쿄일왕폭살시도), 윤봉길(홍커우 공원의거)

총정리

1. 민족운동 분화 : 타협적 민족주의, 비타협적 민족주의
2. 6.10만세 운동
   · 식민지교육 반발, 순종 인산일, 공산당+천도계 계열
   · 사전 발각, 서울에 한정(창덕궁 돈화문)
3. 광주 학생 항일운동
   · 우발적 충돌 → 전국전파, 신간회 후원
   · 3.1 운동 이후 최대 항일 민족운동, 신간회 후원
4. 의열단 : 김원봉, 윤세주 등 조직, 신채호 조선혁명선언, 박재혁 - 부산경찰서, 최수봉 - 밀양경찰서, 김지섭 - 도쿄 궁성, 김익상 - 조선총독부, 김상옥 - 종로경찰서, 나석주 - 동척

CHAPTER 64 항일무장투쟁

POINT
① 무장 투쟁 순서
② 봉오동, 청산리 대첩 내용
③ 조선 혁명군, 한국 독립군 활동
④ 조선의용대, 한국 광복군 활동

1 1920년대 무장독립전쟁

(1) 독립전쟁 승리

① 1_____(1920.6) : 대한독립군, 2_____(십리평, 서대파, 삼둔자), 최진동(군무도독부군), 안무(국민회군)
   ↳ 날아다니는 홍대장

② 3_____ : 일제가 마적단을 매수해서 훈춘 일본영사관을 습격하게 한 사건

③ 4_____(1920.10) : 북로군정서(5_____) + 연합부대(6_____, 백운평, 천수평, 완루구)
   ↳ 홍범도 활약   ↳ 대한독립군단 결성에 참여하였고, 결성이후 소련령으로 이동
⇒ 일본군 전사 1200명, 부상 2100명

(2) 시련

① 7_____(경신참변) : 20년 겨울부터 일본군 간도지방 한인학살

② 8_____(서일) 조직 : 20년 말 9_____에 4000명 집결 → 자유시 이동
   ↳ 국경지대(중국 - 러시아)

③ 10_____ : 적군의 무장해제 요구, 공산당간의 독립군 지휘권 다툼, 독립군 내부 분열 → 독립군 만주 이동 및 통합 추진, 대한통의부(1922) 결성

(3) 재정비

① 3부성립 : 입법, 행정, 사법을 갖춘 자치정부, 군정기관(독립군 훈련)
   · 11_____(1923) : 임시정부 직할 압록강
   · 12_____(1924) : 남만주 일대(길림, 봉천), 지청천 양기탁 주도
   · 13_____(1925) : 북만주 일대, 김좌진 주도
   * 신민부 : 수립에 주도적 역할을 한 사람 - 김좌진 / 소련에서 탈출한 독립군과 함께 신민부 결성, 단체의 일부가 혁신의회 참여

② 14_____(1925) : 만주군벌(장작림)과 일제가 독립군 탄압 협정 → 독립군 위축

사료TIP 중국관헌은 각 현에 통고하여 조선인이 무기를 휴대하고 조선에 침입하는 것을 엄금한다, 불량선인단체(독립군단체)는 해산하고 무장을 해산

③ 3부 통합운동
- 배경 : 민족유일당 운동, 미쓰야 협정
- 북만주 : 15 _____ (1928) → 16 _____ (1930), 17 _____ (지청천)
- 남만주 : 18 _____ (1929) → 19 _____, 조선혁명군(양세봉)

암기TIP 봉 훈 청 간 대 자 3 미쯔 3 혁한 + 중국호로군
(20)(20)(20)(20)(20)(21) (25) (28)
참 국초 + 중국의용군
(23) (29)
정
(24)
신
(25)

암기TIP 봉오동전투, 훈춘사건, 청산리대첩, 간도참변, 대한독립군단, 자유시참변, 3부(참의부,정의부,신민부),
미쯔야협정, 3부통합운동, 혁신의회, 한국독립군, 국민부, 조선혁명군

2 1930년대 무장독립전쟁
암기TIP 영상박사도흥대 - 영릉가, 쌍성보, 경박호, 사도하자, 동경성, 흥경성, 대전자령

(1) 한·중 연합작전(만주) ⇒ 영릉가(32.4) → 쌍성보(32.9) → 경박호(33.2) → 사도하자(33.4) → 동경성(33.6) → 흥경성(33.6) → 대전자령(33.7)

① 배경 : 만주사변(1931)과 만주국 수립(1932) → 한·중 연합작전 추진
② 조선혁명군(20 ____) : 남만주, 중국의용군과 연합 - 21 ____ (32), 22 ____ 전투(33) 승리
  ↳ 암살당함 암기TIP O3전투 - 영릉가, 흥경성
③ 한국독립군(23 ____) : 북만주, 중국 24 ____ 과 연합 - 25 ____ (32), 경박호전투(33), 26 ____ (33), 27 ____ 전투(33), 28 ____ (33) 전투 승리, 참모장(신숙) 암기TIP 사도하자 쌍성보동경성 호 - 사도하자,쌍성보, 동경성,호로군
  → 계급혁명보다 민족독립을 강조하며 한중민족연합전선 건립을 목표로 하였다
④ 결과 : 일본공세, 한·중 양군 의견 대립 → 중국본토로 이동

  * 만주사변 : 일본 관동군이 만주를 침략하여 점령하였다 ⇒ 중국인들의 반일감정과 반한감정↑(만보산 사건 영향 - 수로문제로 중국인과 조선인 다툼) ⇒ 의열투쟁(반한감정 억누르려고)

(2) 만주지역 항일유격 투쟁
① 동북인민 혁명군(1933) → 29 ____ (1936, 중국공산당 유격대와 연합) 개편 → 보천보전투(1937, 김일성 주도)
② 조국광복회(1936) → 반제통일전선, 함경도 등 국내와의 연결망 구축

---

(3) 조선민족혁명당과 조선의용대(관내)
① 한국독립당 + 조선혁명당 + 의열단 ⇒ 30 ____ (1935)
  ⇒ 의열단(김원봉(김약산))이 주도하자 조소앙, 지청천 탈퇴(1935) ⇒ 조선민족혁명당 → 31 ____ (좌익통합단체)(37)
② 민족혁명당에서 이탈한 지청천+조소앙+김구 → 32 ____ (35, 임시정부 핵심인사, 김구 주도) → 33 ____ (37)
③ 좌우익 연합 전선 : 34 ____ (1939) - 중일전쟁의 확대로 중국 국민당 정부의 중재로 조선민족전선연맹과 한국광복운동단체 연합회가 합작 추진 → 갈등으로 실패함
④ 35 ____ (1938) : 중일전쟁 직후조직, 대일항전 전개(후방교란, 포로심문), 중국관내 최초
  36 ____ → 일부가 화북지방으로 이동하여 조선의용대 화북지대 → 태항산 일대에서 대일항전, 37 ____ (1941), 반소탕전 / 일부는 충칭으로 이동해 임시정부의 한국광복군이 편입됨

  * 조선의용대(1938) - 1지대(박효상외 98명), 2지대(이익성외 75명), 3지대(김세일외 63명)
    +
    조선민족혁명당 예하부대(조선민족전선연맹)
  국민당 ⇒ 충징(중경)이동 ⇒ 김원봉 한국광복군 합류(1942)
    ↓
  조선의용대일부 화북지방(윤세주) ⇒ 호가장전투(41), 형태전투, 평성전투 ⇒ 조선독립동맹(김두봉) ⇒ 조선의용군(42, 무정)

※ 정리

```
        의열단(김원봉)
   ┌────────┼────────┐
통일전선      정당       군대
조선민족전선연맹 조선민족혁명당 조선의용대
```

※ 김원봉
① 의열단 조직(1919)   ② 황포군관학교 입학   ③ 조선혁명간부학교 설립(1932)
④ (조선)민족혁명당 조직 ⑤ 한국광복군 부사령관 ⑥ 남북협상 참여 후 북한 잔류

도끼한국사 빈칸노트

PART 07 민족 독립 운동의 전개 148

3 1940년대 무장독립운동

(1) 임시정부와 한국광복군

① 재정비(충칭) : 38_____(40.5), 조소앙 39_____ (정치,경제,교육), 40_____ (김원봉) 합류

※ 41_____ : 우익통합정당(한국국민당 김구 + 조선혁명당 지청천 + 한국독립당 조소앙)
※ 조소앙 삼균주의 : 정치(보통선거), 경제(국유화), 교육(의무교육)평등/개인과 개인, 민족과 민족, 국가와 국가 균등

② 한국광복군(1940) 활동 **암기TIP** 미국인대지 – 미국 OSS, 국민당 후원, 인도 미얀마 전선, 대일본 대독 선전포고, 지청천 대장

- ㉠ 42_____ 중심, 조선의용대 일부 편입(42)
- ㉡ 중국 43_____ 과 군사협정(중국군 지휘 → 독자성 확보)
- ㉢ 44_____ 선전포고
- ㉣ 영국군 연합작전 : 45_____, 포로심문, 암호, 선전 전단 작성, 회유방송(1943)
- ㉤ 46_____ 와 연합 : 국내진입작전 준비(1945)

> * 한국광복군 – 대한민국원년에 정부가 공포한 군사조직법에 의거하여…
> * 국내진입작전 – 일본패망

③ 건국강령(41) 발표 : 조소앙의 삼균주의 바탕, 정치, 경제 ,교육, 개인과 개인, 민족과 민족, 국가와 국가

> * 한국독립당
>   - 조소앙 한국독립당(35), 김구 한국국민당 + 지청천 조선혁명당
>   - 조선혁명당, 한국국민당, 한국독립당은 이제부터 다시 존재 할 조건이 소멸되었을뿐 아니라 각기 해소될 것을 전제로 하고 신당창립에 착수
> * 김구 한독당 활동
>   - "왜적이 항전한다 하였다. 아! 왜적이 항복! 나에게는 기쁜소식이라기 보다는 무너지는 듯한 일이었다. 참전할 준비한것도 다 허사이다. 왜적이 항복하였으니…."

(2) 47_____ (1942)

- 화북조선청년연합회 결성(최창익, 무정)
- 조선의용대 → 48_____ (1942)(사령관 무정) : 옌안본부 팔로군과 연합해 항일전 수행
⇒ 북한인민군 편입

※ 국외이주 동포 시련
- 만주 : 간도참변(1920), 만보산사건(1931)
- 연해주 : 자유시참변(1921), 중앙아시아 강제이주(1937)
- 일본 : 관동대지진 → 관동대학살(1923)

총정리

1. 1920년대 무장투쟁 : 봉 훈 청 간 대 자 3 미쯔 3
2. 1930년대 무장투쟁 : 혁한 / 국조 → 동북인민혁명군
   → 동북항일연군 + 조국광복회 → 보천보 전투
3. 관내(중국) 무장 투쟁 : 단 군 간 혁 대 군
4. 1940년대 무장투쟁
   ① 한국 광복군 : 미 국 인 대 지
   ② 조선 의용군 : 조선독립동맹 소속, 옌안, 팔로군과 함께 항일전 수행

CHAPTER 65 실력양성운동, 노동·농민 운동, 사회적 민족운동 전개

POINT
① 물산장려운동 ② 민립대학설립 운동 ③ 문자보급운동, 브나로드 운동
④ 암태도 소작쟁의, 형평사 운동, 원산노동자 총파업
⑤ 신간회, 근우회 – 민족 유일당 운동

1 실력양성운동('ㅁ'시리즈)

(1) 민족기업성장

① 배경 : 1_____ (1920, 허가 – 신고제) 이후 민족기업↑
② 경성방직(김성수), 평양 메리야스·고무신 공장
③ 1930년대 대륙병참기지화 정책으로 해체 또는 일제기업에 흡수

(2) [2]_____ **(국산품 애용)**

① 조선물산장려회(1920 - 평양, [3]_____, 1923 - 서울) : 국산물애용운동 - 총독부의 간교한 탄압으로 실패, 상인들이 중심이 되어 이루어 졌다

② 활동 : '내살림 내것으로', '[4]_____', 자작회(1922, 학생), 토산애용부인회(1923) 조직

③ 실패 : 가격상승, 친일세력관여, 사회주의 계열 비판(자본가를 위한 것)
　　⇒ 원인 : 일본의 관세 철폐

(3) [5]_____

① 민립대학 기성회(1923, 서울)
　　• 조선교육회를 중심으로 이상재, 이승훈 등이 결성
　　• '[6]_____', 1000만원 모금 운동 전개, 만주, 미국, 하와이 등 해외에서도 모금운동

② 가뭄, 수해로 모금 부진(1924~1925), 일제 [7]_____ 설립(1924) ⇒ 실패

(4) [8]_____ : 야학운동부터 시작, **문자보급운동**, **브나로드 운동 발전** → 중단 1935년 일제 문자보급운동 금지

① [9]_____ (1929~1934)
　　• [10]_____ 주도, 한글교재, 조선어학회 참여(1931, 조선어 강습회, 한글교재 제작), [11]_____.
　　• 농촌계몽 및 문자 보급, 한글교재 10만부 발행해 농촌에 배부, 1935년 일제가 금지

② [12]_____ (1931~1934)
　　• [13]_____ 주도, 농촌계몽운동(미신타파, 구습제거)
　　• [14]_____, 1935년 일제가 금지
　　⇒ 이광수 〈흙〉(1932), 심훈 〈[15]___〉(1935) → 동아일보 창간 15년 기념

(5) 한계
① '선실력양성 후독립' 표방했지만 실력양성에 그침
② 타협적 민족주의자 1920년대 중반이후 자치운동 주장 → 1930년대 이후 친일파
　　* 자치운동 : 이광수(민족개조론(1922), 민족적경륜(1924)), 최린

2 농민운동 · 노동운동

구분	농민운동(소작쟁의)	노동운동(노동쟁의)
배경	① 토지조사사업, 산미증식계획 ⇒ 농민 불만↑ ② 고율소작료, 수리조합비, 비료대금 　수탈가중 → 식민지 지주제 ③ 사회주의 사상 보급	① 일제 식민지 공업화 　→ 저임금, 장시간 노동, 열악한 작업환경 ② 1930년 병참기지화 정책 → 노동력 수탈 ③ 사회주의 사상의 영향
1920년대	① 생존권 투쟁(소작료↓, 소작권 이동 반대) ② [16]_____ (1923) - 신안군 ③ 동양척식주식회사 농장 소작쟁의 　(1924, 황해도 재령) ④ 조선노농총동맹(1924)	① [17]___ 투쟁(임금인상, 노동조건 개선) ② 조선노동공제회(1920) 　→ 조선노동총동맹(1927) ③ 부산 부두 노동자 파업(1921) ④ [18]_____ (1929) - 영국인 회사에서 　시작, 신간회 후원
1930년대	① 사회주의와 연대 적색 농민 조합 전개 ② [19]_____ (식민지 지주제×, 일제×) ③ 1930년대 후반 일제탄압 → 활동↓ ④ 조선소작조정령, 조선농지령 발표 　(일제 농민 회유책)	① 반제 · 반일 투쟁 ② 사회주의와 연결된 지하조직화(적색노동조합) ③ 1930년대 후반 일제탄압 → 활동↓, 　강주룡 - 을밀대 투쟁 (평양,1931)

※ 노동 · 농민운동 단체
　조선노동공제회 - 조선노농총동맹(1924) - 조선농민총동맹(1927)
　　　　　　　　　　　　　　　　　　　 - 조선노동총동맹(1927)

〈 사회적 민족운동 전개 〉 * 사회적 민족운동

1 사회주의 사상 수용

(1) 사회주의 사상 전파
① 레닌 약소 민족 독립운동 지원 선언 → ② 3 · 1운동 이후 청년 · 지식층을 중심으로 확산
③ 신사상연구회(1923), 화요회(1924), 북풍회(1924) ⇒ 국내조직결성

(2) [20]_____ (1925) : 1차~4차 공산당 - 김재봉(1차), 강달영(2차)(6.10만세), 정우회선언(3차), 12월 테제(4차)
① 조선노동총동맹, 조선농민총동맹 ⇒ 노동, 농민운동 전개
② 해체 : [21]_____ (25), 일제탄압으로 1928년 해체
③ [22]_____ 운동 주도(1926), 민족주의(비타협) 연합하여 [23]_____ 결성

2 청년운동과 소년운동

(1) **청년운동** : 조선청년총동맹(1924, 청년계 민족유일당) - 조선청년연합회 + 서울 청년회
(2) **소년운동** : 천도교 주도, 소년운동협회(1923), 24_____ 제정(1923.5.1 → 이후 5.5로 변경, 방정환) - 천도교소년회(1921), 잡지 『25_____』(1923)

3 여성운동

(1) **민족주의 계열** : 대한애국부인회(비밀결사, 군자금), 조선여자교육회, 조선여자기독교청년연합회(YWCA, 1922)
(2) **사회주의 계열** : 조선 여성 동우회
(3) 26_____ (1927)
   ① 여성계 민족 유일당(27_____)
   ② 기관지 [28_____] 발간
   ③ 여성의식계몽, 노동운동과 농민운동에 적극 참여

   ※ 여성운동가
   ① 남자현 : 의병, 3·1운동 무장투쟁, 1932년 국제연맹 조사단에게 혈서를 써서 보냄(단지)
   ② 박자혜 : 신채호부인, 나석주 지원
   ③ 박차정 : 김원봉부인, 무장투쟁, 조선의용대 부녀 복무단장
   ④ 권기옥 : 송죽회, 최초여자비행사
   ⑤ 김마리아 : 2.8독립운동, 대한민국 애국 부인회, 근화회
   ⑥ 최은희 : 여성권익 노력, 조선일보 기자, 근우회 참여
   ⑦ 윤희순 : 한말 의병가 지음, 중국망명 후 항일운동 전개
   ⑧ 강주룡 : 평양 을밀대 단식투쟁(노동투쟁, 1930's)

4 형평운동

(1) **배경** : 갑오개혁 이후 신분평등(법적) → 사회적 편견·차별↑
(2) **전개** : 29_____ 조직(1923, 진주), 30_____ (1925) - 백정 차별 폐지, 백정 자녀 교육문제
(3) **약화** : 온건파(신분해방에 중점), 급진파(계급투쟁) 대립, 1930년대 이후 일제 탄압, 경제적 이익 단체로 변화 사료TIP 공평은 사회의 근본

5 민족유일당 운동

(1) **배경**
   ① 민족운동 분열 : 민족주의 vs 사회주의
   ② 자치운동론 대두 : 이광수, 최린
   ③ 중국 국공 합작(1924)
   ④ 치안유지법(1925) : 민족운동가, 사회주의자 탄압

   암기TIP 육(26)민(26)정(26)신(27)원광(29)X(31)
   - 6.10만세운동, 조선민흥회, 정우회선언, 신간회, 원산부두총파업, 광주학생항일운동, 해산

(2) **전개**
   ① 해외 : 한국독립유일당 북경촉성회(1926, 안창호), 3부통합운동(만주)
   ② 6·10만세운동 : 31_____ (26. 7) → 32_____ (26. 11, 좌익최대단체 자진해산)
      ↳ 서울청년회+조선물산회 ↳ 민주주의적성질…동맹자적 성질… 종래의 소극적인 태도를 버리고 싸워야 할 것이다.

(3) 33_____ (1927) : 고목에서 새가지가 돋는다에서 유래(신간출고목)
   ① 중심인물 : 이상재(회장), 홍명희(부회장), 권동진(부회장), 안재홍 등, 비타협적 민족전선의 수립
   ② 강령 : 기회주의 배격, 정치·경제적 각성촉구, 민족대단결
   ③ 활동
      • 대중운동 지도 : 토론회, 강연회, 34_____, 단천농민운동, 35_____
      • 사회운동 전개 : 동척폐지주장, 수재민구호운동, 재만동포옹호운동, 순회강연단구성
      • 일본인 이민 반대, 여성차별반대, 조선인본위교육 주장, 서울에 본부가 있고 지방에 140개 이상의 지회가 있다
      • 일제하 최대 36_____ (4만 회원)
         * 이상재 : 조사시찰단 파견, 독립협회 조직, 조선교육회 창설, 조선일보 사장, 신간회 회장, 1927년 사망 최초로 사회장 실시

(4) **신간회 해체(1931.5)**
   ① 중국 1차 국공합작 결렬(1927)
   ② 일제탄압, 계열간의 이념 대립(좌, 우)
   ③ 광주학생항일운동 진상보고대회 사건이후 일부 간부 검거 (홍명희), 37_____
   ④ 38_____ (통일전선 강화 → 12월 테제(1928, 적색노조론)), 좌익주장으로 해산(31)
      ↳ 9월 테제(1930, 신간회 해체 지시)

(5) **신간회 의의** : 39_____ (4만명, 140개이상 지회, 개인자격가입원칙)

※ 1920년대 주요 사건 순서
· 1923년 : 국민대표회의 → 참의부 → 김상옥의거 → 조선혁명선언 → 관동대지진 → 암태도 소작쟁의
　　　　→ 조선형평사 → 토월회 → 관세 철폐
· 1925년 : 치안유지법 → 조선공산당 → 미쓰야 협정 → 신민부 → 카프 결성
· 1926년 6.10만세운동 → 정우회 선언

1. 실력양성운동
① 물산장려운동
· 관세철폐로 조선인 기업 위기 , 평양 조만식 주도
· 내살림 내것으로, 조선사람 조선 것
② 민립대 설립운동
· 2차 교육령으로 대학교육 가능, 민립대학기성회 설립
· 한민족 1천만에 한사람이 1원씩
③ 문맹퇴치운동 : 문자보급운동-조선일보 주도, 브나로드운동-동아일보

2. 농민운동
① 20년대 생존권 투쟁, 30년대 항일투쟁
② 암태도 소작쟁의(23)

3. 노동운동
① 20년대 생존권 투쟁, 30년대 항일투쟁
② 원산노동자 총파업(29)

4. 민족 유일당 운동
① 사회주의 사상 전파 : 조선공산당(1925), 치안유지법으로 탄압
② 청년운동 : 조선청년총동맹 / 소년운동 : 소년운동협회, 어린이날 제정(22)
③ 여성운동 : 대한애국부인회(우익), 조선여성동우회(좌익) / 근우회(여성계 민족 유일당, 여성의
식계몽)
④ 형평운동 : 조선형평사(23), 형평사 대회(25), 백정(도한)차별 폐지
⑤ 민족유일당 운동
· 신간회 변천 : 육 민 정 신 광 해
· 의의 : 일제 하 최대 합법적 반일 사회운동, 회원 4만명, 140개 이상 지회

CHAPTER 66
민족문화 수호운동, 국외 이주 동포 활동

POINT 일제 교육 정책, 학교 이름, 한국사 왜곡(식민사학단체),
역사가와 저서 특징 , 일제시대 문화 예술활동 특징

1 일제 교육·문화 정책

(1) 일제 식민지 교육정책

	시기	내용
식민지 교육 추진기 (1910~1919)	1911 제 1차 조선교육령 (1) (무단통치기)	· 충성스런 일본식민 육성, 일본어 보급, 사립학교규칙(11) → 15년 개정 · 한국인 교육 보통·실업·전문교육으로 한정 · 서당규칙(1918) : 개량서당 탄압, 보통(소) - 2 , 일본인은 6년
식민지 교육 본격화 (1919~1938)	1922 제 2차 (3) 조선교육령 (문화통치기)	· 일본학제로 변경, 소학교 4 → 6년, 고등 보통학교 4년 → 5년, 학교수 증대 · 4 (민립대 견제, 사범학교 설립 및 대학에 대한 규정 마련) - 1924년 · 5 필수, 일본어 교육 강화
황민화 교육기 (1938~1945)	1938 제 3차 (6) 조선교육령	· 황국신민화 교육, 일본어를 국어로 사용, 7 학교 · 조선어, 역사, 지리 선택과목 → 사실상 폐지 · 보통학교 → 심상소학교, 고등보통학교 → 중학교 , 여자 고등보통학교 → 고등여학교
	1943 제 4차 (8) 조선교육령	· 소학교를 9 로 개칭(1941), 수업연한축소 - 중학교, 고등여학교 수업연한 4년 축소 · 10 완전 폐지

※ 학교 명칭 : 소학교(95) → 보통학교(06) → 11 (38) → 12 (41) → 초등학교(96)
↳ **암기TIP** 소보루심궁 - 소학교, 보통학교, 심상소학교, 국민학교
* 사립학교 통제 : 사립학교령(08), 사립학교규칙(11), 개정사립학교규칙(15)

도끼한국사 빈칸노트　　　　　　　　　　　　　　　　　　　　　　PART 07 민족 독립 운동의 전개　152

(2) 한국사 왜곡
① 목적 : 일본침략과 식민지배를 정당화하고 한국인의 독립의지 약화
② 식민사관 확립 : 13_____ (조선에 중세(봉건사회)가 없다), 14_____ (반도사관, 만선사관, 임나일본부설), 사대성론, 당파성론, 일선동조론, 식민지근대화론 등
③ 단체
- 고적 조사 위원회(1916, 문화재 약탈), 조선반도사편찬위원회(1916) → 조선사편찬위원회(1922) → 15_____ (1925)
- 조선사 편수회(1925, 조선 총독부 직할, 조선사 편찬), 16_____ (조선사 편수회, 경성제국대학 교수 중심, 식민사학) cf 진단학회 - 실증주의 → 암기TIP 청편 - 청구학회, 조선사편수회
  * 정체성론 : 백남운 타파 - 조선사회경제사

(3) 종교계
① 17_____
- 1910년대 안악사건(안명근 사건) → 18_____ 사건
- 1930년대 신사참배에 반대하는 기독계 지도자 투옥
② 19_____ : 20_____ (1911), 포교규칙제정(1915), 21_____ (21, 한용운, 사찰령 폐지운동), 한용운을 당수로하여 비밀결사조직인 만당 조직
③ 22_____ : 일제탄압과 감시로 본거지를 만주로 옮김, 나철·오기호, 중광단 조직, 북로군정서
④ 천주교 : 경향신문 창간(06), 23_____ 조직
⑤ 원불교 : 박중빈, 새생활운동, 허례의식 폐지
⑥ 천도교 : 제2의 3.1운동 계획, 개벽, 어린이, 신여성 잡지 창간
  * 어린이날 제정 : 1922   * 어린이 잡지 : 1923 - 1934
⑦ 유교 : 일본이 경학사(1911) 규정으로 성균관 폐지 → 친일파(이완용 대표)

2 국학운동의 전개

(1) 국어연구와 한글보급 암기TIP 국조연학 - 국문연구소, 조선어연구회, 조선어학회, 한글학회

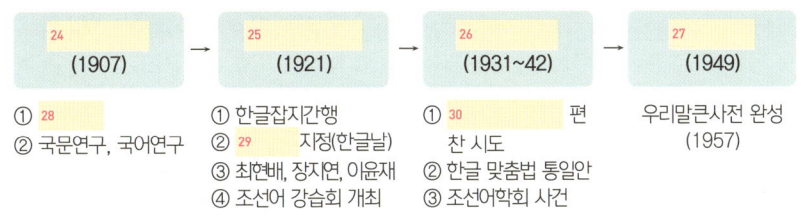

| 24_____ (1907) | → | 25_____ (1921) | → | 26_____ (1931~42) | → | 27_____ (1949) |

① 28_____
② 국문연구, 국어연구

① 한글잡지간행
② 29_____ 지정(한글날)
③ 최현배, 장지연, 이윤재
④ 조선어 강습회 개최

① 30_____ 편찬 시도
② 한글 맞춤법 통일안
③ 조선어학회 사건

우리말큰사전 완성 (1957)

※ 조선어학회 특징
① 한글 맞춤법 통일안   ② 표준어 제정 및 외래어 표기법 통일안 제정
③ 우리말 큰사전 편찬시도   ④ 한글잡지간행, 한글교재 보급, 조선어 강습회(문맹퇴치운동)
⑤ 조선어학회사건(1942) : 이윤재, 한징 옥사, 일제에 의해 해산(치안유지법에 근거)

(2) 한국사 연구
① 민족주의 역사학

연대	인물	내용
1920년대	31_____ (단재)	・낭가사상, 역사란 아와 비아의 투쟁이다. ・<32_____> : 민족주의 사학의 방향제시 역사3요소, 구한말 ・<조선사론> : 신채호의 유교사상 ・<33_____> : 역사는 아와 비아의 투쟁, 고대사 연구에 초점 ・<34_____> : 묘청의 서경천도운동(일천년이래 제일 큰 사건) ・<조선상고문화사> : 단군 조선 정치, 문화사 서술(대종교와 연결) ⇒ 안재홍의 주선에 의해 조선일보에 연재되었다. ・35_____ 연구 치중, 민족주의 역사학 기본확립, 낭가사상 ・구한말 : 위인전, 흥망사 ・일제 36_____ (의열단, 23), 임정국민대표회의(창조파, 23)
	37_____ (백암, 태백광노)	・38_____ 역사는 정신이다. ⇒ 혼사상 <39_____>(1915), <40_____>(1920) ・구한말 : 황성신문 주필, 조선광문회, 「41_____」 ・일제 : 임시정부 2대 대통령
1930년대	정인보 (위당)	・'42_____' 강조, 조선학 연구(실학 연구), <43_____>, <44_____> 간행(with 안재홍) ・광개토대왕비문 연구, 고대사연구 <조선사연구>, 양명학연구
	(호암)문일평	・'조선심', <45_____>, <조선사화>, <호암전집> 저술
	안재홍	<46_____>, 신간회, 조선건국동맹, <47_____>와 신민주주의, 한민족 기본노선, 해방후 민정장관, <불함철학대전>, <조선철학>
	홍이섭	<조선과학사>(1944)
	전형필	・우리 문화재 보존 , 최초 사립미술관 보화각 건립 → 간송미술관 ・훈민정음 혜례본, 상감운학무늬 청자, 김정희 글씨, 정선, 신윤복, 김홍도 그림
	이청원	1936 <조선역사독본> <조선사회사독본>

※ **안확** : 국학자, 국어학자, 역사학자, 독립운동가, 훈민정음 연구, 민족문화 강조
　　저서 : 〈조선문명사〉 〈조선문학사〉 〈조선문법〉 〈조선의 음악〉

※ <mark>48</mark> **(정인보, 안재홍, 문일평)** : 실학에서 자주적인 근대사상과 우리학문의 주체성을 찾으려
　하였다.

※ <mark>49</mark> : 성균관 박사 출신, 독립협회 참여, 황성신문 기자, 대한매일신보 주필, 신민회 활동, 독사신
　론 저술, 권업신문 주필, 상해임정 참가, 신대한 창간, 잡지 천고(천고) 간행, 국민대표회의 창조파, 의열
　단의 조선혁명선언 작성, 조선사연구초 저술, 신간회 참여, 조선상고사 저술, 뤼순감옥에서 순국(1936)

※ <mark>50</mark> : 독립협회, 황성신문 주필, 대한매일신보 주필, 대한자강회, 신민회 활동, 대동교창시, 유교
　구신론 주장, 조선광문회 조직, 상해에서 동제사 조직, 한국통사 저술, 한국독립운동지혈사 저술, 임
　정 독립신문사 사장, 임정 2대 대통령

※ <mark>51</mark> : ① 와세다대학졸업 ② 3·1운동 참가 ③ 시대일보 : 조선일보창간 ④ 물산장려회참가 ⑤
　신간회 총무 ⑥ 건준위참가 → 탈퇴 ⑦ 미군정시기 민정장관 ⑧ 6·25납북

② 사회경제사학
　• 역사발전을 유물사관(사적유물론, 마르크스 유물 사관)에 입각하여 연구, <mark>52</mark>　　　　강조
　　(원시공산제 – 고대노예제 – 중세봉건제 – 자본주의 – 사회주의)
　• 백남운 〈<mark>53</mark>　　　　　〉(1933)
　　– <mark>54</mark>　　　　　　 위에 체계화, 민족주의 사학자들의 정신사관을 비판, <mark>55</mark>
　　　　　　　비판, 자본주의 맹아론 연구 시작
　　– 해방 후 연합적 신민주주의 주장 〈조선민족의 진로〉, 북한으로 월북, 〈조선봉건사회경제사〉

③ 실증주의 사학 : 일제 현실 외면, 객관주의 역사연구(랑케사관) → <mark>56</mark>　　　(이병도, <mark>57</mark>　　　)

※ **손진태** : 진단학회 발기인, 민속사 연구, 조선민속학회 창설, 〈조선민속〉창간, 〈조선민족문화의 연구〉,
　　〈국사대요〉, 〈조선민족사개론〉 –1948, 저술
　* **진단학회** : 34년, 순수문학을 표방하면서 식민주의 사학에 학문적으로 대항, 진단학보(1934),
　　청구학회에 대항

3 문학 · 예술활동

(1) 민족교육운동 : 사립학교령(1908), 사립학교규칙(11제정, 15개정), 서당규칙(18)
　① <mark>58</mark>　　　 창립(1920) : 한규설·이상재 주도 ,조선어 강습회, 민립대학 건립운동

(2) 과학 대중화 운동(1924) : <mark>59</mark>　　　 고국방문 비행계기(1922.12. 5) → 발명학회(1924), 과학지식
　보급회(1934)

---

(3) 문학 활동

① 1910년대 : 계몽주의적 성향, <mark>이광수 〈무정〉 60　　　　, 최남선 〈해에게서 소년에게〉</mark> <mark>61</mark>

② 1920년대
　• 동인지 : 〈창조〉 〈폐허〉 〈백조〉 → 예술성만 추구, 도피적·퇴폐적·낭만주의
　• 민족정서 : 김소월(민요조 서정시), 한용운(님의 침묵), 이상화, 심훈(상록수 1935, 동아일보15
　　주년)
　• 신경향파 문학 : 사회주의 계열 카프(<mark>62</mark>　　　　　) 결성·국민문학 운동 – 민족주의 전통문
　　화·향토애

③ 1930년대 : <mark>순수문학(1939, 〈문장〉)</mark> – 시문학 동인지(김영랑, 정지용)

④ 1940년대 : <mark>친일문학</mark> – 이광수, 최남선, 조병화, 모윤숙, 서정주 / <mark>저항 – 이육사, 윤동주</mark>

　* 동인지 : 1920년대초, 김동인(근대단편소설시작), 염상섭(청개구리, 삼대)
　* 신경향파 : 문학이 현실과 생활을 반영해야 한다는 새로운 흐름이 대두

(4) 문화, 예술
　　　　　　　　　　　　　　　　　　　　　　　↗ 코리아환상곡(1936)
① 음악 : 국권피탈 이후 창가유행(학도가, 한양가 등), 가곡, 동요창작, 홍난파, 안익태(애국가)

② 미술
　• 한국화(동양화) – 안중식(한국 전통회화 계승), 이상범, 허백련
　• 서양화 – 고희동(최초 서양화가), 이중섭(소), 나혜석(유화) / 조소 : 김복진

③ 연극 : 토월회(1923, 김기진, 박승희), <mark>63</mark>　　　　　(1931년대, 김진섭, 유치진)

④ 영화 : 조선키네마 주식회사(1924), <mark>나운규 아리랑(64</mark>　　　), 일제 조선영화령(<mark>65</mark>　　)으로 탄압
　　　　　　　　　↳ 단성사

⑤ 체육 : <mark>손기정 – 1936년 베를린 올림픽 금메달(마라톤)</mark> – <mark>66</mark>　　　　　(<mark>67</mark>　　, 동아일보)

⑥ 트로트 음악 :1930년대 이후 유행

(5) 의식주 변화

① <mark>68</mark>　　　　　 출현 : 1920~1930년대 식민지 경성의 도시공간에 나타난 새로운 스타일의
　신식 남성(양복) 여성(단발, 양장) 소비주체로 나타남(영화 – 모던보이)

② 다양한 잡지 출현 〈신여성〉–1923, 〈<mark>69</mark>　　　〉–1926, 〈삼천리〉–1929 창간

③ <mark>70</mark>　　　　 설립(1931, 박흥식) 미쓰코시 백화점(1930, 일본자본)

④ 일제의 쌀 수탈로 쌀 소비량 감소, 중일전쟁 후 쌀 공출로 인하여 식량부족(쌀부족), 만주잡곡 수입

⑤ 서울 인구 증가, 빈민층들의 토막촌 형성(청계천), 영단주택(서민주택)

(6) 언론활동
① 1910년대 : 언론·출판의 자유 박탈(by 보안법), 매일신보(총독부기관지) 발간(only)
② 1920~30년대 : 민족계 신문 발간 - 조선일보, 동아일보 창간 → 규제
　　　　　　　　잡지 발간 - 개벽(천도교), 신생활, 신천지, 별건곤, 삼천리 등
③ 1930~40년대 : 검열·삭제 강화 → 일장기 말소사건(1936), 조선·동아일보 자진 폐간 형태로 폐간(1940)

---

* 국외 이주동포 활동

1. 만주 : 독립운동기지(삼원보, 밀산부, 한흥동, 용정) - 간도참변(1920), 만보산 사건(1931)
　　　　　　　　　　　　　중국 내 한국인 이미지 실추 ↲
2. 연해주 : 대한광복군 정부, 대한국민의회 자유시참변(1921), 중앙아시아 강제이주(1937)
3. 일본 : 2.8 독립선언 - 관동대학살(1923)
4. 미주 : 대한인국민회, 조선국민군단 - 사탕수수농장, 철도건설 노동자로 이주, 알렌 - 사진결혼

총정리

1. **일제 교육 문화 정책** : 1차 - 보통학교 4년, 2차 - 소학교 6년, 경성제국대학, 3차 - 조선어 선택과목, 4차 - 조선어 완전폐지
2. **국학운동**
   (1) 국어 : 국조연학(국문연구소, 조선어연구소, 조선어학회, 한글학회)
   (2) 한국사 연구 : 신채호 - 조선상고사, 조선사연구초 / 박은식 - 한국통사, 한국독립운동지혈사 / 정인보 - 얼 / 문일평 - 조선심 / 안재홍 - 조선상고사감 / 전형필 - 간송미술관 / 백남운 - 조선사회경제사 / 손진태 - 조선민족사개론
3. **문화, 예술활동** : 1910년대 : 이광수 무정 → 1920년대 : 김소월, 한용운, 이상화, 심훈, 신경향파 문학, 국민문학 운동 → 1930년대 순수문학 → 1940년대 저항문학, 이육사, 윤동주

도끼한국사만의 특별한 암기팁으로 한 권에 완성하는 **공무원·경찰·소방 한국사**

08

현대 사회의 발전

CHAPTER 67 | 8·15 광복, 좌우대립

CHAPTER 68 | 좌우대립

CHAPTER 69 | 5·10 총선거와 대한민국 수립, 친일파 청산과 농지개혁

CHAPTER 70 | 6·25 전쟁

CHAPTER 71 | 이승만 정부(1공화국), 장면정부(2공화국)

CHAPTER 72 | 박정희 정부(3·4공화국)

CHAPTER 73 | 전두환 정부(5공화국)

CHAPTER 74 | 6공화국

CHAPTER 75 | 통일정책

CHAPTER 76 | 경제정책

CHAPTER 77 | 북한의 변화

CHAPTER 78 | 사회·문화 변화

CHAPTER 79 | 대한민국 헌법 개정사

CHAPTER 67 8·15광복, 좌우대립

POINT 단체, 순서, 광복 직후 정치 상황

1 건국준비   암기TIP 임독건 - 임시정부, 조선독립동맹, 건국동맹

(1) 국내 : 1._____(여운형) - 1944, 비밀결사, 좌우합작단체, 일제타도와 민주주의 국가 건설
(2) 충칭 : 2._____(김구) - 충칭 정착(1940), 한국광복군(1940), 건국강령 발표(3균주의, 조소앙, 1941, 정치, 경제, 교육)
(3) 옌안 : 3._____(김두봉) - 1942, 옌안, 건국강령(1942, 일제와 밀접한 대기업을 국영으로 귀속), 조선의용군(총사령관 무정, 팔로군과 연합), 보통선거에 의한 민주공화국 수립 목표
⇩
· 공통점 : 정치 - 민주주의, 경제 - 사회주의(국유화), 미군정은 모두 인정 하지 않음

* 조선건국동맹 : 중앙과 지방 10여 지역에 체계적인 조직을 갖추었다. 조선독립동맹에 연락원을 파견하여 협동작전을 계획하였다.
* 일제와 여운형의 치안권 이양 협상(1945.8.15) : 여운형은 8월 15일 오전 8시 총독부 정무총감 엔도와 만나 일본측이 요구한 자주적 국내치안유지와 일본인들의 안전한 귀환을 보장하고, ① 정치·경제범의 즉시 석방, ② 3개월간의 식량 보급, ③ 치안유지와 건국사업에 대한 간섭 배제, ④ 학생훈련과 청년조직에 대한 간섭 배제, ⑤ 노동자와 농민을 건국사업에 조직, 동원하는 것에 대한 간섭 배제 등을 조건으로 협상을 타결하였다.

사료TIP - 각인 각파는 대동단결하여 거국일치로 일본제국주의의 모든세력을 쫓아내고 조선민족의 자유와 독립을 회복할 것
  - 대일연합전선을 형성하고 독립을 저해하는 일제의 반동세력을 박멸할 것

2 8·15광복

(1) 열강의 독립약속   암기TIP 카얄포

시기	명칭	주요내용
1943.11	4.____ 회담	한국독립최초약속(미, 영, 중) - 장제쓰참여 **사료TIP** 적당한 시기(in due course)
1945.2	5.____ 회담	· 소련대일전 참전(미, 영, 소) - 스탈린참여 · 6.____ 최초 언급, 미 소 군정제안
1945.7	7.____ 회담	8.____ 재확인(미,영,소,중), 일본의 9.____ 요구 - 스탈린참여, 원자폭탄 투하 하루전
1945.8.15	일본 항복	광복, 남북 분할 점령(미,소) , 북한-소련 간접통치, 남한 - 미군 직접통치, 맥아더 포고문
1945.12	10.____	· 미소공위설치(미, 영, 소) · 신탁통치, 임시정부

사료TIP 카이로회담 : 조선인민의 노예 상태에 유의하여 적당한 시기에 맹세코 조선을 자주독립시킬 결의를 한다.
얄타회담 : 소련이 연합국편에서 일본에 대한 전쟁에 참가하기로 결정하였다.
포츠담회담 : 일본국의 혼슈, 홋카이도, 큐슈, 시코쿠 및 우리들이 결정하는 여러 작은 섬에 국한될 것이다.

* 광복 과정 : 임시정부 활동 → 조선독립동맹활동 → 카이로회담 → 조선건국동맹 활동 → 얄타회담 → 포츠담회담 → 미국 원폭 투하(히로시마 - 45.8.6, 나가사키 - 45.8.9) → 소련 대일 선전포고(45.8.8) → 미소 양군 38도선 분할 점령 합의(45.8.14) → 8.15 광복 → 북한(소련 간접통치), 남한(미국 직접통치)
* 맥아더 포고문 (45.9.7) : 북위 38도선 이남 통치의 모든 권한은 당분간 본관의 권한 하에 둔다. 종래의 정상기능과 업무를 수행할 것(독립운동 모든 단체 불인정(임정 불인정), 친일파 활용(친일파 처단 불가능))

(2) 11._____ (1945.8) 조직(건준위)   암기TIP 동춘공
① 12.____ 을 기반으로 조직, 13.____, 안재홍 등 중도 좌·우 결집
② 치안대 설치, 전국적 지부 → 자주적 질서유지
③ 광복 이후 최초 정치단체 → 우익불참(송진우, 김성수)
④ 14.____ 강령 - 완전한 독립국가건설, 민주주의 정권수립, 일시적 과도기에 대중 생활 확보

(3) 15._____ (1945.9.6) 선포(인공)
① '건준위' 좌익주도 → 인민공화국 선포, 건준위 지부는 16.____로 개편
② 주석 - 이승만, 부주석 - 여운형, 국무총리 - 허헌 추대
③ 우파×, 중도파(안재홍) 탈퇴, 김구불참, 좌익 실권 장악, 17.____에서 인정 받지 못함

(4) 38도선의 설정 ⇒ 얄타회담 소련참전 → 1945.8 소련참전 → 한반도 북부점령 → 미국 38도선 분할 점령 제안

3 광복 직후의 남북한 정세

(1) 남한지역 : 18 _____ (맥아더 포고령 1호) (1945.9)

① 모든 독립운동 단체 불인정, 부정, 모든 공용어 영어 사용, 친미 우익 세력 지원

② 미군정 : 총독부체제유지, 우익지원(한민당), 친일관료, 친일경찰, 친일군인 고용

③ 이승만 : 귀국 후 19 _____ (독,촉)

④ 김구 등 충칭 임시정부요인 12월 개인자격 입국(20 _____)

⑤ 남조선국방경비대(46.1.15, 국군의 전신), 삼일소작제(45.10, 총수확량의 1/3 넘을 수 없음)

⑥ 신한공사(46.2.21) 수립, 미곡수집령(46) – 쌀값 상승, 경제 정책 실패 – 일본재산을 미군이 관리

(2) 북한지역 : 소련 21 _____ – 고려인을 이용해 간접통치

① 건국준비위원회 인정 → 개편 인민위원회(공산당원 장악 지원) → 조만식 숙청, 김일성↑

② 조선공산당 북조선 분국 + 조선신민당(김두봉) → 북조선 노동당(46. 8)

[총정리]

1. 건국준비

① 국내 : 조선건국동맹(여운형) – 일제타도와 민주주의 국가 건설

② 충칭 : 대한민국임시정부(김구) – 한국광복군, 3균주의(정치, 경제, 교육)

③ 옌안 : 조선독립동맹(김두봉) – 조선의용군, 보통선거에 의한 민주공화국 수립

2. 열강의 독립약속

1943.11 카이로 회담 : 한국독립최초약속

1945.2 얄타회담 : 소련대일전 참전

1945.7 포츠담회담 : 한국독립 재확인

3. 광복 직후 남북한 정세

① 남한지역 : 미군정의 직접통치(맥아더 포고령 1호)

    ㉠ 모든 독립운동 단체 불인정, 부정

    ㉡ 미군정 : 총독부체제유지, 우익지원(한민당), 친일관료, 친일경찰, 친일군인 고용

    ㉢ 이승만 : 귀국 후 독립촉성중앙협의회(독,촉)

    ㉣ 김구 등 충칭 임시정부요인 12월 개인자격 입국(한국 독립당)

② 북한지역 : 소련 간접통치

    ㉠ 건국준비위원회 인정 → 개편 인민위원회(공산당원 장악 지원) → 조만식 숙청, 김일성 권력장악

CHAPTER 68 좌우대립

POINT 순서, 모스크바 3상회의, 좌우합작운동, 주요 정치 정당과 인물 특징

1 모스크바 3상회의와 좌 · 우대립

(1) 모스크바 3상회의(1945.12) [암기TIP] 임신미소

① 미 · 영 · 소 외무장관 한국문제 논의, 모스크바 협정 발표(4개항 합의)

② 1 _____ 수립, 2 _____ , 최고 5년간 3 _____ 설치, 2주내 미소 회의 소집

⇩

• 동아일보 오보 : 미국 한국독립 주장, 소련 신탁통치 주장 ⇒ 임시정부 내용×

• 실제로는 미국이 신탁 통치 주장, 민중들은 소련이 주장으로 인지, 좌우대립 심화

    ↳ 소련은 바로 독립 주장

(2) 좌우대립

① 우익 신탁통치 반대(반탁) : 김구, 이승만, 김규식 등 주도(대한독립촉성국민회 조직, 1946)

    ※ 반탁 단체 : 신탁통치 반대 국민 총동원 위원회 결성(45.12) → 대한독립촉성국민회(46.2) 및 남조선 대한 국민대표 민주의원(46.2) 결성

② 좌익 처음 반탁 이후 찬탁 : 소련의 지시로 변경, 민중들은 반탁 지지 → 우익세력 확대

    ※ 찬탁 단체 : 민족주의 민족전선 조직해 찬탁 주도 (좌익)

(3) 미소공동위원회 개최 · 결렬(서울 덕수궁 석조전,1946.3)

① 임시정부 참여단체 자격, 범위, 이견(미국 : 4 _____ ↔ 소 : 5 _____)

정부수립 논의 목적이었지만 신탁통치 논의는 없고 참가 자격으로 결렬(1946.5)

② 1차(1946.3) – 6 _____

③ 2차(1947.5) – 7 _____

(4) 좌우합작위원회(1946.7~ 1947.12)

① 배경 : 신탁통치 좌우대립, 미소공위 휴회, 이승만 8_____ (1946.6, 남한 단독정부 수립)

사료TIP 이승만 정읍 발언 - 우리는 남쪽 만이라도 임시정부, 혹은 위원회 같은 것을 조직하여

② 9_____ (1946.7) 결성 ⇒ 주석 : 김규식
   ㉠ 중도파 주도(10 _____(중도우파), 11 _____(중도좌파))
   ㉡ 중도적 통일정부 수립 목표(좌우합작 → 남북연합 → 외세설득)
   ㉢ 미군정 지원(초기지원)
      · 남조선 과도 입법의원 구성(1946.12, 12_____)
      · 남조선 과도 정부 수립(1947.6), 민정장관 안재홍
   ㉣ 13_____ (1946.10)
      · 임시정부수립, 미소공위재개, 토지개혁(유상몰수 무상분배)
      · 친일파 처단 건의, 좌·우 테러×, 언론·집회·출판·교통·투표 자유 ⇒ 실패
      · 합작위원회에 의한 입법기구 구성

(5) 좌우합작운동실패

① 우익화로 여운형탈퇴, 한민당(우익), 남로당(좌익) 불참, 이승만 독촉 조건부 지지, 김구 한독당 참여×
② 남로당 강력한 대중투쟁 표방(1946.7) : 9월 총파업, 10월 대구폭동
③ 미군정 지원 철회(14 _____), 여운형 암살(15 _____, 극우파 한지근에게 암살)
→ 해체(1947.12)

* 트루먼 독트린 : 소련과 공산주의 팽창 봉쇄, 그리스와 터키의 미국 지원, 냉전심화, 미군정의 좌우합작 운동 지원 철회 원인

※ 미군정 자문기관

1. 남조선 대한 국민 대표 민주의원(1946.2, 남조선민주의원) → 우익 참여, 의장-이승만, 부의장-김구, 김규식
2. 16_____ (1946.12)
   · 의장-김규식, 부의장 – 최동오, 미군정이 설립한 한국의 과도적 입법기관, 민선의원 45명, 관선의원 45명
   · 입법의원 의원 선거법, 민족반역자, 부일협력자, 간상배에 대한 특별법 제정
3. 17_____ (1947.6) : 미군정의 한국인 기관, 실권은 미국이 있음, 민정장관-안재홍

2 주요정치세력

정당	중심인물	이념	성향
18_____ (45.9)	김성수 송진우	우파	· 초기임시정부 지지, 미군정 지지, 건준 불참(임정지지) · 친일지주출신, 단정수립주도, 지주중심의 보수 우익세력을 결집한 정당
19_____ (독촉, 45.10)	이승만 (한성정부 집정관 총재)	우파	· 이승만 귀국(1945.10)하여 발족, 반탁주도, 단정 수립주장 · 보수우익집결, 친일파 참여
20_____ (한독당)	김구	우파	임정 핵심정당(1940), 반탁, 김구 주석 개인자격으로 입국(1945.11), 단정반대
21_____	안재홍	중도우파	1945.9, 신 민족주의, 신 민주주의 암기TIP 국민재홍
22_____	김규식	중도우파	1947.12, 좌우합작운동, 남북협상참여 암기TIP 자식
23_____	여운형	중도좌파	· 1945.11, 조선인민공화국 탈퇴 후 중도 좌파 결성 · 좌우합작운동, 진보적민주주의 암기TIP 여인당
조선공산당 (45.9)	박헌영	좌파	극좌파, 무상몰수 무상분배 주장, 남조선 노동당으로 개편(1946), 정판사 위폐사건, 9월 총파업 주도

북한	조선민주당	조만식	우익	평남 건준위(반탁 → 숙청)
	조선신민당	김두봉	좌익	조선독립동맹 주석(연안파)
	북조선공산당	김일성	좌익	동북항일연군, 조국광복회(갑산파)

* 한국민주당 : 소련이 신탁통치를 제기했다고 주장하며 반탁운동을 반소 운동으로 몰아갔다.
* 조선공산당 : 모스크바 3상회의 결정의 본질이 임시정부에 있다고 보고 총체적인 지지운동을 전개함

※ 근현대사 인물 정리

1. 김 구 : 독립운동가, 동학접주 출신, 일본인 밀정 살인, 사형선고 받았으나 고종의 특사로 감형, 상하이 망명, 임시정부 조직 참여, 24_____ 창설, 25_____ 조직, 임시정부 주석, 해방 후 반탁, 단독정부 반대, 26_____ 주장, 안두희에게 암살

2. 이승만 : 독립운동가, 배재학당 졸업, 독립협회, 한성임시정부, 상해 임정에서 활동, 미국 워싱턴에 27_____ 설치, 임시정부 의정원에서 탄핵, 해방 후 반탁 주도, 독립촉성중앙협의회 주도, 반공, 초대대통령, 독재, 3.15부정선거, 4.19혁명으로 하야

3. 여운형 : 독립운동가, 신한청년당 조직, 28_____, 29_____, 30_____ 주도, 조선인민당 창당, 좌우 합작 위원회 주도, 한지근(백의사, 우익테러)에게 피살

4. 김규식 : 미국 유학, 프린스턴 대학 석사, 연희전문 교수, 중국망명, 임시정부 외무총장, 31_____, 임시정부 부주석, 해방후 단독정부 수립 반대, 남북협상 시도, 6.25전쟁 때 납북

5. 박현영 : 경성고등보통학교 졸업, 동아일보 기자, 조선일보 기자, 조선공산당 창립, 해방 후 남로당 조직, 북한 내각 부총리, 6.25전쟁 이후 김일성에게 숙청

6. 안재홍 : 독립운동가, 조선일보사 사장, 물산장려회 이사, 신간회 총무, 고대사 연구, 32_____ 사관 주장, 해방후 건준위 참여 곧 탈퇴, 33_____, 6.25 때 납북

7. 송진우 : 동아일보 사장, 해방 후 한국민주당 창당, 한현우 등 6명의 습격을 받고 사망

8. 김성수 : 동아일보 설립, 경성방직 설립, 보성전문학교 인수, 국민총력조선연맹 이사, 해방 후 한민당 창당, 2대 부통령

---

* 해방이후 3 대장

· 경교장 : 김구가 활동했던 곳 / 삼청장 : 김규식 활동 / 이화장 : 이승만 大 활동

cf 경무대 : 경복궁 후원, 일제총독관저, 미군정관의 사저 ⇒ 이승만 大 집무실 겸 관저로 사용 ⇒ 2공화국 윤보선 증축 이름을 청와대로 고침

총정리

1. 모스크바 3상회의와 좌 · 우대립

① 모스크바 3상회의(1945.12)
ㄱ) 미 · 영 · 소 외무장관 한국문제 논의, 모스크바 협정
ㄴ) 임시정부 수립, 최고 5년간신탁통치, 미소공동위원회
동아일보 오보 : 미국 한국독립, 소련신탁통치 주장 ⇒ 임시정부 내용×

② 좌우대립
ㄱ) 우익 신탁통치반대(반탁), 좌익 처음반탁 이후 찬탁
ㄴ) 민중들은 반탁 지지 → 좌 · 우 대립↑

③ 미소공동위원회 개최 · 결렬
ㄱ) 임시정부 참여단체 자격, 범위, 이견(미국 : 모든세력 ↔ 소 : 협정지지세력)
ㄴ) 1차(1946.3) : 무기한휴회, 2차(1947.5) - 완전결렬

CHAPTER 69

5 · 10 총선거와 대한민국 수립, 친일파 청산과 농지개혁

POINT 분단 과정 순서, 남북협상, 제주 4.3, 대한민국수립과정

1 한국문제 UN상정(1947.9)

(1) 1_____ (1947.5) : 미국 소련의 의견차이로 결렬, 미국이 한반도 문제를 유엔으로 이관

(2) 2_____ 의 한국문제 결의안(1947.11, 소련불참)
① UN 감시하에 남북한 자유총선거 결정 (인구비례에 따른 남북 동시 선거)
② 총선거 감시를 위한 3_____ 설치 → 유엔 한국 임시위원단 남한 입국(1948.1), 소련의 입북 거부(1948.1.24)

(3) 4_____ (1948.2.26) : 한국 임시 위원단의 활동이 가능한 지역 선거 실시 결정 즉, 5_____, 이승만, 한국민주당 찬성, 김구, 김규식 반대

* 남북한총선거 – UN 총회 / 남한만총선거 – UN소총회

2 남북협상

(1) 김구, 김규식 6_____ 제의(1948.2)
  ① 배경 : 남한단독총선거 결정 → 분단결정
  ② 단독정부수립 반대
  ③ 7_____ 에게 읍고함(김구, 48.2.10)

  사료TIP 38도선을 베고 쓰러질지언정 일신에 구차한 안일을 위하여 단독정부를 세우는데 협력하지 않겠다.

(2) 8_____ (4김회의)(1948.4.27~4.30, 평양, 남북 연석 회의)
  • 9_____ (4김회의)
  • 공동성명 발표 : 5.10총선거 불참, 단독 정부수립반대, 통일 정부수립운동전개, 미·소 철수 요구, 남북지도자의 협상에 의해 총선거를 실시하자고 주장

(3) 5·10 선거 불참 → 김구 암살(49. 6 안두희에게 암살 당함 → 안두희는 이후 박기서에게 자택에서 살해 당함)

3 제주 4·3사건과 여수·순천 10·19사건

(1) 10_____
  ① 48.4.3 좌익 무장 폭동(미군철수, 11_____)
  ② 미군정, 경찰, 서북청년단 → 양민학살
  ③ 제주도 일부지역(3개 선거구 중 두 곳)에서 12_____ 실시하지 못함

  ※ 제주 4·3사건 : 3·1경찰발포 → 3·10총파업 → 4·3봉기(북촌주민학살) → 11월 초토화 작전 ⇒ 1949년 무장대대장 이덕구사살 → 54년 한라산 입산허가 ⇒ 2000.12(김대중) 제주 4·3사건 진상규명 및 희생자 명예회복을 위한 특별법 ⇒ 2003년 10.31 노무현대 민간인 희생을 공식 사과

  사료TIP 1948 제주섬에는...민간인들을 살상하기로 했다. 제주도는 냉전의 최대 희생자였다고 판단된다.

(2) 13_____ : 제주진압명령 거부한 여수 주둔군대 반란(남로당 주도), 일부세력 빨치산 활동, 14_____ 학살 → 국가보안법 원인·배경

4 대한민국 정부 수립

(1) 15_____ (21세 이상 국민에게 투표권부여, 보통선거, 직접, 평등, 비밀, 자유 선거)
  ① 중도파, 남북협상파(김구, 김규식), 공산주의자 불참 → 16_____ 실시(일부지역 실시× - 17_____ 2개구는 1년 후에 시행)
  ② 18_____ 구성(48.7) → 임기 2년, 198명 선출, 독촉계, 한민당, 무소속
  ③ 19_____ (7.17) : 대한민국 임시정부 법통 계승한 민주공화국, 대통령중심제, 간선제(국회선발), 중임가능

  * 제헌헌법 : 제1조 대한민국은 민주공화국이다(제헌헌법 1948.8.15)
  * 통일정부 수립 노력 ① 건국준비위원회 ② 좌우합작위원회 ③ 남북합작 ⇒ 실패·분단

(2) 대한민국 수립(48.8.15)
  ① 대통령 간선제 : 대통령 - 20_____, 부통령 - 21_____, 국무총리 - 22_____
  ② 23_____ (1948.12) - 한반도 합법정부

5 북한 정권 수립

(1) 평남 건국 준비 위원회(45.8) - 조만식 주도, 좌우합작 인민위원회로 개편, 조만식 숙청
(2) 북조선 5도 임시 인민위원회(45.10) - 행정조직 구성
(3) 북조선 5도 행정국 설치(45.11) - 소련 군정이 주도함, 남녀 평등법
(4) 북조선 임시 인민위원회(46.2) - 토지개혁법, 8시간 노동제, 김일성 주도
(5) 북조선 인민위원회(47.2)
(6) 조선민주주의 인민공화국(48.9.9) - 수상 : 김일성, 부수상 : 박헌영, 정당 - 조선노동당

6 반민족 행위 특별조사위원회 활동(친일파 처단)

(1) 미군정 : 총독부 관리, 경찰, 군인 그대로 활용 → 친일파 청산 외면
(2) 24_____ (48.9.22)
  ① 친일파 처벌과 공민권 제한, 단순 노무, 기술을 제공한 기술관은 제외
  ② 25_____ (1948.10.13, 반민특위) 설치 - 국회소속, 국회의원 10명으로 구성, 수사권 있음, 특경대와 특별재판부 구성

(3) 반민특위 활동
  ① 노덕술, 이광수 등 주요 친일 혐의자 478명 구속영장 청구 - 선고까지 됨
    ⇒ 26_____ 않았음 (박흥식, 노덕술, 최린, 이광수 등 구속)
  ② 이승만 친일파 청산 반대
  ③ 이승만과 친일세력 반민특위 방해, 저항 - 27_____ 사건, 28_____ 사건
  ④ 반민법 시효를 1950년 6월에서 1949년 8월로 단축한 개정법 통과
  ⑤ 29_____ (30_____, 공산당과 내통했다는 구실), 실형 선고자 전원 석방

7 농지개혁(1949.6)과 귀속재산 처분

(1) 미군정(45~48)

① 31 _____ · 일본인 귀속재산 관리(동양척식주식회사 자산 포함)

② 농지개혁 소극적 → 귀속토지를 대부분 매각한 것은 이승만大 (미군정×)

(2) 농지개혁 : 농민생활 안정(자영농육성), 토지자본 산업자본화, 공산화 방지 목적(북한의 토지개혁은 46년 실시), 임야포함×

① 32 _____, 33 _____ 토지, 34 _____, 유상분배 cf 북한 : 5정보/무상몰수, 무상분배

② 지주에게 지가증권, 농가는 35 _____ (매년 평균생산량의 30%씩 5년 동안 총 150% 현물로 상환)

③ 지주제폐지, 자영농육성 ⇒ 긍정평가

④ 지주들 토지 미리처분, 농민몰락 가속 ⇒ 부정평가

> * 농지개혁법(49) → 시행(50.3) → 종결(57)

8 귀속재산 처분

(1) 36 _____ (49.12) : 일본인 소유 공장, 주택을 민간인에게 불하(37 _____ 상환), 1958년에 완료

(2) 친일파(임차인, 관리인, 주주, 관리직 사원)에게 불하, 각종 부정부패 정경유착 발생, 재벌 형성

> * 귀속재산 처리법 : 귀속토지는 생산물을 150%를 15년간 분할상환하는 조건으로 매각(1951)
> * 시행령(1950.3) : 귀속업체는 6 · 25전쟁이후 이승만 정부에 의해 대부분 특혜 불하
> * 귀속기업의 매수로 일부 지주계층이 산업자본가로 전환, 정경유착 발생, 재벌 탄생
> * 농지개혁 : 1949.6 농지개혁법, 1950.3 공포 · 시행, 1957 완성
> * 반민법(반민족행위특별법)
>   – 48.9.22 반민법 제정 : 제헌국회제정
>   – 48.10.23 반민특위 ⇒ 수사권 · 공소권 有
>   – 49.6.6 노덕술 등 친일 경찰이 반민특위 습격(이승만 용인 – 이승만이 반민특위가 공산주의와 연관있다 함)
>   – 49.8.22 반민법 폐지(반민법의 시효가 단축되었다.)
>   – 49.8.31 반민특위 해체
>   ⇒ 좌우합작위원회는 이 법에 찬성하였지만, 이승만이 친일 청산에 소극적이었다.

※ 순서 : 카알포 → 해방 → 38 _____ (45.12) → 1차미소공동위원회(46.3~5) → 39 _____ (46.6) → 좌우합작위원회(46.7) → 40 _____ (47.3) → 2차미소공동위원회(47.5) → UN총회(47.11) → 김구 3천만동포에 읍고함(48.2.10) → 41 _____ (임시총회(48.2.26) → 제주 4.3사건(48.4.3) → 남북협상(48.4.19~30) → 42 _____ → 제헌국회, 헌법공포(48.7.17) → 정부수립(48.8.15) → 북한 수립(48.9.9) → 여수, 순천 10.19사건

암기TIP 모·1·미 정·합·트 2미 UN총·소총 3반 5·7·8·9·10

총정리

1. 5 · 10 총선거 실시

① 중도파, 남북협상파(김구, 김규식), 공산주의자 불참 → 전국에서 실시(일부지역 실시×)

② 제헌국회 구성(48.7) → 제헌 헌법(7.17)

2. 대한민국 수립(48.8.15)

① 대통령 간선제 : 대통령 – 이승만, 부통령 – 이시영 ② UN 공인(48.12) : 한반도 합법정부

3. 김구, 김규식 남북협상 제의(48.2)

① 배경 : 남한단독총선거 결정 → 분단결정 ② 단독정부수립 반대 ③ 삼천만 동포에게 읍고함(김구)

4. 남북지도자 회의(48.4, 평양) : 단독정부 반대, 미 · 소 철수 요구

5. 5 · 10 선거 불참 → 김구 암살(49.6, 안두희)

6. 반민족 행위 특별조사위원회 활동

① 미군정 : 총독부 관리, 경찰, 군인 그대로 활용 → 친일파 청산 외면

② 반민족행위 특별법 제정(48.9), 반민족행위 특별조사위원회(반민특위) 설치

③ 반민특위 활동

   ㉠ 노덕술, 박흥식, 이광수, 최남선 등 주요 친일 혐의자 478명 구속영장 청구

   ㉡ 이승만 반공주의 내세워 친일파 청산 반대

   ㉢ 친일세력 반민특위 방해, 저항(국회 프락치 사건, 반민특위 습격사건)

   ㉣ 반민특위 해체(49.8), 실형 선고자 전원 석방

7. 농지개혁과 귀속재산 처분(49.6)

① 농지개혁

   ㉠ 3정보이상 토지, 유상매입, 유상분배 ㉡ 지주에게 지가증권, 농가는 5년간 균분상환

   ㉢ 지주제 폐지, 자영농 육성 ⇒ 긍정평가 ㉣ 지주들 토지 미리처분, 농민 몰락 가속 ⇒ 부정평가

② 귀속재산 처분 : 귀속재산 처리법 제정(49)

   민간인 연고자에게 매각 : 특혜, 재벌 탄생

CHAPTER 70 6·25전쟁

POINT 전쟁 순서, 휴전협정과정, 전쟁 결과

1 6·25전쟁 배경

(1) 남한 : 미·소 1_____ (48년 말~49년 초), 미국 2_____ 선언(미국방위선에서 한반도제외)
(2) 북한 : 3_____ 5만명 인민군 편입, 4_____ 전쟁 승인, 중국 5_____, 민주기지론(북한먼저 민주기지 건설 후 남한해방통일)

2 6·25 전쟁 과정

(1) 북한 6_____ (50.6.25) → 서울 함락, 유엔군 참전, 7_____ 전선 교착(1개월만에)
(2) 8_____ 상륙작전(50.9.15) → 서울 탈환(50.9.28) → 38도선 이북으로 진격(50.10.1) → 압록강변 진출(50.10.26)
(3) 중국군 참전(50.10) → 9_____ 전투(50.11~12, 미군철수작전) → 10_____ 대피(50.12) → 1.4후퇴 → 서울 함락(51.1) → 국군, 유엔군 서울 재탈환(51.3) → 교착 상태(고지전)
  ↳ 군산으로 후퇴

3 휴전협정

(1) 소련제의로 휴전회담(51.6) → 11_____ (자유송환(미국) VS 자동송환(북한))
(2) 미국 아이젠하워 대통령 당선(52.12), 소련 스탈린 사망(53.3) - 냉전체제의 변화 시작
(3) 이승만 휴전반대 운동 → 12_____ 로 석방(53.6)
(4) 13_____ 체결(53.7.27) : 유엔군(14_____), 공산군(15_____) 대표 서명, 소련×, 남한×, 군사분계선결정, 포로송환, 군사정전위원회 설치, 중립국감시위원회, 16_____ 설치(군사분계선 2km)
(5) 한·미 상호방위조약(17_____)
(6) 제네바 회담(54.4) : 유엔참전국을 비롯한 19개국 외상들이 한국의 평화적 통일방안 모색, 결렬됨
(7) 한미 행정 협정(18_____)

4 결과

(1) 피해 : 수백만명 사상자, 이산가족, 생산시설×
(2) 영향 : 분단고착화, 남북독재정권(북한 : 김일성 정권 독재, 남한 : 이승만 정권 독재)
(3) 양민학살 : 보도연맹 사건(50.6~9), 거창양민학살사건(51.2), 국민방위군 사건(51.1~51.3), 노근리 양민학살 사건(50.7, 미군)   ↳ 이기자부대가 시민(국민)×
  ↳ 미군이 국민 죽인 것

출제○
※ 순서 : 6.25발발 → 3일만에 서울 함락 → UN군 참전 → 1개월만에 19_____ 까지 밀림(50.7) → 인천상륙작전(50.9.15) → 20_____ (9.28) → 국군 38도선 통과(10.1) → 평양탈환(10.19) → 압록강변 도달(10월 하순) → 중공군 개입(10.25) → 장진호 전투, 흥남철수(12.15) → 21_____ (51.1.4) → 서울 재함락 → 휴전제안(51.6 소련) → 휴전회담 시작(51.7) → 고지전 2년간 → 22_____ (53.6) → 휴전체결(53.7.27) → 23_____ (53.10) → 제네바 협정(54)

암기TIP 낙압1고휴방제 - 낙동강전선, 압록강전선, 1.4후퇴, 고지전, 휴전협정, 방위조약, 제네바협정

CHAPTER 71 이승만 정부(1공화국), 장면 정부(2공화국)

POINT 이승만 독재 특징, 개헌 내용, 대통령 선거 내용, 3.15부정선거, 4.19혁명 특징

1 이승만 장기집권 : 반공정책, 친미외교, 국민자유제약, 국회정치활동 제한, 분단을 이용한 독재

(1) 이승만 초기 정치 사건(장기집권 기도)
  ① 제헌헌법 통과 후 국회의장 이승만 공포, 1대 대통령, 부통령 선거(1_____ 이 실시) → 대통령 2_____, 부통령 이시영 당선
  ② 3_____ (49.5.20) : 반민특위 활동한 소장파 의원 체포(간첩으로 체포)
  ③ 4_____ (51.12) : 이승만 장기집권을 위해 정당 창당(우익단체 총 집합)
  ④ 5_____ (52.5)
    • 6_____ 개정을 위해 부산에 공비 토벌 구실로 계엄령 선포
    • 백골단, 땃벌대 등(정치깡패)이 국회 해산, 내각제 야당의원 체포

(2) 7 _____ (1952.7.4) ⇒ 8 _____ 개헌안 국회 제출(이승만 주도, 51.11) → 자유당 창당

(우익단체 연합, 이승만 지지, 51.12) → 국회의 직선제 개헌안 부결(52.1) → 이승만 부산 일대 계엄
령 선포(9 _____, 52.5) → 부산에서 열린 국회에서 10 _____ 이 통과(52, 7)

① 대통령 간선제 → 직선제 (4년 중임 가능)

② 양원제 규정 있음 그러나 시행하지는 않았다.(사실상 단
원제), 양원 직선제(민의원, 참의원)

③ 2대 대통령 선거에서 당선(52) : 대통령 이승만, 부통령
함태영

＊2대 대통령 선거

자유당	무소속	민주국민당
11	12	13
74.6%	11%	10.9%

(3) 14 _____ (54, 2차 개헌) : 초대 대통령, 연임제한 철폐(15 _____)

① 대통령 3선 제한 철폐 개헌안 제출 → 203명 중 136명 찬성 필요, 투표 후 135명 찬성 첫날 부결
→ 이후 사사오입으로 통과

② 민주당 결성 : 사사오입에 반대하는 민주국민당+무소속위원

(4) **3대 대통령 선거(1956)**

① 16 _____ VS 17 _____ VS 18 _____ (대통령 후보) / 이기붕 VS 장면 (부통령 후보)

② 최초선거 구호 등장 : 구관이 명관이다 VS 19 _____

③ 신익희 유세도중 사망, 이승만 당선, 조봉암 선전(30% 득표,혁신세력↑), 부통령 장면 승리

(5) **독재 강화**

① 20 _____ (58.1) → 조봉암 사형(59. 7.30, 간첩혐의로 사형)

② 21 _____ (58.12) → 신국가 보안법 (군대+정치세력까지 모든 세력 국가보안법 적용)

③ 경향신문 폐간(59.4) → 이승만 정부 비판 신문 폐간 시킴

2 3·15 부정선거

(1) 22 _____ : 조병옥(민주당) 암으로 사망 → 이승만 당선

(2) 23 _____ 당선 위해 부정선거 : 3인조, 5인조 공개투표, 4할사전투표, 완장선거, 야당참관인축출

(3) 부정선거시위 : 24 _____ 사망 → 마산시위 → 경찰 발포

3 4·19 혁명(1960) : 국민의 요구에 굴복하여 대통령이 하야

(1) 배경 : 2.28 대구 학생 시위, 3·15 부정선거 → 김주열 죽음

(2) 과정 : 3.15 부정선거 규탄 시위 (25 _____) → 김주열 시신발견(4.11) → 마산2차시위 → 고려대 학생시
위(4.18) → 서울대 학생, 시민시위 → 경찰 발포로 사망자 발생 → 계엄선포(4.19) → 장면 사임 후 이
승만 하야 요구(4.23) → 27 _____ (4.25, 시국선언) → 이승만 하야(4.26) 발표 후 26 ____

(3) 이승만 하야(4.26) → 하와이, 28 _____ → 29 _____ (의원내각제, 양원제 - 민의원, 참
의원, 대통령 간선제) → 민주당 정부 수립

(4) 의의 : 학생, 시민 민주주의 혁명   [자료TIP] 상아의 진리탑, 서울대 문리대 선언문, 학생들의 피에 보답하라

※ 순서 : 48.8 이승만 정부 → 49년 농지개혁 → 50년 6.25전쟁 → 51년 자유당 창당, 1.4후퇴 → 52
년 발췌개헌(1차개헌) → 53년 휴전, 한미상호방위조약 → 54년 사사오입(2차개헌) → 56년 3대 대
통령선거 → 58년 진보당 사건, 신국가보안법 파동 → 59년 경향신문 폐간 → 60년 3.15부정선거,
4.19혁명

[암기TIP] 반농6/1방2진보경사 - 반민특위, 농지개혁, 6.25 / 1차개헌, 한미방위조약, 2차개헌, 진보당사건, 경향신문폐간, 4.19혁명

4 제 2공화국 수립(장면 정부)

(1) 30 _____   [암기TIP] 정각장소 - 허정과도정부, 내각책임제, 장면정부, 소급입법

① 제 3차 개헌 : 31 _____, 양원제(민의원, 참의원 양원제)

② 7·29 총선 민주당 승리 : 민의원, 참의원 회의에서 간선제로 대통령 윤보선(4대), 총리 장면(실
권) 선출

(2) 32 _____

① 언론 활성화, 진보정치 활동 + 국토건설 사업계획이 발표되고, 이를 위해 국토건설단이 조직

② 민주화 요구↑(노동, 청년, 학생 운동 등)

③ 33 _____, 남북협상론 대두   [자료TIP] 가자 북으로 오라 남으로, 만나자 판문점에서-민간통일운동

④ 민주당 개혁의지×, 신·구파 갈등↑ (구파 : 윤보선-신민당창당/신파 : 장면)

⑤ 경제개발5개년 계획 수립(1961) → 실시 : 박정희

⑥ 34 _____ (60.11) : 3.15부정선거자처벌, 소급입법

⑦ 정치군인을 퇴역시킬 움직임 ⇒ 5·16군사 정변

(3) **보수적 성격**

• 한국민주당 계승, 부정선거 책임자 처벌에 소극적, 통일운동 부정적

• 반공법과 데모 규제법 제정 시도

1. 3·15 부정선거
   ① 4대 정부통령 선거 : 조병옥(민주당) 암으로 사망 → 이승만 당선
   ② 부통령에 이기붕 당선을 위해 부정선거 자행 → 사전투표, 3·5인조, 완장선거 등
   ③ 부정선거 규탄시위 : 김주열 사망 → 3월 15일 마산시위 → 경찰 발포

2. 4.19 혁명(1960)
   ① 배경 : 3·15 부정선거 → 김주열 죽음
   ② 부정선거 시위↑ → 유혈사태, 고대생 피격사건, 교수단 시위, 미국퇴진 권유
   ③ 이승만 하야(4. 26) → 하와이, 허정 과도정부 수립
   ④ 의의 : 학생, 시민 독재정권을 타도한 민주주의 혁명

CHAPTER 72 박정희 정부(3·4공화국)

POINT 60년대 사건 순서, 한일협정, 베트남 파병, 68년 북한의 도발, 3선개헌, 유신특징, 70년대 사건 순서

암기TIP 56한라3개향교
- 5.16군사정변, 6.3시위, 한일협정, 브라운 각서, 3(김신조, 푸에블로호, 울진삼척무장공비), 향토예비군, 국민교육헌장

1 1_____ (1961~63) : 장면 내각 무능력, 사회 혼란 수습 명분으로 군사정변 발생

(1) 군정실시 : 군사혁명위원회(2_____)구성, 혁명공약 발표 및 계엄 선포, 반공을(반공법 실시) 국시로 삼음·경제개발 천명

(2) 군사정부정책
① 부정축재자처벌, 불량배 소탕(정치 깡패 사형, 이정재) 등 혁명 공약 발표
② 정치인 활동×(1962. 정치활동 정화법, 모든정치활동 금지), 농어촌 고리대 정리(농가부채탕감책), 화폐개혁(1/10절하)
③ 중앙정보부 설치(1961.6.10, 초대 부장 김종필, 정치공작 주도)
④ 3_____ (1962.12) : 대통령 중심제, 4_____ 국회, 민정이양 약속, 대통령직선제 개헌
⑤ 5_____ (62) : 6_____, 화폐개혁, 기간산업, 사회간접자본↑, 수출↑
* 1차경제개발 62-66 / 2차경제개발 67-71

2 제 3공화국(1963)

(1) 출범
① 민주공화당 창당(민정복귀×) : 중앙정보부 주도로 창당 자금 마련 위해 4대 의혹 사건 발생(증권파동, 워커힐사건, 새나라 자동차 사건, 빠찡고 사건)
② 7_____ (63.10) : 민주당 윤보선 패배, 공화당 8_____ - 집권, 경제 제일주의 정책

(2) 한·일 국교정상화
① 경제 개발 자금 확보 목적, 미국의 압력으로 회담 시작
② 9_____, 오히라 비밀회담(1962, 독립축하금 무상 3억달러, 차관 2억달러, 민간차관 1억달러)
② 10_____ (1964) : 한일회담 반대투쟁, 민족적 민주주의 장례식 ⇒ 계엄령
③ 11_____ (1965) : 사과 없음, 한미일 공동 안보체제 형성, 독립축하금 명목으로 일본이 3억 달러 무상자금, 2억 달러의 정부차관, 3억 달러 이상의 상업차관 합의, 독도문제 해결×, 12_____ 배상 ×
⇒ 부속협정 ㉠ 청구권, 경제협력에 관한 협정
    ㉡ 재일교포의 법적 지위 대우에 관한 협정
    ㉢ 어업협정
    ㉣ 문화재·문화협력에 관한 협정

※ 인혁당 사건(1964,74) : 인민혁명당 사건, 한일협정 반대 분위기에서 혁신세력, 학생운동권 탄압, 고문으로 사건조작, 기습사형, 재심으로 무죄선고

(3) 13_____ (1965~73) ⇒ UN관련×
① 한일 협정 종용했던 미국 강력한 요청(맹호, 청룡, 백마부대 파견)
② 14_____ (1966) : 한국군 장비 현대화, 미국신규차관(AID), 베트남 특수 인정(기업진출)

(4) 박정희 재선(1967.5, 6대 대통령) : 민주당 윤보선 패배, 공화당 박정희 승리
① 제 1차 경제개발 5개년 계획 성공적
② 국회의원 선거 압승 → 개헌선 확보

(5) 한반도 긴장고조 **암기TIP** 김푸울(김신조, 푸에블로호, 울진삼척)
① 15_____ (68.1.21) : 16_____ 등 31명 무장공비 청와대 기습사건(향토예비군창설 1968.4)

② [___17___]   (68.1.23) : 미국 첩보함 나포사건
③ [___18___]   침투사건(68.11) - 이승복 어린이, 북한 강경파 주도(갑산파)

(6) 3선 개헌(1969, 6차 개헌)
① 조국근대화 · 민족중흥을 위해 강력한 리더쉽 필요(장기집권을 위한 초석)
② 날치기 통과(4선 연임금지로 개정) - 야당, 재야, 학생들의 3선개헌반대 시위
③ [___19___]   선거(71.4) : 공화당 박정희(당선), 신민당 김대중 (패배)
④ [___20___]   : 기업 사채 동결, 전경련 요청, 재벌 성장에 기여, 금리 대폭 인하

> ※ 기타 사건
> · 동백림 간첩단 사건(67.7) - 유럽에 활동하는 윤이상, 이응노 간첩으로 구속
> · 국민교육헌장 반포(1968.12), 전태일 분신(1970)
> **사료TIP** 전태일 분신 : 존경하는 대통령각하! 근로기준법의~ 저희들의 요구는 1일 15시간의 작업시간을 1일 10시간~12시간 으로 단축해 주십시요
> ※ 68년 사건 순서 : 1.21사태(김신조) → 푸에블로호 사건(1월) → [___21___]   (4월) → 울진 삼척 무장공비 사건(11월) → [___22___]   (12월)
> ※ 70년 사건 순서 : [___23___]   (4월), 김지하 오적 필화사건(5월), 경부고속도로(7월), [___24___]
> [___25___] 월) **암기TIP** 새경전 - 새마을운동, 경부고속도록, 전태일분신

> * 닉슨독트린(69) : 냉전 끝
> - 미국은 앞으로 베트남 전쟁과 같은 군사적 개입은 피한다.
> - 미국은 아시아 각국과의 조약상 약속을 지키지만, 강대국의 핵에 의한 위협을 제외하고는 내란이나 침략에 대하여 아시아 각국이 스스로 협력하여 그에 대처하여야 할 것이다.

---

3 유신체제(4공화국, 72~79)
암기TIP 7유대하3십
- 7.4 남북공동선언, 유신, 김대중 납치, 장준하 의문사, 3.1구국선언, 10.26사태

(1) 배경
① 7대 대통령 선거(71) : 박정희 VS 김대중 ⇒ 간신히 승리
② 경제 불황, 야당의 득표율 증가, 사법부 파동(판사들 사표), 광주 대단지 사건 (사회혼란)
③ 닉슨 독트린(1969)으로 냉전 해체(데탕트)
④ 72. [___26___]   (자주, 평화, 민족대단결)

---

(2) [___27___]   **cf** 3선개헌까지 직접선거
① 전국에 비상계엄령 선포, 국회해산, 정치활동 금지
② 언론, 출판, 방송사전검열, 대학휴교령

(3) 유신헌법(7차 개헌)   ↑ 2/3는 선거로 함
① 대통령의 초법적 지위 강화 : 긴급조치권, 국회해산권, 유신정우회(국회의원1/3대통령임명), 대법원장, 헌법위원회 위원장 임명권
② [___28___]   에서 간접선거로 대통령 선출 : 임기 6년, 연임제한×
③ 영구집권과 독재권력 강화를 위한 체제 개편 → 삼권분립×, 대통령 권한↑
④ 노동운동 탄압 : 단체교섭권, 단체행동권, 단결권 인정×
⑤ 8대 대선(1972.12) : 통일 주체 국민회의 간접선거, 박정희 당선
  9대 대선(1978.7) : 통일 주체 국민회의 간접선거, 박정희 당선

(4) 유신체제에 대한 저항
① [___29___]   유신반대(일본) : 중앙정보부에서 김대중 납치(73.8), 외교분쟁
② 유신헌법 개정운동(73. [___30___]   중심, 개헌청원 100만인 서명운동, 긴급조치1,2호 발표) : 장준하 의문사(1975, 실족사), 민주회복국민회의(1974)
③ 학생시위 : 민청학련 사건(1974, 긴급조치 4호), 2차 인혁당 사건(1975) - 고문, 사형
④ [___31___]   (1976) : 명동성당 신부와 문익환, 김대중 등 재야인사들이 주도, 구속
⑤ 1977 [___32___]   수출 달성
⑥ 부마항쟁(1979) : 계엄령 선포

> ※ 기타사건 : 프레스 카드제(1972, 기자등록), 육영수 여사 사망(1974), 동아일보 백지 광고 사태(1974), 자유언론실천선언(74년 동아일보), 판문점 도끼 만행 사건(1976)

> * 긴급조치권(74~75) : 대통령의 헌법상 권한으로 선포, 규정된 발동요건을 갖추지 못한 채 국민의 자유와 권리를 지나치게 제한함으로써 헌법상 보장된 국민의 기본권을 침해하였으므로 위헌으로 판시

---

(5) 유신체제 붕괴
① 2차 석유파동(78)으로 경제 불황
② YH사건(79), 김영삼 제명 : [___33___]   (79.10) - [___34___]   사태(김재규의 박정희 암살, 79.10.26)

1. 3공화국 특징
(1) 출범
① 민주공화당창당(민정복귀×) ② 5대 대선(63.10) 윤보선에 승리, 박정희 집권
③ '경제 제일주의와 조국근대화' 표방
(2) 한·일 국교정상화
① 6·3 항쟁(1964) : 한일회담 반대투쟁, 민족적 민주주의 장례식 ⇒ 계엄령
② 한·일 협정(1965) : 김종필, 오히라 메모(62.11) ⇒ 무상 3억달러 → 사과×, 독립기념 차관 5억달러
(3) 베트남 파병(1965~73)
① 한일 협정 종용했던 미국 강력한 요청
② 브라운 각서(1966) : 한국군 장비 현대화, 미국신규차관 지원, 베트남 특수 인정(기업진출)
③ 고엽제 피해, 라이따이한, 양민학살
(4) 박정희 재선(1967)
① 제1차 경제개발 5개년 계획 성공적
② 박정희 VS 윤보선, 국회의원 선거 압승 → 개헌선 확보
(5) 3선 개헌(1969, 6차 개헌)
① 조국근대화·민족중흥을 위해 강력한 리더쉽 필요
② 야당, 재야세력 반발 → 날치기 통과(4선 연임금지)

2. 유신시대
(1) 배경
① 7대 대통령 선거(71) : 박정희 VS 김대중 ⇒ 간신히 승리
② 72.7.4 : 7.4 남북공동성명, 통일분위기 조성
(2) 10월 유신(1972)
① 전국에 비상계엄령 선포, 국회해산, 정치활동 금지 ② 언론, 출판, 방송의 사전검열, 대학휴교령
(3) 유신헌법(7차 개헌)
① 대통령의 초법적 지위 강화 : 긴급조치권, 국회해산권, 유신정우회
② 통일주체 국민회의에서 간접선거로 대통령 선출 : 임기 6년, 연임제한×
③ 영구집권과 독재권력 강화를 위한 체제 개편 → 삼권분립×, 대통령 권한↑
(4) 유신체제에 대한 저항
① 김대중 유신반대(일본) - 납치 ② 유신헌법 개정운동(73. 장준하) - 의문사(실족사)
③ 학생시위 : 민청학련 사건, 인혁당 사건 - 고문, 사형
④ 3.1 민주 구국선언(1976) - 재야 - 구속
⑤ 부마항쟁(1979) - 계엄령 선포
(5) 유신체제 붕괴 : YH사건, 김영삼 제명 - 부마항쟁 - 10.26사태(박정희 암살)

CHAPTER 73 전두환 정부(5공화국)

POINT ① 서울의 봄 ② 광주민주화운동 ③ 6월 항쟁 특징

1 신군부 세력 집권과 5.18 광주민주화 운동

(1) **1_____** (박정희 - 계엄령, 통일주체국민회의에서 최규하 10대 대통령 선출(1979.12.6))

(2) **2_____** : 전두환, 노태우 등 육사 11기 신군부 권력장악

(3) **3_____** (1980.5)
① 유신헌법 폐지, 전두환 퇴진, 비상계엄 폐지 요구 → 서울역 평화행진
② 신군부 5월 17일 계엄령 전국확대
③ 정치활동 금지, 김대중 등 주요인사 구속(내란음모, 국가보안)

(4) **4_____** (1980)
① 신군부, 비상계엄을 반대하는 광주지역 시민, 학생 시위(전남대생)
② 공수부대 투입해 대규모 유혈진압 : 근현대사 큰 비극
③ **5_____** 성공 → 도덕성 상실(군인을 동원해서 국민을 죽였다.)

---

* 10·26 박정희 암살, 김재규
  12·12 전두환 군사 쿠데타 서울의 봄(80.5.15)
  5.17 비상계엄전국확대
  5.18 전남대생 시위↑ ⇒ 공수부대 파견
  5.21 실탄사격 - 시민피해↑, 시민군 형성 → 공수부대 퇴각 → 광주 고립
  5.27 계엄군 진압작전 - 전남도청 진압
* 12·12 쿠데타 - 피고인들의 병력동원행위는 정당방위로 볼 수 없다. 총리공관에 병력을 출동시킨 것은 육군본부에 반항하고 대통령의 권위를 무시한 반란 행위이다.
* 5·18 민주화 운동 - 무력탄압만 계속하는 명분없는 계엄령을 즉각해제하라, 민주정부수립을 요구한다! ⇒ 국내언론 통제로 독일 위르겐 힌츠페터 기자가 그 참상을 세계에 처음으로 알렸다 ⇒ 택시운전사(영화)

2 5공화국

(1) 6 _____ (국.보.위 1980.5) – 3권 장악

  ① 군정실시 ② 언론통폐합 ③ 삼청교육대(인권↓)

  ④ 통일주체 국민회의에서 전두환 11대 대통령에 당선 (1980.9)

(2) 8차개헌(7년 단임제, 간접선거) → 전두환 정부(12대 대통령, 1981)

(3) 5공화국 : 구호 7 _____ 구현, 복지사회실현

  ① 정책

   · 학원자율화(대학생↑), 교복자율화, 통행금지 해제, 민주화 인사 복권(김대중 제외)

   · 학도보국단폐지, 두발자유화, 야간통행금지 해제, 국풍(81), 과외금지, 본고사 폐지

   · 프로야구, 프로축구, 86아시아, 88올림픽, 3S정책

  ② 경제 : 3저호황(8 _____) → 국제수지 흑자

  ③ 민주화 운동 탄압, 인권유린, 언론탄압, 평화의 댐 건설 → 6월 항쟁으로 폭발

  ④ 6월 항쟁(1987.6)

학생시위 → 부천 성 고문 사건(권인숙)

⇩

9 _____ 고문치사 사건("탁치니 억하고 죽었다.") – 87.1

⇩

10 _____ – 독재타도, 호헌철폐, 국민운동본부결성(5.27)

⇩

6.9 11 _____ 최루탄 사건(연대생 69.7.5사망) – 시위↑

⇩

12 _____ (대통령 직선제 약속)

⇩

13 _____ (5년 단임의 대통령 직선제)

⇩

1987 미얀마 상공에서 북한 공작원 김현희가 대한항공(KAL) 707호 폭파

⇩

대통령선거 12月 14 _____ 당선, 평화적 정권교체 실패

---

* 6월 항쟁 배경 : 정부가 대통령 간선제 헌법의 고수를 천명
* 4대 민주화 ① 4 · 19 ② 서울의 봄, 5 · 18 ③ 6월민주항쟁 ④ 촛불집회

암기TIP 서광전사육 – 서울의 봄, 광주민주화운동, 전두환 집권, 4.13호헌조치, 6월항쟁

1. 신군부 세력 집권과 5.18 광주민주화 운동

① 12.12 군사 쿠데타 : 전두환, 노태우 등 육사 11기 신군부 권력 장악

② 서울의 봄(1980.5)

 · 유신헌법 폐지, 전두환 퇴진, 비상계엄 폐지 요구 → 서울역 평화행진

 · 신군부 5월 17일 계엄령 전국확대

 · 정치활동 금지, 김대중 등 주요인사 구속

③ 5.18 광주 민주화 운동(1980)

 · 신군부, 비상계엄을 반대하는 광주지역시민, 학생시위

 · 공수부대 투입해 대규모 유혈진압

 · 전두환 집권 성공 → 도덕성 상실

2. 5공화국

① 국가보위비상대책위원회(국.보.위 1980.5) : 군정실시, 언론통폐합, 삼청교육대(인권↓)

② 8차개헌(7년 단임제, 간접선거) → 전두환정부(1981)

3. 6월 항쟁

· 학생시위 → 부천성 고문 사건(권인숙)

· 박종철 고문치사 사건(탁치니 억하고 죽었다) – 87.1

· 전두환 4.13 호헌조치 · 독재타도, 호헌철폐, 민주헌법쟁취 국민운동본부 결성(5.27)

· 6.9 이한열 최루탄 사건 – 시위

· 6.29 선언(대통령 직선제 약속)

· 9차 개헌(5년 단임의 대통령 직선)

CHAPTER 74 6공화국

POINT: ① 노태우 정부 사건 순서 ② 김영삼 정부 사건 순서 ③ 김대중 정부 사건 순서

1 민주주의의 진전

> 암기TIP 서전북3I - 서울올림픽, 전교조, 북방외교, 3당합당, ILO

(1) 노태우 정부(1988~1992): 13대 대선(1987.12) 에서 노태우 당선(김대중, 김영삼 분열)

① 1988 ¹_____ (민정당이 선거에서 패배, 소수여당) → 1990년 3당합당 민자당 탄생 (민정당-노태우, 민주당-김영삼, 공화당-김종필 합당, 거대 여당 탄생)

② ²_____ (1988년 24회 올림픽 개최)

③ ³_____ (1989), 지방자치제 부분 실시, 5공 청문회 개최(전두환 백담사 행), 언론기본법폐지

④ ⁴_____ (헝가리, 폴란드와 수교 (1989), ⁵_____ 수교, 91년 ⁶_____, 92년 ⁷_____), 남북 기본 합의서(1991), 한반도 비핵화 공동선언(1992), 베를린 장벽 붕괴(1989)

> 암기TIP 소(90)U(91)중(92) - 소련수교, 유엔동시가입, 중국수교

⑤ ⁸_____ (ILO,1991)

* 헌법재판소 : 87년설치합의, 88년 설치

(2) 김영삼 정부(1993~1997, 14대 대통령, 문민정부)

① 1993년 : ⁹_____ 실시, 공직자 재산 등록, 고위 공무원 재산 등록 의무화(1993)

② ¹⁰____ 년 : ¹¹_____ 협상 타결(1993), 우루과이라운드 협상 체결(1994), 성수대교 붕괴, 수능시험 실시

③ ¹²____ 년 : ¹³_____ (1995), ¹⁴_____ 전면실시(지방자치단체장 선거), WTO(세계무역기구) 출범 - 농산물 수입개방, 삼풍백화점 붕괴, 한반도 에너지 개발기구(KEDO,1995) 설치

④ 1996년 : ¹⁵_____ (총독부 건물 철거 - 95년 시작, 12.12사태, 5.18진상조사 - 전두환, 노태우 구속 - 96년), ¹⁶_____ 가입, 국민학교 → 초등학교

⑤ ¹⁷____ 년 : IMF 사태(외환위기)

* 노태우대통령 : 국회에서 전직대통령의 청문회가 열렸다 - 일부야당과 합당으로 여소야대 정국을 극복하였다.

> 암기TIP 금은방OF - 금융실명제, 우루과이라운드, 지방자치제, OECD, IMF

(3) 김대중 정부(1998~2002) 　암기TIP 금국여성 월햇벌 - 금모으기운동, 국민기초생활보장법, 여성부, 월드컵, 햇볕정책

① 1998년 : 여야 최초 ¹⁸_____

② IMF 극복 노력(¹⁹_____, 금융, 투자 해외 개방 등), 노사정 위원회 구성(1998) → 외환위기 극복(2001.8)

③ 국민기초생활보장법(1999), 동티모르에 상록수 부대 파견(1999), 여성부 신설(2001), 월드컵 개최(2002)

④ 햇볕정책(흡수통일×, 화해협력)　암기TIP 금정육개 - 금강산관광, 정상회담, 6.15선언, 개성공단 착수

　㉠ 정주영 ²⁰_____ (1998.6)

　㉡ ²¹_____ 관광(1998.11)

　㉢ ²²_____ (2000.6.15) - 최초 남북정상회담, ²³_____ 선언 → 2000.12 김대중 대통령 노벨 평화상 수상

　㉣ 2차 이산가족 상봉, 경의선 복구 기공식(2000.9.17)

　㉤ ²⁴_____ (2002)

* 북한 도발 : 1차 연평해전(1999), 2차 연평해전(2002)
* 지방자치제도 : 1949 - 지방자치법(최초)
　　　　　　　1952 - 지방의회선거(최초) → 시장·도지사 임명
　　　　　　　1966 - 5·16이후 중단
　　　　　　　1991 - 노태우, 지방자치부분실시(시도의원선거)
　　　　　　　1995 - 김영삼, 지방자치전면실시(지방자치단체장선거)

(4) 노무현 정부(2003~2008)

① 2003년 : 이라크 전쟁 국군 파병, 대북송금 특검, 열린우리당 창당, 금강산 육로관광

② 2004년 : 노무현 대통령 탄핵 소추사건, KTX 개통, 한칠레 자유무역 협정(FTA)

③ 2005년 : 호주제 폐지

④ 2006년 : 반기문 유엔사무총장 선출

⑤ 2007년 : 남북 정상 회담 → 10.4 남북공동선언, 한미 FTA 타결

* 역대 대통령 : 1,2,3대 - 이승만 / 4대 - 윤보선 / 5,6,7,8,9 - 박정희 / 10대 - 최규하 / 11대,12대 - 전두환 / 13대 - 노태우 / 14대 - 김영삼 / 15대 - 김대중 / 16대 - 노무현 / 17대 - 이명박 / 18대 - 박근혜 / 19대 - 문재인

CHAPTER 75 통일정책

POINT ① 박정희 정부 통일정책 ② 노태우 정부 통일정책
③ 김영삼 정부 통일정책 ④ 김대중 정부 통일정책 ⑤ 정부 통일정책

1 50~60년대 통일정책

(1) 1공화국(이승만 정부) : 1 _____, 평화통일론 탄압(진보당 사건 – 조봉암 사형)

(2) 2공화국(장면 정부)
① 유엔 감시 하 자유총선거 실시 주장, 2 _____ 소극적
② 3 _____ (중립화 통일론, 남북협상론, 남북 교류론), 정부는 남북협상 반대

(3) 3공화국(박정희 정부) : '선건설 후통일론', 강력한 반공정책

2 70년대 통일정책

암기TIP 8적7조6평 - 8.15선언, 적십자회담, 7.4남북공동성명,
남북조절위원회, 6.23평화통일선언, 평화통일 3대원칙

(1) 배경 : 닉슨독트린(1969 – 냉전해체)

(2) 4 _____ (1970) : 선의의 체제 경쟁 제안, 남북적십자 회담(1971)

(3) 5 _____ (1972)
① 자주, 평화, 민족대단결 3대 통일원칙 합의
② 6 _____ , 남북직통전화 개설, 북한의 호칭 변경
   ↳ 이후락부장&김영주부장
③ 남·북 독재체제 강화 이용(유신헌법, 사회주의 헌법)

(4) 7 _____ (1973) : 남북 UN동시가입 제안, 호혜평등의 원칙 문화개방, 1민족 2국가체제

(5) 8 _____ (1974) : 남북상호불가침, 남북대화추진, 인구비례에 의한 총선거 실시

3 1980년~2000년대 통일정책

(1) 북한 고려민주연방 공화국 방안 발표(1980)

(2) 5공화국(전두환 정부)
① '민족화합 민주통일 방안' 제안(1982) : 민족자결, 민주적 절차, 평화적 방법에 의한 총선거 실시 제안, 1국가 1체제
② 북한은 고려민주연방공화국 방안 제시(1980) - 1국가 2체제, 북한 수재 물자 제공(84)
③ 9 _____ (1985), 예술단 교환공연(1985)

---

(3) 6공화국(노태우 정부)

① 10 _____ (1988) : 민족자존과 통일번영을 위한 특별 선언, 개방정책(공산권), 북한을 공동자, 공동번영의 민족 공동체 관계로 규정(선의의 동반자)

② 11 _____ : 통일 3원칙(자주, 평화, 민주), 점진적 통일 방안 제시 (남북연합-헌법제정-총선거-통일민주공화국)

③ 12 _____ (1990) → 남북한 13 _____ (1991.9)

④ 14 _____ (1991.12)

암기TIP
7한고U기행 - 7.7선언, 한민족공동체
통일방안, 고위급회담, 유엔동시가입,
기본합의서, 비핵화 선언

• 7.4공동성명 재확인, 15 _____ , 16 _____
• 상대 체제 인정, 화해 협력, 군사당국자 간 직통전화 가설
• 남북 군사공동위원회 설치, 판문점 연락사무소 설치
• 남북간 문화 경제 교류

⑤ 17 _____ (1992) : 핵평화적 이용
   ↳ 1991.12.31 서명, 1992.2.19 발효

(4) 김영삼 정부   암기TIP 민제K – 민족공동체 통일방안, 제네바합의, KEDO

① 1993년 3단계(화해·협력, 남북연합, 통일국가), 3기조(국민합의, 공존 공영, 민족 복리) 통일방안제시

② 민족공동체 통일방안(1994) : 한민족공동체통일방안 종합 발전, 자주, 평화, 민주 3원칙, 화해, 협력 후 남북연합 그리고 통일국가 완성 3단계 통일 방안 발표

③ 1차 북핵위기 – NPT(핵확산금지조약) 탈퇴 → 제네바 합의(1994) : 북한 핵동결, 중유지원, 경수로발전소, 18 _____ (한반도에너지개발기구, 1995)

④ 남북정상회담 합의했으나 김일성 사망으로 불발 → 조문 파동으로 남북관계 경색

(5) 김대중 정부 – 햇볕정책 (남북 화해 협력 정책)   암기TIP 금정6개 – 금강산관광, 정상회담, 6.15공동선언, 개성공단착수
   ↳ 2000.8 시드니 올림픽에서 최초로 남북한 선수단이 동시입장하였다.

① 19 _____ (1998.6) → 금강산 해로 관광사업(1998.11) - 육로 관광은 2003년(노무현)

② 남북정상회담과 20 _____ (2000)   사료TIP 우리민족끼리
   ⇒ 남측연합제, 북측 낮은단계 연방제 서로 21 _____ 이 있다, 이산가족 방문단 교환, 비전향 장기수 문제 해결, 경제 협력 및 국제 분야의 협력과 교류 활성화 노력

③ 2차 이산가족 상봉(2000.8.15), 경의선 복구기공식(2000.9) → 경의선 복구 완성(노무현)

④ 22 _____ 착수(2002) - 개성공단 착공식(2003.6, 노무현정부), 23 _____ 관광, 개성관광 (2007, 노무현 정부) 시작   ↳ 2005년 개성공단에 기업 입주시작

도끼한국사 빈칸노트

PART 08 현대 사회의 발전   170

(6) 노무현 정부
① 개성공단착공식(2003), 개성공단입주(2004), 개성관광(2007)
② 24_____ (10·4선언) : 남북관계 발전과 평화번영을 위한 선언 (2007 남북정상선언문)
⇒ 정상회담 정례화, 경제협력 사업강화, 평화체제 구축
6.15 남북공동선언 재확인, 서해안 평화협력 특별지대 설치

* 개성공단 약속 - 김대중, 실현 - 노무현, 폐지 - 박근혜 / * 이산가족 상호방문 - 전두환, 김대중

(7) 문재인 정부
① 판문점 선언(2018) ② 북미정상회담(2018) - 싱가폴, 트럼프, 김정은

총정리

1. 통일정책 정리

1970년대 (박정희)	① 8·15평화통일 선언(1970) ② 남북적십자 회담(1971) ③ 7·4 남북공동성명(1972) : 자주, 평화, 민족대단결, 3대 통일원칙 ④ 남북조절위원회 ⑤ 6·23 평화통일 선언(1973) ⑥ 평화통일 3대 기본 원칙(1974) 암기TIP 8적7조6평
1980년대 (전두환)	남북이산가족 고향방문(1985 최초)
1990년대 초 (노태우)	① 7·7 선언 (개방정책 1988) 암기TIP 7한고U기핵 ② 한민족 공동체 통일방안(1989) : 3원칙(자주, 평화, 민주) ③ 남북고위급 회담(90) ④ 남북UN동시가입(91.9) ⑤ 남북기본합의서(91.2) ⑥ 비핵화 공동선언(92)
1990년대 중 (김영삼)	① 민족공동체 통일방안(1994) 암기TIP 민제K ② 남북정상회담 합의 : 김일성 사망으로 불발 ③ 제네바 합의(1994) : 북한핵동결, 중유지원, 경수로 발전소, KEDO구성
2000년대 초 (김대중)	① 금강산 해로 관광사업(1998) 암기TIP 금정6개 ② 남북정상회담, 6·15 공동선언(2000), 개성공단 착수 ③ 경의선 복구사업, 개성공단, 금강산 육로 관광, 이산가족 정례상봉
2000년대 중 (노무현)	① 2차 남북정상회담 : 남북관계 발전과 평화번영을 위한 선언 ⇒ 정상회담 정례화, 경제협력 사업강화, 평화체제 구축

* **노래의 배경**
  - 돌아오네~ 얼마나 그렸던 무궁화 꽃을 얼마나 외쳤던가 태극기 깃발을 갈매기야 울어라 :
    8.15 광복
  - 눈보라 휘날리는 바람찬 흥남부두에 목을 놓아 불러봤다 : 6·25(1·4후퇴)
  - 이제 우리 폭정에 견딜 수 없어 자유의 그리움으로 분노를 뱉는다. 아 총칼에 뚫린 4월…
    아 자유여 만세 - 4·19혁명
  - 월남에서 돌아온 새까만 김상사 - 베트남 파병(1965)

CHAPTER 76 경제정책

POINT 50년대, 60년대, 70년대, 80년대, 90년대 경제정책 특징

1 미군정기
삼일소작제 실시(소작료 1/3 초과할 수 없음), 쌀값 상승(미곡수집제-1946), 신한공사(46.2) - 일본 재산 관리

2 1950년대 : 1공화국(이승만 정부), 2공화국

(1) **농지개혁(1949.6)** : 1950.3~1957종결, 3정보, 유상매수(지가증권), 유상분배(5년 분할 상환)
(2) **귀속재산처리법(1949.12)** : 일본인 소유 재산을 민간인에게 불하(15년 분할상환), 친일파 불하
(3) 1_____
   ① 무상원조 : 2_____ (삼백산업 발달)
   ② 장점 : 식량문제 해결
   ③ 단점 : 농업기반 파괴 - 국내 농산물 가격하락, 밀·면화 생산타격
(4) **미국불황으로 원조감소(1958)**
   ① 유상차관 전환 → 국내경기 불황

② 경제개발 계획 수립 → 2공화국에서 5개년 계획안으로 수정, 3공화국에서 본격 실시

> ※ 대충자금 : 미국의 원조 농산물을 판매한 돈을 대충자금으로 적립하고 그 돈으로 미군유지비나 미국 무기 사용

3 1960년대 : 3공화국(박정희 정부)

저곡가 정책이 추진, 서독에 광부와 간호사 파견, 한국경제의 대외의존도가 심화

(1) 제 1차 경제개발 5개년 계획(3   )

① 수출산업 육성   ② 사회간접자본 확충

(2) 제 2차 경제개발 5개년 계획(4   )

① 5   중심의 수출주도형 공업화 추진

② 베트남(65~73) 특수

③ 익산 마산수출자유지역(1970)

4 1970년대 : 4공화국(박정희 정부, 유신)

(1) 제 3차 경제개발 5개년 계획

① 수출주도형 6   공업화 추진(철강, 조선, 자동차), 경부고속도로 개통(1970)

(2) 제 4차 경제개발 5개년 계획

① 7   으로 경제위기(1973~74. 1차 석유파동, 1979년 2차 석유파동)

② 수출, 건설업 중동진출로 석유파동위기 극복(1976년 건설업 중동 진출 시작)

③ 8   달성, 김종우 탄생(77.4.20. 제주도 서귀포)

> ※ 60년대~70년대 : 서독에 간호사, 광부 파견, 경제 개발에 도움(외화획득)
> ※ 새마을 운동 (1970) : 근면, 자조, 협동 / 정부주도의 농어촌 근대화운동/ 장기집권수단이용
> ※ 쌀 자급 정책 : 통일벼(1972) 보급, 혼식(쌀+보리), 분식(밀가루음식, 라면보급) 장려

(3) 경제개발 장점

① 고도성장, 수출증대   ② 국민 생활수준 향상

(4) 경제개발 단점

① 기술, 자본 의존 심화(미국, 일본)   ② 농촌 피폐(몰락)   ③ 산업 불균형, 지역 불균형

④ 환경문제(공해)   ⑤ 노동문제(전태일 분신 1970)   ⑥ 빈부격차↑

5 1980년대 : 5공화국(전두환 정부)

(1) 경제위기 - 1979년

① 중복·과잉투자   ② 제 2차 석유파동(1979)

③ 정치 불안(10.26 사태) ⇒ 국제수지적자↑, 물가상승, 마이너스 성장

(2) 전두환 정부 정책

① 중화학 투자 조성   ② 부실기업 정리   ③ 자본 자유화 정책

(3) 경제상황

① 9   으로 무역흑자기록   ② 기술집약산업육성   ③ 올림픽 특수

6 1990년대~현재

(1) 노태우 정부 : APEC(아시아 태평양 경제협력기구) 가입 -1989년

(2) 김영삼 정부

① 10   실시(1993), 우루과이 라운드(1994) → WTO(세계무역기구)(11   ), 천억달러 수출(1995)

② 농업 등 1차산업이 큰 타격받음(쌀 시장 개방)

③ ○ECD(경제협력기구) 가입(12   ) → IMF 금융위기초래(13   )

(3) 김대중 정부

① 외환위기 대응 : 노사정 금위원회(1998), 금모으기 운동, 신자유주의 경제정책 추진(자본, 금융 시장 개방) → 2001년 극복

(4) 노무현 정부 : KT× 개통(2004), 최초 한,칠레 자유무역 협정 체결(2004), 한미FTA 체결(노무현정부, 2007년), 10·4 선언(2007)

7 한국경제 정리

① 1950년대 - 14   , 삼백산업

② 1960년대 - 15   , 베트남 특수

③ 1970년대 - 16   중심, 중동특수, 석유파동

④ 1980년대 - 경제안정화 정책, 17

⑤ 1990년대 - 자본, 금융시장 개방, 쌀 시장 개방 - 18

> 암기TIP 원(50)경(60)중(70)3(80)I(90)
> - 원조경제, 경공업, 중화학공업, 3저호황, IMF

CHAPTER 77 북한의 변화

POINT 북한 도발시기 파악

<북한체제와 북한의 변화>

1 김일성 독재체제 강화

(1) 초기 권력형태 : 갑산파(김일성), 연안파(김두봉), 남로당(박헌영), 소련파(허가이) 연합

(2) 독재 체제 확립
① 6 · 25 전쟁중 무정 · 허가이 숙청, 박헌영 숙청
② 8월 종파사건(1956)으로 소련파, 연안파 숙청
③ 7 · 4 남북 공동 선언이후 1972 사회주의 헌법으로 김일성 유일체제(주석제)

* 북한의 도발
- 울진, 삼척 무장공비 침투사건(1   )
- 판문점 도끼 만행 사건(2   ), 남침용 땅굴 발견
- 아웅산 폭탄 테러사건(3   , 전두환 죽이려 함)
- KAL기 폭파사건(4   )
- 서해연평해전(1차 : 5   , 2차 : 6   )

2 사회주의 경제 건설

(1) 3개년 계획(1954~56) : 전후 복구, 건설사업강화, 농지의 협동농장화

(2) 제 1차 5개년 계획추진(1957~1961) : 사회주의 경제체제 확립(국영화, 집단화)
① 모든 농지 협동농장화, 개인상공업 금지, 사유재산 불인정
② 중공업 중심의 경제발전 추구
③ 천리마 운동 전개 : 생산력 증대를 위한 노동강화 운동(56~75년)

(3) 3대혁명 운동 전개 : 새로운 사상, 기술, 문화창조 운동

3 주체사상과 사회주의 헌법

(1) 1950~60년대
① 막스 – 레닌주의(공식적 사상 체제)
② 중국 VS 소련 대립을 계기로 독자적 자주노선 주장(사상주체, 경제자립)
③ 1960년대 이론 체계화(주체사상)

(2) 1970년대
① 주체사상 정립
② 김일성 1인지배체제 통치 이데올로기(독재합리화)

(3) 사회주의 헌법 공포(1972.12)
① 내용 : 주체사상 규범화, 국가 주석제 도입(절대적 지위 부여)
② 의의 : 김일성 유일 지도체제를 제도화함

4 김정일 체제 성립

(1) 1970년대 : 3대혁명 소조운동, 속도전, 3대혁명 붉은기 쟁취운동 주도

(2) 1980년대 : 노동당대회에서 공식후계자 지정

(3) 1993년 국방위원장 취임 → 1994년 김일성 사망 → 유훈통치

(4) 1998년 헌법개정 : 주석제 폐지, 국방위원장 권력 계승 – 2011년 김정일 사망

(5) 김정은 집권(3대 세습체제 확립)

5 북한 경제 변화

(1) 1980년대
① 외부원조 감소, 농업부진, 전력 석유부족 ⇒ 경제악화
② 대응책 : 해외투자유치를 위한 합영법 발표(1984)

(2) 1990년대 이후
① 경제위기 심각 → 식량부족 등
② 생산력 저하, 동유럽 몰락으로 교역국 상실
③ 대응책 : 나진, 선봉 자유무역지대 설치(1991), 외국인 투자법(1992), 신합영법(1994)
④ 현재 : 신의주 경제특구 설치(2002) → 중국주도, 개성공단 설치 → 남한주도(현재폐쇄)

CHAPTER 78 사회 · 문화 변화

POINT : 각 정부 문화정책 구체적 사례 – 시기 구분

1 각 정부 사회 문화 정책

(1) 이승만 정부 : 휴전 이후 출산율 상승, 전쟁 이후 재건주택 건설(유엔 원조), 우리말 큰사전 완간(1957),
자유부인(정비석, 새로운 여성상), 대한뉴스(1953~1994) – 정부제작한 영상보도물, 극장에서 상영

(2) 박정희 정부

① 저임금 정책, 노동운동 탄압　　② 단체교섭권과 단체행동권 제한
③ [1]　　분신 사건(1970, 청계천)　④ 경기도 [2]　　사건(1971)
⑤ [3]　　노동 운동(1979, 박정희 정부 붕괴시초)

　※ [4]　　: 농어촌 근대화와 소득증대사업 추진(1970)
　※ 1970년대 기타 사건 : 장발단속, 미니스커트 단속, 대중가요 통제(금지곡), 통일벼 보급

(3) 전두환 정부 : 야간통행금지 해제(1982), 6월 민주항쟁 이후 노동자 투쟁심화(1987.7)

(4) 노태우 정부

① 국제노동기구([5]　　, ILO)　② 전교조(1989 설립, 99년 합법화)

(5) 김영삼 정부 : 민주노총(1995)

(6) 김대중 정부 : 노사정위원회 구성(1998) 민주노총, 전교조 합법화(1999)

2 사회 복지, 여성운동

(1) 사회복지정책 : 국민연금(1988), 산재보험, 건강보험, 고용보험([6]　　,1995),
국민기초생활보장법(1999)

(2) 여성운동 : 남녀고용평등법(1987), 가족법(1991), 여성부(2001), 호주제폐지(2005)

　※ 기타 : 신생활 운동(1961), 우편번호제(1970)

(3) 환경문제 : 환경운동연합(93년), 녹색연합(96년)

3 문화발달

(1) 교육

① 미군정기 : 미국식 민주주의 교육제도 수입, 6-3-3 학제도입
② 이승만 정부 : 국민학교(초등학교) [7]　　실시
③ 박정희 정부 : 교육의 국가통제 강화, [8]　　(1968), 1971년 중학교 무시험제,
1969년 대학입학 예비고사, 중 · 고교 평준화, 학도 보국단
④ 전두환 정부 : 과외 전면 금지, 본고사폐지, 대학졸업정원제, 교복×, 두발자유화, 학도보국단×
⑤ 김영삼 정부 : 94년 대학수학능력시험 실시, 국민교육헌장 삭제, [9]　　국민학교 → 초등학교
⑥ 김대중 정부 : 2002년 [10]　　의무교육 실시, 수준별 수업 및 학교 정보화 사업
　↳ 중학교 의무교육 전면실시 – 노무현(2004)
⑦ 현재 : 고등교육(대학교육) 대중화 → 공교육 위기, 사교육비 증가

　※ 연대별 인구정책
　　60'S – 덮어놓고 낳다보면 거지꼴을 못면한다
　　70'S – 딸 아들 구별말고 둘만 낳아 잘 기르자
　　80'S – 잘 키운 딸 하나 열 아들 안부럽다.

(2) 학술

① 연구기관 설립 : 학술원, 한국정신문화 연구원(한국학중앙연구원)
② 역사연구 변화
　• 신민족주의사학 발달(손진태, 안재홍 등)
　• 마르크스 사학, 신민족주의 사학자 월북, 납북
　• 식민사관 극복, 민족적 관점에서 한국사 연구
　• 1980년대 민중사학 대두(피지배층 입장에서 한국사 정리 시도)

(3) 언론

① 이승만 정부 : 국가보안법으로 언론 통제, 경향신문 폐간(1959)
② 박정희 정부
　㉠ 언론 통폐합 → 언론자유수호운동(동아일보 사태) → 광고 중단 → 시민들 유료 격려 광고 →
　　기자 해고
　㉡ 프레스 카드제(기자 등록제)　　㉢ 김지하 「오적」 – 사상계 폐간(1970년)
③ 전두환 정부 : 언론 통폐합, 언론 기본법(1980), 보도통제(보도지침) → 6월항쟁이후 언론자유

(4) 문예·체육·종교계 발전
  ① 문예 : 민족, 민중 문학 또는 예술 유행(1980년대)
  ② 체육 : 엘리트 선수 육성(올림픽 대비), 국민통합, 정권위상제고수단(3S정책)
  ③ 종교 : 민주화 운동 지원

(5) 대중문화 발달
  ① 1970년대 : TV가 대중문화 중심
  ② 1980년대 : 컬러 TV, VTR 보급 → 영상발달(영화, 드라마)
  ③ 1990년대 이후 : 정보통신 혁명 - 인터넷, 휴대전화, 문화산업 발달 → 한류 등장

(6) 문학
  ① 미국식 자유주의 문화 발달 - 자유부인(정비석) 유행
  ② 1953년 사상계 창간, 우리말 큰 사전 완간(한글학회, 1957)
  ③ 신동엽 〈껍데기는 가라〉, 김수영 〈꽃잎〉 - 4.19 직후
  ④ 민족 문학, 민중 문학 유행 - 김지하 〈오적〉 - 필화사건 발생

(7) 종교 : 천주교
  ① 가톨릭농민회(72)
  ② 천주교정의구현사제단(74) - 박종철 고문치사 사건 폭로

CHAPTER 79 대한민국 헌법 개정사

POINT 개헌 특징과 내용 구체적으로 파악

정부	개헌	주요내용	비고
이승만 정부	1 (48.7)	대통령 간선제, 4년 중임제 국회 단원제	대한민국 정부 수립 48.8.15
	1차개헌(52.7)	2 , 국회 양원제	발췌 개헌(이승만재선)
	2차개헌(54.11)	대통령 직선제, 초대 대통령 3 철폐	사사오입개헌(3대 대통령 선거당선)
허정 과도 내각	3차개헌(60.3)	4 , 국회 양원제, 대통령 국회 선출(간선제)	4.19 혁명 영향, 민주당 장면 정권 출범
장면내각	4차개헌(60.11)	3.15 부정 선거 관련자 처벌	5 제정
박정희 정부	5차개헌(62.12)	6 , 국회 단원제, 헌법개정 시 국민투표제 조항	민주공화당 정권 수립 소급입법(정치활동 정화법)
	6차개헌(69.10)	대통령 7	3선개헌반대운동발생
	7차개헌(72.12)	대통령 권한 강화 대통령 간선제(통일주체국민회의) 대통령 임기 6년 9 , 국회해산권, 대통령이 국회의원 1/3선출	8 체제 대통령 종신집권가능
전두환 정부	8차개헌(80.10)	10 의 대통령 간선제 (선거인단 간접선거)	국보위가 추진 신군부 집권
	9차개헌(87.10)	11 의 대통령 직선제 헌법재판소 설치	6월 민주항쟁 최초 여야 합의 개헌

암기TIP
제 발 사 내 소 대 3 유   7   5 - 제헌, 발췌, 사사오입, 내각책임, 소급입법, 대통령제, 3선개헌, 유신, 7년단임, 5년단임
1차 2차 3차 4차 5차 6차 7차   8차 9차
이승만   윤보선   박정희   최규하 전두환 노태우~문재인
(1~3대)   (4대)   (5~9대)   (10대) (11,12대) (13대~19대)

금도끼 은도끼

두 번째 이야기

모기꾼 사장이 들려줄 당신들로부터 도난당하는 노동·임금·경청·공간 소극장

빈칸노트 정답

01 | 역사란 무엇인가

1. 삼국통일
2. 후삼국통일
3. 조선건국
4. 임진왜란
5. 국권피탈
6. 해방

02 | 구석기, 신석기

1. 70만년 전
2. 주먹도끼
3. 격지
4. 쐐기
5. 슴베찌르개
6. 긁개, 밀개
7. 금굴
8. 상시리
9. 단양
10. 연천전곡리
11. 공주석장리
12. 검은모루
13. 청원 두루봉 동굴
14. 웅기 굴포리
15. 제천 점말동굴
16. 덕천승리산
17. 단양 상시리
18. 공주 석장리
19. 웅기 굴포리
20. 8000
21. 가락바퀴
22. 덧무늬
23. 빗살무늬
24. 가락바퀴
25. 조개껍데기 가면
26. 샤머니즘, 토테미즘
27. 조, 피, 수수
28. 암사동
29. 부산 동삼동
30. 제주도 한경
31. 양양 오산리
32. 김해 수가리
33. 평양 남경

03 | 청동기, 철기

1. BC2000
2. 고조선
3. 돌 농기구
4. 벼농사
5. 직사각형
6. 귀틀집
7. 울주 반구대
8. 고령 알터
9. 선돌
10. 반달
11. 미송리식토기
12. 반달돌칼
13. 탁자식 고인돌
14. 미송리식토기
15. 여주 흔암리
16. 세형동검
17. 잔무늬 거울
18. 독무덤
19. 검은간토기
20. 반량전
21. 명도전
22. 오수전
23. 붓
24. 다호리

04 | 고조선

1. 연나라 진개
2. 준왕
3. 위만
4. 예군 남려
5. 섭하 살해
6. 우거왕 피살
7. 한사군
8. 비파형 동검
9. 미송리식토기
10. 고조선
11. 조선옷
12. 선민사상
13. 구릉지대
14. 농경
15. 계급
16. 토테미즘
17. 홍익인간
18. 제정일치
19. 노동력
20. 농경
21. 사유
22. 삼국유사
23. 제왕운기
24. 표제음주동국사략
25. 관자

05 | 여러나라의 성장

1. 송화강
2. 사출도
3. 5부족
4. 반농반목
5. 말
6. 순장
7. 형사취수제
8. 우제점법
9. 간음죄
10. 영고
11. 왕호
12. 선비족
13. 멸망
14. 국내성
15. 평양
16. 5부족
17. 고추가
18. 부경
19. 서옥제
20. 동맹
21. 감옥
22. 함경도
23. 옥저현후
24. 민며느리제
25. 골장제
26. 강원도
27. 반어피
28. 책화
29. 철자형
30. 무천
31. 마한
32. 변한
33. 진한
34. 신지, 견지
35. 철
36. 5월
37. 10월
38. 천군

06 | 고대정치(1)

1. 고씨
2. 옥저
3. 형제
4. 진대법
5. 부자
6. 행정적
7. 서안평
8. 율령
9. 한강
10. 관복
11. 서안평
12. 낙랑
13. 전연
14. 근초고왕 공격
15. 불교수용
16. 태학설립
17. 율령반포
18. 산둥
19. 칠지도
20. 부자
21. 아직기
22. 왕인
23. 불교
24. 마라난타
25. 마립간
26. 광개토대왕
27. 영락
28. 후연
29. 신라
30. 평양천도
31. 한성
32. 중원고구려비
33. 비유왕
34. 문주왕
35. 동성왕
36. 눌지왕
37. 방리
38. 소지왕
39. 22담로
40. 송산리
41. 단양이
42. 사비
43. 22부
44. 관산성
45. 신라
46. 우산국
47. 철제
48. 동시전
49. 골품제
50. 불교 공인
51. 건원

52 금관가야	3 광개토대왕	5 계백	38 혜공왕	14 감은사	47 시무 10조
53 단양적성비	4 법흥왕	6 백제	39 선덕왕	15 오묘제	48 토황소격문
54 관산성전투	5 대성동	7 웅진도독부	40 삼국사기	16 정전	49 제왕연대력
55 북한산비	6 뇌질주일	8 계림	41 중대	17 상원사	50 계원필경
56 창녕비	7 이뇌왕	9 백강	42 중고	18 발해	51 최승우
57 황초령·마운령	8 진흥왕	10 부여융	43 광개토대왕릉	19 한화 정책	52 최언위
58 살수대첩·을지문덕	9 지산동	11 취리산	44 중원고구려비	20 불국사	53 9주
59 천리장성	10 10관등	12 668	45 동이(신라) 매금(왕)	21 석굴암	54 5소경
60 연개소문	11 5부	13 안동	46 영동대장군 백제 사마왕	22 성덕대왕	55 향, 부곡
61 안시성	12 욕살	14 소부리주	47 포항 중성리 비석	23 96각간	56 9서당
62 익산	13 대모달	15 안승	48 영일 냉수리비	24 김지정	57 한산주
63 미륵사지	14 제가	16 매소성	49 울진 봉평비	25 선덕왕	58 패강진
64 40여성	15 16관등	17 기벌포	50 단양적성비	26 원성왕	59 집사부
65 대야성	16 5방	18 문무왕	51 아이차	27 독서삼품과	60 영객부
66 걸사표	17 방령	19 흑치상지	52 북한산비	28 헌덕왕	61 사정부
67 세속오계	18 정사암	20 임존성	53 창녕비	29 도의	62 위화부
68 황룡사	19 17관등	21 주류성	54 황초령비&마운령비	30 김헌창	63 진골귀족
69 분황사	20 5주	22 부여풍		31 흥덕왕	64 6두품
70 인평	21 군주	23 도침		32 청해진	65 호족
71 나당동맹	22 화백회의	24 부여풍	**09 | 고대정치(4)-통일신라**	33 법화원	
72 집사부	23 내신	25 계림도독부		34 금지령	
73 태화	24 내법	26 백강전투	1 무열왕	35 진성여왕	**10 | 발해**
74 백제	25 조정	27 연남생	2 백제	36 원종·애노	
75 사정부	26 집사부	28 668	3 사정부	37 견훤	1 대조영
76 소부리주	27 위화부	29 안동도호부	4 문무왕	38 적고적	2 동모산
77 매소성·기벌포	28 영객부	30 검모잠	5 외사정	39 경순왕	3 천통
78 김흠돌		31 오골성	6 676	40 사심관	4 효소왕
79 9서당		32 소고구려	7 대왕암	41 청해진	5 군왕
	08 | 고대정치(3)	33 금마저	8 김흠돌	42 법화원	6 대무예
		34 보덕국왕	9 9주 5소경	43 신무왕	7 장문휴
07 | 고대정치(2)	1 요서	35 신문왕	10 9서당 10정	44 문성왕	8 인안
	2 살수대첩	36 진골 귀족	11 상수리	45 염장	9 성덕왕
1 뇌질청예	3 안시성	37 법흥왕	12 국학	46 토황소격문	10 요서
2 중계	4 나당동맹		13 만파식적		11 덩저우

12	일본도	45	시중	20	서원경	14	임신서기석	15	화쟁
13	대흠무	46	사정부	21	사해점촌	15	유교	16	일체유심조
14	조공도	47	9주	22	3년	16	불교	17	금강삼매경론
15	경덕왕	48	사신	23	9등급	17	도교	18	십문화쟁론
16	고려국왕	49	10정	24	6등급	18	이벌찬	19	일본
17	대흥	50	대내상	25	뽕, 잣, 호두나무	19	아찬	20	나무아미타불
18	국왕	51	중정대	26	연수위답	20	대나마	21	분황사
19	대화여	52	도독	27	마전	21	대사	22	원융
20	상경	53	자사	28	울산항	22	중위제	23	지엄문하
21	대인수	54	현승	29	이슬람	23	6두품	24	문무왕
22	해동성국	55	10위	30	장보고	24	원효	25	화엄일승법계도
23	요동			31	신라방	25	설총	26	부석사
24	건흥	**11 | 고대경제**		32	신라소	26	강수	27	의상
25	5경			33	신라원	27	최치원	28	화엄일승법계도
26	15부 62주	1	조세	34	조공도	28	호족	29	원측
27	대인선	2	3등급	35	일본도	29	6두품	30	해심밀경소
28	야율아보기	3	戶	36	신라도			31	혜초
29	정혜공주	4	특산물			**13 | 고대문화(1)**		32	왕오천축국전
30	제왕운기	5	역	**12 | 고대사회**				33	혜량
31	발해고	6	철제			1	소수림왕	34	담징
32	쟁장사건	7	진대법	1	호민	2	마라난타	35	겸익
33	등제서열	8	소지왕	2	하호	3	이차돈	36	관륵
34	거란도, 일본도, 조공도, 신라도	9	지증왕	3	씩씩한	4	흥륜사	37	노리사치계
35	정당성	10	고구려	4	서옥제	5	호국불교	38	김교각
36	선조성	11	지증왕	5	형사취수제	6	진흥왕	39	열반종
37	중대성	12	효소왕	6	진대법	7	선덕여왕	40	자장
38	중정대	13	청해진	7	상무적 기풍	8	혜량	41	법성종
39	문적원	14	왕권	8	부여씨	9	걸사표	42	의상
40	주자감	15	수조권	9	은제관식	10	세속오계	43	법상종
41	경	16	관료전	10	2배	11	황룡사 9층 목탑	44	권위 · 전통
42	부	17	정전	11	3배	12	아미타불	45	수행 · 참선
43	주	18	녹읍 부활	12	진흥왕	13	설총	46	대흥보력
44	10위	19	민정문서	13	국선	14	소성거사	47	불립문자

15	화쟁
16	일체유심조
17	금강삼매경론
18	십문화쟁론
...	
48	조형

14 \| 고대문화(2)

1	태학
2	경당
3	개로왕
4	국학
5	12관등
6	국학
7	태학감
8	국학
9	독서삼품과
10	효경
11	논어
12	곡례
13	주자감
14	등제서열
15	강수
16	답설인귀서
17	설총
18	화왕계
19	김대문
20	계림잡전
21	한산기
22	화랑세기
23	고승전
24	악본
25	최치원
26	시무 10조
27	계원필경
28	제왕연대력
29	법장화상전

30 해인사묘길상탑비
31 연개소문
32 을지문덕
33 금동대향로
34 사택지적비
35 정혜, 정효공주

15 | 고대문화(3)

1 돌무지
2 실생활
3 사신도
4 계단식
5 송산리
6 영동대장군 백제사마왕
7 토지신 제사
8 능산리고분
9 금동대향로
10 은제관식
11 돌무지덧널무덤
12 마립간
13 호우명
14 정혜공주묘
15 모줄임천장
16 육정산
17 정효공주묘
18 벽돌무덤
19 연가7년명 금동여래입상
20 서산마애삼존불
21 경주배리
22 석굴암 본존불
23 이불병좌상
24 미륵사지석탑

25 정림사지5층석탑
26 황룡사9층목탑
27 분황사모전석탑
28 감은사지3층석탑
29 불국사3층석탑(석가탑)
30 진전사지석탑
31 발해이불병좌상
32 백제서산마애삼존불
33 백제미륵사지석탑
34 백제정림사지5층석탑
35 불국사3층석탑(석가탑)
36 쌍봉사
37 불국사
38 석굴암
39 안압지
40 주작대로
41 온돌
42 천문도
43 황룡사9층목탑
44 석굴암
45 무구정광대다라니경
46 금동대향로
47 상원사
48 성덕대왕
49 위덕왕
50 김생
51 양태사
52 담징
53 혜자
54 혜관
55 아직기
56 왕인
57 단양이

58 노리사치계
59 관륵
60 한인
61 스에키
62 강수, 설총, 원효
63 하쿠호

16 | 중세 정치(1)

1 군진
2 초적
3 후백제
4 후고구려
5 고려
6 발해
7 경주
8 후백제
9 견훤 고려
10 일리천
11 궁예
12 견훤
13 왕건
14 역분전
15 사심관
16 천수
17 팔관회
18 훈요 10조
19 광군사
20 광학보
21 노비안검법
22 쌍기
23 공복제정
24 광덕, 준풍

25 귀법사
26 관촉사 석조 미륵보살입상
27 제관과 의통
28 시무 28조
29 외관
30 연등회 팔관회
31 수신의 도
32 치국의 도
33 국자감
34 향교
35 과거제
36 환천법
37 건원중보
38 원구단
39 의창
40 상평창
41 자모정식법

17 | 중세 정치(2)

1 재신
2 낭사
3 추밀
4 승선
5 대간
6 보문각
7 사천대
8 한림원
9 서경
10 간쟁
11 봉박
12 문하시중
13 어사대

14 동정직
15 검교직
16 도병마사
17 식목도감
18 어사대 관원
19 중서문하성의 낭사
20 안찰사
21 감무
22 계수관
23 병마사
24 진장
25 향리
26 문종
27 남경개창도감
28 김위제
29 군사적 요충지
30 계수관
31 향 · 부곡
32 세금↑, 거주이전 X
33 응양군, 용호군
34 금오위
35 천우위
36 감문위
37 중방
38 일품군
39 좌군 · 우군 · 초군
40 광군
41 신기
42 신보
43 항마
44 좌별초 · 우별초 · 신의군
45 연호군
46 제술과

47 명경과
48 잡과
49 승과
50 5품이상 관리
51 처족, 친족, 외족
52 계수관시
53 국자감시
54 예부시

18 | 중세 정치(3)

1 호족
2 문벌귀족
3 이자겸의 난, 묘청의 난
4 보현원
5 권문세족
6 신진사대부
7 신흥무인세력
8 목종
9 개정전시과
10 강조
11 현종
12 5도(행정직)양계(군사적)
13 강조 · 양규
14 강감찬
15 7대 실록
16 주현공거법
17 연등회, 팔관회
18 강감찬
19 문종
20 아들 의천
21 9재 학당
22 동서대비원

23	남경	56	고구려	89	김보당의 난	23	진도	20	제폐사목소	53	동녕부
24	경정전시과	57	대위	90	교종 승려의 난	24	제주	21	찰리변위도감 설치	54	탐라총관부
25	개성부	58	천개	91	조의총의 난	25	탐라총관부	22	반전도감	55	결혼도감
26	숙종	59	숭문천무	92	공주 명학소	26	이방실	23	숭인전	56	반전도감
27	별무반	60	신채호	93	김사미·효심의 난	27	이승경	24	충혜왕	57	정도전, 정몽주, 이색
28	남경개창도감	61	서경파	94	만적의 난	28	복주	25	편민조례추변도감	58	철령위
29	김위제	62	대화궁	95	최광수의 난	29	정세운 이성계	26	충목왕	59	위화도 회군
30	해동통보	63	개경파	96	이언년의 난	30	홍산	27	정치도감	60	정몽주
31	활구	64	금에			31	진포	28	공민왕	61	공양왕
32	예종	65	정중부	**19**	**중세 정치(4)**	32	황산	29	노국대장공주		
33	동북9성	66	이의민			33	관음포	30	쌍성총관부	**21**	**중세 경제(1)**
34	복원궁	67	최충헌	1	거란			31	동녕부		
35	감무	68	최우	2	서희가 소손녕	**20**	**중세 정치(5)**	32	흥왕사의 변	1	수조권
36	양현고	69	정중부	3	강동 6주			33	전민변정도감	2	역분전
37	보문각, 청연각	70	경대승	4	거란 2차 침입	1	충렬왕	34	성균관	3	시정전시과
38	묘청 서경천도운동	71	이의민	5	나주	2	제국대장공주	35	첨설직설치	4	인품
39	삼국사기	72	중방	6	양규 흥화진	3	정동행성	36	홍건적	5	목종
40	서긍	73	도방	7	강감찬	4	탐라총관부	37	우왕	6	한외과
41	고려도경	74	교정도감	8	귀주 대첩	5	성균감	38	위화도 회군	7	경정전시과
42	보현원	75	정방	9	나성	6	섬학전	39	창왕	8	현직 관리
43	명종	76	서방	10	천리장성	7	경사교수도감	40	폐가입진	9	한외과 폐지
44	봉사10조	77	교정도감	11	여진	8	쇄은	41	쓰시마 섬	10	공음전
45	고종	78	도방	12	별무반	9	삼국유사	42	공양왕	11	군인전
46	삼별초	79	진강후	13	동북 9성	10	제왕운기	43	과전법	12	녹과전
47	녹과전	80	정방설치	14	이자겸, 김부식	11	안향	44	정몽주	13	과전법
48	음서제	81	서방	15	몽골	12	충선왕	45	불개토풍	14	구분전
49	공음전	82	삼별초	16	강동성의	13	계국대장공	46	첨의부	15	왕실 지급
50	폐쇄적 통혼제	83	진양부	17	살리타	14	조비무고사건	47	판도사	16	별사전
51	이자겸의	84	팔만대장경	18	귀주성	15	즉위교서	48	도평의사사	17	무관직자
52	경원 이씨	85	이규보	19	김윤후	16	사림원 설치	49	밀직사	18	공음전
53	정지상	86	국선생전	20	충주방호별감	17	각염법	50	정동행성	19	외역전
54	서경천도	87	동국이상국집	21	불개통풍	18	만권당	51	입성책동	20	공해전
55	금국	88	동명왕편	22	강화도	19	충숙왕	52	쌍성총관부	21	무산계전시

22 | 중세 경제(2)

1 공사전조법
2 잉류지역
3 특산물
4 9등호제
5 시비법
6 2년 3작
7 문익점
8 정천익
9 농상집요
10 황폐해진 경작지
11 강화도
12 농상집요
13 농사직설
14 양화소록
15 농가집성
16 물가조절
17 벽란도
18 제위보
19 광학보
20 충선왕
21 조선시대
22 사원
23 고리대
24 토지표지석
25 장야서
26 벽란도
27 덩저우
28 밍저우
29 아라비아
30 건원중보
31 활구
32 저화
33 지원보초
34 쇄은
35 소은병
36 광학보
37 제위보

23 | 중세 사회

1 문벌귀족
2 권문세족
3 남반
4 잡류
5 향리
6 군반
7 서리
8 신량역천
9 향 · 부곡 · 소
10 세습노비
11 미륵불
12 향나무
13 매향비
14 상두꾼
15 향약
16 불교 신앙 조직
17 농민 공동체
18 상두꾼
19 향약에 편입
20 동서대비원
21 혜민국
22 구제도감, 구급도감
23 연등회
24 팔관회
25 10월
26 11월
27 당률
28 태장도유사
29 귀향형
30 석동제
31 균등
32 여성 재가 허용
33 남귀여가혼
34 친영제도
35 자모정식법
36 권문세족
37 몽고풍
38 고려양

24 | 중세 문화(1)

1 연등회, 팔관회
2 균여
3 의통
4 제관
5 연등회, 팔관회
6 흥왕사
7 묘련사
8 균여
9 귀법사
10 보현십원가
11 성상융회
12 보살실천행
13 의통
14 제관
15 의천
16 흥왕사
17 국청사
18 교정도감
19 주전도감
20 교관겸수, 내외겸전
21 성상겸학
22 신편제종교장총록
23 최씨
24 수선사
25 명리
26 조계종
27 돈오점수, 정혜쌍수
28 유불일치설
29 유불일치
30 강진 만덕사
31 보현도량
32 참회하는 법화
33 임제종
34 공민왕
35 조계종
36 초조대장경
37 흥왕사
38 신편제종교장총록
39 재조대장경
40 대장도감
41 남해분사
42 수기
43 이규보
44 진양공 최이(최우)
45 천태종
46 의천
47 교관겸수, 내외겸전
48 조계종
49 지눌
50 돈오점수, 정혜쌍수
51 초제거행
52 복원궁
53 팔관회
54 서경길지설
55 남경개창도감
56 김위제

25 | 중세 문화(2)

1 최승로
2 최충
3 김부식
4 이규보
5 안향
6 정몽주
7 9재학당 사학12도
8 삼국사기
9 동국이상국집
10 동명왕편
11 백운소설
12 국선생전
13 이인로
14 최자
15 성리학
16 만권당
17 대사성
18 정도전, 정몽주
19 동방이학의 조
20 국자감
21 잡학부
22 국자학(유교경전)
23 성균관
24 광학보
25 국자감
26 향교
27 해동공자
28 서적포
29 양현고
30 7재
31 고려도경
32 경사 6학
33 향교↑
34 섬학전
35 문묘
36 경사교수도감
37 성균관
38 구 삼국사
39 7대 실록
40 삼국사기
41 인종, 김부식
42 유교적 합리주의
43 신이사관
44 최고 역사서
45 동명왕편
46 주몽 일대기, 서사시
47 동국이상국집
48 구 삼국사
49 해동고승전
50 각훈
51 승려 30명 전래
52 삼국유사
53 일연
54 신이 · 기이사
55 불교 내용
56 가락국기

57	제왕운기
58	이승휴
59	상권
60	하권
61	본조편년강목
62	충숙왕 때 민지
63	성리학적
64	사략
65	이제현
66	성리학적
67	기전체
68	편년체
69	기사본말체
70	강목체
71	삼국사기
72	삼국유사
73	유교적 합리주의 사관
74	현존하는 최고사서
75	불교적 신이사관
76	단군신화, 각종 설화, 향가 수록

26 | 중세 문화(3)

1	선명력
2	수시력
3	대통력
4	칠정산
5	시헌력
6	목판 인쇄술
7	금속활자
8	상정고금예문
9	직지심체요절
10	청주 흥덕사
11	프랑스
12	닥나무
13	태의감
14	향약구급방
15	화통도감
16	순수비색청자
17	상감청자
18	분청사기
19	주심포
20	안동 봉정사 극락전
21	부석사 무량수전
22	수덕사 대웅전
23	맞배
24	팔작
25	맞배
26	성불사 응진전
27	석왕사 응진전
28	심원사 보광전
29	주심포 양식
30	다포 양식
31	월정사 8각 9층 석탑
32	송
33	경천사 10층 석탑
34	원
35	원각사지
36	월정사 8각 9층 석탑
37	경천사지 10층 석탑
38	광주 춘궁리
39	논산 관촉사 석조 미륵보살
40	부석사 소조 아미타 여래 좌상
41	광주 춘궁리 철불(하남 하사창동)
42	관촉사 석조 미륵보살 입상
43	고달사지
44	쌍봉사
45	지광국사 현묘탑
46	구양순체
47	송설체
48	김생, 최우, 유신, 탄연
49	천산대렵도
50	관음보살도
51	예종
52	박인량
53	이인로
54	최자
55	이규보
56	이제현
57	임춘
58	이곡
59	이규보

27 | 근세 정치(1)

1	인수대비
2	폐비 윤씨
3	문정왕후
4	인목대비
5	자의대비
6	장희빈
7	정순왕후
8	이인임
9	정도전
10	정도전
11	윤소종
12	조준
13	정몽주
14	이색
15	길재
16	이인임
17	철령위
18	위화도
19	폐가입진
20	과전법실시
21	정몽주
22	태조
23	의흥삼군부
24	경복궁
25	종묘
26	사직
27	좌묘우사
28	1차 왕자의 난
29	정도전
30	재상중심정치
31	조선경국전
32	불씨잡변
33	경제문감
34	고려국사
35	심리기편
36	방간, 박포
37	태종
38	6조직계제
39	호패법
40	노비변정도감
41	사병혁파
42	사간원 독립
43	사원전 몰수
44	계미자
45	의금부
46	창덕궁
47	호패법
48	신문고
49	혼일강리역대국도
50	세종
51	왕도정치
52	집현전
53	국조오례의
54	의정부서사제
55	압록강, 최윤덕
56	두만강, 김종서
57	계해약조
58	사민정책
59	연분 9등
60	전분 6등
61	갑인자
62	농사직설
63	향약집성방
64	칠정산
65	향약집성방
66	농사직설
67	칠정산
68	갑인자
69	여민락
70	총통등록
71	용비어천가
72	성보상절
73	월인천강지곡
74	노비사형
75	유향소
76	계유정난
77	세조
78	계유정난
79	사육신
80	6조 직계제
81	이시애의 난
82	인지의 · 규형
83	직전법
84	경국대전
85	성종
86	경국대전
87	홍문관
88	관수관급제
89	동문선
90	동국통감
91	동국여지승람
92	악학궤범

28 | 근세 정치(2)

1	연산군
2	무오사화
3	조의제문
4	김일손
5	김종직
6	유자광
7	갑자사화
8	폐비윤씨
9	한명회
10	중종반정
11	중종
12	향약
13	소격서
14	방납 폐단
15	현량과
16	위훈삭제
17	소학
18	주자가례

19	명종
20	문정왕후
21	을사사화
22	임꺽정의 난
23	직전법
24	백운동 서원
25	소수서원
26	선조
27	탄금대
28	한산도
29	행주
30	명량
31	노량
32	무인정사
33	박포의 난
34	계유정난
35	단종 복위
36	훈구
37	관학파
38	부국강병
39	다양한 학문
40	사림
41	사학파
42	주자가례
43	왕도정치
44	성리학
45	김종직
46	무오사화
47	조의제문
48	김일손
49	갑자사화
50	임사홍
51	한명회
52	기묘사화
53	조광조
54	을사사화
55	양재역 벽서
56	이조전랑
57	정철 처리
58	북인 · 이산해
59	남인 · 유성룡
60	경신환국
61	임오화변
62	기축옥사

29 | 근세 정치(3)

1	의정(정승)의
2	최고기구
3	인사
4	재정
5	외교, 교육
6	군사
7	형법
8	토목
9	왕 직속 사법 기구
10	승정원
11	도승지
12	홍문관
13	사간원
14	사헌부
15	춘추관
16	한성부
17	성균관
18	6조 직계제
19	의금부

20	승정원
21	의정부 서사제
22	정책자문
23	간쟁
24	감찰
25	노비송사
26	외교문서
27	옥쇄, 마패
28	개성, 강화, 광주, 수원
29	왕 교서, 춘추관기사관겸직
30	인쇄, 인장
31	대간
32	당상관
33	권당
34	일원적
35	향 · 소 · 부곡 X
36	향리
37	좌수와 별감
38	양반모임
39	규칙
40	양반명단
41	서울에
42	좌수와 별감 임명
43	세종때
44	선조때
45	관찰사
46	360일
47	농업↑, 교육↑, 소송간결, 치안↑, 군대↑, 호구↑, 부역균등
48	경저리
49	영저리

30 | 근세 정치(4)

1	16~60세
2	종친, 외척, 공신자제
3	5위체제
4	잡색군
5	영진군
6	진관체제
7	영진군
8	진관체제
9	제승방략체제
10	속오군 체제
11	영진군
12	소규모 침입대비
13	천리 밖 장수를 기다린다
14	유성룡
15	기효신서
16	정군
17	갑사
18	특수군
19	훈련도감
20	어영청
21	총융청
22	수어청
23	금위영
24	영, 진군
25	잡색군
26	식년시
27	증광시
28	알성시
29	인구비례
30	성적순으로
31	백패

32	인구비례
33	성적순으로
34	왕 직접 선발하는
35	장원
36	탐관오리의 아들, 재가녀 자제, 서얼 제한
37	소과 X
38	활쏘기
39	무경 경국대전
40	식년시
41	명종때 보우의 건의
42	문정왕후
43	전, 현직 관리 자제
44	음서
45	천거
46	취재
47	이과
48	기로과
49	대가
50	유외잡직
51	상피제
52	서경
53	행수제도(계고직비)
54	계비직고
55	한품서용제
56	역
57	30리 마다
58	관리 숙식
59	세곡
60	가흥창
61	광흥창
62	봉수
63	파발

| 64 | 공조에서 |

31 | 근세 정치(5)

1	표전문 사건
2	종계변무문제
3	조공무역
4	실리외교
5	여진토벌
6	선조시기, 신립
7	사민정책
8	쓰시마정벌
9	부산포/염포/제포
10	계해약조
11	50선 200석
12	해동제국기
13	3포
14	비변사
15	임진왜란
16	최고 권력기구
17	기유약조
18	20척 100석
19	삼포왜란
20	을묘왜변
21	임진왜란
22	흥선대원군
23	부산진(정발), 동래성(송상현)
24	충주 탄금대
25	김시민
26	권율
27	곽재우
28	조헌
29	곽재우

30	사명대사
31	조헌
32	서산대사
33	부산포
34	탄금대
35	한산도
36	진주성
37	평양성
38	행주대첩
39	칠천량
40	명량대첩
41	노량해전

32 | 근세 경제(1)

1	신진사대부
2	대토지
3	30두 징수
4	죽거나 반역시
5	직전법
6	현직 관리
7	관수관급제
8	수조권 지급
9	지주전호제
10	휼양전
11	별사전
12	내수사전
13	수신전
14	공해전
15	시지 X
16	경기
17	외역전
18	공음전
19	군인전

33 | 근세 경제(2)

1	설문조사
2	공법
3	풍흉에
4	20두~4두
5	토지 비옥도
6	영정법
7	상공
8	별공
9	진상
10	불산공물
11	방납 폐단
12	상납미
13	유치미
14	조광조, 이이, 유성룡
15	오가작통, 호패법, 향약
16	특산물 대신 쌀 납부
17	김육
18	숙종
19	8결당 1명
20	군역의 요역화
21	대립제
22	황구첨정
23	백골징포
24	균역법
25	시비법
26	문익점, 정천익
27	농사직설
28	양화소록
29	금양잡록
30	구황촬요
31	금난전권
32	경시서
33	불법상행위
34	보부상
35	저화
36	조선통보
37	팔방통보
38	경원, 경흥
39	공장안
40	초과 생산량
41	군기시
42	사옹원
43	상의원
44	선공감
45	납포장
46	구황촬요
47	덕업상권, 과실상규, 예속상교, 환난상휼

34 | 근세 사회(1)

1	양천제
2	반상제
3	관리 본인
4	권반
5	향반
6	잔반
7	재산, 족보, 서원(청금록), 향안(양반명단)
8	기술관
9	공명첩
10	납속책
11	유득공, 박제가, 이덕무, 서이수
12	소청운동
13	오경석-역관, 유홍가-의관
14	신량역천
15	유외잡직
16	전쟁
17	채무
18	세습
19	노비종모법
20	노비세습제
21	노비제 폐지

35 | 근세 사회(2)

1	의창
2	사창제
3	혜민국
4	혜민서
5	동서대비원
6	활인서
7	제생원
8	혜민서
9	동서활인서
10	대명률
11	경국대전
12	관습법
13	강상죄, 반역죄
14	태장도유사
15	노비문제
16	산송문제
17	태종 때
18	세종 때
19	이시애의 난(함경도)
20	부활
21	유향소
22	좌수, 별감
23	향규
24	향안
25	향회
26	경재소
27	향도계
28	마을 조직
29	석전
30	동린계
31	좌수, 별감
32	양반-노비, 남·여
33	송나라 여씨 향약
34	예안향약
35	해주향약
36	농민 강제가입
37	성리학적 이념
38	선현제사
39	성리학
40	백운동서원
41	소수서원
42	서재
43	사묘
44	향음주례
45	김장생
46	정구
47	안동권씨
48	두레
49	향도
50	상두꾼

36 | 근세 문화(1)

1	정몽주
2	훈구파
3	사림파
4	서경덕
5	화담
6	'기'중심
7	불교·노장사상
8	조식
9	남명
10	실천
11	노장사상
12	행동 반성
13	이언적
14	회재
15	'이'중심
16	일강십목소
17	옥산서원
18	이기이원론
19	주리론
20	근본적
21	순선, 존귀
22	선+악, 비천
23	이귀기천론
24	이기이원론
25	이기호발설
26	주리론
27	형이상학
28	'경'
29	보수적
30	전습록변
31	주자서절요

32 성학십도	6 훈민정음	39 동사찬요	72 경국대전
33 일본성리학	7 칠정산	40 개인	73 경국대전
34 현실개혁	8 갑인자	41 3단계	74 속대전
35 이기일원론	9 농사직설, 향약집성방, 칠정산	42 춘추관, 충주, 성주, 전주	75 대전통편(원)
36 이	10 성균관	43 춘추관	76 대전회통
37 기	11 4학	44 국조보감	77 조선왕조의궤
38 이통기국론	12 향교	45 포쇄	78 도첩제
39 이기일원론	13 명륜당	46 혼일강리역대국도지도	79 사원전
40 기발이승일도설	14 문묘 대성전	47 이회	80 36사만
41 성	15 동재 · 서재	48 권근	81 내불당
42 동호문답	16 존경각	49 원나라	82 도첩제
43 성학집요	17 성현제사	50 한반도	83 산간 불교화
44 격몽요결	18 교관	51 일본지도	84 간경도감
45 만언봉사	19 선현제사	52 아메리카	85 원각사지 10층탑
46 기자실기	20 백운동	53 팔도도	86 보우
47 기호학파	21 고려국사	54 동국지도	87 서산대사
48 자운서원	22 동국사략	55 신찬팔도지리지	88 사명당
49 4단7정 논쟁	23 왕조의 정통성	56 세종실록지리지	89 소격서
50 예송논쟁	24 기전체	57 독도	90 초제
51 회니시비	25 신우, 신창, 폐가입진	58 동국여지승람	91 조광조
52 호락논쟁	26 종, 폐하, 태후	59 신증동국여지승람	92 명당 선호
53 북인	27 자주적	60 팔도총도	
54 이황학파	28 고려사절요	61 해동제국기	
55 노론	29 편년체	62 설순	**38	근세 문화(3)**
56 소론	30 삼국사절요	63 충산+효자+열녀	
	31 삼국사기+삼국유사	64 국조오례의	1 자격루, 측우기, 혼천의
	32 서거정	65 신숙주	2 천상열차분야지도
**37	근세 문화(2)**	33 편년체 통사	66 이륜행실도	3 자격루
	34 자치통감	67 훈몽자회	4 측우기
1 용비어천가	35 삼국사 절요+고려사절요	68 격몽요결	5 칠정산
2 석보상절	36 동국사략	69 조선경국전	6 중국 원나라 수시력
3 월인천강지곡	37 표제음주동국사략	70 경제문감	7 아라비아
4 삼강행실도	38 기자실기	71 경제육전	8 회회력
5 농사직설			9 계미자

10 갑인자	43 송설체
11 식자판	44 석봉체
12 농사직설	45 동문선
13 양화소록	46 우리나라 역대 시문
14 금양잡록	47 필원잡기
15 구황촬요	48 용재총화
16 향약채취월령	
17 향약집성방	
18 태산요록	**39	근태 정치(1)**
19 의방유치	
20 총통등록	1 비변사
21 병장도설	2 공조
22 최해산	3 임시기구(군사전담)로 설치
23 경복궁	4 을묘왜란
24 창덕궁	5 선조
25 원각사지 10층탑	6 흥선대원군
26 해인사 장경판전	7 5군영
27 옥산서원	8 훈련도감
28 도산서원	9 유성룡
29 분청사기	10 살수―창, 칼/사수―활/포수―총
30 순백자	11 어영청
31 청화백자	12 이완
32 몽유도원도	13 총융청
33 고사관수도	14 북한산성
34 송화보월도	15 남한산성
35 초충도	16 금위영
36 묵포도도	17 궁궐
37 여민락	18 훈련별대
38 정간보	19 서인정권
39 박연	20 속오군
40 장악원	21 유성룡
41 성현	22 진관체제
42 악학궤범	23 제승방략체제
	24 전란수습

#		#		#		#		#		#	
25	북인집권	58	1년	91	정유독대	18	수성윤음	51	유계춘	4	1결당 4두
26	대동법 실시	59	서인	92	신축옥사	19	속대전	52	박규수	5	양척동일법
27	폐모살제	60	갑인예송	93	소론	20	속오례의	53	정순왕후	6	경기도
28	중립외교	61	1년	94	인임옥사	21	속병장도설	54	신유박해	7	숙종
29	김홍립	62	남인	95	김일경	22	동국문헌비고	55	공노비 6만명	8	평안도(사신접대), 함경도(군사비), 제주도(운송불편)
30	동의보감	63	환국	96	4대신 사사	23	어제자성전	56	효명세자		
31	후금	64	인현왕후, 장희빈, 숙빈최씨	97	목호룡	24	준론탕평	57	평안도	9	경기도
32	인조반정	65	경신환국	98	서인	25	탕탕평평실	58	기해박해	10	강원도
33	가도사건	66	유악사건	99	신권↑	26	장용영	59	병오박해	11	충청, 전라
34	이괄의 난	67	삼복의 변	100	송시열	27	규장각	60	임술농민봉기	12	숙종
35	정묘호란	68	서인집권	101	남인	28	문한기능	61	서북민	13	100년
36	정봉수	69	기사환국	102	왕권↑	29	규장각 검서관	62	실리외교, 중립외교	14	공인↑
37	이립	70	원자 정호	103	수취제도	30	외규장각	63	이괄의 난	15	상품화폐경제↑
38	형제의 맹약	71	남인집권			31	신해통공	64	정묘호란	16	별공 · 진상
39	청 건국	72	갑술환국	**40**	**근태정치(2)**	32	초계문신제	65	병자호란	17	상납미↑
40	최명길	73	폐비 민씨			33	대유둔전	66	삼전도 굴욕	18	유치미↓
41	김상헌, 윤집, 홍익한, 오달제	74	무고의 옥(신사환국)	1	탕평교서	34	화성 신도시	67	나선정벌	19	방군수포제
42	남한산성	75	장희빈	2	을사처분	35	수령강화	68	도체찰사부	20	군적수포제
43	봉림대군	76	병신환국(처분)	3	정미환국	36	제언절목	69	백두산정계비	21	백골징포
44	강화도로 피난 후 인질	77	화-회덕, 송시열/나-이성, 윤증	4	이인좌의 난	37	홍재전서	70	압록	22	황구첨정
45	삼전도의 굴욕	78	노론편	5	기유대처분	38	일성록	71	토문	23	균역법
46	소현세자, 봉림대군, 척화론자(3학사)	79	정유독대	6	탕평비 건립	39	동문휘고	72	토문강	24	선무군관포
47	영정법	80	이이명	7	임오화변	40	대전통편	73	기유약조	25	결작
48	상평통보	81	대보단	8	사도세자	41	추관지	74	통신사	26	영정법
49	어영청	82	만동묘	9	소극적 탕평	42	무예도보통지	75	1607~1811	27	대동법
50	변급	83	도체찰사부	10	성균관 반수교	43	고금도서집성	76	12차례	28	균역법
51	신유	84	장길산의 난	11	균역법	44	진산사건	77	국학운동	29	삼수미세
52	대동법	85	구월산	12	1결 2두	45	신해박해			30	총액제
53	시헌력	86	경신환국	13	선무군관포	46	거중기	**41**	**근태경제(1)**	31	총액제
54	김육	87	안용복	14	청계천준설	47	홍경래의 난			32	도결
55	농가집성	88	장길산의 난	15	노비종모법	48	평서대원수	1	담협손실법	33	이앙법
56	기해예송	89	대동법 전국 실시	16	가혹한	49	임술농민봉기	2	전분6등법, 연분9등법	34	보리는
57	자의대비	90	백두산 정계비	17	신문고	50	백낙신	3	최저세율	35	견종법

36 광작
37 모든경제
38 일본통신사 조엄
39 19세기청
40 정률제
41 도조법
42 일정액납부

42 | 근태경제(2)

1 객주, 여각
2 경강상인(선상)
3 개성상인
4 의주상인
5 동래상인
6 이현
7 남대문시장
8 장시
9 보부상
10 임방
11 포구
12 공장안 X
13 점발달
14 선대제
15 설점수세제
16 물주
17 덕대
18 혈주
19 상평통보
20 허적의 건의, 전국유통
21 전황
22 상평통보
23 경원, 회령, 중강

24 중강, 책문
25 만상
26 송상(개성)

43 | 근태사회(1)

1 벌열양반
2 향반
3 잔반
4 규장각검서관
5 서얼차별
6 신해허통
7 소청운동
8 신해허통
9 연조귀감
10 호산외기
11 이향견문록
12 규사
13 노비종모법
14 공노비
15 노비세습제
16 노비제 X
17 남귀여가혼
18 친영제도
19 아버지, 할아버지, 증조할아버지, 외할아버지
20 경상, 전라, 충청

44 | 근태사회(2)

1 모칭유학, 환부역조
2 비변사, 훈련도감

3 소청, 벽서, 괘서
4 민란(홍경래의난, 임술농민봉기)
5 홍경래의난
6 평안도
7 청천강
8 임술농민봉기
9 백낙신
10 유계춘
11 박규수
12 삼정이정청
13 신해박해
14 신유박해
15 기해박해
16 병오박해
17 병인박해
18 진산사건
19 정약용
20 김대건
21 흥선대원군
22 최제우
23 최시형
24 용담유사
25 동경대전

45 | 근태문화(1)

1 성리학절대화
2 윤휴
3 중용주해
4 독서기
5 박세당
6 사변록
7 색경

8 호론
9 낙론
10 인물성이론(청≠조선)
11 인물성동론(청=조선)
12 충청도
13 서울, 경기도
14 만동묘
15 대보단
16 소론
17 심즉리
18 치양지
19 성즉리, 선지후행
20 정제두
21 하곡집
22 존언
23 변퇴계전습록변
24 만물일체설
25 지봉유설
26 동국지리지
27 김육
28 토지개혁을 통한 자영농 육성
29 상업적농업 → 상공업 유통·서비스 중시
30 유형원
31 반계수록
32 균전론주장
33 경무법
34 이익
35 한전론
36 문벌제도, 노비, 과거, 사치, 미신, 승려, 게으름
37 폐전론
38 성호사설

39 안정복
40 시세
41 과거
42 곽우록
43 정약용
44 여유당전서
45 여전론
46 정전론
47 거중기
48 여유당전서
49 경세유표
50 전론
51 원목
52 마과회통
53 목민심서
54 흠흠신서
55 탕론
56 기예론
57 아방강역고
58 유수원
59 우서
60 사농공상의 직업적 평등화
61 대상인
62 합작
63 홍대용
64 임하경륜
65 의산문답
66 담헌서
67 주해수용
68 연기
69 성리학극복
70 역외춘추론
71 박지원

72 열하일기
73 한민명전의
74 과농소초
75 화폐유통
76 박제가
77 북학의
78 소비
79 샘, 우물물
80 규장각검서관출신
81 대형선박
82 서양의 과학·기술

46 | 근태문화(2)

1 동사찬요
2 휘찬여사
3 유계
4 홍여하
5 동사
6 이익
7 독자적정통론
8 안정복
9 동사강목
10 독자적 삼한(마한)
11 고구려 강대함
12 정통성
13 단군 → 기자 → 마한 → 신라 → 통일신라
14 열조통기
15 한치윤
16 일본자료
17 연려실기술
18 이종휘

19 동사	52 하멜표류기	15 정선 인왕제색도	15 제너럴셔먼호	17 치외법권	21 보빙사
20 발해고	53 홍대용	16 김홍도 씨름도	16 병인양요	18 관세부과	22 유길준
21 남북국시대	54 명남루총서	17 신윤복 단오풍정	17 로즈제독	19 최혜국대우	23 서유견문
22 택리지	55 지구전요	18 김정희, 세한도	18 외규장각도서약탈	20 최혜국	24 통상반대운동
23 양반가거지	56 기측제의	19 궁궐그림	19 한성근	21 조러통상조약	25 이항로
24 아방강역고	57 김육	20 동궐도	20 양헌수	22 조프통상조약	26 기정진
25 우리나라 역대 영역 고증	58 곤여만국전도	21 장승업	21 오페르트남연군	23 간행이정	27 통상거부
26 동국지리지	59 동의보감	22 민화(호랑이, 까치)	22 남연군 묘	24 양화진	28 개항반대운동
27 동국지도	60 침구경험방	23 김정희 세한도	23 신미양요	25 관세권인정, 최혜국대우	29 최익현
28 실측지도	61 마과회통	24 추사체	24 로저스 제독	26 방곡령	30 왜양일체론
29 100리척	62 동의수세보원	25 동국진체	25 광성보		31 개화반대운동
30 대동여지도	63 농가집성	26 금산사미륵전, 화엄사각황전, 법주사팔상전	26 어재연	**50 │ 개화정책 추진과 반발**	32 이만손·홍재학
31 목판인쇄	64 색경		27 척화비	1 김홍집, 어윤중, 김윤식	33 영남만인소
32 곤여만국전도	65 산림경제	27 논산쌍계사, 부안개암사, 안성석남사		2 김옥균, 박영효, 홍영식	34 항일의병운동
33 지봉유설	66 해동농서		**49 │ 강화도 조약 및 부속 조약**	3 동도서기론	35 유인석
34 마테오리치	67 임원경제지	28 청화백자	1 박규수	4 문명개화론	
35 성호사설			2 오경석	5 김홍집	**51 │ 임오군란, 갑신정변**
36 동국문헌비고	**47 │ 근태문화(3)**	**48 │ 흥선대원군 정치**	3 해국도지, 영환지략	6 홍영식	1 별기군
37 영조	1 중인시사	1 홍경래	4 유홍기	7 박영효	2 구식군대
38 한국학	2 신재효	2 평서대원수	5 조일수호조규, 조일무역규칙, 조일수호조규부록	8 김옥균	3 무위영, 장어영
39 청장관전서	3 홍길동전	3 임술농민봉기		9 서재필	4 모래섞인 급료지급
40 임원경제지	4 애절양	4 삼정이정청	6 자주국	10 유길준	5 구식군인
41 둔전	5 양반전, 허생전, 호질	5 사색등용	7 사신파견	11 조선책략	6 민겸호, 이최응
42 박물지	6 사설시조	6 비변사폐지	8 부산, 원산, 인천	12 전환국	7 충주
43 동국문헌비고+청장관전서	7 진경산수화	7 대전회통, 육전조례	9 해안측량권	13 박문국	8 일본공사관
44 명남루총서	8 정선	8 경복궁중건	10 치외법권	14 기기창	9 흥선대원군
45 임원경제지	9 인왕제색도, 금강전도	9 서원정리	11 무관세, 무항세, 무제한쌀	15 우정국	10 영선사
46 훈민정음운해	10 김홍도	10 은결색출	12 간행이정10리	16 수신사	11 위안스카이
47 언문지	11 씨름, 무동, 서당도	11 호포제	13 일본화폐유통	17 김기수	12 제물포조약
48 고금석림	12 신윤복	12 사창제	14 거류지무역	18 조선책략	13 조일수호조규속약
49 아언각비	13 미인도, 단오풍정	13 병인박해	15 영남만인소	19 영남만인소	14 양화진
50 금석과안록	14 강세황	14 절두산	16 거중조정	20 영선사	15 조청상민수륙무역장정
51 벨테브레					

16 내륙상행위	12 일본군상륙	17 태양력	18 만민공동회	51 친위대	21 이재명
17 양화진	13 전주화약	18 친위대	19 관민공동회	52 진위대	22 안중근
18 양화진	14 집강소설치	19 진위대	20 헌의6조	53 시위대	23 뤼순
19 마젠창, 묄렌도르프	15 교정청	20 단발령	21 중추원	54 진위대	24 동양평화론
20 우정국	16 일본경복궁점령	21 소학교설치	22 탁지부	55 백두산정계비	25 이상재
21 청·프(불)	17 군국기무처	22 동학	23 헌의6조	56 간도협약	26 이상설
22 우정국 축하연	18 논산	23 시모노세키	24 익명서	57 안용복	27 강제퇴위
23 14개조혁신정강	19 우금치(충청도 공주)	24 삼국간섭	25 황국협회	58 시마네현	28 군대
24 3일만에	20 집강소	25 박영효	26 친미, 친일	59 세종실록지리지	29 박승환
25 홍영식	21 백산봉기	26 3차김홍집	27 칭제건원	60 팔도총도	30 이동휘
26 일본공사관	22 농민군4대강령	27 을미사변	28 대한국국제		31 홍범도
27 한성조약	23 대한사민논설	28 을미개혁	29 원구단		32 13도창의군
28 톈진조약	24 토지개혁	29 아관파천	30 즉위식	**55 ┃ 항일의병운동, 애국계몽운동**	33 이인영
29 공동철수, 공동파병	25 폐정개혁안12개조		31 황궁우		34 허위
30 청·일전쟁			32 구본신참	1 을미의병	35 남한대토벌작전
31 거문도사건		**54 ┃ 독립협회, 광무개혁**	33 법규교정소	2 유인석	36 제천
32 중립화론	**53 ┃ 갑오개혁, 을미개혁**		34 전제군주제	3 이소응	37 연해주
33 유길준		1 아관파천	35 13도	4 허위	38 채응언
34 부들러	1 대원군	2 러시아공사관	36 내장원	5 기우만	39 1915
	2 군국기무처	3 단발령철회	37 양지아문	6 영학당	40 보안회
	3 박영효연립	4 산림, 철도, 광산	38 지계	7 활빈당	41 황무지개간권
52 ┃ 동학농민운동	4 홍범14조	5 서재필	39 지계	8 대한사민논설	42 헌정연구회
	5 러, 프, 독	6 민간신문	40 식산흥업	9 을사조약	43 입헌군주제
1 입도선매	6 친일내각	7 한글신문	41 원수부	10 민영환	44 대한자강회
2 고리대	7 개국기원	8 1896.7.2	42 시위대	11 나철	45 고종강제퇴위
3 영국산	8 8아문	9 관민공동회	43 진위대	12 오기호	46 신민회
4 동경대전	9 재정의일원화	10 독립관	44 해삼위통상사무	13 시일야방송대곡	47 안창호
5 용담유사	10 은본위	11 독립문	45 대한국국제	14 민종식	48 안창호
6 삼례집회, 서울복합상소, 보은집회	11 신분제철폐	12 만민공동회	46 어윤중	15 최익현	49 이승훈
7 고부민란	12 과부재가	13 절영도	47 이범윤	16 신돌석	50 자기, 태극서관
8 백산봉기	13 내각, 7부	14 한러은행	48 이중하	17 헐버트	51 흥사단
9 황토현(정읍), 황룡촌(장성)	14 사법부독립	15 고문단	49 훈련대	18 헐버트+이준, 이상설, 이위종	52 대한매일신보
10 전주성점령	15 교육입국조서	16 박정양	50 시위대	19 스티븐스	53 안명근
11 청군상륙	16 건양연호	17 입헌군주제		20 샌프란시스코	

54	105인사건	27	운산금광	20	경부선	**58**	**근대교육, 국학, 문예**	4	군사시설	**60**	**식민통치체제, 경제수탈정책**
55	황성신문	28	1899	21	경의선			5	시정개선		
56	장지연	29	1905	22	1899, 동대문, 종로	1	원산학사	6	대한시설강령	1	헌병경찰
57	베델(영국인), 양기탁	30	1906	23	광혜원	2	동문학	7	고문정치	2	위압적통치
		31	1914	24	광제원	3	육영공원	8	샌프란시스코	3	독립운동탄압
56	**열강의 경제 침탈과 구국운동**	32	한일의정서	25	대한의원	4	헐버트, 길모어	9	화폐정리사업(1905)	4	조선태형령
		33	토지가옥증명규칙	26	자혜의원	5	교육입국조서	10	가쓰라·태프트밀약	5	데라우치
1	거류지	34	동양척식주식회사	27	독립문	6	한성사범학교	11	2차영·일동맹	6	중추원
2	쌀, 콩, 쇠가죽	35	제일은행설립	28	명동성당	7	소학교령	12	포츠머스조약	7	문화통치
3	영국산	36	조선식산은행	29	덕수궁석조전	8	대성학교	13	2차한일협약	8	치안유지법
4	조청상민수륙무역장정	37	한국상공업자	30	한성순보	9	오산학교	14	외교권박탈	9	24
5	황국중앙총상회			31	박문국	10	서전서숙	15	통감정치	10	자치운동
6	황국협회	**57**	**사회의식 변화, 근대문물 수용**	32	박영효	11	배재학당	16	민영환	11	만주사변
7	일본산면제품			33	한성주보	12	이화학당	17	시일야방성대곡	12	만주국설립
8	메가타	1	공노비	34	광고	13	경신학당	18	헤이그특사	13	중일전쟁
9	화폐정리사업	2	폐정개혁안	35	독립신문	14	독사신론	19	헐버트	14	태평양전쟁
10	국채보상운동발생	3	갑오·을미	36	근대적일간지	15	조선광문회	20	이준+이상설+이위종	15	국가총동원법
11	함경도+황해도1889	4	찬양회	37	서재필	16	서유견문	21	고종강제퇴위	16	황국신민화
12	배상금지불	5	여성통문	38	황성신문	17	국문연구소	22	차관정치	17	1937
13	러시아절영도조차	6	순성여학교	39	시일야방성대곡	18	최남선 해에게서소년에게	23	내정간섭심화	18	1939
14	한러은행	7	독립문	40	남궁억	19	08-09	24	고등관리	19	국가총동원법
15	농광회사	8	명동성당	41	제국신문	20	98	25	신문지법	20	지원병
16	서상돈, 김광제	9	덕수궁석조전	42	이종일	21	10	26	보안법	21	징용
17	대구	10	기기창	43	대한매일신보	22	대종교	27	군대해산	22	학도지원병
18	금연, 금비녀모금운동	11	전환국	44	베델, 양기탁	23	유교	28	융희	23	징병
19	경강상인	12	박문국	45	을사조약	24	유교구신론	29	전명운, 장인환	24	정신대
20	객주, 여각	13	경인전신	46	만세보			30	기유각서	25	데라우치
21	대동상회	14	경의	47	이인직	**59**	**일제 국권 피탈과정**	31	안중근	26	사이토
22	장통회사	15	전등	48	대한신문			32	경찰권	27	미나미지로
23	조선은행	16	한성전기회사	49	경향신문	1	러일전쟁직전	33	경술국치	28	아베
24	러시아	17	우정국	50	프랑스	2	한일의정서	34	이완용	29	토지조사사업
25	삼림벌채권	18	1896			3	군사요지	35	데라우치	30	기한부신고제, 증거주의, 개인신고한정
26	경인선	19	경인선								

31 소작농도지권부인	2 임병찬	**62 | 3·1운동·임시정부**	32 구미위원부	**63 | 국내항일투쟁, 의열투쟁**	32 황포(황푸)군관학교
32 입회권	3 복벽주의		33 독립신문		33 혁명간부학교
33 경작권	4 대한광복회	1 대동단결선언	34 사료편찬소	1 타협적민족주의	34 조선민족혁명당
34 회사령	5 조선국권회복단	2 대한독립선언	35 연통제	2 이상재·안재홍	35 조선의용대
35 산림령	6 경북	3 2·8독립선언	36 교통국	3 조선공산당	36 조선의용군
36 어업령	7 박상진	4 인산일	37 이승만	4 치안유지법	37 강우규
37 광업령	8 김좌진	5 탑골공원	38 이동휘	5 이광수	38 박열
38 임야조사령	9 친일파	6 비폭력	39 안창호	6 순종	39 조명하
39 경원선	10 송죽(형제)회	7 상인·노동자	40 위임통치청원서	7 창덕궁	40 한인애국단
40 호남선	11 조선국권회복단	8 무장투쟁	41 신채호, 박용만	8 돈화문	41 이봉창
41 전매제도	12 신한촌	9 제암리	42 현상유지파	9 민족주의와 사회주의	42 윤봉길 홍커우
42 산미증식계획	13 성명회	10 스코필드	43 창조파	10 서울	43 장제쓰
43 암태도	14 권업회	11 유관순	44 개조파	11 광주학생항일운동	
44 회사령폐지	15 대한광복군정부	12 5·4운동	45 현상유지파	12 우발적충돌	**64 | 항일무장투쟁**
45 관세철폐	16 대한국민의회	13 간디	46 임시의정원	13 조선인본위교육제도	
46 흥남질소비료	17 임시정부	14 대한국민의회	47 박은식	14 최대항일민족운동	1 봉오동전투
47 남면북양정책	18 13도의군	15 신한청년당	48 한국애국단	15 의열단	2 홍범도
48 농촌진흥운동	19 중광단	16 한성정부	49 한국국민당	16 김원봉	3 훈춘사건조작
49 조선농지령	20 북로군정서	17 이승만	50 대통령중심제(3권분립)	17 조선혁명선언(1923)	4 청산리대첩
50 조선소작령	21 대한국민회	18 상하이	51 국무령중심 내각책임제	18 폭력투쟁	5 김좌진
51 배급	22 대한독립군	19 한성정부	52 국무위원중심 집단지도체제	19 민중직접혁명	6 어랑촌
52 공출	23 서전서숙	20 안창호	53 주석제	20 조선혁명선언	7 간도참변
53 지원병	24 명동학교	21 국무원	54 주석·부주석 지도체제	21 박재혁	8 대한독립군단
54 징용	25 삼원보	22 임시의정원	55 한국독립당	22 20	9 밀산부
55 학도병	26 경학사	23 법원	56 한국광복군	23 최수봉	10 자유시참변
56 징병	27 신흥무관학교	24 이승만	57 건국강령	24 20.12	11 참의부
57 정신대	28 동제사	25 이동휘	58 조소앙3균주의	25 조선총독부(21)	12 정의부
58 창씨개명	29 신한혁명당	26 안창호	59 인도, 미얀마전선 연합작전	26 상하이황포탄의거	13 신민부
59 조선식산	30 대동단결선언	27 교통국	60 미국OSS	27 종로경찰서(23)	14 미쓰야협정
	31 신한청년당	28 연통제	61 국내정진군	28 24, 도쿄궁성-이중교(나주바시)	15 혁신의회
61 | 1910년대 민족운동	32 대한인국민회	29 이륭양행	62 한인애국단	29 나석주	16 한국독립당
	33 흥사단	30 백산상회	63 한국독립당	30 26	17 한국독립군
1 독립의군부	34 대조선국민군단	31 김규식		31 의열단	18 국민부

19 조선혁명당
20 양세봉
21 영릉가
22 흥경성
23 지청천
24 호로군
25 쌍성보
26 사도하자
27 동경성
28 대전자령
29 동북항일연군
30 민족혁명당
31 조선민족전선연맹
32 한국국민당
33 한국광복운동단체연합회
34 전국연합진선협회
35 조선의용대
36 최초독립부대
37 호가장전투
38 한국독립당
39 삼균주의
40 조선민족혁명당
41 한국독립당
42 지청천
43 국민당
44 대일본(1942.12), 대독(1942.2)
45 인도 · 미얀마전선
46 미국OSS
47 조선독립동맹
48 조선의용군

65 | 실력양성운동, 노동·농민운동, 사회적 민족운동 전개

1 회사령폐지
2 물산장려운동
3 조만식
4 조선사람 조선것으로
5 민립대학건립운동
6 '한민족 1천만에 한사람이 1원씩'
7 경성제국대학
8 문맹퇴치운동
9 문자보급운동
10 조선일보
11 아는것이 힘이다
12 브나로드운동
13 동아일보
14 민중속으로, 배우자 가르치자 다함께
15 상록수
16 암태도소작쟁의
17 생존권
18 원산부도총파업
19 항일운동
20 조선공산당
21 치안유지법
22 6 · 10만세운동
23 신간회
24 어린이날
25 어린이
26 근우회
27 신간회자매단체
28 근우
29 조선형평사
30 형평사대회
31 조선민흥회
32 정우회선언
33 신간회
34 원선노동자총파업
35 광주학생항일운동
36 합법적 항일단체
37 집행부우경화, 좌익반발
38 코민테른 노선변화
39 일제하 최대 반일 사회운동

66 | 민족문화 수호운동, 국외 이주 동포 활동

1 11–22
2 4년(조선인만)
3 (22–34)
4 경성제국대학설립
5 조선어
6 38–43
7 심상
8 43–45
9 국민학교
10 우리말, 역사, 지리
11 심상소학교
12 국민학교
13 정체성론
14 타율성론
15 조선사편수회
16 청구학회
17 기독교
18 105인사건
19 불교
20 사찰령
21 조선불교유신회
22 대종교
23 의민단
24 국문연구소
25 조선어연구회
26 조선어학회
27 한글학회
28 주시경
29 가갸날
30 우리말큰사전
31 신채호
32 독사신론
33 조선상고사
34 조선사연구초
35 고대사
36 조선혁명선언
37 박은식
38 나라는형이요
39 한국통사
40 한국독립운동지혈사
41 유교구신론
42 얼
43 5천년조선의얼
44 여유당전서
45 대미관계 50년사
46 조선상고사감
47 신민족주의
48 조선학운동
49 신채호
50 박은식
51 안재홍
52 역사발전법칙
53 조선사회경제사
54 한국사를 세계사적 보편성
55 식민사관 정체성 이론
56 진단학회
57 손진태
58 조선교육회
59 안창남
60 1917
61 1908
62 KAPF(1925)
63 극예술연구회
64 1926
65 1940
66 일장기 말살사건
67 1936
68 모던걸, 모던보이
69 별건곤
70 화신백화점

67 | 8 · 15광복, 좌우대립

1 조선건국동맹
2 대한민국임시정부
3 조선독립동맹
4 카이로
5 얄타
6 신탁통치
7 포츠담
8 한국독립
9 무조건 항복
10 모스크바3상회의
11 조선건국준비위원회
12 조선건국동맹
13 여운형
14 건준위
15 조선인민공화국
16 인민위원회
17 미군정
18 미군정의 직접통치
19 독립촉성중앙협의회
20 한국독립당
21 간접통치

68 | 좌우대립

1 임시정부
2 미소공동위원회
3 신탁통치
4 모든세력
5 협정지지(찬탁)세력
6 무기한휴회
7 완전결렬(1947.8)
8 정읍발언
9 좌우합작위원회
10 김규식
11 여운형
12 김규식의장
13 좌우합작7원칙
14 1947.3, 트루먼독트린
15 1947.7
16 남조선 과도 입법의원
17 남조선 과도 정부 수립
18 한국민주당
19 독립촉성중앙협의회
20 한국독립당
21 국민당
22 민족자주연맹
23 조선인민당

24 한인애국단
25 한국독립당
26 남북협상
27 구미위원부
28 조선건국동맹
29 건국준비위원회
30 조선인민공화국
31 파리강화회의파견
32 신민족주의
33 미군정청민정장관
34 한국민주당

69 | 5·10총선거와 대한민국 수립, 친일파 청산과 농지개혁

1 2차미소공동위원회개최
2 UN총회
3 UN한국임시위원단
4 UN소총회
5 남한만의 단독선거 결정
6 남북협상
7 삼천만동포에게
8 남북지도자회의
9 김구, 김규식, 김일성, 김두봉
10 제주 4·3사건
11 단독선거반대
12 5·10총선거
13 여수, 순천 10·19사건
14 여수, 순천민간인
15 5·10총선거실시
16 전국에서
17 제주도
18 제헌국회
19 제헌헌법

20 이승만
21 이시영
22 이범석
23 UN공인
24 반민족행위특별법제정
25 반민족행위 특별조사위원회
26 실형서고되었지만 집행되지
27 국회프락치(간첩)
28 반민특위습격
29 반민특위해체
30 49.8
31 신한공사
32 경자유전
33 3정보이상
34 유상매입
35 5년간 균분상환
36 귀속재산 처리법제정
37 15년간 분할
38 모스크바3상회의
39 이승만정읍발언
40 트루먼독트린
41 UN소총회
42 5·10총선거

70 | 6·25전쟁

1 양국군철수
2 애치슨
3 조선의용군
4 스탈린
5 공산화
6 남침
7 낙동강

8 인천
9 장진호
10 흥남항구 피난민
11 전쟁포로문제
12 거제도 반공포로
13 휴전협정
14 미국
15 북한, 중국
16 비무장지대
17 53.10
18 SOFA,1966
19 낙동강 전선
20 서울수복
21 1·4후퇴
22 이승만 반공포로 석방
23 한미상호방위조약

71 | 이승만 정부(1공화국), 장면 정부(2공화국)

1 국회의원
2 이승만
3 국회프락치사건
4 자유당창당
5 부산정치파동
6 직선제헌법
7 제1차개헌
8 대통령직선제
9 부산정치파동
10 발췌개헌안
11 이승만
12 조봉암
13 이시영
14 사사오입개헌

15 3선금지조항폐지
16 이승만
17 신익희
18 조봉암
19 못살겠다갈아보자
20 진보당사건
21 보안법파동
22 4대정부통령선거
23 이기붕
24 김주열
25 마산
26 대학교수시위
27 미국망명
28 허정과도정부
29 3차개헌
30 허정과도정부
31 내각책임제
32 장면정부
33 중립화통일론
34 제4차개헌

72 | 박정희정부(3·4공화국)

1 5·16군사정변
2 국가재건최고회의
3 제5차개헌
4 4년중임제 단원제
5 1차경제개발 5개년 계획
6 62-66
7 5대대선
8 박정희당선
9 김종필
10 6·3시위

11 한일협정
12 위안부강제 징용피해자
13 베트남파병
14 브라운각서
15 1.21사태
16 김신조
17 푸에블로호사건
18 울진, 삼척무장공비
19 7대대통령
20 8·3긴급금융조치(1972)
21 향토예비군창설
22 국민교육헌장
23 새마을운동
24 전태일분신
25 11월
26 7·4남북공동성명
27 10월유신(1972)
28 통일주체국민회의
29 김대중
30 장준하
31 3·1민주구국선언
32 수출100억불
33 부마항쟁
34 10·26사태

73 | 전두환정부(5공화국)

1 10.26사태
2 12·12쿠데타
3 서울의봄
4 5·18광주민주화운동
5 전두환집권
6 국가보위비상대책위원회

7 정의사회
8 저금리, 저달러, 저유가
9 박종철
10 4·13호헌조치
11 이한열
12 6·29선언
13 9차개헌
14 노태우

74 | 6공화국

1 총선에서 여소야대
2 서울올림픽개최
3 전교조
4 북방외교
5 90년소련
6 남북UN동시가입
7 중국수교
8 국제노동기구가입
9 금융실명제
10 1994
11 우루과이라운드
12 1995
13 부동산실명제
14 지방자치제
15 역사바로세우기
16 OECD(경제협력개발기구)
17 1997
18 평화적정권교체
19 금모으기운동
20 소떼방북
21 금강산해로
22 남북정상회담

23 6·15공동
24 개성공단

75 | 통일정책

1   북진통일론
2   남북대화
3   민간통일운동
4   8·15선언
5   7·4남북공동성명
6   남북조절위원회구성
7   6·23 평화통일 외교선언
8   평화통일 3대 기본원칙
9   남북고향 방문단(최초 이산가족 만남)
10 7·7선언
11 한민족 공동체 통일방안(1989)
12 남북고위급회담
13 유엔동시가입
14 남북기본합의서
15 상호불가침
16 잠정적특수관계
17 한반도비핵화공동선언
18 KEDO
19 정주영소떼방북
20 6·15공동선언
21 공통성
22 개성공단
23 금강산육로
24 2차남북정상회담

76 | 경제정책

1   원조경제체제
2   면방직, 설탕, 밀가루
3   1962~1966
4   1967~1971
5   경공업
6   중화학
7   석유파동
8   수출100억달러
9   3저호황
10 금융실명제
11 1995
12 1996
13 1997, 외환위기
14 원조경제체제
15 경공업중심
16 중화학공업
17 3저호황
18 IMF사태

77 | 북한의 변화

1   1968
2   1976
3   1983
4   1987
5   1999
6   2002

78 | 사회·문화 변화

1   전태일
2   광주대단지
3   YH무역
4   새마을운동
5   1991
6   4대보험
7   의무교육
8   국민교육헌장선포
9   96년
10 중학교

79 | 대한민국 헌법 개정사

1   제헌헌법
2   대통령직선제
3   중임제한
4   의원내각제
5   소급입법
6   대통령직선제
7   3선허용
8   유신
9   긴급조치권
10 7년단임
11 5년단임

....

초판 발행	2019년 04월 08일
초판 2쇄	2019년 10월 24일
개정 1판	2020년 12월 29일

편저자	김종우
발행인	양승윤
발행처	㈜용감한컴퍼니
등록번호	제2016-000098호
전화	070-4603-1578
팩스	070-4850-8623
이메일	cs@bravecompany.net
ISBN	979-11-91009-51-4
정가	15,000원

이 책은 ㈜용감한컴퍼니가 저작권자와의 계약에 따라 발행한 것이므로
본사의 허락 없이는 어떠한 형태나 수단으로도 이 책의 내용을 이용하지 못합니다.
잘못된 책은 구입처에서 교환해 드립니다.

도끼한국사만의 특별한 암기팁으로 한 권에 완성하는 **공무원·경찰·소방 한국사**

빈칸노트
정답 기입표

빈칸노트 정답 기입표

01 | 역사란 무엇인가

1
2
3
4
5
6

02 | 구석기, 신석기

1
2
3
4
5
6
7
8
9
10
11
12
13
14
15
16
17
18

19
20
21
22
23
24
25
26
27
28
29
30
31
32
33

03 | 청동기, 철기

1
2
3
4
5
6
7
8
9
10
11
12
13

14
15
16
17
18
19
20
21
22
23
24

04 | 고조선

1
2
3
4
5
6
7
8
9
10
11
12
13
14
15
16
17

18
19
20
21
22
23
24
25

05 | 여러나라의 성장

1
2
3
4
5
6
7
8
9
10
11
12
13
14
15
16
17
18
19
20

21
22
23
24
25
26
27
28
29
30
31
32
33
34
35
36
37
38

06 | 고대정치(1)

1
2
3
4
5
6
7
8
9
10

11
12
13
14
15
16
17
18
19
20
21
22
23
24
25
26
27
28
29
30
31
32
33
34
35
36
37
38
39
40
41

42	73	22	22	53	27
43	74	23	23	54	28
44	75	24	24		29
45	76	25	25	**09** 고대정치(4)—통일신라	30
46	77	26	26		31
47	78	27	27	1	32
48	79	28	28	2	33
49			29	3	34
50	**07** 고대정치(2)	**08** 고대정치(3)	30	4	35
51			31	5	36
52	1	1	32	6	37
53	2	2	33	7	38
54	3	3	34	8	39
55	4	4	35	9	40
56	5	5	36	10	41
57	6	6	37	11	42
58	7	7	38	12	43
59	8	8	39	13	44
60	9	9	40	14	45
61	10	10	41	15	46
62	11	11	42	16	47
63	12	12	43	17	48
64	13	13	44	18	49
65	14	14	45	19	50
66	15	15	46	20	51
67	16	16	47	21	52
68	17	17	48	22	53
69	18	18	49	23	54
70	19	19	50	24	55
71	20	20	51	25	56
72	21	21	52	26	57

58	21	52	25	17	16
59	22	53	26	18	17
60	23	54	27	19	18
61	24	55	28	20	19
62	25		29	21	20
63	26	**11 | 고대경제**	30	22	21
64	27		31	23	22
65	28	1	32	24	23
	29	2	33	25	24
10 | 발해	30	3	34	26	25
	31	4	35	27	26
1	32	5	36	28	27
2	33	6		29	28
3	34	7	**12 | 고대사회**		29
4	35	8		**13 | 고대문화(1)**	30
5	36	9	1		31
6	37	10	2	1	32
7	38	11	3	2	33
8	39	12	4	3	34
9	40	13	5	4	35
10	41	14	6	5	36
11	42	15	7	6	37
12	43	16	8	7	38
13	44	17	9	8	39
14	45	18	10	9	40
15	46	19	11	10	41
16	47	20	12	11	42
17	48	21	13	12	43
18	49	22	14	13	44
19	50	23	15	14	45
20	51	24	16	15	46

47	27	20	51	16	3
48	28	21	52	17	4
	29	22	53	18	5

14 | 고대문화(2)

	30	23	54	19	6
	31	24	55	20	7
1	32	25	56	21	8
2	33	26	57	22	9
3	34	27	58	23	10
4	35	28	59	24	11
5		29	60	25	12
6		30	61	26	13

15 | 고대문화(3)

7		31	62	27	14
8	1	32	63	28	15
9	2	33		29	16
10	3	34		30	17
11	4	35		31	18

16 | 중세 정치(1)

12	5	36		32	19
13	6	37		33	20
14	7	38	1	34	21
15	8	39	2	35	22
16	9	40	3	36	23
17	10	41	4	37	24
18	11	42	5	38	25
19	12	43	6	39	26
20	13	44	7	40	27
21	14	45	8	41	28
22	15	46	9		29
23	16	47	10		30

17 | 중세 정치(2)

24	17	48	11		30
25	18	49	12		31
26	19	50	13	1	32
			14	2	33
			15		

34	8	39	70	2	33
35	9	40	71	3	
36	10	41	72	4	**20**	중세 정치(5)
37	11	42	73	5	
38	12	43	74	6	1
39	13	44	75	7	2
40	14	45	76	8	3
41	15	46	77	9	4
42	16	47	78	10	5
43	17	48	79	11	6
44	18	49	80	12	7
45	19	50	81	13	8
46	20	51	82	14	9
47	21	52	83	15	10
48	22	53	84	16	11
49	23	54	85	17	12
50	24	55	86	18	13
51	25	56	87	19	14
52	26	57	88	20	15
53	27	58	89	21	16
54	28	59	90	22	17
	29	60	91	23	18
	30	61	92	24	19
18	중세 정치(3)	31	62	93	25	20
	32	63	94	26	21
1	33	64	95	27	22
2	34	65	96	28	23
3	35	66		29	24
4	36	67	**19**	중세 정치(4)	30	25
5	37	68		31	26
6	38	69	1	32	27
7					

28
29
30
31
32
33
34
35
36
37
38
39
40
41
42
43
44
45
46
47
48
49
50
51
52
53
54
55
56
57
58

59
60
61

21 | 중세 경제(1)

1
2
3
4
5
6
7
8
9
10
11
12
13
14
15
16
17
18
19
20
21

22 | 중세 경제(2)

1

2
3
4
5
6
7
8
9
10
11
12
13
14
15
16
17
18
19
20
21
22
23
24
25
26
27
28
29
30
31
32

33
34
35
36
37

23 | 중세 사회

1
2
3
4
5
6
7
8
9
10
11
12
13
14
15
16
17
18
19
20
21
22
23

24
25
26
27
28
29
30
31
32
33
34
35
36
37
38

24 | 중세 문화(1)

1
2
3
4
5
6
7
8
9
10
11
12
13

14
15
16
17
18
19
20
21
22
23
24
25
26
27
28
29
30
31
32
33
34
35
36
37
38
39
40
41
42
43
44

45	17	48	**26**	중세 문화(3)	30	**27**	근세 정치(1)
46	18	49		31	
47	19	50	1	32	1
48	20	51	2	33	2
49	21	52	3	34	3
50	22	53	4	35	4
51	23	54	5	36	5
52	24	55	6	37	6
53	25	56	7	38	7
54	26	57	8	39	8
55	27	58	9	40	9
56	28	59	10	41	10
	29	60	11	42	11
25	중세 문화(2)	30	61	12	43	12
	31	62	13	44	13
1	32	63	14	45	14
2	33	64	15	46	15
3	34	65	16	47	16
4	35	66	17	48	17
5	36	67	18	49	18
6	37	68	19	50	19
7	38	69	20	51	20
8	39	70	21	52	21
9	40	71	22	53	22
10	41	72	23	54	23
11	42	73	24	55	24
12	43	74	25	56	25
13	44	75	26	57	26
14	45	76	27	58	27
15	46		28	59	28
16	47		29		29

28 | 근시 정치(2)

1
2
3
4
5
6
7
8
9
10
11
12
13
14
15
16
17
18
19
20
21
22
23
24
25
26
27

29 | 근시 정치(3)

1
2
3
4
5
6
7
8
9
10
11
12
13
14
15
16
17
18
19
20
21
22
23
24
25
26
27
28
29
30
31
32
33
34
35
36
37
38
39
40
41
42
43
44
45
46
47
48
49
50
51
52
53
54
55
56
57
58
59
60
61
62

30 | 근시 정치(4)

1
2
3

31 | 근세 정치(5)

32 | 근세 경제(1)

33 | 근세 경제(2)

34 | 근세 사회(1)

차례

35 | 근시 사동(2)

1
2
3
4
5
6
7
8
9
10
11
12
13
14
15
16
17
18
19
20
21
22
23
24
25
26
27
28
29
30
31
32
33
34
35
36
37
38
39
40
41
42
43
44

36 | 근시 운동(1)

1
2
3
4
5
6
7
8
9
10
11
12
13
14
15
16
17
18
19
20
21
22
23
24
25
26
27
28
29
30
31
32
33
34
35
36
37
38
39
40
41
42
43
44
45
46
47
48
49
50
51
52
53

37 | 근시 운동(2)

1
2
3
4
5
6
7
8
9
10
11
12
13
14
15
16
17
18
19
20
21
22
23
24
25
26

27
28
29
30
31
32
33
34
35
36
37
38
39
40
41
42
43
44
45
46
47
48
49
50
51
52
53
54
55
56

38 | 근세 문화(3)

39 | 근태 정치(1)

97	22	53	4	35	21
98	23	54	5	36	22
99	24	55	6	37	23
100	25	56	7	38	24
101	26	57	8	39	25
102	27	58	9	40	26
103	28	59	10	41	
	29	60	11	42	**43 ｜ 근태사회(1)**
40 ｜ 근태정치(2)	30	61	12		
	31	62	13	**42 ｜ 근태경제(2)**	1
1	32	63	14		2
2	33	64	15	1	3
3	34	65	16	2	4
4	35	66	17	3	5
5	36	67	18	4	6
6	37	68	19	5	7
7	38	69	20	6	8
8	39	70	21	7	9
9	40	71	22	8	10
10	41	72	23	9	11
11	42	73	24	10	12
12	43	74	25	11	13
13	44	75	26	12	14
14	45	76	27	13	15
15	46	77	28	14	16
16	47		29	15	17
17	48	**41 ｜ 근태경제(1)**	30	16	18
18	49		31	17	19
19	50	1	32	18	20
20	51	2	33	19	
21	52	3	34	20	

44 | 근태사회(2)

1
2
3
4
5
6
7
8
9
10
11
12
13
14
15
16
17
18
19
20
21
22
23
24
25

45 | 근태문화(1)

1
2
3
4
5
6
7
8
9
10
11
12
13
14
15
16
17
18
19
20
21
22
23
24
25
26
27
28
29
30
31
32
33
34
35
36
37
38
39
40
41
42
43
44
45
46
47
48
49
50
51
52
53
54
55
56
57
58
59
60
61
62
63
64
65
66
67
68
69
70
71
72
73
74
75
76
77
78
79
80
81
82

46 | 근태문화(2)

1
2
3
4
5
6
7
8
9
10
11
12
13
14
15
16
17
18
19
20
21
22
23
24
25
26
27
28
29
30
31
32
33
34
35
36
37
38
39
40
41
42
43
44
45
46
47
48
49
50
51
52
53
54
55
56
57
58
59
60
61
62
63
64
65
66
67

47 | 근태문화(3)

1

48 | 등나대밭골 정자	49 | 장터로 오일 밤날 오일	50 | 개발장채 송지기 미를	51 | 읍의공원, 정치장책	52 | 동화학민운동
1	1	1	1	1
2	2	2	2	2
3	3	3	3	3
4	4	4	4	4
5	5	5	5	5
6	6	6	6	6
7	7	7	7	7
8	8	8	8	8
9	9	9	9	9
10	10	10	10	10
11	11	11	11	11
12	12	12	12	12
13	13	13	13	13
14	14	14	14	14
15	15	15	15	15
16	16	16	16	16
17	17	17	17	17
18	18	18	18	18
19	19	19	19	19
20	20	20	20	20
21	21	21	21	21
22	22	22	22	22
23	23	23	23	23
24	24	24	24	24
25	25	25	25	25
26	26	26	26	26
27	27	27	27	27
28		28	28	28
		29	29	29
		30	30	30
			31	31
			32	32
			33	33
			34	34
			35	

24

25

53 | 갑오개혁, 을미개혁

1
2
3
4
5
6
7
8
9
10
11
12
13
14
15
16
17
18
19
20
21
22
23
24
25
26
27
28
29

54 | 독립협회, 광무개혁

1
2
3
4
5
6
7
8
9
10
11
12
13
14
15
16
17
18
19
20
21
22
23
24
25
26
27
28
29
30
31
32
33
34
35
36
37
38
39
40
41
42
43
44
45
46
47
48
49
50
51
52
53
54
55
56
57
58
59
60

55 | 항일의병운동, 애국계몽운동

1
2
3
4
5
6
7
8
9
10
11
12
13
14
15
16
17
18
19
20
21
22
23
24
25
26
27
28
29
30
31
32
33
34
35
36
37
38
39
40
41
42
43
44
45
46
47
48
49
50
51
52
53
54
55
56
57

56 | 열강의 경제 침탈과 구국운동

1
2
3
4
5
6
7
8
9
10
11
12
13
14
15
16
17
18
19
20
21
22
23
24
25
26

57 | 사회의식 변화, 근대문물 수용

1
2
3
4
5
6
7
8
9
10
11
12
13
14
15
16
17
18
19
20
21
22
23
24
25
26
27
28
29
30
31
32
33
34
35
36
37
38
39
40
41
42
43
44
45
46
47
48

58 | 근대교육, 국학, 문예

1
2
3
4
5
6
7
8
9
10
11
12
13
14
15
16
17
18
19
20
21
22
23
24
25
26
27
28
29

59 | 일제 국권 피탈과정

1
2
3
4
5
6
7
8
9
10
11
12
13
14
15
16
17
18
19
20
21
22
23
24
25
26
27
28
29

60 | 식민통치체제, 경제수탈정책

1
2
3
4
5
6
7
8
9
10
11
12
13
14
15
16
17
18
19
20
21
22

54	23	17	48	13	**64**	항일무장투쟁
55	24	18	49	14		
56	25	19	50	15	1	
57	26	20	51	16	2	
58	27	21	52	17	3	
59	28	22	53	18	4	
	29	23	54	19	5	
	30	24	55	20	6	
61 1910년대 민족운동	31	25	56	21	7	
	32	26	57	22	8	
1	33	27	58	23	9	
2	34	28	59	24	10	
3		29	60	25	11	
4		30	61	26	12	
5	**62** 3·1운동·임시정부	31	62	27	13	
6		32	63	28	14	
7	1	33		29	15	
8	2	34	**63** 국내항일투쟁, 의열투쟁	30	16	
9	3	35		31	17	
10	4	36	1	32	18	
11	5	37	2	33	19	
12	6	38	3	34	20	
13	7	39	4	35	21	
14	8	40	5	36	22	
15	9	41	6	37	23	
16	10	42	7	38	24	
17	11	43	8	39	25	
18	12	44	9	40	26	
19	13	45	10	41	27	
20	14	46	11	42	28	
21	15	47	12	43	29	
22	16					

30	10	**66** | 민족문화 수호운동, 국외 이주 동포 활동	30	61	19
31	11		31	62	20
32	12	1	32	63	21
33	13	2	33	64	
34	14	3	34	65	**68** | 좌우대립
35	15	4	35	66	
36	16	5	36	67	1
37	17	6	37	68	2
38	18	7	38	69	3
39	19	8	39	70	4
40	20	9	40		5
41	21	10	41	**67** | 8 · 15광복, 좌우대립	6
42	22	11	42		7
43	23	12	43	1	8
44	24	13	44	2	9
45	25	14	45	3	10
46	26	15	46	4	11
47	27	16	47	5	12
48	28	17	48	6	13
	29	18	49	7	14
65 | 실력양성운동, 노동·농민운동, 사회적 민족운동 전개	30	19	50	8	15
	31	20	51	9	16
1	32	21	52	10	17
2	33	22	53	11	18
3	34	23	54	12	19
4	35	24	55	13	20
5	36	25	56	14	21
6	37	26	57	15	22
7	38	27	58	16	23
8	39	28	59	17	24
9		29	60	18	25

26	20	6	11	5	**73** 전두환정부(5공화국)
27	21	7	12	6	
28	22	8	13	7	1
29	23	9	14	8	2
30	24	10	15	9	3
31	25	11	16	10	4
32	26	12	17	11	5
33	27	13	18	12	6
34	28	14	19	13	7
	29	15	20	14	8
69 5·10총선거와 대한민국 수립, 친일파 청산과 농지개혁	30	16	21	15	9
	31	17	22	16	10
1	32	18	23	17	11
2	33	19	24	18	12
3	34	20	25	19	13
4	35	21	26	20	14
5	36	22	27	21	
6	37	23	28	22	**74** 6공화국
7	38		29	23	
8	39	**71** 이승만 정부(1공화국), 장면 정부(2공화국)	30	24	1
9	40		31	25	2
10	41	1	32	26	3
11	42	2	33	27	4
12		3	34	28	5
13		4		29	6
14	**70** 6·25전쟁	5	**72** 박정희정부(3·4공화국)	30	7
15		6		31	8
16	1	7	1	32	9
17	2	8	2	33	10
18	3	9	3	34	11
19	4	10	4		12
	5				

75 | 등의장식

1
2
3
4
5
6
7
8
9
10
11
12
13
14
15
16
17
18

76 | 장치장식

1
2
3
4
5
6
7
8
9
10
11
12
13
14
15
16
17
18
19
20
21
22
23
24

77 | 등왕의 부활

1
2
3
4
5
6
7
8
9
10
11

78 | 사원·궁전 부활

1
2
3
4
5
6
7
8
9
10

79 | 대왕민국 왕릉 개장사

1
2
3
4
5
6
7
8
9